T0287430

HISTORIA DE LA ÓPERA

Roger Alier

HISTORIA DE LA ÓPERA

MA
NON
TROPPO

© 2020, Redbook Ediciones, s. l., Barcelona.

Diseño cubierta: Cifra (Enric Font).
Diseño interior: Cifra.
Fotografía de cubierta: Antoni Bofill
(Edita Gruberovà en una representación de 1992 de *Anna Bolena*, de
Donizetti, en el Gran Teatro del Liceo de Barcelona).

ISBN: 978-84-121366-3-0
Depósito legal: B-4.792-2020

Impreso por Promotion Digital Talk, s.l. Gran via de
seat, s/n, 08760 Martorell, Barcelona

Impreso en España - *Printed in Spain*

Dedicado a Maria Segarra de Masjoan,
que tantas óperas ha visto conmigo

Índice

Presentación

Hoy en día el aficionado a la música tiene un conocimiento mucho mejor del género de la ópera de lo que era corriente hace cuarenta o cincuenta años, cuando Europa entraba en ese elemento tan importante de difusión cultural que fue el disco de 33 rpm (hoy «disco de vinilo») que permitió que por primera vez los aficionados pudiesen escuchar en su domicilio, de un modo sistemático y bien organizado, las óperas más importantes del repertorio de todos los tiempos, que iban apareciendo gradualmente en los comercios del disco. Son pocos los historiadores del género que reconocen o mencionan siquiera la enorme importancia de este hecho, pero lo cierto es que sin el mencionado disco «de vinilo» —convertido a partir de 1984 en el universalmente difundido CD— hoy en día seguiría el gran público casi totalmente ajeno a las grandes obras del género operístico, que no siempre ven reconocida su primacía, ni siquiera su existencia, en las programaciones, casi siempre erráticas y desorganizadas, de los teatros de ópera de todo el mundo.

Estamos, pues, en un momento óptimo para publicar un libro que pueda ser para el lector el modo definitivo de hilvanar el proceso por el cual el género operístico se ha ido desarrollando desde sus remotos orígenes, en torno a 1600, hasta sus complejas pero apasionantes propuestas de los primeros años del siglo XXI que han de cambiar, sin duda, de manera radical muchos de los planteamientos que hasta aquí habían sido consustanciales con la ópera.

Adentrémonos pues en ese complejo mundo, y salvando sin duda los gustos personales de cada uno de los aficionados al género, reconozcamos que la ópera sigue viva y mucho, a pesar de los tremendos cambios sobrevenidos en su historia más reciente.

R. A.

Introducción

Acaban de cumplirse 400 años del nacimiento de la ópera como espectáculo musical y teatral. De estos 400 años, quien escribe estas líneas ha vivido algo más de cuarenta, 10 % del total. Teniendo en cuenta la brevedad de la vida humana, y la dedicación que he mantenido durante estos años a este género único en el mundo, puedo considerar que llevo a cuestas un considerable bagaje de experiencias, y que en este período de tiempo se han presenciado numerosos e importantes cambios en la forma y en el fondo de la ópera, que es un género que por su estrecha vinculación a casi todas las formas artísticas (la literatura, las artes visuales, el teatro y la propia música, además de los hechos históricos que le han servido de marco) permite obtener una visión amplísima del quehacer humano. A esta consideración se debe el que en las páginas siguientes haga un análisis detallado de la historia apasionante de la ópera.

En este libro, y sin dejar de lado lo esencial, he incluido también las distintas formas y manifestaciones de la ópera en aquellos países que no han ocupado un lugar central en su historia, pero sí una presencia que, en definitiva, contribuyó en su momento a difundir el género en tierras poco conectadas con la corriente operística predominante. Se citan autores checos, polacos, eslavos en general, americanos, o anglosajones y escandinavos que normalmente se pasan de largo en las historias del género. Tal vez la división por países haga la lectura menos continua, pero facilitará a quienes sólo se interesen por las corrientes más importantes, esquivar los apartados que no sean de su mayor interés; aunque auguramos que la curiosidad acabará llevándolos también a descubrir autores, teatros y ciudades que contribuyeron, en su momento, a la difusión de este fenómeno artístico que es la ópera.

No es ésta una historia de los cantantes, sino del género musical al que llamamos ópera. Aun así se mencionan algunos, pero solamente los que de alguna forma intervinieron en el desarrollo de la lírica, si bien no se detallan sus realizaciones ni sus proezas vocales, salvo en casos muy precisos.

Los orígenes artísticos de la ópera

Forma teatral surgida del acoplamiento de las diversas experiencias artísticas surgidas del Renacimiento, la ópera aparece en escena justo cuando ese movimiento artístico está siendo sustituido por su sucesor, el barroco. Fue esta feliz coincidencia la que vigorizó sus primeros pasos en la vida cultural europea: el barroco es la apoteosis de lo teatral, de lo efímero y de lo espectacular, y la ópera con su fugacidad y su leve momentaneidad, era el arte idóneo para fascinar a todos los niveles de la sociedad. Por esto, en la sociedad barroca fue posible que el nuevo género fascinara tanto a nobles como a plebeyos, tanto a quienes ocupaban lugares distinguidos en los teatros como a los que se hacinaban en las plateas (sin asientos, en aquel entonces) o en los pisos más altos de unos locales que habían nacido como remedo de las plazas públicas, en las que hasta entonces había vivido mayoritariamente el teatro popular.

Los cien primeros años de la ópera, más o menos, debieron el arraigo de la forma a su feliz coincidencia con la estética existente: luego el género se fue adaptando a los sucesivos cambios que sufrió el arte europeo. Entre ellos el producido por el descubrimiento, en 1748, de las ruinas de Pompeya y Ercolano, que provocaron la irrupción de una oleada clásica, el llamado neoclasicismo.

Un género sin visión histórica

Durante mucho tiempo, la ópera fue un género de consumo inmediato y de poca perdurabilidad. Podemos estar seguros de que cuando el alemán Gluck y el italiano Calzabigi, en los inicios del neoclasicismo, eligieron un tema neoclásico para su «ópera de la reforma», en 1762, no tenían ni la menor idea de la previa existencia de *La favola d'Orfeo* de Monteverdi. No existía entonces todavía la noción de lo que hoy denominamos «historia de la música»: la música era un arte que se gozaba en el momento de su producción, y que podía perdurar en los teatros como puede durar una buena canción de moda… y poco más. No se reponían los éxitos de antaño, porque el cambio de gusto que se operaba en poco más de una generación hacía obsoletas las óperas del pasado, e innecesaria su recuperación. Afortunadamente, las creaciones antiguas se solían conservar en polvorientos archivos, sin que nadie se ocupara de rescatarlas, y así ha resultado posible, cuando apareció el concepto de historia musical, recuperar una parte importante de esas composiciones olvidadas, para gloria y deleite del sorprendido público de estos últimos cincuenta o sesenta años, no muchos más.

Volviendo otra vez a los años del barroco, podremos apreciar que la ópera generó una gran cantidad de posibilidades, así como de convenciones, algunas de las cuales dieron una extraordinaria brillantez a sus espectáculos. Sin embargo, con el paso del tiempo, muchas de estas convenciones perdieron vigencia, y cuando se observan con la distancia que ha dado el tiempo, aparecen como poco menos que increíbles caprichos o ridículas actitudes. Ocurre, sin embargo, que para conocer algo situado en una época remota, en un tiempo lejano, es preciso hacer un considerable esfuerzo mental para tratar de entender los motivos culturales e históricos que gobernaron esas convenciones y para ver en ellas la base de una estética que hoy nos resulta especialmente difícil de comprender, por lo mucho que ha cambiado nuestro modo de vivir y de entender los espectáculos. Del mismo modo como hemos aprendido, lentamente, a comprender otras culturas no occidentales que antes parecían «extrañas» o «incomprensibles», todo aquel que se acerque a la historia de la ópera tiene que tratar de entender otro tipo de mentalidades que fueron válidas y tuvieron vigencia durante un período artístico hoy periclitado. Que en el barroco la ópera fuera mayoritariamente un género basado en la exhibición de las facultades de los cantantes, es tan difícil de asimilar, en la práctica, como el que en estos últimos años la ópera haya caído en manos de los antes poco valorados directores de escena, que se han esforzado en poner la ópera al servicio de sus ideas teatrales —con frecuencia ajenas o poco influidas por la música y el canto— para glorificar su propio prestigio en un mundo que, por muchas razones, es actualmente muy ajeno a la trayectoria y el significado que hasta ahora había ostentado el género operístico.

El nacimiento del «repertorio»

Porque éste es el otro gran problema que plantea la historia de la ópera. Por un lado, es un género vivo, que sin interrupción ha sufrido una constante evolución, como todas las formas artísticas que han convivido con él. Aparte del fenómeno de la resurrección de la ópera antigua, que ya se ha comentado, el público mayoritario del género ha vivido con gran fervor la ópera del siglo XIX, que alcanzó un inusitado esplendor y dejó fuertemente marcado el teatro musical con producciones de signo romántico y posromántico que aparecieron cuando estaba empezando la configuración de lo que llamamos todavía «el repertorio». Contrariamente a las etapas anteriores, en los inicios del siglo XIX quedaron consagrados determinados títulos que ya no desaparecían como antaño, sino que el público de ópera prefería ver, y volver a ver, sobre todo por el deseo de comparar las prestigiosas interpretaciones de los cantantes, que ahora adquirían un nuevo poder sobre el público: signo de que los tiempos se inclinaban por los intérpretes más que por los valores meramente vocales o escenográficos del pasado. Óperas ha habido, tanto en el campo italiano como en el francés o el alemán, que todavía mantienen su prestigio, y cuyo valor era, sobre todo, servir de vehículo a los cantantes para contrastar y validar sus calidades vocales e interpretativas.

También se produjo en el siglo XIX el fenómeno del «nacionalismo musical» que llevó a despertar en numerosos países europeos, el cultivo de un tipo de ópera que se ajustase a sus propias características musicales, en lugar de seguir la pauta establecida por los grandes divulgadores de la ópera, los compositores italianos.

Las óperas preferidas

Con el tiempo, además, la ópera, bajo la influencia de la novela, se fue acercando a la «vida real», a través de creaciones musicales en las que cada vez se valoraba más la intensidad del canto, descartando en cambio el culto a la agilidad vocal de antaño. Todo esto no era, en el fondo, más que una última variante del espíritu romántico, pues el tema central de este tipo de óperas seguía siendo, casi exclusivamente, el desarrollo —generalmente contrariado— de una relación amorosa. Algunas creaciones de esta etapa «verista» han alcanzado tal consenso que muchos espectadores «genuinamente» partidarios del género operístico, apenas si son capaces de valorar nada más que este tipo de producciones. Un sector importante del público llegó a conformarse con un estrecho repertorio de veinte o veinticinco óperas de los últimos años del siglo XIX y primeros del XX.

Se llegó así a una situación realmente peligrosa, pues para muchos la ópera no era más que un tipo preciso y concreto de espectáculo, fuera de cuyos límites no había más que un mundo desconocido y que no interesaba conocer. Todavía hoy en día se produce este curioso fenómeno, por el que se rige buena parte de los espectadores que sólo aspiran a volver a ver las óperas que conocen, y menosprecian por completo aquellos títulos que no les resultan familiares, tanto los del pasado como los del presente.

La excesiva conciencia artística de los compositores contemporáneos

Las cosas se empezaron a complicar en los primeros años del siglo xx cuando muchos compositores se hicieron conscientes de que su obra podía ser observada y valorada mejor por sus colegas, por los críticos, por los responsables de programación de algunos teatros (y sobre todo por los dispensadores, casi siempre «oficiales», de encargos y de estrenos).

El exceso de autoconciencia de muchos compositores, que han abandonado la espontaneidad de los creadores de antaño, se debe a que saben que el público no está generalmente en condiciones de valorar los méritos estrictamente musicales y técnicos de una composición operística. Esto ha tenido una nociva influencia sobre el desarrollo de la ópera en el curso del siglo xx. Sólo aquellos compositores que actuaban movidos por un genuino interés por buscar soluciones han logrado que sus obras alcancen el mínimo de popularidad necesario para que su presencia en los teatros resulte bien acogida. Entre los más destacados de éstos podemos citar a Benjamin Britten y a Leos Janácek, por la consistencia de su relativamente numerosa producción operística, que obedece a un estilo y a un contenido, incluso aunque éste no sea estrictamente «operístico».

Otros en cambio, aunque ensalzados contra viento y marea por sus adictos y partidarios, sólo han logrado triunfos ocasionales y la presencia, forzada, en temporadas y ciclos en los que el gran público los acepta con paciencia o se limita a desertar discretamente del evento, que rara vez se repite.

En medio de este proceso de renovación de la ópera, en el siglo xx, han surgido varios caminos alternativos, motivados por la falta de interés, para muchos, de lo que se ofrecía rutinariamente en los teatros, y por la falta de salida real en la producción contemporánea. Uno de estos caminos, y muy poderoso, ha sido el renacer del interés por el pasado operístico. Muchos títulos que hasta 1950 fueron simplemente carne de diccionario, nombres y fechas muertos en un pasado aparentemente definitivo, han recuperado su presencia en los teatros e incluso en el favor popular. El primero en beneficiarse de esta tendencia fue Mozart, cuyas óperas se citaban alguna vez, pero cuyo recuerdo activo se centraba únicamente en *Don Giovanni,* por la simple razón que era la única de las óperas de Mozart que se podía compatibilizar —más o menos— con el espíritu romántico.

Sin embargo, el proceso fue lento. Nadie hubiera podido imaginar en 1930 que antes de acabar el siglo todas las óperas de Mozart, incluso las más juveniles, habrían regresado a los escenarios teatrales.

Después vino la recuperación del repertorio *belcantista*. Propiciado primero por el brillante sentido artístico e interpretativo de Maria Callas. Los años cincuenta y sesenta presenciaron el retorno de las casi olvidadas óperas del período final del *belcantismo* italiano: títulos de Rossini, de Bellini y de Donizetti recuperaban pronto su presencia en los teatros, potenciados por las mejores especialistas que ha dado el siglo xx (Caballé, Sutherland, Gencer); muchos de esos títulos se han afincado en eso que seguimos llamando el «repertorio», incluyendo obras antes consideradas casi inexistentes —caso de *Il viaggio a Reims*, de Rossini, que no prosperó ni en su tiempo—. Junto a estas «reexhumaciones» de títulos italianos se han producido las de óperas de autores olvidados en otros países, incluida España.

Finalmente en los años finales del siglo xx se produjo el inesperado renacimiento de los autores barrocos: potenciado especialmente por el mundo musical francés e inglés, los grandes títulos de Lully, Rameau, Händel, Gluck e incluso Telemann han empezado a salir del olvido y a ocupar escenarios, festivales y eventos musicales.

El verdadero difusor de la ópera: el disco

Sin embargo, justo es reconocer que en muchos casos ha sido otro camino el que ha convertido la ópera del siglo xx en un panorama mucho menos yermo de lo que habría sido. A ello ha contribuido el perfeccionamiento gradual del mundo del disco. La gran fecha de la historia de la ópera en el siglo xx no es la de los estrenos de *Wozzeck*, *Peter Grimes* o *The Rake's Progress*, a pesar de sus indudables virtudes, sino el día en que la industria discográfica inglesa presentó en público el disco de vinilo, el llamado LP, en 1948. Por primera vez era posible juntar en dos o tres placas flexibles y no excesivamente frágiles, de casi dos o tres horas de música, haciendo posible para el operófilo doméstico y poco compatible con los gastos o los desplazamientos requeridos por los teatros, el goce de una ópera completa, muchas veces más «completa» que en la mayoría de los teatros de entonces. Pronto les fue posible a tales operófilos discográficos el agenciarse títulos que no era fácil presenciar en directo, y procurarse una discoteca creciente, con todo lo que era posible obtener en este terreno. No se ha

valorado suficientemente, sin embargo, la enorme influencia que el nacimiento del disco LP tuvo sobre la difusión de la música entre el público
europeo medianamente culto, hasta el punto de que empezó a ocurrir a la
inversa: eran los discos los que animaban la creciente variedad en la programación de los teatros, y los artistas y sus proezas vocales en repertorios
obsoletos hacían necesaria la adaptación de las temporadas líricas a los
crecientes deseos operísticos del público.

Por supuesto que esta labor de difusión del disco de vinilo se vio in-
crementada poderosamente por la aparición del disco compacto, CD, en
1984, que ha hecho posible una difusión aún más grande no sólo de los títulos en circulación, sino de otros muchos que van apareciendo de la mano
de compositores que parecían destinados al olvido más completo y también
a la de otros que han confiado al CD sus nuevas creaciones. En este sentido también la música contemporánea se ha beneficiado de este soporte
auditivo que permite la valoración de nuevas creaciones incluso cuando los
teatros renuncian a los crecientes gastos de sus puestas en escena.

A estos medios de difusión musical hay que añadir también la destacada labor —aunque menos crucial— de los medios de difusión audiovisual:
el ya casi desaparecido láser-disc, el vídeo y el DVD, surgidos a lo largo
del último tercio del siglo xx.

Es muy curioso observar que estos medios de difusión han contribuido
a crear una masa anónima que consume estos productos, e incluso los ate-
sora, a pesar de que rara vez pisa un teatro. Las cifras de venta de las casas
discográficas —normalmente poco fiables— no permiten hacerse una idea
de la magnitud de este fenómeno que incluye también a un importante
sector que no se interesa por la música propiamente dicha, sino por las
proezas vocales —actuales o históricas— de las grandes estrellas del canto.

Problemas, y sin embargo, un buen futuro

El mundo de la ópera sigue desarrollándose en todos los sentidos: programación, repertorio, medios de difusión, etc. A pesar de lo que creen quienes no la viven de cerca, sigue habiendo una producción viva y activa de
óperas incluso en estos primeros años del siglo xxi. Sin embargo, hay que
reconocer que la vida operística choca con la curiosa e inesperada frivoli-
zación cultural que se hace sentir en estos años de transición del siglo xx
al xxi. Se banalizan los componentes del género, se vacían de contenidos
los estudios, se minimiza la seriedad de la crítica musical, se jalean avances
aparentes que no tienen solidez alguna, se pierde la profundidad y el valor
de la información que se difunde, cada vez más mayoritariamente, a través

de los *mass media*. Cualquier espectáculo llamativo es saludado como un nuevo capítulo de la historia del género, como si cuatrocientos años de historia fueran a modificarse por un hecho puntual y transitorio.

Otro factor preocupante es el nuevo enfoque teatral de algunos realizadores astutos, que minimiza la presencia de la música: algunos actúan de un modo que hace pensar que la música es «aburrida»: se llevan a cabo escenificaciones de las oberturas, se falsean los contenidos argumentales para demostrar la agudeza teatral o política del realizador, se llenan de personajes adventicios las escenas más importantes de un drama musical que merecería más atención del público y que no se le distrajera de lo esencial. Algunos de estos realizadores se jactan incluso de desconocer la obra cuya puesta en escena están llevando a cabo (!); otros utilizan la tecnología audiovisual propia de otros campos para «renovar» las óperas del pasado.

No todo es negativo en este nuevo camino emprendido por la parte visual de la ópera, pues genera polémicas y despierta el interés por el género incluso en personas que no se habrían aproximado al mismo. Pero no hay que confundir lo esencial con lo transitorio, y mucho menos considerar que cualquier idea teatral va a renovar la ópera.

Tarea inútil, porque la ópera se ha ido renovando sola. No hay más que observar una fotografía de una representación de *Aida* en 1910 y otra de 1980 para observar como por sí solo, el concepto operístico, escenográfico, de vestuario y de actuación ha variado por sí mismo, sin necesitar de esos empujones tal vez bienintencionados, de los renovadores a ultranza.

Algunos artistas se apuntan rápidamente a este clima de superficialización de contenidos: interesa más ser famoso que artista verdaderamente sólido.

No hay que arredrarse: si la ópera ha resistido cuatro siglos de cambios y alteraciones, también resistirá a los que se apuntan a ella como medio para sus especulaciones personales. No es un fenómeno puramente circunstancial, sino un problema de estos años, que es de esperar que se disipará convenientemente con la entrada en una nueva fase —¡una más!— del largo camino de estos más de 400 años de existencia.

I. LOS PRIMEROS PASOS
DE LA ÓPERA

I. EL TEATRO MUSICAL DEL RENACIMIENTO

Aunque el proceso sería muy largo, de hecho la ópera, como espectáculo profano de la nobleza, se fue gestando a lo largo del Renacimiento, y su aparición, en el fondo, no fue sino consecuencia del nuevo enfoque que se daba a la música de entretenimiento cortesano, apartado de toda pleitesía del mundo de la religión que había estado obsesivamente presente en los siglos medievales.

El hombre nuevo del Renacimiento gustaba de los juegos y entretenimientos totalmente profanos. Éstos, al principio, tenían formas musicales procedentes del mundo de la música eclesiástica: la polifonía, la costumbre, tan fuertemente arraigada, de cantar a varias voces, para obtener un efecto armónico de conjunto en el que la melodía tenía todavía una presencia más bien escasa y ocasional. Lo que se valoraba en la música de estos tiempos era el efecto auditivo creado por la superposición de las distintas melodías integradas en el conjunto, y aunque en el siglo XVI ya empiezan a percibirse corrientes de valoración especial del efecto melódico, tardaría todavía mucho tiempo en lograrse su independización y la eliminación de la música de carácter polifónico.

En las cortes italianas del Renacimiento, era frecuente celebrar fiestas que incluían la danza y el canto, y con éste se pretendía narrar alguna historia de tema mitológico o pastoril, siempre con un contenido amoroso que le diera una mayor consistencia. En los primeros tiempos de esa nue-

Uno de los personajes más importantes de la *commedia dell'arte* es Pantalone. En la mayoría de las obras la acción empieza con su entrada en el escenario.

va civilización renacentista italiana, los espectáculos más apreciados eran los *trionfi*, es decir, las fiestas que se organizaban en torno a un personaje importante de la milicia o de la nobleza cuando realizaba su entrada en alguna ciudad. Estas fiestas, que tenían un destacado componente escenográfico (arquitectura efímera, sólo destinada a la fiesta) dieron paso más tarde a las celebraciones cortesanas de aniversarios, onomásticas y otras ocasiones festivas, en las que con frecuencia se intercalaban representaciones de obras sacadas de la literatura clásica grecolatina, siempre con música, y calificadas a veces de *intermedii*. El carácter mixto de esas representaciones, especialmente numerosas en las pequeñas cortes italianas de este período, las mantiene alejadas todavía de lo que después sería el espectáculo de la ópera.

En el siglo XVI, por otra parte, la forma musical cortesana por excelencia era el madrigal, pieza poética cantada —usualmente a cuatro o cinco voces— por los propios cortesanos, que unían sus voces de modo colectivo para causar un bello efecto de conjunto. No era el menor de sus atractivos el ser una recitación de un texto poético de valor literario reconocido.

El carácter crecientemente descriptivo del madrigal fue sugiriendo a los distintos compositores que lo trataron la posibilidad de teatralizar los sentimientos y las ideas de esos textos, con frecuencia concebidos en la forma de un diálogo amoroso o satírico, y esto contribuyó a reforzar la tendencia que se hizo notar, hacia fines del siglo XVI, de componer piezas narrativas madrigalescas que acabaron adquiriendo una forma teatral cada vez más clara. Aparecieron así, en los últimos decenios del mencionado siglo, una serie de obras denominadas «comedias armónicas» en las que una serie de madrigales y episodios narrativos a varias voces explicaban una acción teatral que podía desarrollarse a la vista de unos espectadores, apoyándose sobre todo en la tradicional forma teatral de la antigua *commedia dell'arte*, muy viva en la Italia renacentista.

Si hoy escuchamos una de estas «comedias armónicas» percibiremos que cada personaje se expresaba a través de dos o más voces que cantaban conjuntamente. Esto, que para nuestras generaciones, habituadas a la individualidad de cada actor, resulta casi incomprensible, era la consecuencia de una larguísima tradición musical polifónica, en la que lo que no se concebía todavía era la presencia de voces individuales en un plano prominente, individualizado. Todavía hoy, cuando en mis cursos universitarios hago que los asistentes escuchen algunas de estas escenas teatrales, tengo que insistir especialmente en el concepto «colectivo» de la música vocal de esta época, totalmente ajeno a cualquier interpretación melódica individual, aunque ya empiece a percibirse en algunos momentos de la obra una tendencia hacia esta solución teatral que pronto tendría plena vigencia.

De estas «comedias armónicas» han quedado algunos ejemplos de compositores como Orazio Vecchi (1550-1605), autor de la titulada *L'Amfiparnaso* (1600), o las de Adriano Banchieri (1567-1634), autor de varias obras conservadas, entre las cuales merece ser citada la titulada *La pazzia senile* (1594), modelo en su género.

Pero era evidente que la polifonía no era un tipo de música adecuado para el teatro, aun a pesar de que se cantasen madrigales de aspecto narrativo o amoroso en escena. La misma estructura de este tipo de música, en la que cada parte es independiente pero a la vez totalmente sujeta a las evoluciones de las demás, no permitía una verdadera acción dramática (a pesar de que probablemente se intercalaban las usuales parrafadas habladas, totalmente improvisadas por los comediantes). El movimiento escénico era incompatible con la fina textura de la polifonía y ésta era, por lo tanto, un obstáculo al verdadero desarrollo de un teatro musical. Cuando se descubrió, como veremos más adelante, que la polifonía nunca había sido conocida en el mundo clásico grecolatino, todo intento de mantenerla en los teatros del tardo-Renacimiento quedaría definitivamente arrinconado.

II. LA CAMERATA FIORENTINA

En Florencia, a fines del siglo XVI —parece que a partir de 1581— se reunía habitualmente un grupo de músicos, poetas, cantantes, intelectuales y nobles de mentalidad tardo renacentista, formando un cenáculo que, a imitación de las clásicas academias griegas, discutían acerca de distintas formas y cuestiones relacionadas con la literatura y el arte. El grupo adoptó el nombre de Camerata fiorentina y estaba presidido por un noble, el conde Jacopo Bardi, que en algunos momentos tuvo a su cargo la organización de las fiestas y diversiones de la corte de los Medici florentinos. Éstos, aunque habían perdido algo del brillo de sus antecesores del siglo XV, seguían siendo sumamente importantes y llevaban actividades culturales notables en su corte. Esto motivaba que en la Camerata fiorentina hubiese poetas, como Ottavio Rinuccini, compositores, como Jacopo Peri (1561-1633) y Giulio Caccini (*ca.* 1545-1618), intelectuales, como Vincenzo Galilei (padre del futuro astrónomo Galileo Galilei), cantantes (como Francesca Caccini, que se incorporaría años más tarde al grupo), etc. Parece que muy pronto fue tema principal de los debates de la Camerata una cuestión entonces «candente»: ¿cómo eran las representaciones teatrales de la antigua Grecia? ¿En qué medida se cantaban o declamaban las grandes obras de los dramaturgos griegos?

Vincenzo Galilei, que como humanista tenía relaciones con grupos de estudiosos de la antigüedad clásica en Roma y otras ciudades, entró en contacto con ellos y la conclusión a la que llegó tras varias consultas era que el teatro de la antigua Grecia era totalmente cantado, pero que la música que se cantaba en escena no era polifónica, sino monódica (es decir, a una sola voz), puesto que la polifonía había sido un invento de la Europa eclesiástica medieval.

Seguramente, el resultado de sus investigaciones sorprendió mucho a los miembros de la Camerata. El caso es que la música, por falta de ejemplos conservados del mundo clásico, había quedado siempre muy al margen de la recreación renacentista. De hecho, el Renacimiento había vivido casi todo su ciclo creador sin hacer mucho caso de la música, que seguía utilizando, en el fondo, las formas heredadas del mundo medieval, goticizante, que aunque muy evolucionadas, no habían abandonado su base teórica inicial.

Pero ahora resultaba que si se quería, de alguna forma, recrear o reproducir el teatro tal como se hacía en la Grecia antigua, era preciso prescindir de las fórmulas polifónicas en uso. Como por otra parte la ínfima cantidad de música griega «auténtica» conservada era prácticamente nula, no era posible tratar de reconstruir ninguna de las representaciones teatrales de la época clásica. Ni siquiera podían tener una idea precisa de cómo se desarrollaba la música teatral griega; se tuvo que partir de conjeturas en las que una de las pocas cuestiones más o menos claras es que la música iba unida al texto griego siguiendo la variable longitud o «cantidad» de las sílabas del idioma. Ni siquiera esto servía de mucho, pues el sistema de sílabas largas y breves, conservado en el latín clásico, se había ido borrando con la medievalización del latín y había desaparecido del todo en las lenguas latinas.

Lo que sí causó una gran impresión fue la noción bien clara de que el canto era individual y no colectivo, y sin duda fue esta circunstancia la que animó a aquellos estudiosos a realizar un experimento interesante: poner en escena una obra de características lo más semejantes posible a lo que ellos imaginaban que podía haber sido el teatro clásico. Hay que resaltar que el espíritu de esos renacentistas tardíos no era el de realizar una reconstrucción arqueológica del teatro griego, sino una nueva creación, y por esto no tomaron como base una obra teatral griega existente, sino un texto nuevo, de inspiración clásica, al que había que adaptar una música nueva. Esto es lo que da un relieve y un valor especiales a su ingenuo intento de reproducción del teatro griego antiguo: poner en música una obra teatral, una *opera in musica*, género al que nosotros, más comodones, hemos dado en llamar simplemente *ópera*.

La primera ópera, pues, fue el fruto de este propósito, ejecutable gracias a las circunstancias que ponían a la Camerata en condiciones de ofrecer su nuevo espectáculo en la corte de los Medici. Se desconoce exactamente en qué fecha fue llevado a cabo el experimento: mientras unas fuentes se inclinan por el año 1594, otras, más numerosas, nos indican el año 1597. Esta última fecha parece más lógica a la vista de la repetición del experimento, en 1600.

En efecto, la *opera in musica* puesta en escena por los miembros de la Camerata fiorentina, con música de Jacopo Peri y poema de Ottavio Rinuccini, titulada *Dafne*, no se ha conservado —lo que parece testimoniar una acogida tibia en el momento de su estreno—. Pero tampoco debió de ser un fracaso completo, ya que pocos años después —en 1600, como se ha indicado más arriba— los miembros de la Camerata fueron posiblemente requeridos para que repitieran su labor creativa ofreciendo otra *opera in musica* para la corte de los Medici, donde un acontecimiento de especial relieve hacía necesaria un espectáculo de categoría. En efecto, los Medici casaban a su hija, Maria, nada menos que con el rey Enrique IV de Francia, y aunque la boda oficial tendría lugar en París, los Medici habían orga-

Dibujo que muestra las aptitudes de Jacopo Peri como cantante y compositor, en el papel protagónico de Arión durante el estreno de su obra *Euridice*, en 1600.

nizado una boda por poderes en Florencia, pues no era cuestión de dejar pasar una ocasión tan importante de «aplastar» a los nobles de las ciudades vecinas con el esplendor de una boda de tan alto rango. En esta ocasión, pues, y posiblemente con un presupuesto mayor que la vez anterior, los responsables de la Camerata fiorentina prepararon un nuevo título: *Euridice*, con texto del poeta Rinuccini. La música fue escrita por un lado por Jacopo Peri, con algunos añadidos de Giulio Caccini, quien preparó por su parte otra versión sobre los mismos versos de Rinuccini. Una cierta rivalidad entre ambos motivó que al final los Medici (que tenían con toda probabilidad preferencias por Peri, que había sido cantor en su corte) estrenaran la versión de Peri (1600), quedando la de Caccini para otra ocasión (1602).

En todo caso, esta segunda *opera in musica* no se perdió, y los Medici hicieron imprimir la partitura, a partir de la cual se ha podido realizar alguna grabación discográfica de esa primera ópera de la historia, y poner de manifiesto la comprensible inmadurez de ese primer planteamiento de teatro musical.

La idea que tenían los miembros de la Camerata fiorentina que pusieron en escena estas *opere in musica* era que la música tenía que proporcionar un relieve especial a las cualidades y a los sentimientos expresados en el texto literario, como imaginaban que acontecía en el teatro griego antiguo. Por esto la música de Peri y de Caccini tiene una importancia relativa en sus respectivas versiones de sus *Euridice*. Fue esta preocupación por la supremacía del texto literario la que sería motivo de continuas tensiones en la historia posterior del género, como tendremos ocasión de descubrir en los próximos capítulos, y en cierto modo todavía hoy en día es una cuestión que está lejos de haber quedado resuelta.

A pesar de que hoy nos llama la atención su endeblez, el espectáculo de Peri y Rinuccini llamó poderosamente la atención cuando se representó ante la corte florentina, y los nobles y personajes notables invitados a estas fiestas nupciales mediceas quedaron debidamente impresionados. No tardó en difundirse su existencia por otras cortes nobiliarias de la Italia del Norte, y se solicitó a los Medici en más de una ocasión la posibilidad de representarla en otras ciudades.

De este modo la nueva fórmula de la *opera in musica* y del canto monódico, al que Giulio Caccini dio especial difusión en su colección de piezas *Le nuove musiche* (1602), se extendió rápidamente por el Norte de Italia y preparó el rápido y trascendental cambio de la música italiana que tanta importancia tendría no sólo en el campo de la música vocal, sino también en el de la instrumental, con la aparición de las primeras *sonate* monódicas (hacia 1610).

Curiosamente, estas ideas renacentistas empezaron a extenderse justo en el momento en el que nacían las ideas del barroco, que encontrarían precisamente en la ópera un camino para manifestarse y darles un contenido muy visible e importante. Así, pues, pronto las cortes italianas tendrían a su disposición un medio ingenioso para coronar las fiestas y celebraciones de sus respectivas familias reinantes con un espectáculo de moda y de gran brillantez. Era una forma de hacerse ver en el panorama cultural del momento y de dar el más espectacular reflejo de la importancia de sus propios linajes.

Retrato de Claudio Monteverdi (1567-1643), el verdadero creador del género operístico con su obra *La favola d'Orfeo* (1607).

III. El primer «verdadero» operista: Claudio Monteverdi

En estos años la familia ducal de los Gonzaga, de Mantua, tenía a su servicio a uno de los compositores que más se había distinguido en el campo del madrigal y de la música religiosa polifónica: Claudio Monteverdi (1567-1643). Este compositor se había labrado un considerable prestigio precisamente en un campo opuesto al de la naciente ópera: el canto a distintas voces, mientras que para componer una ópera era preciso orientarse hacia las *nuove musiche*, el estilo nuevo, también llamado del «recitar cantando» (actuar cantando).

A pesar de ello, cuando los Gonzaga le sugirieron que escribiera una obra del nuevo género de la *opera in musica*, el compositor aceptó el encargo y se propuso poner en marcha el proyecto basándose en el texto de un poeta, Alessandro Striggio, que había estado anteriormente en Florencia un tiempo y había conocido las inquietudes de los miembros de la Camerata fiorentina. Striggio decidió escribir su texto sobre el mismo tema que la *Euridice* de su colega Rinuccini, pero cambiando el planteamiento y el título, que se convirtió en *La favola d'Orfeo* (o, simplemente, *L'Orfeo* (1607).

Monteverdi, al enfrentarse con el reto de poner en música el texto de Striggio, cambió radicalmente el modo de ensamblar el texto y la partitura, y en lugar de concebir el espectáculo como una historia subrayada o intensificada con mayor o menor efectividad por la música, le dio a ésta el papel primordial, concibiendo que fuese ésta, sus formas, su aspecto e incluso la distribución de los instrumentos, lo que explicase el argumento al espectador, de forma que el texto quedase reducido a una función auxiliar.

Para lograrlo, Monteverdi utilizó, en primer lugar, una gran cantidad de instrumentos —algo más de cuarenta— pero no para que sonaran en bloque, como en una gran orquesta, sino para tenerlos a su disposición de modo parecido a cómo un pintor tiene los colores dispuestos en su paleta, haciendo un uso graduado de los mismos para incluirlos según las exigencias del drama. Teniendo en cuenta que Monteverdi, de hecho, carecía de modelos anteriores a los que referirse, resulta doblemente admirable su ingenio a la hora de disponer la instrumentación de los distintos pasajes de su *opera in musica*. Así, por ejemplo, en los pasajes bucólicos de los dos primeros actos, en los que ninfas y pastores están celebrando las bodas del cantor Orfeo con la ninfa Euridice, Monteverdi usa instrumentos acordes con el mundo pastoril (por supuesto, no faltan las flautas, tan vinculadas al mundo bucólico) y los ritmos de danza son también los propios del ambiente pastoril. Bien al contrario, cuando la música de los actos tercero y cuarto se desarrolla en el submundo infernal, cambia por completo la instrumentación de las escenas, que incluyen los tristes sonidos del metal (trombones incluidos) y el ronco sonido del órgano de madera, que acompaña las siniestras manifestaciones vocales del barquero del Averno, el implacable Caronte, a quien Orfeo trata de convencer en vano para que lo deje pasar con su barca al reino de los muertos. Para lograrlo, Orfeo entona un canto ornamentado, excepcionalmente florido —y difícil—; primer ejemplo del uso de un canto virtuosístico pero «justificado dramáticamente», ya que Orfeo es un semidiós con poderes especiales. La utilización en toda la ópera de *ritornelli* instrumentales muy vistosos y de signo cambiante es otro de los grandes recursos musicales de Monteverdi en la creación de esta obra única e irrepetible.

Sin embargo, como experto polifonista, Monteverdi mantiene el canto a varias voces en las escenas colectivas, algo que se desvanecerá pronto del mundo de la ópera a medida que vaya avanzando el siglo XVII.

La favola d'Orfeo de Monteverdi no circuló mucho por la Italia de su tiempo. Fue más poderosa la fama de su siguiente ópera, *Arianna* (1608), cuya música se ha perdido con la única excepción del famoso «Lamento» (del que Monteverdi escribió también una versión en forma de madrigal).

Escena de la ópera *L'incoronazione di Poppea* (1642), de Claudio Monteverdi. (Maria Ewing en el papel de Poppea, dirección de Peter Hall, Festival de Glyndebourne, en 1984.)

Por otro lado, la Camerata fiorentina continuaba en activo, habiendo incorporado nuevas figuras de la música florentina, como la cantante y actriz Francesca Caccini, hija del compositor de este nombre, y como Marco Da Gagliano (1582-1643), autor de un nuevo ejemplo de *opera in musica*, una *Dafne* (1608) que también se ha conservado para la posteridad.

Estas primeras producciones operísticas circularon con cierta frecuencia por las ciudades-Estado italianas de este período y unos pocos años más tarde, en torno a 1616, llegó el nuevo género a Roma, donde se desarrollaría una nueva escuela de compositores que tomaron la idea de la *opera in musica* y la convirtieron en el centro de la vida teatral y musical de Roma de los treinta años siguientes.

IV. STEFANO LANDI Y LA ESCUELA ROMANA DE ÓPERA

Como apuntábamos en el apartado anterior, la llegada de la ópera a Roma supuso la aparición de un núcleo de compositores que se preocuparon de dar nuevas obras al naciente género de la *opera in musica*. El primero y quizás el más destacado fue Stefano Landi (*ca.* 1590-1639), quien se distinguió en 1619 con su ópera *La morte d'Orfeo*, que desde el punto de vista narrativo retomaba la historia del mítico cantor allí donde, por razones de conveniencia escénica, la había terminado Monteverdi: este compositor, atendiendo a la ceremonia nupcial que había dado pie al encargo, había evitado narrar la muerte de Orfeo, recuperado para el Olimpo por su padre Apolo, que descendía en una «máquina teatral» desde el «cielo» para llevarse consigo a su hijo, en medio de la alegría de ninfas y pastores, que bailaban una *moresca* final. En su ópera, desde el punto de vista musical, Landi parece seguir de cerca más bien los pasos de la Camerata fiorentina que el ejemplo de Monteverdi, pero no sin incluir extensos pasajes a varias voces para las numerosas escenas colectivas que se dan en la obra.

En todo caso, en Roma se fue aclimatando la ópera, y en especial cuando se enamoraron del género los parientes del papa Urbano VIII (1622-1644), de la familia noble de los Barberini, durante cuyo largo pontificado sus sobrinos (dos cardenales y un *monseñor*) hicieron uso de cuantiosas sumas para dar el máximo esplendor al prestigio de la familia, del modo típicamente barroco, constituyéndola en centro y fulcro de una brillantísima vida pública, sufragada por completo por el generoso patrimonio familiar.

Fueron los Barberini quienes ofrecieron a Roma el gran espectáculo de una ópera barroca de tema semirreligioso: *Il Sant'Alessio*, del antes citado Stefano Landi, y con libreto de ese curioso eclesiástico amante del teatro que fue el cardenal Giulio Rospigliosi (1600-1669). Este personaje, que había bebido su afición teatral en Madrid donde fue legado pontificio, después de haber sido ordenado cardenal, en sus últimos años llegó a ser papa con el nombre de Clemente IX (1667-1669). La ópera que escribió no era un oratorio ni una cantata religiosa, sino una ópera con todos los atributos del género, en la que se narraba la vida «normal» e incluso un poco libertina de un joven de la buena sociedad, con algunas escenas humorísticas con sus criados y otros personajes, y que finalmente abrazaba la fe y se convertía en un santo ejemplar. Fue uno de los escasos intentos de esta época de construir una ópera fuera de los temas literarios y teatrales clásicos heredados de la óptica de los primeros operistas florentinos. Hace algunos años fue recuperada esta ópera en el Festival de Salzburgo y existe actualmente una versión en CD de la misma.

Precisamente con esta ópera los Barberini inauguraron un gran teatro situado en su palacio, y que tenía una inmensa capacidad (casi 3.000 espectadores, según parece). El teatro se llenaba con los invitados, «clientes», allegados y simpatizantes del partido profrancés que en Roma defendía esta familia del papa, y opuesta al partido proespañol que trataba de combatir la facción opuesta. En Roma las facciones solían tener corta duración, porque la muerte del papa y las elecciones al pontificado muchas veces era ocasión de cambios. Pero en esta ocasión Urbano VIII ocupó el solio durante más de veinte años, uno de los pontificados más largos que se recordaban, y los Barberini trataron de afianzarse y perpetuarse en el poder a través del esplendor, el método típico de las cortes barrocas.

No es extraño que en este ambiente tan favorable la ópera arraigara en Roma con una fuerza inusual, y que naciera una escuela operística romana, que pronto incluyó a otros compositores, como Domenico Mazzocchi (1592-1665) que estrenó *Le catene d'Adone*, en 1626, y *Chi soffre, speri*, 1639 —esta última con notables ribetes cómicos—, así como su hermano Virgilio Mazzocchi (1597-1646), además de Michelangelo Rossi (1602-1656) y, con mayor relieve, Luigi Rossi (*ca.* 1597-1653), autor de un par de títulos notables: *Il palazzo incantato* (1642) y su más conocida (y recientemente grabada) versión de *L'Orfeo* (1647), que se representó en París, gracias a la protección del cardenal Mazzarino, quien trató siempre de introducir el arte italiano en su patria adoptiva francesa.

Mientras tanto había muerto ya el papa Urbano VIII y los Barberini, después de cerrar su teatro de Roma, se habían refugiado en la corte de París, cuyos intereses habían servido con tanta constancia.

Así terminó la fugaz pero importante escuela romana de ópera, ya que con el cambio político subsiguiente se redujo mucho la hasta entonces activísima vida teatral y musical de la capital pontificia.

V. LA ÓPERA ARRAIGA EN VENECIA

Hasta este momento (los años 1630), la ópera había sido un espectáculo solamente de corte, es decir, ofrecido por una corte nobiliaria a sus amigos, a su «clientela» política, a los diplomáticos o los grandes dignatarios eclesiásticos, y a las personas del entorno del noble que ofrecía esa solemnidad operística que ahora estaba de moda. Las representaciones eran sufragadas por el personaje que había tenido la iniciativa, y era un motivo más de ostentación del poder, tan necesaria en la sociedad barroca. Esta situación era típica de la que se daba en Roma bajo la guía de los Barberini.

Pero en 1637, un compositor, cantante y también empresario de cantantes, Francesco Manelli (1595-1667), considerando poco seguros sus negocios en Roma, puesto que un cambio de pontífice podía echar a rodar todo el sistema operístico allí vigente, decidió trasladarse a Venecia para presentar allí una ópera suya, *Andromeda* (1637). Resolvió el problema del espacio adquiriendo un teatrito adosado a la mansión de unos nobles, la familia Tron, y aceptando la asistencia de público civil a sus funciones mediante el pago de una entrada en su teatro, que recibió el nombre de Teatro di San Cassiano (por estar sito en la parroquia dedicada a este santo). De este modo sencillo se produjo en 1637 un trascendental cambio en el modo de representarse el reciente género de la ópera, como veremos enseguida.

Venecia era una ciudad con una larga tradición teatral, donde las audiciones musicales, la *commedia dell'arte* y las funciones festivas habían sido muy populares desde hacía muchos años. No sorprende, pues, que el resultado artístico y sobre todo económico de la iniciativa de Manelli fuera muy alentador. Por otra parte, precisamente mientras Manelli estaba en Venecia, el papa Urbano VIII, el gran protector de la ópera en Roma, había caído gravemente enfermo y el futuro de la vida operística romana parecía sumamente incierto. Y aunque el papa finalmente se recuperó (no moriría hasta años después, en 1644), Manelli decidió quedarse en Venecia y ser su propio empresario antes que volver al sistema romano y depender del capricho o del carácter personal de un pontífice.

Así, pues, con su *Andromeda*, Francesco Manelli introdujo en Venecia una nueva forma de entender el espectáculo de la ópera, más por lo que respecta a la manera de financiarlo que por su contenido, aunque lo primero acabaría ejerciendo una enorme influencia sobre lo segundo. Y es lógico que así fuera, pues al abrir las representaciones de ópera al público, que ahora sufragaba el espectáculo en lugar de ser graciosamente invitado a presenciarlo, éste adquiría un derecho a opinar que antes, como invitado, no había podido ejercer. Pero precisamente por el hecho de pagar una entrada, ahora podía influir en el desarrollo del género operístico, puesto que podía demostrar su entusiasmo por los espectáculos que le gustaban, y dejar de asistir —i. e., de pagar— por aquellos que no le halagaban. El empresario era muy sensible a esta cuestión: las óperas que calaban bien en el público producían rendimientos muy superiores a las óperas que no gustaban. Había que procurar contentar al público que pagaba, para sostener el negocio. Sobre este elemental principio se basaron los cambios que se produjeron en el mundo operístico veneciano en el curso de muy pocos años.

Efectivamente, había surgido la figura del empresario teatral, preocupado siempre por atraer el máximo de público posible a sus espectáculos, procurando, por lo tanto, dejarlo bien complacido y tener en cuenta sus preferencias. No tardará, pues, el público en imponer su criterio y como es natural, el empresario tenderá a encargar las óperas en la forma más atractiva para sus clientes, que ahora tienen el poder de decidir qué quieren ver y escuchar y qué es lo que quieren favorecer con su asistencia.

Venecia, por otro lado, ofrecía una serie de seguridades para los espectáculos teatrales como ninguna otra ciudad de esta época. Ni la religión ni la política se interferían en la vida ociosa de la ciudad, y los cantantes y los empresarios estaban a cubierto de los cambios de fortuna que con frecuencia se hacían sentir en el seno de las familias nobiliarias, enzarzadas con frecuencia, en la Italia de la época, en guerras devastadoras y en partidismos fratricidas a favor o en contra de la política de Francia o de España.

En Venecia el empresario sólo tenía que tener en cuenta una cosa: ofrecer un tipo de espectáculo que estuviese en concordancia con el gusto del público, y esto es lo que motivó que la ópera fuera cambiando gradualmente y de modo constante a través de los años.

La creación de los teatros públicos, a partir de 1637, y a ritmo muy rápido —todo un fenómeno en la Venecia del siglo xvii— permitió que las funciones de ópera estuviesen al alcance de todos los niveles sociales de la población, todos tenían voz, e incluso voto, sobre el espectáculo.

Uno de los «hallazgos» de los teatros venecianos fue la disposición de las salas en forma de plazuelas rodeadas de palcos. Esta estructura era heredada de las antiguas plazas públicas, con sus balcones en derredor. Los palcos, en el fondo, no eran más que el recuerdo de los antiguos pisos que daban a la plaza pública, y cuyos balcones habían sido alquilados por la gente que no quería ensuciarse demasiado permaneciendo en la plaza pública, o asistir al espectáculo sin sufrir apretones ni empujones de la multitud, o incluso mantener su presencia en el anonimato. En los teatros, en efecto, los palcos eran como pequeños pisos amueblados (algunos incluso dotados de facilidades para servir algunos platos en el antepalco), e incluyendo a veces una pequeña dependencia para los criados de la familia que tenía en arriendo el palco. Éstos se solían alquilar por temporadas enteras o medias temporadas, dando derecho al arrendatario a asistir a las funciones de cada día, aun a riesgo de ver y escuchar varias veces la misma ópera, pues lógicamente los cantantes no podían ni querían dar una ópera distinta cada día, sino alternar dos o tres títulos durante un período de tiempo más o menos largo, según el éxito alcanzado por cada una de las óperas presentadas.

Hay que hacer un esfuerzo de adaptación a la época de la cual estamos hablando para entender estas costumbres teatrales tan distintas de las nuestras. Para empezar, estamos hablando de ciudades en las que sólo había, en realidad, tres clases sociales: la nobleza, la burguesía acomodada, y la pequeña burguesía y gente de oficios. Las dos primeras clases vivían principalmente de sus rentas y la segunda, además, de sus negocios; la tercera exclusivamente de su trabajo, pero no se trataba de clase obrera, puesto que no existían todavía las fábricas: todo lo más había talleres domésticos donde las personas hábiles realizaban en privado algunas manufacturas vendibles, usando a veces máquinas rudimentarias. También había un sector de profesiones liberales (abogados, notarios, médicos, sacerdotes, etc.) y un crecido número de personas que realizaban servicios, especialmente los de tipo doméstico.

Todas estas personas podían acudir al teatro en las ociosas tardes del año, cuando las clases poderosas habían ejercido ya la administración de sus bienes, tarea poco dura; las clases más modestas podían muchas veces terminar sus tareas a tiempo para asistir al teatro: los sirvientes con sus amos; las gentes de oficio, pagándose una entrada modesta.

Los diferentes pisos donde se hallaban los palcos permitían diferenciar nítidamente los niveles sociales de sus ocupantes. Los pisos más bajos, y el primero, especialmente, tenían palcos más caros y espaciosos y eran alquilados por las familias más poderosas de la ciudad (de hecho estaban «obligados» a alquilarlos por su categoría social), por los grandes diplomáticos y demás gente de alcurnia. En los pisos más altos se establecían los comerciantes enriquecidos y las familias de la clase media; arriba de todo había espacios para la población sencilla, que si carecía de asiento podía también agenciarse una «entrada de paseo» que le daba acceso al local sin puesto fijo: este tipo de público solía permanecer de pie (equivalente al antiguo espacio fangoso de la plaza pública). En la parte más cercana al escenario, con el tiempo se fueron colocando algunos bancos por si la gente del patio quería seguir el espectáculo con más atención, pero era una minoría; no sería hasta bien entrado el siglo xix que las plateas se convertirían en vastos espacios con butacas para un público más interesado por la ópera; en el xvii y xviii la mayor parte prefería hablar, moverse, saludar a parientes o amigos o incluso tratar de encontrar cobijo en alguno de los palcos de algún conocido. Ruidosos como eran muchos italianos, podemos imaginarnos el rumor que llenaba la sala (Stendhal lo comenta todavía a principios del siglo xix en Nápoles) y que solo se acallaba cuando llegaba el momento en que la «prima donna» o el «primo castrato» se aprestaban a cantar algunas de sus arias refulgentes con toda clase de complejas vocalidades ornamentales o de las exhibiciones de *fiato*. El público, que había oído aquella ópera varias veces en la temporada, sabía perfectamente cuándo llegaban los momentos que todavía valía la pena escuchar, sobre todo porque estaba establecido que los grandes cantantes hicieran variaciones cada día sobre las ideas melódicas del aria. Así, pues, el público no oía necesariamente cada día la misma música, y cuando habían artistas de gran nivel valía más la pena acudir al teatro, porque se oirían maravillas «distintas» cada día, aunque la ópera fuera la misma. Éste era el *desideratum* de un cantante: que sus intervenciones fuesen escuchadas con un silencio religioso propio de los grandes momentos del arte lírico: así lograban que el empresario tomara buena nota de lo fantástico que era el cantante, y de que valía la pena volverlo a contratar, mejorándole el salario, pero también era útil para que se enterasen esos envidiosos rivales que estaban intentando segarle la hierba bajo los pies y tratando de sobrepasar su mismo nivel artístico —y de sueldo.

Pero por lo común, y dadas las circunstancias ya expuestas, el público no asistía a los espectáculos con la seriedad y el recogimiento con que se hace hoy en día. El teatro, además estaba iluminado durante toda la función, ya que apagar o encender las velas o las lámparas de aceite del local habría sido un proceso demasiado complicado. El público se sentaba en los palcos a ratos, y en otros se reunía en amigable conversación en los antepalcos, donde también se podían recibir visitas, merendar o incluso cenar, mantener relaciones sociales, de negocios, políticas —incluso amorosas, en ocasiones— y, de paso, escuchar a las gargantas privilegiadas de cuyas proezas toda la ciudad se haría eco en los días siguientes.

VI. LA ESCUELA VENECIANA DE ÓPERA

El arraigo de la ópera en Venecia y la influencia que su público ejerció sobre el espectáculo determinó el nacimiento de una escuela autóctona de creación operística con sus características propias. Éstas se pueden reducir, en esencia, a las exigencias del público veneciano de la época, y que eran:

- Reducción de la importancia de la orquesta, como una forma de disminuir el coste del espectáculo, puesto que el público no manifestaba ningún interés por la parte instrumental de la ópera.
- Desaparición del coro, que no tenía ningún atractivo para el público veneciano y también suponía una reducción de los gastos. Con esto se acabaron de eliminar los residuos polifónicos que hubieran podido quedar en las óperas de los primeros años. Si en alguna ocasión era precisa para la narración escénica que hubiera un coro, se reducía su presencia a la mínima expresión y se hacía cantar en él a todos los miembros de la compañía que no tuviesen que estar en escena en ese momento (incluyendo tal vez a los sastres, las cosedoras, los encargados de cobrar las entradas e incluso alguna vez el libretista y/o el compositor).
- Potenciación gradual de las líneas melódicas vocales, con una pasión especialmente desmedida por las voces agudas: los *castrati* en primer lugar, sopranos y mezzo-sopranos inmediatamente después, con los tenores en una posición más modesta; los bajos y barítonos ni siquiera estaban todavía diferenciados, de hecho, y su presencia era siempre en un plano muy secundario, aunque era costumbre que incluso ellos tuviesen alguna aria o intervención en solitario.
- Incremento muy notable de la escenografía, que adquiere ahora la grandiosidad típica y la variedad consustanciales con el barroco, con utilización de «máquinas» teatrales complicadas, siendo usual las «transformaciones» (pasar en pocos segundos de un palacio a una cueva, y de ésta a un jardín, por ejemplo).
- Mantenimiento de los argumentos clásicos grecolatinos pero con la cada vez más frecuente inclusión de personajes cómicos originalmente ajenos a la acción (criados y criadas astutos, nodrizas ambiciosas y lascivas, soldados fanfarrones, médicos estúpidos, etc.). Estos personajes añadidos ocupan cada vez mayores escenas en la ópera, lo cual se debe a la exigencia del público modesto, de los pisos altos del teatro, a que las narraciones «clásicas» (i. e., «aburridas») se animaran con la presencia de personajes divertidos. Los empresarios cuidaron mucho de exigir

que libretistas y compositores dieran gusto a este público, que también pagaba su entrada y que suponía una aportación de dinero muy importante para la buena marcha de la empresa.

Los libretos gradualmente dejaron de ser apreciados por su contenido literario, aunque en los primeros tiempos de Venecia había todavía autores de calidad, como Gian Francesco Busenello (1598-1659; autor del libreto de *L'incoronazione di Poppea*, de Monteverdi, y de los de varias óperas de Cavalli); oficialmente se mantiene la denominación de «poeta» para referirse al libretista, y se perpetúa la ficción de valorar la «poesía» del texto, como se mantendrá aún durante todo el siglo xviii.

• Separación cada vez más marcada de la parte narrativa de la ópera (recitativo, cantado sobre un simple «bajo continuo», formado por un clavecín y un violoncelo) y la parte lírica (arias o, en su caso, dúos), donde aparece normalmente toda la pequeña orquesta.
• Reducción gradual de la estructura del drama de cinco actos a tres.

Lo más curioso es que la primera etapa de esta escuela veneciana incluye la presencia de Claudio Monteverdi, que hacía años había abandonado Mantua para ocupar el cargo de maestro de capilla de la catedral de San Marcos. Cuando empezó la actividad operística pública en la ciudad, el ahora anciano compositor lograría dar todavía sus dos últimas grandes creaciones del género que él mismo había contribuido a crear: *Il ritorno di Ulisse in patria* (1641) y *L'incoronazione di Poppea* (1642), en las cuales se muestra adaptado en gran parte a las exigencias teatrales venecianas que se habían impuesto en estos años, aunque siempre se mostró hábil en extremo en la presentación musical de los personajes y haciendo atractiva la narración escénica.

En estas óperas podemos apreciar los cambios que se habían operado en el género, si las comparamos con su antiguo *Orfeo* de treinta y cinco años antes. Lo primero que notamos es la presencia de los preceptivos personajes cómicos. De acuerdo con el libretista Gian-Francesco Busenello, en *L'incoronazione di Poppea*, por ejemplo, la historia de Nerón y Poppea se ve animada por las intervenciones cómicas de nada menos que dos nodrizas: la de Nerón y la de Poppea. Esta última, llamada Arnalta, es un personaje con una considerable presencia musical y escénica, con intervenciones muy divertidas.

Podemos apreciar que Monteverdi continúa incluyendo en sus partituras el típico «lamento» que ya había introducido en su perdida *Arianna* (1608) y que en su última ópera, *L'incoronazione di Poppea*, adquiere una intensidad especial en el lamento de Ottavia «Addio, Roma».

Monteverdi había cerrado los números cantados de su *Orfeo* con un vistoso dúo; en *L'incoronazione di Poppea* hará lo mismo con el dúo amoroso de Nerón y Poppea, al término de la obra.

Esta curiosa actividad teatral de Monteverdi terminó pronto, pues el compositor murió en Venecia en 1643, justo después de haber dado a conocer estas dos últimas obras maestras de su labor operística.

VII. EL PRIMER GRAN COMPOSITOR VENECIANO: PIER FRANCESCO CAVALLI

Entre los compositores propiamente venecianos que formaron la nueva escuela operística hay que mencionar, en primer lugar, a Pier Francesco Cavalli (1602-1676), de origen judío (P. F. Caletti Bruni) que al convertirse al catolicismo había adoptado el apellido de su padrino y protector, un caballero veneciano apellidado Cavalli. Fue cantor y también músico eclesiástico; había sido discípulo de Monteverdi y muy pronto se distinguió como el más prolífico, dotado, elegante e ingenioso de los compositores que escribieron para la escena veneciana.

Su debut como compositor de óperas fue con *Le nozze di Teti e di Peleo*, estrenada en el Teatro San Cassiano, en enero de 1639. Sería ésta la primera de una extensa serie de óperas que llevan la huella de la influencia monteverdiana, pero que tienen una indudable personalidad propia.

Adhiriéndose a las exigencias teatrales que imponía el nuevo sistema del teatro público, Cavalli aligeró su orquesta y dio una preeminencia muy especial a la vocalidad, de acuerdo con lo que ya se ha comentado más arriba.

Entre las óperas producidas en los años siguientes se pueden citar, entre otras varias, *La Didone* (1641), *L'Egisto* (1643, en la que ya no utiliza coro), *L'Ormindo* (1644), *Deidamia* (1644), *La Doriclea* (1645), *Giasone* (1649), *L'Oristeo* (1651), *La Calisto* (1652, una divertida sátira de tema festivo y mitológico, alegre y despreocupada, que modernamente ha sido recuperada con cierta frecuencia), *L'Orione* (1653), *Xerse* (1655), *L'Erismena* (1656), *Statira, principessa di Persia* (1656), *Ipermestra* (1658) y muchas otras, con las que logró un prestigio inmenso por la elegancia de sus creaciones vocales, en las que se distinguen sobre todo las grandes páginas dolorosas o patéticas escritas para voces femeninas y las escenas cómicas para voces masculinas que interpretan roles femeninos «en *travesti*».

El estilo de Cavalli se fue afirmando en el decenio 1651-1660: sus arias fueron adquiriendo una consistencia mayor y sus recitativos perdieron

Escena de una representación moderna de *L'Orione*, ópera de Pier Francesco Cavalli. (Teatro Goldoni de Venecia, en 1998.)

prolijidad y fueron cada vez más homogéneos, ganando en concisión y efectividad. A veces Cavalli le da al recitativo unas cuantas frases de contenido musical más denso, sin que esto suponga el inicio de un aria. Por otro lado, el recitativo puede estar acompañado de orquesta, una práctica que años más tarde se irá haciendo más frecuente. Se perciben algunas diferencias entre las óperas escritas para ocasiones oficiales y las destinadas al público «corriente» del teatro.

En esta época empezaba ya a generalizarse una costumbre que después tendría una gran incidencia en el mundo de la ópera: el de transportar arias de éxito de una ópera a otra, sin preocuparse mucho de la unidad de la obra original. Si tenemos en cuenta que los textos de las arias expresaban sentimientos y no elementos importantes de la acción, un aria en la que un personaje expresara dolor o alegría, así, en abstracto, podía muy bien colocarse en el contexto de otra ópera sin que el público notara fractura alguna en la unidad de la obra que oían en el teatro. Aparte del hecho de que estos conceptos de «unidad dramática», «obra original», etc., no les preocupaban mucho, así como tampoco les quitaba el sueño la verosimilitud de lo que veían en escena, con tal de que hubiese una buena cantidad de arias de gran exhibición vocal y escenografías vistosas.

Cavalli cuidaba bastante la calidad de los textos a los que ponía música: se puede apreciar la inventiva y la vivacidad del lenguaje de su colaborador Giovanni Faustini y otros de sus colaboradores también alcanzaron un buen nivel.

Cavalli en París

El prestigio de Cavalli fue tan grande que cuando el cardenal Mazzarino quiso volver a intentar la implantación de la ópera italiana en París (como vimos más arriba, ya lo había intentado en alguna otra ocasión), pensó que lo más convincente sería incluir una ópera de Cavalli con motivo de las fiestas de la boda del rey Luis XIV con María Teresa de Habsburgo, hija de Felipe IV de España. La boda se había pactado en la Isla de los Faisanes, en el Bidasoa, en 1659, pero los festejos y la boda propiamente dicha se prepararon para el año siguiente, para que el pueblo de París la celebrara. Para tal ocasión, Cavalli compuso una obra de circunstancias, *Ercole amante*, cuyo título sugería que el rey era un «Hércules» (cosa del todo falsa) y que estaba muy enamorado de su futura esposa (cosa que también era falsa). Pero ésta era la imagen que se trataba de extender entre el público.

La experiencia, para Cavalli, fue muy desagradable. A causa de varios problemas y algunas intrigas, se fue aplazando el estreno de su ópera. Su valedor, el cardenal Mazzarino, murió entre tanto y no fue hasta dos años más tarde de lo previsto que finalmente pudo aparecer su *Ercole amante* ante el público de París, en el Palais Royal. Lully, compositor y hasta cierto punto amigo del rey, fue quien escribió la música de unos ballets para amenizar la función, puesto que los espectadores franceses no hubieran podido soportar un espectáculo sólo cantado sin danza. Por otra parte, el uso de los *castrati* y sobre todo el hecho de que los cantantes se expresaran en italiano y no en francés, causaron un rechazo general del público hacia el espectáculo que se les ofrecía; sólo la maquinaria teatral consiguió causar la admiración de los espectadores parisienses.

Estas representaciones de la ópera de Cavalli fueron decisivas en provocar la búsqueda de otros caminos para la ópera en Francia, que construiría su propio sistema operístico, aunque al precio de quedar musicalmente aislada del resto de Europa durante dos siglos.

El retorno de Cavalli. Sus rivales, Cesti y Ziani. Otros autores

Cavalli regresó de Francia amargado y descontento, e incluso había decidido no trabajar más para el teatro. Además, durante su ausencia, sus rivales, especialmente Pietro Antonio Cesti (1623-1669) y en menor grado Pietro Andrea Ziani (*ca.* 1620-1684) habían minado su popularidad en Venecia. Sin embargo, Cavalli recuperó su actividad y volvió a la escena con óperas como *Scipione affricano* (1664), *Muzio Scevola* (1665) y *Eliogabalo* (1668), aunque su inmensa fama había cedido un poco.

Aunque no del todo en la órbita veneciana, citaremos aquí al compositor Alessandro Stradella (1642-1682), más inclinado al oratorio que a la ópera, pero autor de varias óperas que se representaron en Venecia, en Viena (hacia 1670) y en Roma. Pasó después a Turín y a Génova, donde estrenó *Le gare d'amor* paterno (1678). Autor de éxito, se metió en lances amorosos que provocaron su asesinato. Su novelesca vida ha sido tema de algunas óperas del siglo XIX, singularmente la de Friedrich von Flotow (1844).

Como tantos operistas de este período, Cavalli quedó virtualmente olvidado con el siglo XVIII. Su recuperación como compositor deriva del nuevo interés que se ha suscitado por la ópera barroca a partir del final de la II Guerra Mundial. En 1952 el Maggio Musicale Fiorentino puso en escena *La Didone*, y unos años más tarde el Festival de Glyndebourne, gracias a las revisiones de las partituras a cargo de Raymond Leppard, se atrevió con *L'Ormindo* (1967) y *La Calisto* (1970), que fueron después editadas en discos. Las versiones entonces utilizadas tuvieron el mérito de su carácter pionero, pero se consideran hoy superadas por las nuevas versiones de música barroca con instrumentos originales y con otras soluciones para la realización de partituras que han llegado hasta nosotros con muy pocas indicaciones instrumentales e interpretativas. En 1978 apareció la primera biografía completa del compositor, debida a la prestigiosa Jane Glover.

Escenografía que se utilizó para el estreno de *Il pomo d'oro*,
del compositor Pietro Antonio Cesti, en 1667.

VIII. BARROQUIZACIÓN CRECIENTE DE LA ÓPERA VENECIANA

Mucho antes de que Cavalli viajara a París, Cesti, que había sido monje, se había distinguido con una ópera titulada *L'Orontea* (1649), que circuló muchísimo y se representó incluso en Austria, donde las óperas italianas interesaban cada vez más en la corte del emperador Fernando III, muy inclinado hacia la música. En Innsbruck, en presencia del monarca, se representaron óperas de Cesti, y también en Viena.

Pero el gran éxito de Pietro Antonio Cesti fue, en 1667, la ópera titulada *Il pomo d'oro*, estrenada con motivo de las bodas del nuevo emperador Leopoldo I con la infanta Margarita de España. El emperador, que no sólo era melómano sino incluso compositor aficionado, quedó tan subyugado por el espectáculo que desde entonces la ópera italiana se convirtió en un artículo de primera necesidad en la corte de Viena.

En cuanto a Pietro Andrea Ziani, su música está todavía por divulgar. Se citan entre sus obras unas veinte óperas, como *Annibale in Capua* (1661) y una *Semiramide* (1671). Sobrino de este compositor fue Marc'Antonio Ziani (1652-1715), continuador de la escuela, con una cincuentena de títulos que, de momento, yacen más o menos olvidados.

Mencionaremos también, entre los autores venecianos del siglo XVII, a Giovanni Legrenzi (1626-1690), autor muy prolífico en todos los campos, a quien se atribuye la difusión del *aria da capo*, y Antonio Sartorio (*ca.* 1620, *ca.* 1681), autor de un curioso *Orfeo* (1672). El tema volvía a ser el manido relato de *Orfeo y Eurídice*, pero la narración tiene tal cantidad de acontecimientos añadidos a la trama original, que se aprecia que se trata de una excelente muestra de la complicación barroca típica de este período, hasta el punto de que siguiendo la obra parece que el autor olvide a trechos el argumento que está explicando. Una grabación completa en discos y en CD de esta ópera de Sartorio permite al aficionado aproximarse al modo peculiar de narrar historias operísticas de este momento.

No sólo se complicaba la ópera en el terreno libretístico o escenográfico, sino que en el campo de la música y del canto surgían también formas cada vez más complejas. Los mejores cantantes sobresalían en las demostraciones vocales, añadiendo en todo momento las improvisaciones y las ornamentaciones que les apetecían. Así se inició la época de los grandes *castrati* y de las imperiosas *prime donne*, que hacían las delicias de los espectadores pero causaban la ira y la irritación de los compositores, que veían alteradas sus obras musicales hasta dejarlas casi irreconocibles. Por otro lado los libretistas, deseosos de complacer al público con cambios de escena cada vez más frecuentes y con gran variedad de incidentes escénicos, iban complicando los argumentos de las óperas con añadidos cada vez más extensos, con escenas cómicas prolijas y acciones colaterales que complicaban la acción cada vez más.

No todos los libretistas, sin embargo, veían con buenos ojos tales libertades y no tardarían en influir en la adopción de un nuevo sistema menos complejo.

IX. DIFUSIÓN DE LA ÓPERA ITALIANA POR EUROPA: AUSTRIA Y ALEMANIA

La incorporación de la ópera italiana a las costumbres de la corte de Viena tuvo grandes consecuencias para la rápida difusión de este género por toda Europa, ya que el emperador austríaco era nominalmente la máxima autoridad, por así decirlo, de todos los territorios del Imperio Sacro-Romano-Germánico, que estaba subdividido en unos 300 Estados de dimensiones distintas (la paz de Westfalia, de 1648, había consagrado esta división). Pero cada uno de esos Estados, de importancia muy variable (nobles de grados distintos, grandes eclesiásticos, príncipes, etc.) tenía su pequeña corte, y muchos de sus soberanos tendían a imitar las maneras y las costumbres de la corte imperial. El éxito de la ópera italiana en ésta supuso, por lo tanto, el interés de muchos de esos magnates y príncipes en esforzarse por cultivar también en sus respectivas capitales la música y la ópera de los italianos.

Fueron muchas las compañías de cantantes que se formaron en Italia, no sólo en Venecia, sino en Roma, en Bolonia (que fue un centro destacado de contratación de cantantes), en Génova, Livorno y Nápoles, un poco más tarde, para cubrir esta demanda creciente de música escénica (así como también, de paso, de música instrumental). Una verdadera invasión de músicos italianos se dirigió hacia el Norte, para ganarse la vida en países y tierras más prósperos, y manteniendo celosamente ocultos los secretos del canto y de las ornamentaciones vocales que los compositores italianos habían hecho circular, y cuya aplicación vocal no se podía estudiar, entonces, en ningún lugar que no fuese la propia Italia.

De este modo, la gran oleada operística italiana cubrió antes de que acabara el siglo XVII una buena parte de los territorios del Imperio (Austria, Alemania, Bohemia, etc.) y llegó con más o menos fuerza e intensidad también a Escandinavia y Polonia. Por causas que veremos en su momento, no llegó a Inglaterra ni a España hasta el siglo XVIII, pero sí a Portugal. Francia quedó excluida en gran parte de la expansión de la ópera italiana.

Es importante señalar que aunque el canto quedaba exclusivamente en manos de los artistas italianos, la composición de música teatral era una técnica bien asequible a los no italianos, y así empezó a surgir una serie de compositores, especialmente alemanes, que se supieron adaptar a los métodos y modos de composición italiana y escribieron óperas en esta lengua, siguiendo los esquemas vocales e instrumentales característicos de los italianos (ya que de lo contrario, su público habría rechazado sus producciones). El primero de estos autores alemanes fue Heinrich Schütz (1585-1672), formado en parte en Venecia con Monteverdi. En 1627 escribió en Alemania una ópera basada en la antigua *Dafne* de Rinuccini, pero la música se ha perdido.

La verdadera introducción de la ópera en Alemania no tuvo lugar hasta mucho más tarde, y a través de, como veremos, la influencia de la corte imperial austríaca. Aunque en algún caso se intentó hallar una vía específicamente germánica para la creación de óperas, como fue el caso único de la ciudad libre de Hamburgo, donde en 1678 se abrió un teatro público de ópera (el Theater am Gänsemarkt), al modo de los de Venecia, con el tiempo las producciones de dicho teatro también se tuvieron que ir adaptando a las exigencias y costumbres del público favorable al espectáculo exótico italiano y a los cánones operísticos de este país.

Retrato de Georg Philipp Telemann.

Entre los autores más célebres de este primer período de la ópera alemana debe mencionarse a Reinhard Keiser (1674-1739), cuya ópera *Croesus* (1710) ha sido recientemente divulgada gracias a un par de notables grabaciones en CD. Keiser viajó algunos años por el Norte de Europa con una compañía de cantantes, ofreciendo espectáculos de ópera alemana.

También participaron en la vida teatral de la ópera de Hamburgo el posteriormente famoso Georg Friedrich Händel (1685-1759) y su amigo y colega Georg Philipp Telemann (1681-1767), que debutó en el teatro de Hamburgo con su ópera *Der Geduldige Sokrates* (*El paciente Sócrates*, 1721) pero cuya única ópera bien divulgada ha sido el *intermezzo* bilingüe (alemán-italiano) titulado *Pimpinone* (1725), sobre el mismo tema del de Albinoni y del *intermezzo* posterior *La serva padrona*, de Pergolesi.

Este foco de ópera alemana no prevaleció y finalmente las cortes del imperio germánico se nutrieron casi siempre de autores de Italia, llegados muchas veces con las propias compañías de cantantes de este país.

En Austria vimos ya como las producciones de Marco Antonio Cesti introdujeron la ópera en la corte vienesa, para quedarse ya en ella arraigada como espectáculo habitual y diversión de la familia imperial. Este hecho fue determinante en la difusión de la ópera en los pequeños Estados alemanes, siempre dispuestos a emular lo que se practicaba en la corte del emperador, a pesar de que algunos príncipes tuvieron que hacer grandes sacrificios económicos para organizar una vida operística de interés. En todo caso, el género adoptado por la corte austríaca fue inequívocamente italiano. Lo confirma el hecho de que más tarde el emperador Carlos VI mostrara un agrado especial hacia las óperas de Antonio Caldara (1670-

1736) y por las visitas ocasionales de la compañía que dirigía Antonio Vivaldi (1678-1741), con quien el emperador departió hablando de música en más de una ocasión.

II. LA GRAN EXPANSIÓN DE LA ÓPERA

Alejada de los centros operísticos de los primeros tiempos, y situada bajo el dominio de la monarquía española, Nápoles vivió durante medio siglo al margen de la revolución musical de los primeros años del siglo XVII.

La ciudad era entonces sede del virreinato español, un dominio que los napolitanos habían intentado sacudirse de encima, especialmente con la revuelta (1647) llamada de Masaniello (óperas hay sobre estos eventos, como se verá), pero la presencia española estaba sólidamente afianzada y los virreyes mandados por los reyes castellanos gobernaron a veces con mano dura a los levantiscos napolitanos. Estos virreyes fueron sin duda los introductores de la ópera; la primera ocasión en que consta la llegada de operistas a Nápoles fue durante el gobierno del conde de Oñate (Ognatte, en las crónicas napolitanas): fue una compañía denominada I Febi Armonici que el mencionado virrey habría acogido en su palacio en 1651 ó 1652. Se daba así la curiosa circunstancia de que mientras el rey de España, Felipe IV, no podía sufragar los gastos de una compañía operística italiana en Madrid, su virrey en Nápoles se permitía favorecer las representaciones de ópera en su palacio.

El historiador italiano Benedetto Croce afirmó, después de haber encontrado un libreto impreso en Nápoles en 1651, que la primera ópera representada en esta ciudad habría sido *L'incoronazione di Poppea*, de Monteverdi, pero más tarde sus afirmaciones fueron puestas en duda y se ha dicho que el primer espectáculo de ópera representado en Nápoles habría sido *L'Amazzone d'Aragona*, que parece haber sido una adaptación de *Veremonda, amazzone d'Aragona*, de Francesco Cavalli, estrenada en Venecia aquel mismo año. En Nápoles se habría representado en el palacio real en diciembre de 1652, con motivo de los festejos organizados para celebrar la recuperación de Barcelona por las tropas de Felipe IV de España.

Sea como fuere, lo que queda patente es el origen veneciano de estos primeros espectáculos operísticos napolitanos. La compañía de I Febi Armonici, dirigida por Antonio Generoli, se quedó varios años en la ciudad al servicio de los virreyes españoles, y se estableció en el Teatro San Bartolomeo de Nápoles, iniciando una serie de temporadas operísticas que sin muchas interrupciones se mantuvieron en activo en este teatro hasta que fue derribado en 1737, año en que fue inaugurado el Teatro San Carlo, mucho más lujoso y espacioso, ya en la época de Carlos de Borbón (el futuro Carlos III de España).

Por lo que parece, el paso de los espectáculos de ópera del palacio de los virreyes al teatro público fue motivado por la necesidad de que no gravitasen sus enormes gastos sobre la corte, haciendo que la ópera fuese una diversión pública y de pago, aunque la corte tuvo que apoyar económicamente el espectáculo. Los virreyes, a partir de ahora, se limitaban a invitar a los cantantes a dar alguna representación especial en la corte, sobre todo en ocasión de celebraciones oficiales y solemnidades. A mediados del siglo XVII todavía no era habitual que los monarcas o sus representantes, los virreyes, asistiesen a funciones en los teatros, que en esos tiempos no tenían todavía de la reputación posterior que los ha considerado en cierto modo como templos de la cultura. Aún así, consta que el virrey español de unos años más tarde, el marqués de Astorga, acudió al Teatro San Bartolomeo para ver una ópera, en 1673. Desde entonces, este hecho insólito se fue haciendo cada vez más frecuente, y uno de los últimos virreyes españoles, el duque de Medinaceli, ya asistía con frecuencia a las óperas del teatro público.

Si de momento los títulos operísticos llegados a Nápoles procedían de la escuela veneciana (se citan óperas de Cesti y de P. A. Ziani entre las representadas en estos primeros años, además de otros títulos de Cavalli), con el tiempo empezaron a aparecer los primeros compositores locales, que debían de imprimir en sus obras el carácter típico del país y que debían de reflejar también cuáles eran las preferencias específicas del público napolitano, tal como había ocurrido en la Italia del Norte, igual como lo habían hecho los compositores venecianos en su propia ciudad.

Retrato de Alessandro Scarlatti (1660-1725), verdadero
impulsor de la escuela napolitana de ópera.

El primero de estos autores napolitanos parece haber sido Francesco
Cirillo (*ca.* 1623-d.d. 1670?), autor de algunos títulos escritos para I Febi Armonici, en cuya compañía se había integrado, pero no es hasta la aparición
de Francesco Provenzale (*ca.* 1627-1704) que podemos hablar de una escuela napolitana de ópera. Provenzale es todavía hoy muy mal conocido (a pesar
de que últimamente se ha recuperado alguna de sus óperas, tanto en teatro
como en CD), de modo que no se sabe si realmente se le deben los modelos
que después distinguirían a lo que llamamos ópera napolitana. Actualmente
se conocen de él un par de óperas: la primera es la titulada *Lo schiavo di sua
moglie* (1671 ó 1672) y que tiene carácter de ópera bufa *(opera buffa)*, a pesar de
estar fechada mucho antes del nacimiento «oficial» de este género destinado
a ser típico de Nápoles. La otra ópera conservada de Provenzale es *Diffendere
l'offensore, ovvero La Stellidaura vendicata* (1678), que se aproxima más al «género heroico» y parece haber sido representada en ambientes nobiliarios.

Pero la figura galvanizadora de la escuela napolitana fue sin duda Alessandro Scarlatti (1660-1725), compositor nacido en Palermo, pero pronto asociado al mundo musical napolitano, después de haber pasado algunos años en Roma ejercitándose en el campo de la música vocal. En efecto, en Roma se había granjeado un prestigio a través de sus cantatas, escritas para personajes prominentes de la vida musical romana, entre los cuales se contaba la reina Cristina de Suecia. Se había distinguido también componiendo algunas óperas, la primera de las cuales, *Gli equivoci nel sembiante*, se había estrenado en 1679 y fue representada después en varias ciudades italianas. En 1680, y en presencia de la ex reina sueca, estrenó otra ópera totiñada *L'Honestà negli amori*.

En 1683, y después de haber estrenado algunas óperas más en Roma, Alessandro Scarlatti se trasladó a Nápoles, donde obtuvo éxitos considerables con *Il Lisimaco* y sobre todo con la reposición de *Il Pompeo*, que había estrenado antes en Roma. Fue éste el primero de sus grandes triunfos líricos que obtuvieron un eco general. Posiblemente fue esta ópera la que le abrió las puertas del cargo de maestro de capilla de la corte virreinal (1684), con gran indignación de Francesco Provenzale que confiaba en su mayor madurez y trayectoria para obtener dicho cargo. A partir de este momento, la actividad operística de Alessandro Scarlatti adquirió un impulso creciente y pronto fue el compositor más prolífico de la escuela napolitana.

En cuanto a la ópera bufa, su nacimiento resulta un tanto impreciso. Ya vimos como una de las óperas que se han conservado de Provenzale tenía las características de la ópera bufa. Igual que en Venecia, había empresarios teatrales pendientes de los gustos del *popolino*, es decir de la gente de clase social modesta, que gustaba también de la ópera pero no entendía de mitología ni le interesaba la remota historia grecolatina. Hacia 1715, terminada la gran Guerra de Sucesión Española (1702-1714), debió de renacer en Nápoles el gusto por este tipo de teatro desenfadado y a veces paródico de la ópera seria (*opera seria*), y que no tenía por qué gustar sólo a la gente modesta, sino a todo el público en general. A esto se debe, sin duda, la presencia de una ópera de tipo bufo en medio de la producción, generalmente *seria*, de Alessandro Scarlatti: *Il trionfo dell'onore* (1718).

Aunque se ha querido ver el origen de la ópera bufa en el *intermezzo buffo* surgido en los teatros napolitanos para intermediar las óperas serias con números cómicos del agrado del público más sencillo, parece que esto sólo en parte es verdad, porque ya entre los autores napolitanos del primer tercio del siglo XVIII encontramos títulos bufos.

XI. La reforma del libreto operístico

Hasta este momento, casi todos los libretos operísticos utilizados por los compositores tenían una estructura compleja, con la inclusión de los imprescindibles personajes cómicos que, como ya vimos anteriormente, acababan deformando y desdibujando la acción.

Hacia 1690, sin embargo, empieza a percibirse una corriente de opinión entre los mismos libretistas de mejor calidad literaria, que rechazaba estas interpolaciones y lamentaba la falta de unidad argumental que conferían a los libretos. La influencia del aspecto clásico que ofrecían las obras de teatro francesas de Racine y Molière, por un lado, así como, por el otro, la recuperación del interés por la normativa clásica reintroducida por Boileau, basada en una apreciación muy rigorista de las reglas de Horacio y de Aristóteles, motivó que algunos libretistas italianos, entre los que se distinguió Silvio Stampiglia (1664-1725) y más tarde, pero de un modo muy especial el también historiador y numismático Apostolo Zeno (1688-1750), decidiesen escribir libretos ajustados a las «reglas» de lo que entonces se consideraba «buen gusto», y que además fuesen lo más fieles posible al pasado histórico grecolatino.

Zeno y algunos de sus colegas antes que él, empezaron la costumbre de dar explicaciones previas, en breves prólogos impresos a modo de prólogo de sus libretos, dando las razones por las cuales habían adoptado una determinada interpretación de un hecho histórico, y tratando de justificar por razones teatrales a los personajes que eran mera ficción, procurando reducirlos al mínimo e intentando que sus actitudes en la narración estuvieran de acuerdo con su carácter.

Por otra parte, los libretistas de esta generación estaban imbuidos de la idea de que debía desprenderse una lección moral de toda obra teatral y sus personajes actuaban, por lo tanto, bajo este imperativo, especialmente los de carácter noble (héroes, monarcas, princesas); esto, en definitiva, no era más que un reflejo de las ideas propias del Despotismo Ilustrado, cuyas teorías se basaban sobre la superioridad moral de la nobleza —puesto que tenía un origen «heroico», léase «divino»— empezando por el monarca o gobernante, alguien que por definición poseía estas virtudes en grado máximo. En las óperas, los conflictos del argumento surgen por la fuerza del amor, único elemento que podía deformar, siempre de un modo pasajero, el sentido del deber y de la justicia de los grandes héroes y de los nobles. Al final todo se arreglaba después de que hubiera quedado más o menos clara una lección moral. Esta tarea de propaganda política subliminal va quedando cada vez más clara a medida que entramos en el siglo XVIII, y culmina con la llegada al mundo de la ópera del eximio poeta y libretista Pietro Metastasio (1698-1782). Este gran escritor llevaría a un grado de refinamiento dicha influencia moral sobre el público operístico, de tal modo que parece haber sido adoptada por él y por otros muchos imitadores suyos por propia convicción, en un intento de autoasimilarse a las clases gobernantes a las que servían.

A consecuencia de esta nueva óptica de la vida teatral y operística, en los libretos empezaron a desaparecer rápidamente los personajes cómicos (nodrizas, criados, militares fanfarrones, criaditas, etc.) que tanto éxito habían alcanzado en la ópera veneciana de las generaciones anteriores. Apostolo Zeno ya no utiliza personajes de este tipo y tiende a dar a sus libretos las tres unidades exigidas por las reglas clásicas: unidad de tiempo, de lugar y de trama, y los compositores de su tiempo, encabezados por Alessandro Scarlatti, fueron poniendo en música cada vez más los libretos que se ajustaban a ese nuevo enfoque teatral.

Los principales libretistas de este período trabajaban para el teatro veneciano, pero la progresiva decadencia de éste hizo que los efectos de estos cambios se ejerciesen de modo más claro sobre los compositores napolitanos, y de modo gradual sobre Alessandro Scarlatti. La influencia del ya mencionado Silvio Stampiglia se produjo cuando este libretista romano se trasladó a Nápoles, donde algunos de sus textos fueron puestos en música por Scarlatti en los años finales del siglo XVII y primeros del XVIII.

Ya hacía mucho tiempo que los libretistas habían aprendido a marcar en el texto los pasajes destinados a ser revestidos por el compositor con música de mero acompañamiento (recitativo), procurando en tales pasajes que el texto tuviese importancia narrativa, y cuidando de que hubiese pasajes adecuados para más intensas efusiones líricas, con textos meramente reflexivos o de manifestación de los propios sentimientos (aria). En los libretos venecianos de fines del siglo XVII el número de arias tiende a reducirse, pero esto fue debido al notable crecimiento de la música de estas arias, como no tardaremos en comentar. Por otro lado, disminuye también el número de cantantes que intervienen en las óperas, de modo que a hacia 1695 ya es raro que sean más de seis o siete; esta última cifra acabará siendo la máxima aceptable (en *La Calisto*, de Cavalli, en 1652, había trece personajes con un papel de cierta entidad). La razón de esta disminución de los papeles operísticos era la defensa de los intereses de los empresarios de ópera, que podían formar así compañías más económicas con un número menor de cantantes, que participaban en casi todas las óperas de la temporada para la que habían sido contratados.

Como las arias eran los pasajes en los que los cantantes se podían lucir, los libretistas ya se ocupaban de distribuirlas teniendo en cuenta la importancia de los personajes y de las voces que iban a tener (seguramente de acuerdo con los compositores, ya que casi siempre coincidían ambos en un mismo teatro antes de crear la ópera que había que poner en escena). Había que tratar este asunto con un cuidado exquisito, ya que era preciso reservar la mejor parte de esas arias para los *castrati* más famosos y para las *prime donne* de mayor prestigio. Como por otra parte los grandes cantantes se negaban a cantar combinando sus voces con las de otros cantantes, sus rivales potenciales en el mundo del teatro («¡el público ha venido a escucharme a mí!», era su argumento principal), había que equilibrar muy bien qué es lo que se escribía para cada uno de esos personajes de la ópera, y qué es lo que se destinaba a los aspirantes a ocupar su puesto (la *seconda donna*, sobre todo) para que no surgieran indebidas competencias. Por esto en los libretos de esta época no hay casi ninguna escena de conjunto salvo cuando el argumento lo exigía por fuerza.

La estructura de las óperas queda reducida, por lo tanto, en los primeros años del siglo XVIII, básicamente a una ristra de arias, separadas entre sí por los necesarios recitativos. Pocas veces queda interrumpida la serie de arias por un dúo o algún pasaje atípico. Las escasísimas escenas de conjunto se sitúan, en el mejor de los casos, en los compases iniciales de la ópera o en los pasajes finales de los actos. Con objeto de distribuir de forma homogénea el material musical, el libretista suele dar un aria a cada personaje; cuando han desfilado todos con sus recitativos previos y sus arias, termina el primer acto. En el segundo ocurre algo parecido, de modo que éste es el momento en que cantan sus arias incluso los personajes secundarios. Pero al llegar el tercer acto, como los cantantes de rango inferior ya habían agotado su cupo de arias (dos como máximo), quedaban sólo por cantar las grandes arias de los protagonistas. Por esta razón el tercer acto de las óperas barrocas solía ser bastante más corto que los dos primeros.

Este sistema, por otro lado, daba un relieve mucho mayor al aria que antes, y así proliferó la costumbre, ya existente, pero ahora reforzada, de que los cantantes añadiesen arias por su cuenta, eligiendo entre las que les habían dado un mejor rendimiento en otros teatros. Como muchos de esos cantantes viajaban con sus arias predilectas en el equipaje (preparadas para ser impuestas a los músicos y empresarios de los teatros a donde fueran a parar), estas piezas recibieron el nombre de *arie di baule* (arias de baúl). Algunos cantantes tenían incluso reconocido en su contrato el derecho a interpolar arias de su gusto en sus particelas, fuese cual fuese la ópera que se estuviese poniendo en escena. Como se ha dicho, un aria solía llevar un tipo de texto que era fácil de adaptar a una nueva situación escénica. Por lo tanto el cambio favorecía al cantante-estrella y el público lo agradecía con el aplauso.

Aunque todos estos cambios en la praxis operística fueron compartidos a partir de 1700 o poco después también por la ópera veneciana, superada ya la fase especialmente barroca que comentamos en un capítulo anterior, el mérito, por así decirlo, de esta gradual reforma de la ópera corresponde a la ópera napolitana, y suele atribuirse en general a Alessandro Scarlatti, aunque no fuese él el auténtico inventor de algunos de los elementos del cambio.

XII. La reforma interna de la ópera

Parece indudable que, en efecto, Alessandro Scarlatti tuvo mucha influencia en establecer que las óperas tuvieran una estructura clara y fácilmente comprensible para el público, al adoptar como pieza nuclear de sus creaciones la llamada *aria da capo*. Si bien es cierto, como se ha señalado ya, que la fórmula *da capo* existía anteriormente, y que otros autores también la utilizaron hacia estos mismos años, el hecho de que Scarlatti la adoptase de modo casi habitual (después de 1690), la consagró como fórmula eficacísima de establecer el esquema de las óperas, de acuerdo con las costumbres del momento.

El *aria da capo* tenía una estructura muy clara, dividida en tres secciones. La primera se iniciaba casi siempre con un tema vivo y animado tocado por la orquesta sola primero, y cantado después por el personaje al que correspondía el aria, hasta que intervenía de nuevo la orquesta con el ya conocido ritornello. Nuevamente la voz cantaba el tema, alternando con otras intervenciones de la orquesta hasta terminar esta primera sección del aria.

A continuación se desarrollaba una segunda idea o tema, más lento que el primero, que servía como «contraste»; esta idea es esencial en la estética barroca, y uno de los mejores modos de establecerlo, en música, era cambiar de ritmo y de velocidad. Sin embargo, esta segunda idea o tema solía ser de relativa importancia, y poco después la orquesta emprendía de nuevo el *ritornello* de la primera sección, sin ningún cambio (los músicos de la orquesta volvían atrás la página de la partitura y empezaban de nuevo: de ahí el nombre del aria *da capo*: en la partitura figuraba la indicación de que había que volver al inicio y tocarlo todo como la primera vez (*da capo al fine*, o simplemente «D. C.»). Pero ahora el cantante, en lugar de cantar lo que tenía escrito en la partitura, podía y «debía» añadir todo tipo de ornamentaciones vocales a la línea melódica que había cantado antes y que casi siempre ya tenía ornamentos. Había, pues, que añadir muchos más, y recurrir incluso a la detención de la orquesta para que el cantante pudiese ornamentar libremente, a su gusto, hasta que decidía «caer» sobre la nota en que la orquesta estaba esperándole (*cadenza*, es decir, «caída») para terminar juntos el aria. Los cantantes famosos podían pasar varios minutos cantando ornamentaciones solas durante la *cadenza*, con lo que un aria *da capo* podía durar ocho, diez, doce y hasta quince o dieciséis minutos, dependiendo de las libertades que se tomara el cantante.[1]

El sistema del *aria da capo* encontró un favor completo en la práctica teatral de los primeros años del siglo XVIII. Y se comprende, porque era un tipo de forma musical que favorecía a todo el mundo: al propio compositor, porque se aseguraba de este modo que el público de los teatros tendría ocasión de escuchar, en la primera parte, exactamente lo que el compositor había escrito, y no la versión alterada por algún *castrato* o *prima donna* que quería lucirse. A esos cantantes también les vino bien la nueva fórmula, porque les permitía hacer la operación contraria: demostrar que si el compositor había escrito aquello que se cantaba en la primera parte y en la segunda, ellos podían demostrar en la tercera todo lo que podían hacer de más, exhibiendo sus improvisaciones «mucho mejores» que lo que el compositor había escrito, y más difíciles.

Pero también se beneficiaban los músicos de la orquesta, que se ahorraban trabajo; no tenían más que volver la página y tocar de nuevo la pieza ya conocida y no tenían que estudiar e interpretar algo distinto. E incluso los pobres y esclavizados copistas de las partes de orquesta, se ahorraban copiar la tercera parte, ya que la música de ésta era la misma de la primera: sólo cambiaba la parte vocal.

Hasta el público se beneficiaba con este esquema, pues era mucho más fácil saber en qué punto se hallaba una pieza (cuando alguien, como era muy normal, entraba a media representación o regresaba de alguna visita), y además permitía al espectador esperar qué haría el cantante con el material que estaba cantando en la primera parte.

El sistema que ahora se ponía en vigor estaba formado por poco más que una ristra de arias *da capo*, separadas por trechos a veces bastante largos de recitativo *a secco*, es decir, con los monótonos acordes del bajo continuo

---

[1] La cantante italiana Nella Anfuso ha grabado las arias que solía cantar el famoso *castrato* Farinelli, con todas las ornamentaciones, trinos, gorjeos, escalas y exhibiciones vocales del caso; puede apreciarse que un aria cantada así en su forma original, podría durar más allá de quince minutos de canto ornamentado.

(clavecín y el violoncelo). De vez en cuando se daba a un personaje un aria corta, en un solo movimiento, o *cavatina*, más que nada para acelerar un poco el avance de la acción (cada aria la entretenía durante varios minutos, como hemos visto). Sólo rompía el esquema un dúo de amor, único motivo suficiente para obligar a las primeras figuras a cantar juntos. Algunas veces un episodio colectivo animaba el final de la ópera, y alguna vez cantaban también todos los intérpretes de la obra al principio de la misma, justo después de la obertura, o al final del primer acto.

En algunas ocasiones un aria podía estar escrita sobre el bajo continuo, sin que interviniese la orquesta al completo. De todos modos, este recurso fue desapareciendo pronto.

Así, pues, aparte de alguna escena añadida, como una marcha o un ballet, la ópera tenía un aspecto totalmente estereotipado, de prolongada duración y nula variedad.[2]

Este sistema, que iría generando más tarde sus propios inconvenientes, tuvo un fuerte arraigo en el campo de la ópera napolitana y se propagó rápidamente a los autores de la escuela veneciana y a los de toda Europa —Händel fue su más fiel difusor en Inglaterra—, de modo que llegó a ser el lenguaje musical obligado de toda ópera de tema serio o «heroico», durante los cien años siguientes (todavía Mozart y algunos autores de los primeros años del siglo XIX usaron este modelo en algunas ocasiones).

Los excesos ridículos en que caían fácilmente los «divos» y las «divas» de los teatros, la frivolidad de muchos libretistas, la falta de verdaderos conocimientos de más de un músico metido a operista, las arbitrariedades de los empresarios, de los «protectores» de las cantantes, y otros muchos aspectos de una vida teatral basada más en la propia ambición que en un verdadero sentido artístico motivó la publicación, en 1720, de un divertido libro satírico por parte de Benedetto Marcello: *Il teatro alla moda*, cuya reciente traducción al castellano[3] hace hoy asequible esta ácida y divertida diatriba en la que, según parece, Marcello hacía veladas alusiones a su colega y rival Antonio Vivaldi.

[2] En una representación del *Artaserse* (1744) de Terradelles, compositor catalán afincado en Italia, un crítico que desconocía sin duda las características de la ópera barroca, se levantó indignado reclamando que al menos hubiera un dúo de vez en cuando. El único dúo de esta ópera llegó en su momento, bastante más tarde.

[3] Marcello, Benedetto, *El teatro a la moda*, Alianza Editorial, colección Alianza Música n.º 7, Madrid, 2001 (traducción castellana y edición de Stefano Russomanno).

XIII. LA CARRERA DE ALESSANDRO SCARLATTI

La vida de Alessandro Scarlatti no tuvo nada de fácil ni de cómoda. Se le acusó de haber tenido parte en la «mala» conducta de una de sus hermanas, artista de canto con otras calificaciones que la justicia trató de establecer. El escándalo no logró malograr, sin embargo, su carrera, aunque siempre estuvo mal pagado, y con retrasos frecuentes en el cobro por parte de la administración de los virreyes españoles (el duque de Medinaceli, en los años últimos del siglo XVII, fue un administrador desastroso y caótico), y por esto, a pesar de la importancia de su cargo musical, Scarlatti aprovechó todas las ocasiones posibles para huir de Nápoles —sin renunciar a su posición— y trabajar en Roma o donde fuese posible. Lo encontramos reiteradamente en la ciudad papal y a partir de 1702 se quedó unos años al servicio del cardenal Ottoboni, gran cultivador de la música, que gozaba de una excelente posición política y económica por haber sido sobrino del papa Alejandro VIII (1689-1691). Aparte de su trabajo en Roma, Alessandro Scarlatti trató de abrirse camino económicamente en otras ciudades, como Florencia, donde el príncipe Fernando de Medici, músico competente y amante de la música, le encargó varias óperas que se han perdido. Scarlatti también probó fortuna en Venecia, pero parece que las óperas que presentó allí no gustaron mucho.

Preocupado por la carrera de su hijo Domenico Scarlatti (1685-1757), tuvo pronto la suerte de verlo bien encaminado en el mundo de la música, y después de haber estrenado algunas óperas en Italia, consiguió que se estableciera finalmente en la corte de Bárbara de Bragança, princesa real portuguesa que acabaría casándose con Fernando de Borbón (heredero del trono español (Fernando VI), de quienes se hablará en otro capítulo). Domenico Scarlatti creó un gran número de vistosos y difíciles *esercizi* para clavecín que luego se denominaron «sonatas» y que su noble discípula aprendió a dominar con gran soltura, convirtiéndose en una apasionada amante de la música, tanto instrumental como vocal, y una clavecinista consumada.

Desengañado en cambio Alessandro Scarlatti de sus perspectivas de éxito, lo encontramos de nuevo ocupando el cargo de maestro de capilla de la corte virreinal de Nápoles, aunque ahora en manos de los austríacos, dueños del reino napolitano en 1707, durante la Guerra de Sucesión española. Alessandro continuó ofreciendo óperas nuevas en el teatro, que después pasaron a otras ciudades de Italia y en algunos casos llegaron al extranjero. Algunos de estos títulos incluso han tenido eco modernamente, como *Il Mitridate Eupatore*, 1707; *Il Tigrane*, 1718, la ópera bufa *Il trionfo dell'onore* (1718), y su última creación escénica, *La Griselda*, 1721, una de las pocas óperas de Alessandro Scarlatti que ha llegado hace poco al CD, aunque en una discreta y muy cortada versión «en vivo». Lo cierto es que en esta época en que se verifican tantos redescubrimientos de compositores olvidados y de óperas desaparecidas, llama la atención que todavía no se haya dedicado prácticamente ningún esfuerzo a poner en pie las óperas de este compositor.

La vocalidad de las obras de Alessandro Scarlatti, cuidada y refinada, no llega a exigir todavía los extremos de virtuosismo de los compositores posteriores. Por otro lado, su orquesta es en exceso sencilla, reducida muchas veces a un pequeño grupo de cuerda y un par o dos de instrumentos de viento.

XIV. La fallida introducción de la ópera italiana en Francia: la ópera francesa

A pesar de los esfuerzos del cardenal Mazzarino por aclimatar la ópera italiana en París, después del semifracaso de Cavalli con su ópera (1662) algunas personas estaban dispuestas a tomar las medidas necesarias para introducir la ópera en Francia, pero tratando de evitar los errores cometidos con la ópera italiana, que, en cuanto a forma teatral, no había dejado de causar una cierta impresión.

El primer error era el idioma: para los franceses, la lengua italiana está demasiado distante para que se dé un nivel mínimo de comprensión como el que se da, por ejemplo, en España. La ópera tenía que cantarse en francés, para satisfacer, además, el exacerbado *chauvinismo* local.

En segundo lugar, no era viable utilizar *castrati* cuya presencia y cuya voz no gustaban. Había que escribir óperas en las que hubiese sólo voces «normales», acordes con la personalidad de los personajes de la ópera.

En tercer lugar, había que solventar el problema del baile o ballet, al que los espectadores franceses, fascinados por los bailes de corte en uso desde un siglo atrás, no estaban dispuestos a renunciar.

En estas circunstancias, un grupo formado por Robert Cambert (*ca.* 1628-1677), compositor, Pierre Perrin, poeta-libretista, y un oscuro marqués de Sourdéac, que ejercía como financiador de la iniciativa, decidieron solicitar un privilegio al rey Luis XIV para introducir definitivamente un espectáculo de ópera en París.

El sistema de «privilegio», típico del llamado Antiguo Régimen, consistía en solicitar del gobierno el derecho a explotar en exclusiva un invento, una iniciativa, o un tipo determinado de negocio, por un tiempo limitado (solía ser de diez años), protegido por la autoridad del Estado.

Consecuentes con la idea de que en Francia, el Estado era el rey, como éste mismo gustó de formular en cierta ocasión, acudieron al monarca, obteniendo una entrevista para mostrarle su proyecto de ópera francesa.

Luis XIV —cuya afición a la música era medianamente importante— se mostró encantado con la iniciativa, y no sólo concedió el privilegio solicitado, sino que decidió darle rango académico: un honor muy notable. La organización de Cambert, Perrin y Sourdéac sería llamada Académie Royale de Musique, y su fecha fundacional (1669) es, considerada todavía, en teoría, la de la creación de la Ópera de París, que durante tres siglos se tomó muy en serio esta condición académica, con consecuencias que en algunas épocas fueron funestas para el desarrollo de la ópera francesa.

Respaldados por este inusual favor del monarca francés, Cambert y Perrin pusieron manos a la obra y escribieron una ópera cuyo título era el de *Pomone* (1671). De hecho, Perrin y Cambert ya habían escrito alguna otra obra juntos, *La Pastorale d'Issy* (1659), pero con esta obra aspiraban a lograr la preeminencia en la vida musical francesa. La obra gustó y el público acudió a la Sala del Jeu de Paume donde se representaba, dejando algún beneficio, pero el marqués de Sourdéac, que no tenía los recursos que había anunciado, tuvo que recurrir a prestamistas que reclamaron los beneficios. Los autores fueron encarcelados por deudas, aunque Cambert había intentado salvar el negocio con otra ópera cuya música se ha perdido.

Éste fue el momento que aguardaba el compositor de origen florentino Giovanni Battista Lulli (1632-1687), que había entrado al servicio del rey Luis XIV cuando éste era un muchacho, y había cautivado al monarca por sus habilidades con el violín y como actor. Lulli, que fue nombrado director del grupo de «Los 24 violines del rey», se había naturalizado francés adoptando el nombre de Jean-Baptiste Lully ya había mostrado un considerable interés por los intentos de introducir la ópera en Francia; ya vimos que escribió las piezas de ballet que faltaban en la ópera de Cavalli, cuando éste estuvo en París en 1662.

Ahora ofreció comprar el privilegio a los asendereados autores de la Académie Royale de Musique, que se libraron así de la cárcel pero dejaron la nueva institución en manos del avispado florentino. Robert Cambert emigró pronto a Inglaterra, donde intentó prosperar con nuevas creaciones, sin mucho éxito.

Lully, por su parte, acentuó la adaptación del género a los gustos de los franceses, que él conocía bien: adoptó la forma lento-rápido para la obertura o pieza instrumental inicial de las óperas que escribió a partir de entonces; cortó la longitud de las arias, porque las italianas eran consideradas por todos como excesivamente largas; empleó un tipo de recitativo adaptado a la declamación francesa, y trufó el espectáculo de pasajes orquestales, corales y, sobre todo, coreográficos, dándole una estructura mucho más variada, es decir, dividida en muchos episodios. Dividió el drama en cinco actos no muy largos y no olvidó introducir prólogos con unas extensas, reiteradas y sonoras alabanzas al vanidoso monarca Luis XIV —que, por supuesto, era quien pagaba las óperas—. Precisamente por esto las óperas de Lully usaban una orquesta más densa que la de las óperas italianas, y un coro, sin descuidar la brillantez escenográfica, el vestuario y la variada coreografía del ballet, ahora ejecutado por profesionales, y no por los nobles, como antaño.

Así, a principios de 1673 Lully presentó al monarca su primera ópera: *Les Noces de Cadmus et Hermione*, con todos los requisitos para que causara impacto en Versalles y también en su presentación al pueblo de París, formando parte de las actividades de la Académie. A partir de entonces, y juzgando adecuada la fórmula utilizada, cada año presentó una ópera nueva, o dos como máximo: en 1674 estrenó una de sus óperas más logradas: *Alceste*, con un argumento que es un cruce entre la historia de la reina Alkestis (Alceste) y la fábula de Orfeo. Desde el primer momento Lully confió sus libretos al elegante escritor parisiense Philippe Quinault (1635-1688), que se inspiró habitualmente en temas clásicos grecolatinos, como fue costumbre muy arraigada también en la ópera francesa (*Thésée*, 1675, *Bellérophon*, 1679; *Proserpine*, 1680; *Acis et Galathée*, 1686, y alguna más), aunque a veces dirigió su atención a temas relacionados con las Cruzadas (*Armide et Renaud*, 1686) o a historias de corte medieval (*Amadis de Gaule*, 1684; *Roland*, 1685). Desde hace algunos años han surgido orquestas y formaciones musicales que han emprendido la recuperación de estos títulos de Lully, casi todos ausentes de los teatros desde tiempo inmemorial. La recuperación parece haber perdido impulso, aunque han quedado notables muestras discográficas de esta labor restauradora, con criterios variables, no siempre del gusto de todos los críticos.

La curiosa muerte de Lully, acaecida en 1687 a causa de la gangrena surgida de un golpe que él mismo se propinó al llevar con un gran bastón el compás de una pieza que dirigía en presencia del rey, dejó la Académie de Musique abierta a cualquier compositor que deseara presentar una ópera nueva a la consideración de sus responsables; las normas establecidas por Lully, en tanto que «académicas», eran de obligado cumplimiento, y así sólo se aceptaban en la Ópera de París —como empezó a llamarse a la Académie— aquellas obras que se ajustaran fielmente a lo dispuesto por Lully. Entre los autores cuyas óperas fueron aceptadas figuró pronto Marc-Antoine Charpentier (1636-ca. 1694), cuya *Médée* (1693) ha merecido los honores del disco en más de una ocasión.

Otro autor que se distinguió, más que el propio Marc-Antoine Charpentier, fue el provenzal André Campra (1660-1744), que supo introducir en la Ópera de París una variante nueva de la ópera francesa, a pesar de las estrictas normas establecidas, creando la llamada *opéra-ballet*, género híbrido en el que la proporción de escenas danzadas es todavía superior al de la ópera francesa «normal», y en el que la parte propiamente narrativa de la acción se reduce a escenas sueltas en torno a usos y costumbres, casi siempre amorosos, de distintos países (*L'Europe galante*, 1697, la primera *opéra-ballet* de este tipo; *Les Fêtes vénitiennes*, 1710, en torno al Carnaval de Venecia, etc.). Campra escribió también óperas francesas «normales», como *Tancrède* (1702) e *Idoménée* (1712), curioso precedente de la ópera de Mozart de sesenta y nueve años más tarde.

Paralelamente a la difusión de la ópera francesa del tipo cortesano representado por Lully y sus sucesores, surgió en París un tipo de ópera popular, la *opéra-comique*, que estaba basada en piezas de teatro hablado de tipo ligero, mezcladas con algunas arias breves (*comédie mêlée d'ariettes*). Los actores y cantantes del nuevo género lograron en 1715 permiso para abrir un teatro propio, pero los responsables de la ópera oficial intrigaron y lograron cerrarlo en 1745. Pero por estos años, bajo el impulso de Charles-Simon Favart (1710-1792), y de su esposa Marie-Justine Favart (1727-1772), hija del compositor André-René Duronceray, la *opéra-comique* adquirió mucha mayor entidad y se convirtió en un género que se podía parangonar hasta cierto punto con la ópera bufa italiana, sobre todo desde el momento en que un sector del público francés, encabezado por los enciclopedistas y por Jean-Jacques Rousseau (1712-1778) se pusieron de parte de los *intermezzi* cómicos italianos y trataron de acercar la *opéra-comique* al género bufo. Estas ideas enfrentaron a los partidarios de la moderna música teatral italiana de dicho género bufo y los tradicionalistas defensores del género francés, sobre todo a raíz del grandioso éxito de *La serva padrona*, de Pergolesi, en el momento de su reposición en París (1752). Esta fue la llamada «Querelle des bouffons», llamada también «Guerre» y generadora de un gran número de artículos y opúsculos a favor y en contra de la

Escena de la única representación en España de *Le Devin du village* (1752), obra de Jean-Jacques Rousseau. (Sala Toldrà, Conservatorio Municipal de Música de Barcelona, 1990.)

ópera bufa. Ese mismo año Rousseau daba a conocer su pieza cómica «a la italiana», pero en francés, *Le Devin du village*, con la que quiso demostrar que la fusión entre los dos estilos era posible, incluso en francés.

Estas ideas teatrales fueron seguidas también por Antoine Dauvergne (1713-1797), cuya ópera cómica *Les Troqueurs* (1753) lleva recitativo a la italiana en lugar del tradicional diálogo hablado francés. Otros autores, como François-André Philidor (1726-1795), siguieron brillantemente su ejemplo.

Uno puede preguntarse cómo era posible que las cuestiones relativas a la ópera apasionasen de tal modo a los particulares como para emprender la publicación, a su propia costa, de encendidos opúsculos en defensa de una postura u otra. Pero hay que tener presente que en estos años el género operístico era el máximo exponente del mundo del espectáculo, con una trascendencia que hoy no nos resulta fácil de imaginar.

El gran creador operístico francés del siglo xviii: Rameau

El mundo musical francés giraba sólo parcialmente en torno de la ópera: muchos compositores dedicaban sus esfuerzos al género muy popular de

Grabado, por Machi, realizado a partir del diseño escénico para una representación de la ópera *Dardaus*, de Jean-Philippe Rameau, realizada en París, en 1760; el grabado alude, concretamente, al acto IV.

la *suite* y dedicando una gran cantidad de obras a las piezas para clavecín, entonces género predilecto en muchos salones parisienses. Fue un género en el que sobresalió el compositor de Dijon, Jean-Philippe Rameau (1683-1764). Dedicado a su *Traité de l'Harmonie* (1722) y a sus libros de piezas para clavecín, Rameau no orientó su actividad hacia la ópera hasta los cincuenta años de edad. En 1733 estrenó su primer título: *Hippolyte et Aricie* (1733), y aunque mal acogido por algunos, el público le favoreció con el éxito, por lo que inició una serie de creaciones operísticas de gran calidad, como la ópera-ballet *Les Indes galantes* (1735), *Castor et Pollux* (1737), *Dardanus* (1739), *Zaïs* (1745), *Naïs* (1749, para celebrar la paz de Aquisgrán, del año anterior), *Zoroastre* (1749) y *Les Paladins* (1760), aparte de algunas otras óperas-ballet, como *La Princesse de Navarre* (1745). Rameau nunca entró en el género de la *opéra-comique*, pero dejó una divertida comedia lírica, *Platée* (1745).

Con la vejez y la desaparición de Rameau pareció haberse ido fundiendo el ideal de la ópera francesa, pero la llegada de Gluck a París (1774) le dio nueva vida, y un nuevo motivo de querellas. Como veremos en su lugar, el concepto de ópera francesa fue defendido por Gluck frente al asedio del género italiano, defendido tenazmente por los cada vez más numerosos partidarios del género foráneo.

No se puede desconocer la importancia histórica de las creaciones de Rameau, pero lo cierto es que ni su influencia ni su presencia escénica después de su muerte contribuyeron a su conocimiento, y la reposición de sus óperas, incluso después del «revival» barroco de fines del siglo xx, sigue siendo bastante modesta y se ha dado en pocos teatros europeos. En España ha transcurrido todo el siglo xx sin ningún estreno escénico de sus óperas, que nunca se habían visto tampoco en su propia época.

XV. Florecimiento de la escuela napolitana

Mientras tanto en Italia, si Alessandro Scarlatti era un compositor que todavía tenía un pie en los procedimientos operísticos del siglo xvii, con el otro en la modernidad dieciochesca, la nueva generación de compositores napolitanos puede decirse que florece con la aparición del joven y enfermizo compositor Giovanni Battista Pergolesi (1710-1736), quien se distinguió no sólo por sus excelentes piezas religiosas (en las que se aproxima al estilo galante y usa una vocalidad netamente operística), sino también por sus óperas, especialmente por la extensa pieza bufa *Lo frate 'nnamurato* (1732). También escribió óperas serias, como *Il prigioniero superbo* (1733) e *Il Flaminio* (1735), que han sido repuestas en estos últimos años, aunque no muy difundidas todavía. Pero la pieza que dio un lugar a Pergolesi en la historia de la ópera fue un *intermezzo* cómico, titulado *La serva padrona*, escrito en 1733 en dos partes, para situarlas como pieza cómica para ser representada en los entreactos de la ya citada *Il prigioniero superbo*.

La serva padrona sobrevivió muchos años como pieza de repertorio; la encontramos en Barcelona en 1750 y en París en 1746 y 1752; en esta última ocasión, su éxito inmenso dio pie a una viva controversia en pro y en contra de la ópera italiana comparada con la francesa, la llamada «Querelle des bouffons», antes citada.

Pergolesi murió tuberculoso a los veintiséis años de edad, y dejó truncada una carrera operística que habría podido ser ejemplar. Dejó todavía otro *intermezzo* menos divulgado, pero también gracioso: *Livietta e Tracollo* (1733).

II. LA GRAN EXPANSIÓN DE LA ÓPERA

Retrato de Giovanni Battista Pergolesi (1710-1736).

El *intermezzo* y la *opera buffa*

Hay que advertir, a raíz de lo que se ha dicho sobre la producción de Pergolesi, que desde el principio del siglo XVIII cuando menos, se había introducido en Nápoles la costumbre de dividir el género operístico en piezas de carácter bufo *(opera buffa)* y otras de carácter totalmente serio *(opera seria)*. Esta división se había hecho imprescindible puesto que los libretistas «de calidad» rechazaban, como se ha dicho, poner en escena personajes cómicos que rompieran esa «unidad de acción» exigidas por las normas del teatro clásico a la que todos les parecía deber obedecer.

Pero a los empresarios este sistema, en los primeros años, no les convenía, pues había un contingente de público sencillo, no ilustrado, al cual las historias de la Antigüedad clásica y de la mitología no ofrecían ningún aliciente. Este público quería reír de las chanzas groseras e incluso, a veces, algo subidas de tono de los personajes bufos de las óperas, y como pagaba su entrada con «dinero fresco», a diario, no era cuestión de prescindir de él. Por ello en las óperas serias, en los primeros años del siglo XVIII, se había introducido la costumbre de intermediar las óperas serias con *intermezzi* cómicos, pequeñas farsas en dos breves actos, que se colocaban en los entreactos.

El lector de hoy difícilmente comprenderá que se pudiera intermediar una ópera con dos actos de una pieza bufa totalmente diferente, justo en el tiempo del «descanso». Pero hay que advertir que en la época el descanso era sólo para cantantes y músicos: el público que asistía a los teatros de ópera no lo necesitaba, porque no estaba cansado. No asistía al teatro de ópera de la manera rígida que solemos adoptar cuando hoy en día vamos, de modo poco frecuente, a la ópera. El público hablaba, comía, bebía, fumaba, entraba, salía, cerraba tratos comerciales o tal vez amorosos, reía, chismorreaba, visitaba amigos y a lo mejor iba un buen rato a tomar un refresco o a jugar (casi todos los teatros de ópera eran, además, casinos con juegos de azar). Llegado el intermedio, bueno era ver las excentricidades y bromas de los cantantes bufos, que ahora, desterrados de las funciones serias, reservaban sus mejores chistes y gracias para estos *intermezzi*. No eran los grandes *castrati* ni las famosas *prime donne*, ni siquiera las *seconde donne*, los que cantaban en estos actos bufos, sino los cantantes hábiles en estos roles (en muchos de los cuales se aprecia la tradición teatral de la antigua *commedia dell'arte*). En los primeros años, hasta mediados del siglo XVIII, los personajes bufos solían cantar en el dialecto napolitano, quedando el toscano para la gente más «fina». En los papeles bufos brillaban los barítonos y los bajos que nadie quería escuchar en las óperas serias, y también las sopranos graciosas y los jóvenes y tal vez todavía inexpertos tenores. Primaban las piezas sencillas, de poca envergadura, y en las que se situaba la acción en la época del mismo espectador, es decir, una acción contemporánea, con alusiones a costumbres, modas, defectos de la sociedad del momento, centrados estos defectos en las figuras bufas por excelencia: los bajos que cantaban papeles de padres regañones y tiránicos, viejos galanes que pretendían casarse con jovencitas más o menos desobedientes a sus padres, puesto que estaban enamoradas de un joven que al final solía ser de buena familia, tal vez noble. También era esencial la presencia de un criado astuto, que se ponía al servicio del galán joven, mientras la criadita astuta de la muchacha conspiraba con ésta para burlar al padre y al vetusto pretendiente. Salvo casos especiales, los *castrati* no intervenían en este tipo de óperas.

Lo esencial en la ópera bufa era que los personajes solían tener la voz que era propia de su edad y situación: el tenor y la soprano eran la pareja enamorada, y los papeles de bajo bufo (no se distinguía entonces todavía mucho entre bajo y barítono) se distribuían entre el criado del tenor, el padre tirano y el viejo amante despechado. La acción se daba en recitativo, procurando que éste fuera ágil y rápido —no siempre era el caso— y las arias eran cortas, basadas a veces en una forma A-B-A, pero sin nada que ver con las exigencias musicales y técnicas de un *aria da capo*, al menos al principio, aunque casi todas tenían sus *ritornelli* a cargo de la orquesta, más modesta en principio que la de la ópera seria. No había aquí los impedimentos de las otras óperas para que se cantaran dúos, y pronto hubo también tríos y hasta cuartetos (como puede apreciarse ya en la ya citada *Il trionfo dell'onore*, de Alessandro Scarlatti).

Se ha dicho que los *intermezzi* fueron el origen de la ópera bufa, y en cierto modo es verdad, porque el género bufo evolucionó cuando el público se mostró dispuesto a ocupar toda una sesión con una ópera de este tipo, en lugar de aguardar al intermedio de la ópera seria para escucharla. De su división en dos entreactos nació la costumbre de que la ópera bufa tuviera una división en dos actos, en lugar de tres, y que su trama y sus arias fueran más breves que las de una ópera seria.

Entre los autores de *intermezzi* bufos de este tipo merece ser mencionado el sajón Adolf Hasse (1699-1783), antiguo discípulo de Alessandro Scarlatti y notorio autor de óperas de todos los tipos, incluyendo *intermezzi* muy notables, como *La contadina* (ca. 1730). Su popularidad en Italia fue enorme y fue conocido con el sobrenombre de *il caro sassone* («el querido sajón»).

Sin embargo ya hemos anotado antes la presencia de algunas óperas bufas en el siglo XVII napolitano, y hacia 1720 ya se habían desarrollado en Nápoles unas piezas extensas, de una comicidad un tanto arcaica, muy convencional, pero que constituyen verdaderas óperas bufas, de autores como Leonardo Vinci (1690-1730), Leonardo Leo (1694-1744) y, un poco más tarde, Gaetano Latilla (1711-1788) algunas de cuyas creaciones más significativas se han difundido en estos últimos años por grupos vocales y por grabaciones discográficas especializadas.

Entre los autores de óperas bufas de ámbito napolitano y dignos de mención en esta etapa podemos citar también a Rinaldo Da Capua (*ca.* 1715-1780), Francesco Corradini (o Coradini, *ca.* 1700-*ca.* 1750), activo algunos años en Valencia y más tarde en Madrid, Girolamo Abos (1715-

1760), Francesco Araja (o Araia, 1709-*ca.* 1770), introductor de la ópera italiana en Rusia, y otros muchos.

Aparte de estos compositores activos en Italia, hay que señalar también la importancia de la labor musical y teatral de Antonio Caldara (*ca.* 1670-1736), activo en la corte de Viena, alguna de cuyas producciones llegó a Barcelona a la corte del archiduque Carlos de Habsburgo, durante la Guerra de Sucesión española (1708).

Hay que señalar que casi todos los compositores que se han citado en el campo de la ópera bufa dieron también óperas serias a la escena. Lo mismo, pero a la inversa resulta igualmente cierto: casi todos los autores de óperas serias se permitieron escribir algunos títulos bufos. Entre los autores napolitanos de este grupo hay que mencionar a Niccolò Porpora (1686-1766), que empezó su carrera operística en Nápoles en 1708 y la prosiguió durante cerca de cuarenta años con más de cincuenta óperas, de las que sólo hay un corto número de títulos bufos. Ya viejo, el compositor explotó su antigua fama, haciendo demostraciones musicales y dirigiendo conciertos. En Viena fue el maestro malhumorado y regañón, pero eficaz, de Franz Joseph Haydn.

También hay que mencionar, aunque sea brevemente, al compositor napolitano Francesco Durante (1684-1755), que aunque no escribió óperas (sí, en cambio, algunos oratorios) ejerció una fuerte influencia sobre la generación siguiente de compositores napolitanos, hasta el punto que a veces se cita su nombre como fundador de la escuela.

La *opera seria*

Después de 1740 el *intermezzo* va reduciendo su presencia y la *opera seria* está ya netamente diferenciada del género bufo. En el serio predominan los argumentos clásicos de siempre, basados en la historia o la mitología grecolatina, aunque también a veces se toma como base un tema medieval (casi siempre sacado de episodios de las Cruzadas, y sobre todo basado en el ciclo de *La Jerusalén liberada* de Tasso). En algún caso muy excepcional, se acude a temas «exóticos» de Asia (Timur Lang, Gengis Khan) o de América (Moctezuma fue un personaje que apareció más de una vez en escena). La ópera seria se mantuvo como uno de los espectáculos más elegantes que podía ofrecer una corte nobiliaria en estos años, y poco a poco fue quedando reservada para actos oficiales: bodas principescas, celebraciones oficiales, aniversarios de soberanos, victorias políticas o militares, etc. Su tono se hizo más elevado y poco a poco acabó siendo incluso rígido.

No parece, sin embargo, que hubiese una neta división en cuanto al público: los teatros se llenaban tanto con las óperas serias como con las bufas, y aunque poco a poco se apreciaron mejor las últimas, también veremos más adelante que las piezas bufas iban adquiriendo poco a poco algunas de las características de la ópera seria.

Ésta se distinguía sobre todo por el tono sumamente decorativo adquirido por las arias *da capo*, de las que se apoderaban las grandes figuras del canto en detrimento de toda otra consideración musical o artística. La ópera se había convertido en una galería de exhibición vocal, y el argumento, el contenido orquestal, y demás elementos del drama tendían a desaparecer bajo el peso de la fascinación vocal —sin duda excepcional, algunas veces— de esas gargantas privilegiadas, que solían ir acompañadas de una total ausencia de sentido teatral. Si, como vimos, ya en 1720 Benedetto Marcello se sintió inclinado a burlarse de los excesos del género, con el avance del siglo XVIII acabó siendo general la idea de que había que cambiar la ópera para que fuese un espectáculo más inteligente y menos atado a los caprichos canoros de unos pocos, con el beneplácito pasivo de muchos. Cuando Francesco Algarotti publicó en 1755 su *Saggio sull'opera*, llamando la atención sobre las absurdidades del género operístico al uso, sus opiniones no tardarían en encontrar una respuesta eficaz, como tendremos ocasión de comentar.

Los géneros serio y bufo no agotaron las posibilidades escénicas de la ópera de estos años: ya desde principios del siglo XVIII abundan las llamadas pastorales y serenatas, generalmente de formato mediano y de tema bucólico o campestre, con pocos personajes (cinco son ya muchos). Su sencilla estructura dramática permitía que fuesen puestas en escena en los salones de algún palacio o incluso en la habitación privada de algún noble o monarca. Sus arias y sus recitativos, algo menores en número, no se diferenciaban en gran cosa respecto a los de la ópera seria.

XVI. LA ÓPERA VENECIANA A PARTIR DE 1700

La antigua tradición operística veneciana sufrió una fuerte transformación a partir de los primeros años del siglo XVIII, cuando se fue imponiendo el modelo napolitano y esa clara división entre ópera seria y bufa que fue su resultado más importante.

En el campo de la ópera seria se distinguieron de modo especial algunos compositores que el mundo occidental ha descubierto con el auge de la música instrumental barroca, y que por esta razón son todavía mal conocidos por lo que a sus aportaciones operísticas se refiere: Antonio Vivaldi (1678-1741) y Tommaso Albinoni (1671-1750). Por lo que se refiere al primero, la ola de reconocimiento universal que lo ha llevado a la cumbre del barroco musical a lo largo del pasado siglo XX, ha servido para dar a conocer algunas de sus grandes creaciones operísticas: entre las más divulgadas podemos mencionar *L'Orlando furioso* (1727) y *L'Olimpiade* (1734), aunque la primera que fue dada a conocer fue *La fida ninfa* (1732). Excepto en festivales y ocasiones especiales, las óperas de Vivaldi rara vez alcanzan los teatros, y van siendo dadas a conocer mediante grabaciones discográficas, y aún éstas sometidas a drásticos cortes por la excesiva longitud de las partituras. En cuanto a Albinoni, sus producciones, las pocas que no están perdidas, se hallan todavía en un limbo poco fácil de difundir, aunque en el campo del disco pueden encontrarse un par de títulos editados, uno de los cuales es el intermezzo *Pimpinone* (1724), sobre el mismo tema que la pieza de Telemann de idéntico título.

Vivaldi se sujeta sin muchos cambios a la nueva estructura de las arias *da capo* y crea un tipo de espectáculo vocalmente muy brillante, pero teatralmente convencional. En sus partituras, la coloratura está a la orden del día para todos sus personajes, especialmente para los femeninos y los destinados a *castrati*; ocasionalmente introduce en las óperas algunas ideas de su música instrumental (como un tema de *Las cuatro estaciones* en un aria de su *Orlando furioso*).

Vivaldi no fue sólo autor de óperas, sino también empresario y llevó una vida muy activa en este campo durante los años centrales de su carrera, manteniendo incluso relaciones con alguna cantante, pese a su condición de sacerdote (que probablemente ocultaba). Obtuvo notables éxitos musicales y fue bien recibido tanto en la corte de Viena como en la pontificia, donde el papa Inocencio XIII lo felicitó después de una función, ignorando sin duda que tenía delante a un sacerdote de vida azarosa.

Ya se ha citado más arriba la ridiculización que en 1720 hizo el compositor de estirpe noble, Benedetto Marcello, de los defectos e incon-

Retrato del músico Antonio Vivaldi
(1678-1741).

gruencias de las óperas. Parece seguro que Marcello quiso atacar con su libro la labor operística del «plebeyo» Vivaldi, pero el resultado de su libro, un verdadero *best-seller* de la literatura musical italiana de su siglo, fue proporcionar material para docenas de óperas estrenadas a partir de entonces y basadas en las pequeñas rencillas de un teatro de ópera con su angustiado empresario y toda la gente que trataba de vivir a su costa.

Es preciso citar aquí, al margen de los compositores venecianos de estos años, la presencia en Venecia del más tarde célebre compositor alemán Georg Friedrich Händel (1685-1759), que se había adherido a las nuevas normas de construcción operística (parece que conoció personalmente a Alessandro Scarlatti en Roma, y en todo caso fue amigo de su hijo Domenico). Händel obtuvo un éxito inmenso con su ópera *Agrippina* (1709), y probablemente fue este hecho el que acabó de decidir a los compositores venecianos a adoptar los esquemas operísticos procedentes de Nápoles. Después, cuando Händel pasó a Alemania y a Londres, escribió una considerable cantidad de óperas serias y algunas pastorales, en todas las cuales seguía fielmente el nuevo modelo de ópera que había aprendido en Italia.

La ópera bufa en Venecia

Aunque menos divulgada que la napolitana, hubo también en Venecia una corriente de adaptación del lenguaje operístico al género cómico, a mediados del siglo XVIII. Uno de los impulsos de esta corriente fue la brillante carrera literaria que desarrollaría en Venecia el comediógrafo Carlo Goldoni (1707-1793). Este escritor había sabido introducir en sus comedias unos temas humanos y unos recursos escénicos basados en la brillantez de las situaciones y del diálogo y en la exposición de una idea moral brillantemente ejemplificada a través de la sátira de los pequeños vicios cotidianos de la burguesía, contrastados con las astucias de los personajes socialmente menos afortunados, que ocupan los puestos de criados o sirvientas característicos de la antigua *commedia dell'arte*, pero con una dialéctica nueva, más moderna, urbana y civil que les sirve para ocultar mejor sus propósitos a la hora de favorecer a los personajes «positivos» de la obra y burlarse de los «negativos».

Desgraciadamente, los profesores de literatura suelen desconocer las vinculaciones de algunos escritores con la música, y el hecho de que Goldoni fuese, de hecho, el libretista de las mejores óperas de su tiempo pasa casi del todo inadvertido, como, por ejemplo, lo es también en España la importante labor operística y teatral de don Ramón de la Cruz, en la misma época.

El gran éxito de las comedias de Goldoni anduvo parejo con el de las óperas bufas escritas por algunos compositores hábiles, entre los que hay que destacar, en primer lugar, el veneciano Baldassare Galuppi (1706-1785), llamado «il Buranello» por ser nacido en Burano. Este compositor escribió entre 1740 y 1760 una larga serie de óperas bufas de tema goldoniano que dieron la vuelta por los mejores teatros de Europa con un gran éxito, equivalente al de los mejores compositores napolitanos. Entre los títulos hoy mejor conocidos de Galuppi (no del «gran público», por supuesto) hay que mencionar la graciosa sátira *L'Arcadia in Brenta* (1749), con una escena bufa de estornudos que se hizo famosa; *Il mondo della luna* (1750), con un argumento que usarían también Haydn, Paisiello, y otros para construir nuevas partituras del mismo título; *Le pescatrici* (1753); *Il filosofo di campagna* (1754, que se representó en varias ciudades españolas), y otras muchas. La música de Galuppi es refinada, con fuertes dosis de elementos galantes propios de su época, y un sentido melódico muy desarrollado. Naturalmente, es al mundo del disco al que hay que agradecer la recuperación de muchos de sus títulos, algunos de los cuales aparecen a veces en algunos festivales veraniegos con solera.

Grabado de
Baldassare Galuppi,
realizado por G.
Bernasconi.

Aunque hubo otros compositores de calidad activos en la Venecia de los años centrales del siglo XVIII, el único que ha merecido alguna atención modernamente es Ferdinando Gasparo Bertoni (1725-1813), autor de un apreciado *Tancredi* (1766) y autor de un curioso *Orfeo ed Euridice* (1776) sobre el mismo libreto de Calzabigi que había utilizado Gluck en 1762.

Baldassare Galuppi tuvo tanta fama en la Europa de su tiempo que fue el primero de los grandes compositores italianos que la zarina Catalina II invitó a trabajar en Rusia cuando subió al trono, abriendo así la serie de compositores italianos que harían de San Petersburgo un escenario importante en el campo de la ópera.

Si bien Venecia tuvo en Galuppi al último de los grandes operistas de su historia, el auge de la ópera italiana continuó a medida que avanzaba el siglo XVIII y fueron muchos los compositores europeos que, aun perteneciendo a otros países y culturas, adaptaron sus creaciones operísticas al estilo de los italianos, lo único posible en una época en la que éstos todavía poseían los secretos de la técnica vocal.

XVII. La reforma de Gluck

Mientras en Alemania triunfaba la ópera seria al uso, con todos sus «excesos», representados por Carl Heinrich Graun (1704-1759), que llenó de ornamentaciones de gusto rococó las óperas que escribía en Berlín para el rey Federico II de Prusia (autor del libreto de su ópera antiespañola *Montezuma* (1755), en Austria se empezaba a destacar un compositor que llevaría a cabo una importante reforma de la ópera. En efecto, Christoph Willibald Gluck (1714-1787), después de haber viajado por Europa y de haber escrito numerosas óperas italianas (*La caduta dei giganti*, en Londres, en 1746), muy apreciadas por su sobriedad, dentro del culto a la ornamentación que entonces se ejercía, a su regreso a Viena tuvo la suerte de casarse con una viuda rica (Marianne Pergin) y se vio así librado de la esclavitud de una relación teatral con empresarios exigentes. Su boda le abrió las puertas de la corte, donde fue profesor de música de varios de los hijos e hijas de la emperatriz María Teresa de Austria, entre los cuales estaba María Antonieta. Apasionado por la ópera, no dejó de observar la presencia de varias óperas francesas, muy poco conocidas fuera de Francia, que yacían en los estantes de la Biblioteca Imperial de Viena; se interesó en especial por el género cómico francés, y estrenó en Viena varias óperas en las que imitaba el formato e incluso los temas de la *opéra-comique*, como *L'ivrogne corrigé* (1760), *Le cadi dupé* (1761) escribiendo también música para ballets «de acción», como *Don Juan* (1761).

En estos años Gluck trabó amistad con el libretista italiano Raniero de Calzabigi (1714-1795), que había leído el ensayo de Algarotti sobre los excesos vocales de la ópera italiana, y estaba decidido a llevar a cabo una reforma del género operístico: en realidad no era sino abandonar los esquemas del barroco para adoptar los del neoclasicismo en un momento en que todo el mundo estaba redescubriendo la sobriedad del mundo clásico después del descubrimiento de las ruinas de Pompeia y Ercolano (1748). Gluck se asoció a esta idea, que implicaba la eliminación de las típicas y grandilocuentes arias *da capo*, suprimía, de paso, los largos y aburridos recitativos con bajo continuo (clave y violoncelo), y los reemplazaba por recitativos «acompañados», es decir, con la orquesta al completo; eliminaba a los *castrati* y sus abusos ornamentales en la línea vocal de las óperas, y daba un relieve especial a la veracidad de los argumentos, concebidos como verdaderos dramas de la Antigüedad clásica, a fin de producir en el espectador la admiración y el respeto ante los antiguos monumentos literarios del pasado, revividos por su música y convertidos en dramas musicales.

Retrato de Christoph Willibald Gluck (1714-1787).

Su primera ópera «de la reforma» fue, en 1762, *Orfeo ed Euridice*, estrenada como ópera de cámara con cierto éxito en el teatro de la corte de Viena en presencia de la emperatriz María Teresa y su esposo. Gustó bastante, pero el sentido de la reforma no fue bien entendido por el público y Gluck y Calzabigi emprendieron una segunda ópera, *Alceste* (1767), mucho más ambiciosa, y en cuya partitura Gluck publicó un prólogo, verdadero y primer manifiesto de un compositor en torno de una obra musical, explicando los objetivos de la reforma y atribuyendo modestamente el mérito a Calzabigi. Con un tercer intento, *Paride ed Elena* (1770), culminó la labor conjunta de Gluck y Calzabigi, pero estaba muy

Representación de la ópera *Orfeo ed Euridice*, de Gluck. (Producción de J. P. Ponnelle, con Ruza Baldani en el papel principal, Gran Teatro del Liceo de Barcelona, 1983.)

claro que en Italia, sobre todo, el sentido de la reforma no cuajaba, y en algunas de sus óperas, sobre todo en *Orfeo*, los empresarios y músicos de las compañías operísticas al uso añadían arias *da capo* para redondear «el efecto» de estas austeras obras.

Convencido Gluck de que el verdadero sentido de la «reforma operística» sólo podía ser apreciado por el público francés, alejado de las tradiciones italianas, se trasladó a París, donde apeló a su antigua alumna María Antonieta, quien era ahora «delfina» de Francia, por su boda con Luis XVI. Gracias a ella, Gluck logró que se le abrieran las difíciles puertas de la Ópera, cuyos regentes se consideraban depositarios de las *reglas* que tenía la institución como Academia Real de Música. Con el apoyo de María Antonieta, Gluck pudo estrenar en 1774 la ópera *Iphigénie en Aulide*, que la «delfina» aplaudió ostensiblemente, impulsando la aprobación del público a su favor.

Poco después, fallecido Luis XV y convertida ya en reina de Francia, continuó apoyando a Gluck, que logró estrenar su nueva versión de *Orfeo ed Euridice* (agosto de 1774, *Orphée*, en francés), con la que obtuvo el beneplácito definitivo del público, ya que el *castrato* que por imperativos del teatro de corte vienés había tenido que utilizar en 1762 fue sustituido por un tenor de tesitura muy alta.

De esta forma Gluck se convirtió en el estandarte de los partidarios de la ópera francesa, en contra de los partidarios de la ópera italiana. Estos últimos animaron al compositor italiano Niccolò Piccinni a viajar a París, a fines de 1776, donde, contra su voluntad, se convirtió en bandera de la «facción» italianista («Guerra de Gluckistas y Piccinnistas»). Finalmente, Piccinni aceptó el reto de componer una ópera, compitiendo con Gluck, sobre el tema de *Iphigénie en Tauride*. Gluck fue más rápido que su rival y presentó su ópera en la Opéra de París (primavera de 1779) con gran éxito. En este título la austeridad de la reforma gluckiana-calzabigiana alcanza el más alto nivel de pureza y concentración, con arias cortas, escenas corales, recitativos y ceremonias griegas «auténticas», sin olvidar el preceptivo ballet.

Pero en su ópera siguiente, *Echo et Narcisse* (1779) Gluck cosechó un fracaso, y un leve ataque de apoplejía lo decidió a regresar a Viena, cerrando así su etapa parisién. En Viena cultivaría la amistad de Mozart, en cuyas primeras óperas influyó bastante. Una repetición de su apoplejía puso fin a su vida. La influencia de Gluck sería más poderosa sobre los compositores italianos arraigados en París, empezando por el rival de Mozart, Antonio Salieri (1750-1825), cuya ópera *Les Danaïdes* (1784) fue presentada bajo el nombre de Gluck; una vez obtenido el triunfo, se reveló el secreto de su verdadero autor. Con el tiempo la influencia gluckiana se haría sentir en Luigi Cherubini (1760-1842) y Gasparo Spontini (1774-1851) y, a través de éstos, llegaría a influir sobre los contenidos de la ópera italiana y cambiarlos, como veremos.

XVIII. La última y brillante etapa de la llamada «escuela napolitana»

Al margen de estos hechos, a partir de 1760 se había ido desarrollando un nuevo grupo de compositores napolitanos que tuvo un considerable eco en toda Europa, más por el enfoque de sus óperas bufas que por sus óperas serias, que también escribieron en relativa abundancia.

Pero lo más notable de estos autores fue su visión cada vez más destacada y enriquecida del género bufo. El proceso empezó con el ya citado Niccolò Piccinni (1728-1800), en cuyas óperas bufas se recoge el cambio de sensibilidad artística propia de la era del Rococó, que en el terreno del arte de los sonidos recibe el nombre de «música galante». Basada en la transparencia, la elegancia, la atención especial a la melodía, dejando en un segundo plano la armonía y el contrapunto, la labor de Piccinni y de los restantes autores del grupo que citaremos a continuación, consistió en acercar lentamente el género bufo al serio, introduciendo en el primero muchos elementos que le daban a la ópera bufa una categoría teatral y musical superior a la de los primeros tiempos. Se percibe un cuidado especial en la selección de las voces de los principales personajes, asimilables a las voces «serias» (especialmente los tenores y las sopranos), en contraste con las siempre importantes voces «bufas» (bajos y barítonos, poco diferenciados todavía). Otro elemento importante es el carácter emocional —*sentimental*, se diría, a partir de los años 1760— de las narraciones teatrales, bajo la influencia de las novelas «para llorar» (la novela *larmoyante* iniciada hacia 1750 por la *Pamela*, de Samuel Richardson). Precisamente Piccinni lanzó esta moda al adaptar a ópera la famosa novela, convertida así en *La Cecchina, ossia La buona figliuola* (1760) cuyo éxito fue tan extenso en toda Europa que influyó incluso en las modas y los peinados de las damas, que lloraban «elegantemente» ante las desgracias de la pobre Cecchina, expulsada de su trabajo por una mal informada marquesa. La Cecchina se iba llorando, no sin cantar un aria conmovedora (en cuya melodía se inspiraría el astuto Gluck para su aria final de su *Orfeo*). Al final —la época «feliz» del Rococó difícilmente aceptaba finales tristes— se descubría el origen noble de la Cecchina, que podía así casarse con el hermano de la marquesa. Pero quedaba la historia a punto para una segunda parte: *La buona figliuola maritata* (1762), que también recorrió Europa en triunfo, y donde se narraban nuevas peripecias de la ingenua muchacha.

No era sólo una cuestión argumental: en las óperas bufas se insinuaban temas amorosos y sentimentales que iban más allá de lo convencional: los roles de los enamorados se acercaban a los papeles de la ópera seria

Escena de *La Cecchina, ossia La buona figliuola*, de Piccinnni. (Representación en el Festival della Valle d'Itria, Italia, 1990.)

en cuanto a exigencias vocales y a la capacidad de obtener nuevos efectos hasta entonces ausentes de la ópera bufa. Crecían las exigencias vocales para interpretar estos papeles, cuyos cantantes eran objeto de homenajes en los teatros. Poco a poco, los bufos entraban también en el Olimpo de las *prime donne* y de los *castrati* cuyo dominio en la ópera seria seguía siendo poderoso, pero cada vez más restringido.

No debe olvidarse, sin embargo, que todos los autores de ópera bufa que se mencionan aquí alternaron sin especial problema las óperas bufas con las óperas serias: hasta el final del siglo xviii la ópera seria no empezará a batirse en retirada, y algunas muestras de esta forma llegarán hasta los años 1830.

Los compositores de esta última etapa de la ópera bufa (y seria) napolitana son, además del ya citado Piccinni, Niccolò Jommelli (1714-1774), Davide Pérez (1711-1778), el tarentino Giovanni Paisiello (1740-1816), Pietro Alessandro Guglielmi (1728-1804), Pasquale Anfossi (1727-1797), Tommaso Traetta (1727-1779), Giuseppe Gazzaniga (1743-1818), Angelo Tarchi (1759-1814) y, quizás el más brillante de todos, Domenico Cimarosa (1749-1801). No todos eran napolitanos, pero formaron parte de un conjunto de músicos muy destacados en su época, de rasgos parecidos y de un alto nivel de calidad compositiva, aunque no siempre su talento se dedicara a textos teatrales de suficiente valor.

De los antes mencionados, Davide Pérez, de origen español, tuvo un considerable prestigio y pasó a ejercer su profesión en Portugal, donde murió; Tommaso Traetta se distinguió por haber trabajado en la corte de Parma, al servicio de Felipe de Borbón y haber aproximado su estilo al género francés, preferido por su soberano; más tarde fue llamado a la corte de Catalina II (1768-1775), donde volvió al estilo de sus primeras óperas. Niccolò Jommelli fue especialmente apreciado por su calidad orquestadora, favorecida por los años que trabajó en Viena y en Stuttgart; fue de todos quien con menor frecuencia entró en el género bufo; sus últimas óperas no alcanzaron el éxito que merecían por su excesiva densidad. Pasquale Anfossi fue muy valorado en su tiempo y sus óperas se representaron por toda Europa. Mozart escribió algunas arias para incluir en alguna de las piezas de Anfossi.

Figura estelar en el conjunto fue Giovanni Paisiello, en el candelero desde 1765, aproximadamente; sus grandes éxitos en ambos géneros, así como en el campo del oratorio e incluso de la música instrumental lo hicieron célebre. Favorecido por los libretistas mejor situados de Nápoles (Francesco Cerlone y el prolífico Giambattista Lorenzi), se hizo notar pronto en los teatros italianos y alcanzó una rápida fama. Fue invitado a la corte de Catalina II cuando Traetta dejó el puesto y permaneció allí casi ocho años (de 1776 a 1784); fue durante esta estancia que compuso su universalmente famoso *Barbiere di Siviglia* (1782) precursor del de Rossini; es una ópera con elementos bufos de raíz veneciana (su «trío de los estornudos» tiene su modelo en Galuppi). A su regreso a Nápoles, Paisiello causó furor con otros varios títulos, entre ellos *La molinara* (1788) y *Nina, ovvero La pazza per amore* (1789), en donde aparece por primera vez como recurso musical y teatral un aria de la locura de la protagonista; la ópera puede considerarse, además, el inicio del género llamado «semiserio». Otros éxitos de Paisiello, como un curioso *Don Chisciotte della Mancia* (1769), *La Frascatana* (1774), que fue la primera de sus óperas que llegó a España, e *Il Socrate immaginario* (1775), recorrieron Europa en triunfo. Su estilo, un poco menos brillante que el de sus rivales, con tintas de colores tenues, muy de acuerdo con la moda de su tiempo, lo distinguieron entre los autores de la escuela napolitana. Los últimos éxitos los logró en París, al servicio de Napoleón, para cuyo ceremonial y coronación (1804) escribió música religiosa.

Giuseppe Gazzaniga (1743-1818), asimilado más o menos a la escuela napolitana, aunque era de Verona, ha quedado en la historia de la ópera

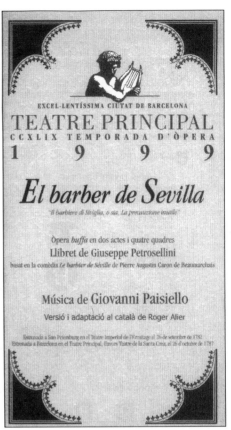

Arriba izquierda: retrato de Giovanni Paisiello (1740-1816). Derecha: programa de una representación en catalán de *Barbiere di Siviglia*, de Paisiello, en el Teatro Principal de Barcelona, 1999.

por su *Don Giovanni Tenorio* (1786) en el que se inspiró el libretista de Mozart, Lorenzo Da Ponte, para crear su versión de esta historia.

Sin embargo el más ilustre de la escuela napolitana fue, sin duda, Domenico Cimarosa (1749-1801), quien supo labrarse un primer lugar en la escuela a pesar de tener que luchar contra la fama de Paisiello. En los año 1780 Cimarosa era ya una primera figura de la escuela, con éxitos como *L'italiana in Londra* (1778), *Il pittore parigino* (1781), *I due baroni di Grotta-Azzurra* (1783), *Chi dell'altrui si veste, presto si spoglia* (1783), *Il marito disperato* (1785), *L'impresario in angustie* (1786), *Le trame deluse* (1786) y otros muchos títulos, tanto largos como breves, todos ellos revestidos de una música muy galante, de modesta pero cuidada instrumentación, y con momentos musicales superiores, aunque muchas veces perjudicados por la inanidad de los libretos de baja calidad. Sus óperas circularon por toda Europa, e incluyeron también valiosos ejemplos de ópera seria, como *Artaserse* (1781), *Caio Mario* (1781) o *Giunio Bruto* (1782). Invitado como casi todos sus colegas a la corte de Catalina II de Rusia, no conectó bien con los gustos de la soberana y estrenó pocas óperas, la mejor de las cuales fue *Cleopatra* (1789). Por esta época debió de escribir la escena cómica para barítono y orquesta *Il maestro di cappella*, que ha sido muy cantado en el siglo xx.

Huyendo del tremendo clima ruso, Cimarosa y su segunda esposa regresaron a Nápoles, pero a su paso por Viena el célebre compositor fue festejado por la corte y el emperador Leopoldo II le encargó la que sería su obra maestra, *Il matrimonio segreto* (1792), con libreto de Giovanni Bertati, y que se extendió por Europa como la pólvora, después de haber alcanzado una enorme serie de funciones en Nápoles en 1793, en cuanto regresó el compositor. La influencia de esta ópera fue inmensa, empezando por su brillante tratamiento de las voces de los bufos (bajos o bajo y barítono), enfrentados en un inmenso y famosísimo dúo «Se fiato in corpo avete». La ópera tiene también sus aspectos sentimentales y hasta prerrománticos, como el aria «Pria che spunti in ciel l'aurora», para el tenor, envuelta en una sugestiva nocturnidad realizada por un clarinete solista.

Il matrimonio segreto (que tuvo que repetirse íntegra el mismo día de su estreno en Viena, en 1792), es la primera ópera italiana del repertorio internacional que no ha dejado nunca de representarse, y es un anuncio directo de lo que sería el célebre estilo bufo rossiniano de veinticinco años después.

De su estancia en Rusia, Domenico Cimarosa supo extraer detalles folklóricos audibles en su nuevo éxito *Le astuzie femminili* (1794), además de dar nuevas óperas serias de calidad, como *Gli Orazi ed i Curiazi* (1796). Su actitud prorrevolucionaria (escribió un himno republicano, a raíz de la revuelta de 1799) estuvo a punto de costarle la vida, que salvó gracias a su fama —el autor del texto del citado himno fue ejecutado—. Liberado, Cimarosa se refugió en Venecia, donde murió sin haber acabado su última ópera, *Artemisia*.

Con él terminó prácticamente la llamada *escuela napolitana* de ópera, aunque el romano Valentino Fioravanti (1764-1837) vino a ser un apéndice de dicha escuela y alcanzó un éxito perenne con la ópera bufa *Le cantatrici villane* (1798), que no ha llegado a desaparecer nunca del todo del mundo de la ópera italiana. Fioravanti fue además padre de un compositor (Vincenzo) y de un bajo bufo (Giuseppe), padre a su vez de dos celebrados bajos bufos del siglo xix (Valentino y Luigi Fioravanti).

Escena del primer acto de *Il matrimonio segreto* de Domenico Cimarosa.
(Carlos Chausson como Geronimo y Malin Hartelius como Elisetta, Zúrich, 1996.)

III. LA VIDA OPERÍSTICA FUERA DE ITALIA

El imperio alemán

Desde muy pronto, como vimos en el capítulo anterior, la ópera italiana
había empezado a llegar a las tierras germánicas, no sólo a través de iniciativas independientes, como la del teatro público de Hamburgo, sino y de
modo muy especial a través de la corte vienesa de los Habsburgo. Leopoldo I (1657-1705), él mismo compositor de cierto relieve (sobre todo autor
de música religiosa), heredó de su padre Fernando III el entusiasmo por
la ópera italiana, que se convirtió en parte esencial de la vida pública de la
corte austríaca. Su hijo mayor, José I, sería también compositor amateur y
su hijo menor, el archiduque Carlos de Habsburgo, introduciría la ópera
en Barcelona en 1708, en un momento en que las circunstancias eran especialmente favorables. Antonio Caldara (*ca.* 1670-1736) como vimos en el
capítulo anterior, había escrito para la boda del archiduque (con Elisabeth
de Brunswick-Wolfenbüttel) una ópera festiva y alusiva titulada *Il più bel
nome* (1708), cuya partitura se conserva.

La iniciativa vienesa de los emperadores fue como una señal para
muchos otros soberanos, grandes, medianos y pequeños, de los múltiples
Estados en que había quedado dividida Alemania a raíz de la Guerra de
los Treinta Años (1618-1648), liquidada por el tratado de Westfalia de

1648. Muchos de esos soberanos quisieron emular los fastos de la corte de Viena, y la fuerte demanda de cantantes, compositores, libretistas y escenógrafos motivó que una verdadera riada de artistas italianos se pusiera en marcha hacia el Norte de Europa para ofrecer el deseado espectáculo de cuyos secretos eran celosos poseedores. Los compositores alemanes podían escribir óperas según el estilo deseado, pero los cantantes con la técnica adecuada para cantar en el estilo requerido sólo podían aportarlos los italianos, quienes llevaban en sus baúles, además, piezas de música instrumental para que, en caso de necesidad (sobre todo por enfermedad de algún cantante) pudiera sustituirse alguna ópera por un concierto o «academia» de música italiana, incluyendo también arias sueltas, cantatas y demás piezas ocasionales.

De este modo no sólo Austria y sus dependencias, sobre todo Bohemia y Hungría, y toda Alemania se llenaron de cantantes y músicos italianos, sino que la invasión hacía tiempo que había llegado hasta Polonia, Dinamarca y la península escandinava. Las cortes de estos países eran centros musicales más modestos que los alemanes, pero no dejaban pasar la ocasión de llenar sus efemérides festivas con representaciones italianas.

Sin embargo, no dejó de manifestarse un cierto interés por la ópera autóctona. Ya entre los compositores de la llamada Escuela de Mannheim hubo una cierta preocupación por la ópera alemana, y un fruto tardío de este interés fue la creación de Ignaz Holzbauer (1711-1783) *Günther von Schwarzburg* (1776).

Sin embargo fue en Austria donde surgieron los mayores compositores operísticos: Franz Josef Haydn (1732-1809), cuya labor operística se produjo casi toda en Hungría (en cuyo apartado consignamos sus principales creaciones) y, sobre todo, Wolfgang Amadeus Mozart (1756-1791), el verdadero motor del nacimiento de la ópera alemana a partir del *singspiel* enfocado de modo moderno, y a la vez el fascinante impulsor del género italiano, tanto en el terreno de la ópera bufa como en el de la ya declinante ópera seria de fines del siglo XVIII. Dedicaremos un apartado a su figura en el próximo capítulo.

En un lugar secundario, pero digno de mención, se sitúa el compositor austríaco Carl Ditters von Dittersdorf (1739-1799) cuyo *singspiel* titulado *Doktor und Apotheker* (1786) es testigo de una prodigiosa asimilación del lenguaje generado por Haydn y Mozart.

España y Portugal

Como país que tenía dominios en tierras italianas, no es extraño que la forma musical más novedosa del momento llegase pronto a España. Se sabe que en 1629 se representó en la corte de Felipe IV una obra totalmente en música, con libreto de Lope de Vega, titulada *La selva sin amor*, cuya música recientemente se ha atribuido al italiano Piccinnini, pero de cuyos materiales musicales no ha quedado rastro.

Las circunstancias de la corte española no eran las mejores para el cultivo de formas artísticas tan caras y complejas como el teatro musical. Mientras los virreyes españoles de Nápoles daban vida a la tradición napolitana, la corte de Felipe IV, muy agobiada económicamente por la política imperial y de guerras religiosas del rey y de su valido, el conde duque de Olivares, estaba en una situación deplorable.[4]

Lógicamente las compañías italianas que tan fácilmente se desplazaban hacia el Norte de Europa, no podían tomar el larguísimo camino de la corte madrileña, pasando por ciudades sin tradición musical alguna —como no fuera la religiosa— y llegar a una capital donde era notorio que los servidores de la monarquía cobraban con extrema dificultad y enormes retrasos sus emolumentos, cuando los cobraban.

Sin embargo, Felipe IV, que era hombre amante del teatro, se rodeó de algunas representaciones de teatro musical en su palacete de caza de La Zarzuela, donde en los años 1650 hubo iniciativas de tipo operístico, de las que la más notable fue la ópera de Juan de Hidalgo (*ca.* 1610-1685), basada en una pieza teatral de Calderón, titulada *Celos, aún del aire, matan*. Esta pieza, cuya música está compuesta y va cantada íntegramente sobre la obra teatral citada, nos da una interesante muestra del grado de refinamiento que había alcanzado la corte española pese a los inconvenientes citados. Descubierto el primer acto por José Subirà y publicado en 1933 (el segundo acto fue descubierto en 1945 en Portugal por Santiago Kastner), ha sido representada recientemente en el Teatro Real de Madrid y en el Auditori de Barcelona.

Parece ser que el año anterior a esta ópera, y con música del mismo Juan de Hidalgo, se puso en escena otra con texto lierario también de Calderón, *La púrpura de la rosa*, cuya partitura, desgraciadamente, se ha perdido. So-

---

[4] *Cf.* Domínguez Ortiz, Antonio, *Política y hacienda de Felipe IV*, Madrid, C. C. A., 1960. La monarquía tenía ya gastados los ingresos de cuatro o cinco años, cuyo cobro tenía arrendado, con la consiguiente pérdida de recursos.

bre este mismo texto de Calderón escribió años más tarde el compositor Tomás de Torrejón y Velasco (1644-1728) la primera ópera puesta en escena en América, en el palacio virreinal de la ciudad de Lima, en octubre de 1701; su música, recuperada, ha sido grabada recientemente en CD.

El dispendio excesivo de este tipo de iniciativas, y el hecho de que, para representarlas en el palacete real había que echar mano, durante algunos días, de los músicos que tocaban en el Teatro del Buen Retiro, con lo que los madrileños tenían que renunciar a varios días de funciones teatrales, motivaron que en La Zarzuela se montaran piezas teatrales más sencillas, con partes dialogadas y otras cantadas que requirieran menos músicos. Los pocos que tenían que participar en estas sesiones solían comentar que en determinados días tenían obras «de Zarzuela» y así fue como este nombre quedó asociado a la nueva forma musical nacida de la imitación de la ópera italiana y que, como ésta, en los primeros tiempos tenía casi siempre como argumento temas de carácter mitológico.

Juan de Hidalgo puso música a varias zarzuelas más durante el reinado de Felipe IV y de su hijo, el enclenque Carlos II (1665-1700), durante cuyo período la zarzuela arraigó con fuerza en Madrid, convirtiéndose en espectáculo habitual de la decadente monarquía, con piezas notables que fueron creciendo en ambición y envergadura hasta que el compositor Sebastián Durón (*ca.* 1650-1716), después de estrenar varias zarzuelas (*Salir el amor del mundo*, 1691, cuya partitura ha sido publicada por el doctor Antonio Martín Moreno, con un excelente estudio introductorio), empezó a titular «óperas» a sus producciones, una de las cuales, *La guerra de los gigantes* (1700) fue editada en discos. En estos años empezó a distinguirse como autor teatral de zarzuelas el escritor José de Cañizares, cuya enorme producción sirvió de base literaria para el teatro musical del primer cuarto de siglo siguiente.

La llegada de los Borbón a España, en la figura del joven Felipe de Anjou (Felipe V, 1701-1724 y 1724-1746) abrió la puerta para la entrada gradual de la ópera en Madrid. En los primeros años del reinado acudieron a la capital sólo compañías ocasionales, pero la segunda esposa del rey, Isabel Farnesio, decidió combatir la melancolía y la locura progresiva del rey mediante sesiones de música de cámara y de ópera, con la contratación del célebre *castrato* Carlo Broschi «Farinelli», que pasó el resto de su carrera en Madrid cantando exclusivamente para el rey.

El matrimonio (sin hijos) formado por María Bárbara de Braganza y Fernando VI (1746-1759) fomentó aún más los espectáculos operísticos. Las fiestas operísticas del Teatro del Buen Retiro tuvieron un carácter de fiesta barroca de dimensiones considerables. Aparte de los

Carlo Broschi, conocido como Farinelli (1705-1782), fue el más famoso de los *castrati*; su estrella en la corte española se apagó con la llegada al trono de Carlos III.

compositores del circuito operístico normal, como Jommelli o Hasse, encontramos autores de relieve procedentes de Valencia, como Francesco Corradini (*ca.* 1695-d.d. 1750) y Giovanni Battista Mele (1701-*ca.* 1750), junto con el compositor italiano afrancesado Francesco Corselli (o Courcelle, 1713-1778) autor de varias óperas estrenadas en la corte de Fernando VI.

Baste como muestra del esplendor de estas representaciones, una descripción contemporánea de la representación de *L'Armida placata*, del arriba citado Giovanni Battista Mele, en el Retiro madrileño, en abril de 1750, con la descripción de la complicada «Mutación», es decir, la escenografía del espectáculo:

> [...] Aun tuvo más que admirar la última escena, pudiéndose decir que no se ha visto cosa igual en los Theatros: representaba el templo del Sol, cuya entrada se componia de Columnas estriadas de extraordinaria altura, todas de christal de color blanco, y rubí, con varios adornos transparentes, assí como los basamentos, y escaleras laterales; las basas, capiteles y estatuas transparentes en Oro, y en plata, los demás adornos celeste; toda la Arquitectura de esta Mutación era de orden compuesto, y su tinta general de color de rosa. La parte interior correspondia en todo á la exterior, con el ornato de muchos globos celestes de cristàl de varios colores, y 200 estrellas plateadas, que daban mucho realce á los brillos de la Mutacion, girando todas á un tiempo...[5]

La llegada de Carlos III desde Nápoles (donde en 1737 había patrocinado la erección del importantísimo San Carlo) disminuyó la presencia de la ópera en Madrid. Farinelli fue honorablemente cesado y devuelto a Italia con todas sus pertenencias, y el monarca no mostró interés alguno por la ópera, que acabaría siendo prohibida (1777-1787) y luego coartada por la prohibición absurda de no poderse cantar («ni bailar», dice el decreto de 1799) obra alguna teatral en ningún otro idioma más que el castellano. La reacción contraria al decreto (que había sido una «alcaldada» del joven Leandro Fernández de Moratín, entonces en función de «juez subdelegado de teatros»), fue fulminante en Barcelona, donde hasta el obispo intervino en el asunto recomendando flexibilidad, pese a las pocas simpatías de la Iglesia por los teatros.

Aunque Gaetano Brunetti y algunos otros maestros italianos habían restablecido la vida operística madrileña, esta etapa gris enlazó con las dificultades surgidas con la invasión francesa de 1808.

En Cataluña, en cambio, la divulgación de esta vida operística brillante que sostenían los monarcas en el Madrid de 1750, llamó la atención del capitán general local, Jaime Miguel Guzmán de Dávalos y Spínola, marqués

---

[5] «Noticias de Diferentes Partes Llegadas á Barcelona», en *Gaceta de Barcelona*, n.º 18, 1 de mayo de 1750.

de la Mina, que había sido recompensado con ese cargo por sus victoriosas guerras e intervenciones militares que dieron el trono de Nápoles a Carlos de Borbón y la soberanía de Parma a su hermano Felipe, los hijos de Isabel Farnese que ésta quería colocar como fuera en un trono italiano.

En Italia, el marqués de la Mina aprendió la lengua italiana y se aficionó a la ópera, género que sin duda echó en falta cuando en 1746 se reincorporó a su capitanía general. Cuando en 1750 se anunció la visita a Barcelona de la infanta María Antonia de Borbón de paso hacia Turín para casarse con el duque de Saboya, el astuto marqués decidió contratar en Italia una compañía operística completa para ofrecer un espectáculo italiano a la infanta durante su estancia en Barcelona. La función, en el Palacio Real barcelonés, consistió en un *pasticcio* (es decir, una ópera formada con música de distintos autores) titulado *Il maestro di cappella* (probablemente el conocido también con el título de *Il maestro di musica*, entre cuyos autores figura Pergolesi). Después de la solemne representación, el 4 de mayo de 1750, y cuando la infanta había proseguido su viaje hacia la frontera francesa, el marqués de la Mina dispuso que los artistas italianos se instalaran en el Teatro de la Santa Creu (Cruz), propiedad del hospital barcelonés del mismo nombre, de donde habían sido desalojados ya los actores de la compañía teatral española, cediéndose el teatro al empresario (y también cantante de la compañía), Nicola Setaro. Con el apoyo del capitán general, que «insinuó» a los oficiales y suboficiales de los regimientos alojados en Barcelona que se abonaran a la ópera, la compañía inició una brillante temporada de ópera que se saldó con beneficios para el empresario, que repitió dos temporadas más antes de pasar hacia el Puerto de Santa María, donde continuó dando funciones, pasando luego a Galicia y Portugal, donde estuvo en activo varios años más.

Entre los miembros de la compañía de canto (a la que, en septiembre, se agregó una de bailes) figuraba también el compositor Giuseppe Scolari (1720-*ca.* 1769), que era el esposo de la *prima donna* de la compañía y estrenó varias óperas suyas en las temporadas del teatro barcelonés, algunas de carácter bufo, aunque sus mayores éxitos parecen haber sido sus óperas serias como *Alessandro nelle Indie* (1750) y *Didone abbandonata* (1752), que según parece fueron escritas expresamente para la ciudad de Barcelona y repuestas varias veces (*Alessandro nelle Indie* todavía se repitió en 1767).

De esta manera el marqués de la Mina había logrado un triple objetivo: tener espectáculos de ópera al alcance de la mano (nos consta su asistencia frecuente a las funciones); tener ocupados a los militares de su guarnición, evitando que su ociosidad derivara en rencillas con el pueblo catalán[6] y finalmente, brillar en la pequeña sociedad barcelonesa como pequeño monarca, a imitación de lo que hacían en Madrid los reyes Fernando y María Bárbara. Hay que tener en cuenta que, dada la lejanía de la capital española, el marqués de la Mina gozaba en Cataluña de una autoridad casi omnímoda, y en sus años maduros, con su ejecutoria y los servicios prestados a la monarquía, podía considerarse como un pequeño sátrapa del país que le había sido confiado por la monarquía en un cargo que acabó ocupando durante casi veinticinco años, hasta su muerte en 1767.

Lo más notable de esta introducción de la ópera de modo regular en Barcelona fue que la población no militar catalana se aficionó de tal modo a la ópera, que cuando, muerto ya el marqués de la Mina, las autoridades quisieron reducir los costes teatrales suprimiendo la ópera, cayeron en la cuenta de que el público barcelonés la exigía y no se pudo eliminar.

Cuando en 1787 el viajero inglés Arthur Young visitó Barcelona y estuvo en el Teatro de la Santa Creu, se sorprendió al ver a un herrero, tiznado todavía por su trabajo, siguiendo la ópera desde el patio con el mismo entusiasmo que un caballero de una localidad preferente.[7]

El repertorio del teatro barcelonés, en los años que siguieron a 1750 fue esencialmente italiano, con mayoría de autores italianos, con preferencia napolitanos, con la excepción de los venecianos Galuppi y Bertoni (además del ya citado Scolari). Pero pronto empezaron a llegar también óperas del círculo vienés de autores italianos y alemanes al servicio de María Teresa de Austria y su hijo José II, como Florian Leopold Gassmann y, caso más notable aún, Christoph Willibald Gluck, cuyo *Orfeo* llegaría a Barcelona en 1780. La «conexión austríaca» de Barcelona produjo también la sorprendente y prontísima llegada de una ópera de Mozart, *Così fan tutte*, en 1798.

---

[6] *Cf.* Alier, Roger, *L'òpera a Barcelona*, Barcelona, Societat Catalana de Musicologia, 1990, tesis doctoral donde se explica que la composición de la guarnición barcelonesa, como de todo el ejército español, incluía un gran número de soldados extranjeros (flamencos, valones, alemanes católicos, irlandeses, suizos, italianos, portugueses, etc.) para quienes el «mero» teatro hablado no constituía una distracción completa, puesto que muchos no entendían bien la lengua castellana habitual en el Teatro de la Santa Cruz.

[7] Young, Arthur, *Viatge a Catalunya*, Esplugues de Llobregat, Barcelona, Ariel, 1970, p. 81 (traducción española de Ramon Boixareu).

**ORFEO,
ED EURIDICE.**

DRAMA PER MUSICA

DA RAPRESENTARSI

Nel Teatro della molto Illustre Città di
Barcellona l'anno 1780.

CON LICENZA:

**Per Paolo Campins
Stampatore.**

Cubierta del libreto publicado
en 1780 con motivo del estreno
en Barcelona de *Orfeo*, de Gluck.

En cuanto a compositores catalanes, se registra el estreno —única vez
en España— de una ópera de Domènec Terradelles (1713-1751), que
nunca había regresado desde que se estableció en Roma. La ópera en cuestión era *Sesostri, re d'Egitto*, en 1754. Más tarde intentó una carrera operística el compositor barcelonés Josep Duran (*ca.* 1730-1802), cuyas óperas
Antigono (1760) y *Temistocle* (1762) no gustaron sin duda, porque a partir
de entonces se dedicó al oratorio. A fines del siglo el empresario y compositor Antonio Tosí (1736-*ca.* 1812) regentó el Teatro de la Santa Creu
durante veinte años y en ocasiones encargó óperas a jóvenes compositores
para cubrir huecos en temporadas difíciles: así surgieron *Telemaco nell'isola
di Calipso* (1797), la única ópera del compositor Ferran Sors (1778-1839)
y *La principessa filosofa*, del organista de la catedral barcelonesa Carles Ba-
guer (1760-1808), autor de notables sinfonías y de esta única ópera.

En 1787 se había incendiado el Teatro de la Santa Creu antes de ini-
ciarse una función. Las autoridades, conscientes de la importancia de la
ópera y del teatro para la población barcelonesa, hicieron construir con
toda rapidez un teatro provisional en la Rambla, hasta que el año siguiente
se pudo inaugurar ya el teatro renovado, con un sainete de don Ramón de
la Cruz: *El teatro de Barcelona* (1788).

La vida operística española, que se había ceñido primero sólo a Valencia, Mahón y Cádiz, se fue extendiendo a lo largo del siglo XVIII a varias ciudades españolas, incluyendo Palma de Mallorca, Zaragoza, Sevilla (donde fue capital la presencia de los príncipes de Asturias, María Bárbara y Fernando), Bilbao, Santiago de Compostela, La Coruña, e incluso Logroño, donde se vieron las principales obras del repertorio italiano de estos años.

En Zaragoza, donde en los años 1760 y 1770 se dio una vida operística de considerable importancia, el incendio del teatro en 1778 fue una verdadera catástrofe (el propio capitán general de Aragón murió de resultas de las quemaduras recibidas), pero la actividad lírica se mantuvo a pesar de que algunos intentaron buscar en el percance la manera de prohibir la ópera en Zaragoza.

En Valencia introdujo la ópera el capitán general de origen italiano, príncipe de Campofiorito, en 1727 ó 1728. Allí presentaron óperas algunos autores italianos Francesco Corradini (*ca.* 1695-d. d. 1750) y Giovanni Battista Mele (*ca.* 1701-*ca.* 1750), quienes estrenaron luego obras de importancia en Madrid. Pero la inquina de la Iglesia contra el teatro y contra la ópera se cebó en el teatro valenciano (la «Botiga de la Balda») y el arzobispo de la ciudad, Andrés Mayoral, adquirió el local para derribarlo y construir viviendas en su lugar (1756). La ópera reapareció ocasionalmente en la ciudad, y fue perviviendo durante el resto del siglo XVIII.[8]

En Portugal fue más fácil el contacto y la llegada de la música italiana y sobre todo napolitana con la monarquía portuguesa gracias a la navegación, que hacía más rápido y menos oneroso el transporte de las compañías de cantantes y músicos italianos. El rey Juan V de Portugal se rodeó de músicos y dio una educación musical excelente a sus hijos, entre los cuales se distinguió la princesa María Bárbara de Bragança (1711-1758), quien se formó musicalmente con Domenico Scarlatti (1685-1757), y escribió complicadas piezas y sonatas para clave, que requerían una maestría interpretativa más que notable. La princesa, casada luego con Fernando de Borbón (1729), el futuro Fernando VI de España, protegió la ópera junto con su esposo en Sevilla primero, y durante su reinado en Madrid, que se convirtió en un centro musical de primer orden, con la participación del célebre *castrato*

---

[8] Zabala, Arturo, *La ópera en la vida teatral valenciana del siglo XVIII*, Diputación Provincial de Valencia, Instituto Alfonso el Magnánimo, Valencia, 1960.

«Farinelli» como director de los grandes espectáculos operísticos del Buen Retiro.[9]

La vida operística portuguesa se desarrolló de modo muy brillante en Lisboa gracias al apoyo de la monarquía. También tuvo un cierto desarrollo en Porto.

Entre los autores representados en estos años se destacan títulos italianos de compositores portugueses, con música de profesionales como António Teixeira (1707-*ca.* 1770) y Francisco António de Almeida (*ca.* 1700-?), autor de la ópera cómica italiana *La Spinalba* (1739), y algunos más. Aunque no faltaron en portugués varios libretos de António José da Silva, muchas óperas eran del repertorio «normal» italiano, con partituras operísticas «de importación» y con la impresión de los libretos en italiano y portugués. Llegaban también a la corte de Lisboa algunas de las óperas y zarzuelas a la italiana del repertorio español.

Sin embargo, el terrible terremoto de Lisboa del 1 de noviembre de 1755 desarticuló considerablemente la vida teatral, a causa de lo cual se tuvo que modificar la sede de los espectáculos de ópera que estaba en estos últimos años en el Paço da Ribeira y que se celebraron con renovado impulso en el ya antes utilizado Teatro do Bairro Alto.[10]

En los años finales del siglo XVIII llegaban a Portugal las óperas italianas del repertorio europeo, entre las cuales los principales éxitos de Paisiello (*Il barbiere di Siviglia*, por ejemplo, en el verano de 1791), Cimarosa, Guglielmi y Anfossi

Inglaterra: Händel

La vida musical inglesa, en el siglo XVII, estuvo muy fuertemente marcada por la actitud antiteatral y antimusical del régimen puritano impuesto por Cromwell a la muerte por decapitación del rey Carlos I Stuart (30 de enero de 1649). Cromwell proclamó la República Inglesa e impuso su normativa puritana e intransigente que incluía la prohibición de todo tipo de música pública, el canto en los populares *pubs* o tabernas, incluyendo también la música teatral. Y esto precisamente en el momento en que estaba empezando a circular por Europa la ópera italiana, la cual, natural-

---

[9] Morales Borrero, Consolación, *Fiestas reales en el Reinado de Fernando VI. Manuscrito de Carlos Broschi Farinelli*, Madrid, Patrimonio Nacional, 1972.

[10] Brito, Manuel Carlos de, *Opera in Portugal in the Eighteenth Century*, Cambridge University Press, Cambridge, 1989.

mente, no pudo llegar a Inglaterra por la situación desfavorable en que se encontraba toda iniciativa musical.

Antes de esta situación se había desarrollado ya en la corte inglesa y en algunas ciudades inglesas el espectáculo teatral denominado *masque* (o *mask*) a semejanza de las fiestas de danza, poesía y música propios de la corte de Francia y de Italia anteriores a la ópera.

Durante los años de la dictadura cromwelliana, sin embargo, y circunviniendo las prohibiciones con notoria habilidad, se dio en un local de Londres, Rutland House, una especie de ópera inglesa, con música de Matthew Locke (*ca.* 1630-1677) y otros autores, y basada en un libreto de William Davenant o D'Avenant, titulada *The Siege of Rhodes* (*El asedio de Rodas*, 1656). Sin embargo, la música se ha perdido. Su carácter operístico nos consta por el testimonio que dejó el primer verdadero operista inglés, Henry Purcell (*ca.* 1659-1695) en una de sus obras, en la que afirmaba haber sido *The Siege of Rhodes* la primera verdadera ópera inglesa.

Terminada la República Inglesa con la restauración de la monarquía (Carlos II, 1660-1685) el nuevo rey llegó al poder fuertemente mediatizado por la ayuda francesa que Luis XIV le había dispensado durante su exilio de más de diez años. Para el rey de Francia era ésta una oportunidad de oro de mantener una base aliada en el reino inglés, y la protección francesa se hizo sentir durante todo el reinado, también en el terreno cultural. Por esto no se aventuraron a viajar a Londres las compañías teatrales italianas que en estos años empezaban a inundar otros países europeos con sus producciones operísticas.

Durante los años 1670, el compositor francés Robert Cambert (*ca.* 1630-1677), tratando de rehacerse de su fracaso en París, trató de imponerse en Londres y estrenó algunas óperas. El ambiente musical londinense estaba en estos años muy afrancesado. Muerto Cambert, el único compositor en intentar el género operístico fue el inglés John Blow (1649-1708), con una pequeña pieza escénica titulada *Venus and Adonis*.

La influencia francesa se nota especialmente en la única verdadera ópera escrita por el antes citado Henry Purcell, el mayor compositor inglés de su tiempo y que, aparte de su título *Dido and Aeneas* (*ca.* 1689) fue un imaginativo creador de fantasías teatrales en música que han recibido el nombre de semióperas por su considerable contenido vocal. Aunque las obras específicamente dedicadas a la ópera las omiten, mencionamos aquí los principales títulos de este género ambiguo del compositor inglés: *Dioclesian* (1690), *King Arthur* (1691), *The Fairy Queen* (1692), *Timon of Athens* (1694),

Retrato de Henry Purcell, antiguamente
atribuido a Godfrey Kneller
(National Portrait Gallery, Londres).

The Indian Queen (1695) y *The Tempest* (1695); básicamente se trata de música para unas representaciones teatrales en las que el compositor no dejó de incluir a veces importantes partes cantadas.

La verdadera ópera, sin embargo, es *Dido and Aeneas*, escrita para un colegio de señoritas de Chelsea, cuyo director, Josias Priest, parece haber sido cantor y bailarín y haber participado en el estreno en el papel de Aeneas. El texto, de Nahum Tate, nos demuestra que se ha perdido un prólogo musical que abría la composición. Ésta sigue netamente las pautas de la ópera francesa, aunque la breve obertura conservada tiene un cierto aire veneciano y la idea del «lamento» final de la protagonista tiene un indudable precedente en las óperas de Monteverdi y Cavalli. En cambio, las arias breves, las intervenciones corales, los frecuentes números de danza y el modo como se concatenan las escenas obedece al modelo francés, llegado de algún modo a conocimiento de Purcell a través de la fuerte presencia cultural francesa en la Restauración de los Stuart.

Más notable todavía es la frecuente utilización de modos y estilemas reconocidamente británicos en la música de Purcell (como el canto de los marineros del tercer acto) y las curiosas connotaciones clásicas que tienen algunos aspectos del drama (el mito platónico de la caverna, por ejemplo, en el cuadro de las brujas del primer acto). Netamente barroca en su «reunión de los gustos», *Dido and Aeneas* es una creación extraordinaria que fue quedando gradualmente olvidada, hacia 1704, y no fue rescatada de los archivos hasta unas representaciones londinenses ¡de 1895! Ni siquiera entonces fue del todo valorada; su primera grabación discográfica fue realizada en 1935 (siete discos de 78 rpm). Su estreno en España (en el Liceo

George Friedrich Händel
(grabado de la partitura
publicada de su oratorio
Alexander's Feast, 1738).

de Barcelona, en 1956) fue realizado en una época en que todavía era una
ópera poco divulgada.

Desgraciadamente la breve vida de Purcell y su dedicación al género
híbrido de su música teatral privaron a Inglaterra de una verdadera escuela
operística. Pocos años más tarde, y durante el reinado de Ana (1702-1714),
la última reina Stuart (Estuardo), se produjo la retardada invasión de las
compañías italianas, que aclimataron el género lírico de su país en Londres.
Al auge de la ópera en Londres contribuyó muy fuertemente la llegada a la
ciudad del compositor alemán Georg Friedrich Händel (1685-1759), cuya
ópera *Rinaldo* (1711) sería la primera de una larga serie de títulos de gran
calidad que llenaron los escenarios londinenses durante más de veinticinco
años, durante los cuales, además de óperas italianas de considerable valor,
escribió también «pastorales», cantatas y otras piezas escénicas menores.
La carrera operística de Händel se afianzó con *Amadigi* (1715), *Radamisto*
(1720), *Floridante* (1721), *Ottone* (1723) y la considerada en general su obra
maestra operística, *Giulio Cesare* (1724), a la cual siguieron otras piezas de
más que notable calidad, como *Tamerlano* (1724), *Rodelinda* (1725), *Alessandro* (1726), antes de la cual Händel adoptó la ciudadanía británica, *Admeto* (1727), y *Riccardo Primo* (1728). En estos años Händel había realizado

Escena de *Giulio Cesare* de Händel, con Montserrat Caballé, como Cleopatra, Justino Díaz, como Giulio Cesare, y Raquel Pierotti, en el papel de Sextus. Representación en el Gran Teatro del Liceo, 1982. (Fotografía: Antoni Bofill.)

varios viajes por Europa y había vuelto a Italia, para llevar a los cantantes de mayor relieve para sus temporadas operísticas, incluyendo a la *diva* Faustina Bordoni (más tarde esposa del compositor sajón J. Adolf Hasse) y además había tenido que luchar contra la competencia de algunos compositores italianos que habían acudido a Londres, atraídos por el prestigio del género en la ciudad, entre los cuales el más importante fue Giovanni Bononcini (1670-1747), de quien hoy sólo se recuerda una *Griselda* (1722) bastante interesante. Asociado a Händel en unos momentos, rival suyo en otros, Bononcini acabó viajando a otras ciudades y parece que murió en Viena, olvidado y empobrecido. Händel logró salir adelante con sus estrenos y contando con el apoyo de la corte inglesa, presidida ahora por el rey Jorge II (1727-1760).

Mayor fue el obstáculo que supuso, para la carrera de Händel, el estreno de una feroz sátira antioperística y antiitalianista, *The Beggar's Opera* (*La ópera del mendigo*, 1728, aunque también se le da el título de *La ópera de tres reales*). La sátira consistía en la imitación del género italiano pero con personajes del submundo londinense del hampa y la corrupción policial y

Escena de *Alcina*, de Händel. (Joan Sutherland en el papel principal en la producción de Franco Zeffirelli, en el Covent Garden, Londres, 1960-1961.)

judicial. Las implicaciones de lucha social que se encuentran en la ópera asustaron a la nobleza y la alta sociedad, que desertaron temporalmente de los espectáculos operísticos, poniendo en grave aprieto la solvencia económica de Händel.

Éste, sin embargo, logró rehacerse y emprender otra importante serie de estrenos operísticos, de los que citamos únicamente los más notables, como *Partenope* (1730), *Poro* (1731), *Ezio* (1732), *Orlando* (1733) y *Ariodante* (1735), con la que Händel empezó a presentar sus óperas en el nuevo teatro del Covent Garden de Londres. Sin embargo, las cosas no andaban bien: el apoyo que tenía Händel en la corte se había debilitado por la rivalidad entre los allegados al rey y los que rodeaban al príncipe de Gales, Frederick, hostil a su padre y patrocinador de una nueva iniciativa operística sostenida por sus partidarios, la «Opera of the Nobility». Inmediatamente después, Händel estrenó otra de sus obras maestras: *Alcina* (1735), con algunas de sus mejores escenas y arias. También se destacó *Atalanta* (1736) a la que siguió una obra menos interesante, *Giustino* (1737), aunque con algunos momentos instrumentalmente originales. En los títulos siguientes Händel seguía introduciendo ideas originales y en *Serse* (1738), universalmente famosa por su primer aria «Ombra mai fu» (el mal llamado «Largo» de Händel), introdujo, contra las normas de la *opera seria*, un personaje bufo, el del criado Elviro. Sin embargo, Händel se iba apartando ya del mundo de la ópera y había iniciado su amplia serie de oratorios en inglés y con su intervención «publicitaria» con conciertos y recitales de órgano, y después de *Deidamia* (1741) abandonó por completo el género, con la única excepción de la ópera mitológica inglesa *Semele* (1744).

Fue en el terreno del oratorio en el que Händel logró la fama definitiva en Inglaterra que lo sustrajo al olvido que cayó en sus contemporáneos Johann Sebastian Bach y Antonio Vivaldi. Pero lo cierto es que también sus óperas quedaron olvidadas y no fue hasta los años veinte cuando se produjo el primer movimiento de rescate de sus mejores títulos en Alemania y en Inglaterra. El obstáculo de los roles de *castrato* se solventó a partir de los años cincuenta en Inglaterra con la adopción de los nuevos *contratenores* cuyo pionero fueron el tenor inglés Alfred Deller y su hijo del mismo nombre. El mundo del disco (LP, primero, y luego el CD) ha permitido la recuperación de prácticamente todas las óperas importantes de Händel.

En Inglaterra la ópera perdió presencia, sin embargo, a través del siglo XVIII, en gran parte por la competencia que la ópera italiana «auténtica» ejercía en la capital inglesa. Aún así, sería injusto olvidar la obra de Thomas A. Arne (1710-1778), que debutó en 1733 con la ópera *Rosamond*, en inglés. En 1740 su ópera *Alfred*, calificada de *masque*, se hizo famosa por su número coral «Rule Britania», convertida en canto nacional que todavía causa furor. Años más tarde logró éxitos con *Thomas and Sally* (Covent Garden, 1760) y con la ópera de estilo italiano, *Artaxerxes* (1762), traducida por él mismo al inglés a partir de un texto de Metastasio.

En la ópera ligera, de gratas resonancias galantes, debe mencionarse al compositor William Shield (1748-1829), en cuya producción encontramos la graciosa ópera *Rosina* (1782) y un curioso *Robin Hood* estrenado en 1784.

Dinamarca y Escandinavia

El género operístico había llegado ya a la corte danesa de Amalienborg antes del final del siglo XVII. En 1689 se incendió el teatro durante la representación de una ópera alemana y murieron cerca de 200 personas. Años más tarde la compañía alemana de Reinhard Keiser, el gran compositor activo en Hamburgo, estuvo en Copenhague y estrenó la ópera *Ulysses* (1722) con motivo del aniversario del rey Federico IV de Dinamarca. Desde mediados del siglo XVIII fueron frecuentes las visitas de compañías

operísticas italianas: Christoph Willibald Gluck formó parte de una de éstas y compuso varias óperas para la corte real danesa, entre ellas *La contesa
dei numi* (1749) en honor del príncipe heredero Cristián.

Años más tarde fue Giuseppe Sarti el compositor italiano que tuvo a su
cargo la dirección de las óperas de la corte, durante unos años, llegando a
ocupar en 1772 el cargo de director musical del Teatro Real de Copenhague. Compartió su labor en ocasiones con el menos conocido Paolo Sca-
labrini (1713-1806), quien compuso algunas óperas italianas y la primera
ópera en lengua danesa *Den belönnade kjaerlighed* (*El amor recompensado*,
1758).

En Noruega, entonces posesión danesa, la ópera no estuvo presente en la
vida cultural más que de modo muy precario hasta bien entrado el siglo
XVIII, y aun así, dependía de la llegada de alguna compañía ambulante de
italianos, al no existir una corte real en el país. La compañía italiana de los
hermanos Mingotti parece haber sido la primera en dar temporadas de una
cierta entidad en las principales ciudades noruegas. No existió ninguna entidad operística nacional ni compositor noruego que tratase la ópera hasta
bien entrado el siglo XIX; Waldemar Thrane (1790-1828) es considerado
el pionero, con su ópera *Fjeldeventyret* (*Aventura en el campo*, 1824).

Más brillante fue la vida operística sueca, gracias a la brillantez de la corte
de Estocolmo. La pionera en la afición a este género fue la reina Cristina
ya durante su reinado (1632-1650) y más tarde, en Roma, tuvo en su derredor a todos los músicos italianos importantes, entre ellos a Alessandro
Scarlatti, autor de numerosas cantatas y de alguna ópera para la autoexi-
liada soberana.

En Estocolmo, sin embargo, la ópera no floreció en plenitud hasta que
a mediados del siglo XVIII aparecieron con frecuencia compañías italianas,
alguna francesa y, a veces, compañías alemanas. Las italianas tuvieron,
sin embargo, mucho mejor acogida y en 1674 la reina Lovisa Ulrika hizo
construir un teatro, el de Drottningholm, que después de un incendio fue
reconstruido en 1766 y se ha conservado desde entonces en un estado casi
impecable.

El entusiasmo del nuevo monarca Gustavo III (1771-1792) fue el que
dio el empuje definitivo a la vida operística sueca, escribiendo ocasionalmente libretos en sueco para el compositor italiano Francesco Antonio
Uttini (1723-1795), como *Thetis och Pelée* (1773) e impulsando también la
composición de la primera ópera de un autor sueco, *Konung Gustav Adol-
fs Jakt* (*La caza del rey Gustavo Adolfo*, 1777). Otro compositor activo en

Estocolmo en los años del famoso e ilustrado monarca Gustavo III fue el alemán Johann Gottlieb Naumann (1741-1801), autor de tres óperas en sueco, de las cuales han sido rescatadas *Cora och Alonzo* (1782), y *Gustav Vasa* (1786), esta última sobre un libreto esbozado por el cultivado monarca. La muerte de éste asesinado en un baile de máscaras (1792) cerró esta brillante fase de la vida operística sueca, pero el crimen no impidió que la actividad operística continuara, aunque fuera con menos esplendor.

Finlandia e Islandia, colonias sueca y danesa, respectivamente, no tuvieron una vida musical digna de mención en los años del establecimiento de la ópera en Europa; la primera, aislada y lejana, y la segunda, además, muy poco poblada, no pudieron generar un público para espectáculos teatrales hasta entrado el siglo XIX.

Rusia

Durante el siglo XVII, Rusia quedó al margen de esta invasión musical, pero en el XVIII, con el traslado de la capital a San Petersburgo, un lugar más cercano al resto de Europa, la ópera italiana empezó a llegar tímidamente a la corte rusa.

Un caso especial fue el de la zarina Ana (1730-1740), que con preferencia orientó los espectáculos de la corte con óperas francesas, casi siempre cómicas, aunque el número de títulos de esta procedencia fueron más bien limitados.[11]

Más tarde, bajo el reinado de Isabel I (1742-1761) y sobre todo bajo el de Catalina II (1762-1796), la ópera italiana y sobre todo los autores de la escuela napolitana estuvieron en el candelero, con la llegada constante de compositores notables contratados por la emperatriz, que no apreciaba mucho la música, pero quería tener lo mejor del momento en su corte. Así desfilaron Baldassare Galuppi (1763-1768), Tommaso Traetta (1768-1775), Giovanni Paisiello (1776-1784), Giuseppe Sarti (1784-1793, aunque permaneció en Rusia casi todo el resto de su vida), Domenico Cimarosa (1787-1792) y el compositor valenciano Vicent Martín i Soler (1788-1794), con quien la zarina escribió las primeras óperas en lengua rusa de la historia (la zarina redactaba los libretos y Martín i Soler escribía la música). Fue en este momento cuando los primeros intentos de componer óperas en Rusia tuvieron lugar (Sarti también colaboró con la emperatriz, más tarde), con la participación de algunos músicos rusos.

[11] Mooser, R. Aloys, *L'opéra-comique français en Russie au XVIIIe siècle*, René Kister et Union Européenne d'Éditions, Ginebra-Mónaco, 1954.

Aunque a partir del siglo XVIII la capital del imperio ruso estaba en San Petersburgo, Moscú también tuvo presencia musical italiana desde los años 1730, y en 1742 se abrió el primer teatro de ópera: Operny Dom (*Casa de la Ópera*), aunque su vida duró poco, porque en 1759 consta la inauguración de una nueva Operny Dom, en la que, según parece, alternaban las piezas de teatro en ruso con algunas óperas italianas. Tampoco debió de durar mucho porque en 1780 se inauguró un nuevo teatro, el Petrovski, que estuvo en activo durante veinticinco años, ofreciendo género italiano y francés, aunque también óperas de compositores rusos. El Petrovsky se quemó en 1805, poco antes de la invasión napoleónica.

Polonia y Hungría

Polonia, gran potencia en el siglo XVII, fue uno de los primeros países cuya corte incorporó espectáculos italianos a su vida cultural. En fecha tan temprana como 1613 ya consta la presencia de operistas italianos en la residencia del príncipe Stanislaw Lubomirski. Antes de llegar al trono, el futuro Ladislao IV de Polonia (1632-1648) había estado en la Toscana, donde había visto varias representaciones de ópera y no es extraño, por ello, que se procurara el espectáculo italiano en su corte; el compositor polaco Piotr Elert (?-1653) fue el autor de la primera ópera escrita en el país, *La fama reale* (1633), hoy perdida. Varios compositores italianos pasaron por la corte polaca, así como algunas compañías de canto. También hubo vida operística en Cracovia a partir de 1628.

La importancia creciente del género motivó la apertura del primer teatro de ópera de Varsovia, el Operalnia (1725). Bajo el reinado de Augusto III, coronado en 1733, aumentó considerablemente la atención de la corte a la ópera, y muchos nobles la incluyeron también como distracción de calidad en sus cortes locales. Fueron frecuentes los títulos más famosos del repertorio italiano y también algunos de J. Adolf Hasse. El último rey polaco, Stanislaw August Poniatowski (1764-1795) protegió también la ópera y un nuevo teatro público se abrió en Varsovia en 1765. En 1778 se dio en él la primera ópera en lengua polaca, escrita por Maciej Kamienski (1734-1821): *Nezda Uszczesliwiona* (*El dolor convertido en alegría*). Este compositor escribió otras obras polacas.

No fue tan precoz la vida operística húngara, sometido como estaba casi todo su territorio por los turcos. A raíz de su derrota, Hungría quedó incorporada al imperio austríaco y en el siglo XVIII tuvo como centro operístico de mayor importancia el palacio de los Esterházy de Galántha, a cuyo servicio el compositor austríaco Franz Joseph Haydn (1732-1809) se esmeró en arreglar y dirigir óperas italianas del repertorio más común, y escribir personalmente varias óperas de forma netamente italiana; entre las más conocidas escénicamente se pueden mencionar la pieza cómica *Lo speziale* (1768; falta un trozo del tercer acto), *Il mondo della luna* (1777, sobre el mismo argumento de Goldoni utilizado por Galuppi y Paisiello), *L'infedeltà delusa* (1779) y *La fedeltà premiata* (1780). En Londres, liberado de las limitaciones del teatro de los Esterházy, compuso una ópera sobre el tema de Orfeo y Eurídice, titulada *L'anima del filosofo* (1791) que hoy en día está siendo representada con cierta frecuencia. Aunque es un compositor austríaco, la música de Haydn se cita aquí por haber trabajado casi todo su repertorio operístico en Hungría.

Otro compositor alemán, Carl Ditters von Dittersdorf (1739-1799) trabajó también en Hungría, aunque sus mayores éxitos los logró en Viena.

En todo caso, y como queda dicho, estos autores sólo forman parte de la historia de la ópera húngara en cuanto trabajaron en el país, pero el verdadero primer compositor de óperas en idioma húngaro fue Jószef Chudy (*ca.* 1751-1813), autor de un modesto *singspiel*, *Pikkó Herceg* (*El duque Pikkó*, 1793) hoy perdido. Hasta el siglo XIX no empezaría a existir una vida operística normalizada centrada en las principales ciudades del país.

Bohemia

El territorio que hoy constituye la república checa, fue parte integrante a la fuerza del imperio austríaco, sobre todo a raíz de la famosa batalla de la Montaña Blanca (1620). La ciudad de Praga, cuya intensa vida musical llenaría de compositores las cortes de sus dominadores, los distintos príncipes, obispos y monarcas austríacos, mantuvo una presencia operística importante desde el siglo XVII, debido a las importantes ceremonias y festividades que conllevaba la coronación de los distintos emperadores, ya que se mantenía la ficción de una independencia de Bohemia que le daba «derecho» a coronar sus propios monarcas. Ya la coronación de Fernando III, en 1627, trajo espectáculos italianos a la ciudad, y en 1723 la tardía ceremonia en honor de Carlos VI motivó el estreno de una ópera en italiano, *Costanza e fortezza*, del compositor austríaco Johann Joseph Fux (1660-1741).

En el siglo XVIII se distinguieron varios compositores checos, como Frantisek Mica (1694-1744), cuya curiosa ópera *L'origine di Jaromeritz in Moravia* (1730) fue dada en una traducción checa del libreto italiano.

Entre otros muchos, merece mención por su aportación a distintos aspectos de la ópera el compositor Jirí Antonín Benda (1722-1795), inventor de un tipo de música escénica, el *melodrama* (teatro hablado sobre música de fondo) y autor de los primeros *singspiele* alemanes de calidad, como *Der Dorfjahrmarkt* (1775), breve pieza brillante y atractiva. Otro autor muy importante fue Josef Myslivecek (1737-1781), cuyos éxitos en Italia fueron tan sonoros que fue llamado *il divino Boemo*. Admirado por Mozart, es recordado hoy sobre todo por uno de sus primeros títulos: *Il Bellerofonte* (1767), de estilo netamente italiano, compuesta para conmemorar en Nápoles el aniversario del rey Carlos III de Borbón, antiguo rey del país y a la sazón rey de España. De todas las óperas de este compositor es la única que ha merecido hasta ahora los honores de una grabación en CD.

Casos especiales. La isla de Malta. Irlanda

Las fiestas de Carnaval, originalmente celebradas con mascaradas teatrales y musicales, dieron paso a las primeras óperas, parece que promocionadas por la población italiana y por los caballeros de la orden de San Juan de Malta. En 1732 se inauguró el Teatro Pubblico de La Valetta, hoy llamado Teatro Manoel, que actualmente sigue en activo, aunque con una vida lírica modesta. En el siglo XVIII llegaron a la isla las principales producciones de Piccinni, Paisiello, Galuppi y Cimarosa. El principal compositor maltés de este período, Niccolò Isouard (1775-1818) trabajó en La Valetta sólo en sus primeros años y después casi exclusivamente en París, donde fue muy conocido como Nicolo. Durante la ocupación francesa (1798-1800) llegaron a la isla algunas óperas del repertorio francés, con algunos títulos de Dalayrac, pero lo habitual en Malta fue, antes y después, el repertorio italiano.

La empobrecida isla de Irlanda recibió en Dublín las primeras muestras de ópera italiana a mediados del siglo XVIII cuando llegaron compañías de cantantes profesionales (la primera ópera representada en Dublín fue *La cascina*, de Giuseppe Scolari, en 1761). Hubo también representaciones de ópera en inglés, pero finalmente el género italiano se impuso en el Fishamble Street Theatre, y a partir de entonces la presencia del género italiano fue regular, con el repertorio napolitano habitual. En el siglo XVIII se hizo notar como compositor ocasional y como tenor el célebre Michael Kelly (1762-1826), que más tarde cantaría para Mozart algunos papeles de sus óperas en Viena. Dejó unas interesantes memorias o *Reminiscences* publicadas poco antes de morir. La vida operística irlandesa alcanzaría un nivel superior más tarde, en el siglo XIX.

América Latina

Subproducto de la ocupación colonial, la ópera nació con dificultad en las tierras americanas, y sólo como producto de importación de las metrópolis europeas. La pobreza de la implantación de la ópera en España dio como resultado una vida operística muy escasa en la América española, aunque en 1700 se registre una representación en Lima que posiblemente sea la primera de todo el continente de América del Sur: la ya citada *La púrpura de la rosa* (1700), de Torrejón y Velasco, basada en la misma obra de Calderón que, como vimos, había generado otra ópera del mismo título, hoy perdida, en el teatrito del pabellón de caza de Felipe IV en La Zarzuela.

Estados Unidos

En América del Norte la vida operística dependió también de la formación de unos núcleos de población con suficiente entidad como para que resultara rentable la contratación de cantantes, preferentemente italianos, para que dieran representaciones musicales, pero no consta que se dieran óperas italianas enteras, cuyo montaje habría resultado entonces imposible. Sin embargo, surgió en su lugar un género local: la *ballad opera*, y consta que en Nueva York existían ya en los años 1760 algunos locales donde se daban estas funciones (el John Street Theater se abrió en 1767; desde quince años antes había ya teatros con esta oferta musical modesta. En 1796 se dio en el John Street Theater la primera ópera norteamericana de la que se conserva música (aunque sólo en parte): *The Archers, or the Mountaineers of Switzerland* (*Los arqueros, o los montañeros de Suiza*), de Benjamin Carr (1768-1831). En 1798 se abrió en Nueva York el Park Theatre, y allí sería donde, ya en el siglo XIX llegarían las primeras óperas italianas, de mano de la compañía dirigida por el célebre tenor, empresario y compositor ocasional Manuel del P. Vicente García, padre de las ilustres cantantes María Malibran y Paulina Viardot, la primera de las cuales participó en esta gira americana de su padre.

En Boston también se dieron algunas óperas locales en el siglo XVIII; por razones religiosas se tuvieron que dar sin representar algunas de las *ballad operas* entonces en boga. Finalmente, salvados estos obstáculos, en 1794 se representó la *ballad opera* titulada *The Farmer*. La ópera italiana tardaría todavía algunos años en aparecer en la ciudad, aunque en recitales se cantaban piezas conocidas de género italiano.

IV. EN LAS MANOS MÁGICAS DE MOZART

XX. MOZART, VERDADERO PRODIGIO DE LA MÚSICA

Nacido en Salzburgo, Wolfgang Amadeus Mozart (1756-1791) era hijo de un violinista y también compositor, Leopold Mozart (1719-1787) que trabajaba al servicio del príncipe arzobispo de Salzburgo como violinista de la orquesta de la catedral de dicha ciudad. Leopold pronto se dio cuenta de la extraordinaria capacidad musical de su hijo, por lo que abandonó todo lo que podía favorecer su propia promoción como músico, para dedicar todos sus esfuerzos a la formación de su hijo. Lo que movía especialmente a Leopold Mozart era la posibilidad de promocionar a su hijo para que ocupara un puesto importante como músico en alguna corte ilustrada —en Viena, preferentemente, y sino en otra ciudad europea— considerando que las capacidades musicales de Wolfgang lo hacían merecedor de un cargo semejante, incluso aún en la infancia. Esta obsesión era muy típica de un hombre del Antiguo Régimen, y Leopold Mozart desde luego lo era: para él no había otro modo de vivir, para un músico de calidad, salvo quedar a la más fría intemperie y pasar todo tipo de penalidades. La visión de Leopold Mozart no era totalmente equivocada, pero su obsesión por lograr esa colocación para su hijo resultó al fin, totalmente inútil y tal vez hasta contraproducente. En todo caso, y movido por esta preocupación, se dedicó a exhibir las indudables facultades de sus hijos (su hija Marianne, mayor que Wolfgang, era una excelente clavecinista) por las principales cortes europeas, sobre todo después que una primera visita a la corte de María Teresa, en Viena, realizada en 1762, cuando el pequeño Mozart tenía sólo seis años, lo convenció de que la única solución era buscar un lugar remunerado para su hijo en una corte europea. Creía Leopold Mozart que la mera constatación del prodigio de un niño de menos de siete años, le daría un puesto en una corte, ya que el muchacho era capaz de tocar su pequeño violín (Leopold le había agenciado un violín de pequeño tamaño, probablemente un *pochette* o violín de bolsillo que usaban los maestros de baile para poder llevarlo en el bolsillo de la casaca), y además capaz de tocar en un teclado «a ciegas», es decir, con el teclado cubierto con una pieza de tela, y de realizar variaciones sobre un tema propuesto por su audiencia. Hoy en día podemos creer que los cortesanos europeos eran más entendidos en música que nosotros, pero en realidad aquella sociedad frívola tenía por profunda ciencia musical el ser capaz de variar una melodía conocida, más que la capacidad para componer una sonata o una pieza para orquesta.

El primer gran viaje (1763-1766)

Así fue como persuadió al príncipe-arzobispo de Salzburgo, Sigismund Schrattenbach, para que le concediera un permiso para viajar por Europa con su esposa y sus dos hijos durante dos años. En este tiempo, que fue superado ampliamente por Leopold (1763-1766), recorrió las principales cortes alemanas cercanas (Linz, Múnich, Augsburg y Mannheim), donde no sólo exhibió las facultades musicales del precoz muchacho y las habilidades clavecinísticas de su hermana mayor Nannerl, sino que lo puso en contacto con los distintos modos y maneras de trabajar en el campo de la música, completando de este modo la instrucción de su hijo de un modo que habría sido impensable si éste hubiese seguido el proceso «normal» de enseñanza musical que entonces se daba a los muchachos de su edad. La experiencia de Mannheim, donde Wolfgang pudo ver en funcionamiento la mejor orquesta de su tiempo, con la simpatía y los consejos de los famosos compositores de la orquesta, se completó con la continuación del viaje a París, donde Mozart pudo entrar en contacto con un modo de vivir la música muy distinto del que se conocía en el área germánica, y donde pudo conocer las obras del compositor alemán afincado en París, Johann Schobert (*ca.* 1720-1767) y el gusto francés entonces de rigor en los ambientes cortesanos. El pequeño Mozart actuó en la corte de Versalles (día de Año Nuevo de 1764) en presencia de Luis XV, de la reina María Lesczinska y de madame de Pompadour, y fue muy apreciado, pero no contratado como deseaba su padre. Mayor fue todavía el impacto causado sobre el joven músico en Londres, donde dio también una audición en presencia de la familia real. Pero lo realmente importante fue que en la corte conoció a Johann Christian Bach (1735-1782), el hijo menor de Johann Sebastian Bach, cuya influencia sobre Mozart en el campo del *pianoforte* sería decisiva.

Después de prolongar el viaje por Bélgica y Holanda, y de una segunda estancia en París, los Mozart volvieron a Salzburgo en 1766, sin haber logrado su objetivo. Le faltó tiempo a Leopold Mozart para encontrar la ocasión de volver a Viena, donde de nuevo encontró una acogida cortés, pero improductiva, por parte de María Teresa, aunque el hijo de ésta, el futuro José II de Austria, propuso que el pequeño Mozart escribiese una ópera. Realizado el encargo, que dio como resultado *La finta semplice* (1767), la puesta en escena de la ópera topó con las trabas administrativas de unos responsables de la ópera de la corte que no creyeron en absoluto posible que aquella ópera fuese del muchacho de once años que se presentaba como autor, a pesar de que, en realidad, no era estrictamente la primera obra escénica con música escrita por el muchacho. En compensación, Mozart pudo estrenar en la casa del entonces ilustre médico vienés, Franz Anton Mesmer, una pequeña ópera calcada sobre *Le devin du village*, de Rousseau, en versión alemana y con algunas pequeñas modificaciones: *Bastien und Bastienne* (1768).

Los viajes a Italia

Convencido Leopold Mozart de que el rechazo del teatro de la corte vienesa se debía, al menos en parte, a que le faltaba a su hijo la consagración definitiva que daba un viaje a Italia, logró otro permiso del comprensivo arzobispo Schrattenbach (con la condición de que viajaran sólo padre e hijo) y así pudo presentar Leopold a su hijo en Milán (enero de 1770). Fue decisiva la admiración que despertó el pequeño músico en el compositor milanés Giovanni Battista Sammartini (1700-1775), quien después de escuchar al muchacho decidió encargarle una ópera seria para la inauguración de la temporada operística siguiente, que se iniciaría según la tradición establecida, el 26 de diciembre de aquel mismo año. Le quedaban al joven Mozart casi once meses de tiempo para adquirir los conocimientos necesarios viajando por Italia.

Gracias a la correspondencia del padre —quien se tomó la gira por Italia en parte como un medio de acrecentar su cultura latina— y a algunas cartas del hijo, se puede conocer bastante bien el itinerario y los incidentes del viaje. En Bolonia el joven Mozart estudió con el venerable padre Gio-

Retrato de Wolfgang Amadeus Mozart por L. Bode en 1859.

vanni Battista Martini (1706-1784), el primer estudioso serio de la música del pasado y autor de una iniciada y nunca concluida, por excesivamente exhaustiva, historia de la música europea. Admirado de las condiciones que prometía desarrollar su alumno, el padre Martini hizo que ingresara en la Academia Filarmónica de Bolonia (a la edad de catorce años) y le hizo conocer la música antigua italiana y los secretos de los antiguos métodos compositivos, tan poco conocidos en esa época de la música galante.

Estuvo después Mozart en Roma con su padre, donde visitaron la Capilla Sixtina y escucharon el famoso *Miserere*, de Gregorio Allegri (1582-*ca.* 1652) obra polifónica barroca cuya partitura se decía —no era cierto— que tenía prohibida la copia bajo pena de excomunión. Como es sabido, Mozart la escuchó dos veces y la reprodujo de memoria por escrito, lo que se tuvo por un enorme prodigio.

Finalmente, Mozart y su padre viajaron a Nápoles, donde admiraron la belleza del paisaje marítimo napolitano y entraron en contacto con operistas, especialmente el famoso Giovanni Paisiello (1740-1816). De este viaje obtuvo el joven Mozart toda la información musical y de práctica operística que requería para la realización de su encargo milanés.

En esta etapa italiana, Mozart empezó a componer obras de mayor envergadura que las sonatas y las sinfonías ingenuas, aunque con rasgos maravillosos de sus primeros años. En Milán se enfrentó por primera vez con los cuartetos de cuerda.

De regreso hacia el Norte pasaron también de nuevo por Bolonia, donde prosiguió la formación del muchacho con el P. Martini, y visitaron Florencia, donde el archiduque Leopoldo de Habsburgo, gobernador de la Toscana por la monarquía austríaca, estuvo tentado de contratar al muchacho, y lo consultó con su madre, la poco dadivosa emperatriz María Teresa, que disuadió a su hijo de contraer compromisos con artistas en una carta que ha sido descubierta hace relativamente pocos años.

Las primeras óperas

Afortunadamente, Leopold Mozart no supo cuán cerca estuvo de conseguir su objetivo, y se ahorró el disgusto del rechazo final. En septiembre estaba ya supervisando el trabajo de su hijo sobre un libreto de Vittorio Amedeo Cigna-Santi, titulado *Mitridate, re del Ponto* de muy reducido interés dramático e histórico, pero que se conformaba muy bien con el estilo operístico típico de la ópera seria. Mozart tuvo que vérselas después con los cantantes (la típica y a veces conflictiva relación entre éstos y el compositor conllevaba a veces profundos cambios en la estructura y la música de las óperas) y consiguió montar una partitura con los siete personajes de rigor, regularmente distribuida del modo corriente, es decir, dando arias sucesivas a los personajes, concediendo el relieve adecuado a la protagonista Aspasia (el papel de la *prima donna*) su amante Sifare (papel de *primo castrato*), el del hermano de éste, Farnace (papel para *secondo castrato*) y el del teórico protagonista de la ópera, Mitridate, que como padre de Sifare y Farnace y figura de autoridad correspondió a un tenor, con importantes intervenciones solsitas. No falta la *seconda donna* (Ismene), con un relieve menor, y un par de comprimarios con sólo intervenciones menores. La ópera se desarrolla del modo lineal típico de la ópera seria (recitativo, aria, recitativo, aria, etc.) con sólo un dúo y con una preciosa aria de trompa obligada para el *primo castrato*. Mozart se atuvo, pues, completamente a las normas salvo en la orquestación, mucho más rica y llena de detalles extraídos de sus antiguas experiencias austríacas y alemanas, que sorprenden aún hoy por su elegancia, muy superior a los débiles ropajes instrumentales de las óperas italianas de su tiempo.

El resultado fue un éxito considerable en el estreno, la noche inaugural, en el Teatro Ducale de Milán y el resultado positivo fue un nuevo encargo de una ópera seria para la inauguración de la temporada de 1772 (que sería *Lucio Silla*) y también, más tarde, la solicitud de una serenata de circunstancias, la titulada *Ascanio in Alba*, para el año 1771.

De este modo, cuando Mozart regresó a Salzburgo con su padre, el príncipe-arzobispo supo que tenía que conceder dos viajes más a Italia al joven músico para cumplir con sus compromisos oficiales, que suponían un prestigio para la propia Salzburgo.

Ascanio in Alba no tiene otro interés que el de ser un modelo de lo que era en esta época una *serenata* seria de tema mitológico para un acto oficial; en cambio *Lucio Silla*, otro ejemplar de ópera seria al uso, nos permite apreciar el desarrollo, todavía modesto, pero indudable, del sentido teatral de Mozart, al dar un relieve musical y emotivo a la escena «de las catacumbas» entre Giunia (el papel principal femenino) y su esposo Cecilio (el *primo castrato*), que revela a su esposa que no ha muerto. El papel de autoridad, el del dictador Lucio Silla, corresponde, como era tradicional, a un tenor que ocupa un lugar central en la obra sin ser realmente el protagonista; su hermana Celia ocupa el rol de *seconda donna* y el amigo de Cecilio, Cinna, corresponde al *secondo castrato*, mientras el tenor comprimario Aufidio canta el papel ínfimo de confidente del poderoso, con sólo un aria. Estrenada en Milán, en el mismo Teatro Ducale, el 26 de diciembre de 1772, constituyó un obvio paso adelante en la carrera de Mozart desde el punto de vista de su dominio de la ópera, no en cuanto al reconocimiento social de su valía.

Pero al regresar a Salzburgo había muerto el príncipe-arzobispo Schrattenbach, y había ocupado su trono el también príncipe-arzobispo Hyeronimus Colloredo, de familia nobiliaria emparentada con los Habsburgo vieneses. Colloredo era un típico noble del Despotismo Ilustrado, convencido de llevar los asuntos religiosos de un modo moderno, poco convencional: exigió misas breves, poco ritualizadas, y consideró cubiertas sus obligaciones con el joven y prodigioso compositor —al que nunca supo apreciar— concediéndole el cargo —levemente remunerado— de segundo organista de la catedral. No era éste, por cierto, el tipo de cargo por el que Leopold se había tomado tanto trabajo, pero ahora Colloredo se oponía rotundamente a cualquier tipo de viaje de los músicos a su servicio, que habían gozado ya de privilegios que él no estaba dispuesto a conceder. No se mostró especialmente hostil, y estaba dispuesto a aceptar disculpas cuando surgía un conflicto, pero en modo alguno comprendía la necesidad de favorecer en nada la carrera del joven compositor a su servicio. Como en Salzburgo no había teatro de ópera, Mozart se encontró en la imposibilidad de explotar su nueva y creciente afición al teatro lírico. Por este motivo se puso en contacto con el actor y modesto empresario teatral Emanuel Schikaneder para escribir música para una de las obras de teatro que ofreció al público de Salzburgo: *Thamos rey de Egipto*, de un tal barón Gebler, y que constituye el único ejemplo completo de música incidental mozartiana (1773). Pero por fortuna, un año más tarde, sus relaciones (o más probablemente las de su padre) con la corte de Múnich motivaron que a fines de 1774 le fuera encargada su primera ópera bufa italiana: *La finta giardiniera* (1775), para la realización de la cual el príncipe-arzobispo no tuvo más remedio que concederle el permiso, pues se le había pedido oficialmente una obra a un servidor suyo. Mozart trabajó arduamente para poner en pie una ópera bufa sumamente rica en contenidos, en la que también tuvo que enfrentarse a numerosos convencionalismos. Resulta sumamente instructivo comparar lo que hizo Mozart con un libreto bufo «tradicional», con las típicas parejas de «enamorados» y varias confusiones de identidades como soluciones teatrales sin vida, y lo que haría después, cuando sus capacidades teatrales habrían madurado para dar las obras maestras de sus últimos años. En *La finta giardiniera* se aprecian destellos teatrales de calidad, como el aria de Nardo «Con un vezzo all'italiana», en el segundo acto, y una pieza bufa efectiva, como el aria del Podestà, al principio de la obra, en la que se sucede el apoyo de distintos instrumentos de la orquesta a medida que el personaje los va nombrando. Pero en el fondo la ópera no funciona bien vista con la óptica teatral de nuestro tiempo, por el exceso de prolijidades, los inacables recitativos y la inanidad de muchos de los acontecimientos de la historia, que sin embargo gustó al público de la época.

El propio arzobispo no se mostró totalmente cerrado a la idea de aprovechar las capacidades teatrales de Mozart, y con motivo de la visita de príncipes de la casa imperial a Salzburgo, le encargó a Mozart en 1775 otra serenata seria: *Il re pastore*, considerada unánimemente por los his-

Tras el éxito conseguido en su primer viaje a Múnich, en 1762, la familia Mozart se trasladó a Viena (en la imagen, supuesta presencia del prodigioso niño en una orquesta).

toriadores de su carrera como la más floja de sus creaciones teatrales, tal vez por el desinterés de Mozart por la ñoña historia proabsolutista que se desprende del libreto debido a Metastasio y anteriormente musicada por Giuseppe Bonno (1710-1788) y por Gluck. Se salva en la partitura el aria del *protagonista* Aminta, «L'amerò, sarò constante», con un extraordinario *obbligato* de violín que se entrelaza con las vocalizaciones del protagonista (el *primo castrato*).

La precaria situación laboral de un compositor tan bien formado musicalmente clamaba al cielo, y aunque lograba ingresos extra escribiendo *serenate* y *divertimenti* e incluso conciertos para piano para los aficionados de Salzburgo, se sentía infravalorado. Esto es lo que decidió finalmente a Leopold Mozart a acudir nuevamente al príncipe-arzobispo Colloredo, para que permitiese un nuevo viaje que Leopold pensaba conducir personalmente como hasta entonces. Pero el arzobispo se negó en redondo, e incluso insinuó que podía prescindir de los servicios de ambos músicos como respuesta a una carta «insolente» que le dirigió el hijo. En tan peligrosa disyuntiva, Leopold accedió a quedarse para no perder su cargo, y Mozart se puso en marcha con su madre (Anna María Pertl), guiados, eso sí, por las constantes cartas con órdenes y consejos que Leopold Mozart enviaba desde Salzburgo.

El segundo gran viaje y retorno final a Salzburgo

Madre e hijo rehicieron así el viaje de 1753-1766: visitaron Linz y Múnich, restablecieron el contacto con su familia en Augsburg y pasaron de nuevo por Mannheim, donde estaba todavía en activo la famosa orquesta del elector Karl Theodor, y donde renovaron la amistad con los Richter, Cannabich y demás músicos de aquella corte. Allí conocieron a la familia de Fridolin Weber y Mozart se enamoró de la hija mayor de éste, Aloysia Weber. Sólo con gran esfuerzo de persuasión y de exhibición de autocompasión logró Leopold que madre e hijo continuaran el viaje a París, que fue un fracaso: a pesar de que Mozart recibió el encargo de un ballet, titulado *Les petits riens* (*Las pequeñas naderías*), nombre que casi parece una burla del destino, y el de una sinfonía, la número 31 llamada «París», por si fuera poco, en el cálido verano de 1778 la madre de Mozart murió después de una breve indisposición en su modesto piso de París, lejos de todo lo que había amado.

Mozart tuvo que volver doblemente derrotado a Salzburgo, porque al pasar por Múnich (a donde se había trasladado la orquesta de Mannheim pocas semanas antes) supo que Aloysia se había casado con el pintor Joseph Lange.

Su estrepitoso fracaso no había servido de nada, y lo peor era haber tenido que volver a la obediencia del príncipe-arzobispo de Salzburgo, que debió de recibirlo con la sorna y la «benevolencia» que uno se puede figurar. En su desesperación, en sus largas horas de inactividad (aunque en esta época escribió las primeras grandes sinfonías, los magníficos *divertimenti*, etc.), obsesionado por la creación de una ópera empezó la composición de un *singspiel* en alemán, sin posibilidades de estrenarlo: se trata de *Zaide* (1780), una ópera interesante de tema «exótico» que dejó casi terminada cuando los inesperados acontecimientos de ese año vinieron a cambiar del todo su vida.

En efecto, seguramente gracias a la influencia de los músicos de la ex orquesta de Mannheim, que sabían de su triste situación, el elector Karl Theodor, ahora elector de Baviera, decidió encargar a Mozart una ópera que debía ser uno de los puntos culminantes de la temporada del teatro de su corte. Se eligió una ópera seria, basada en un libreto de un pretencioso escritor de gustos aún netamente barrocos, el abate Vogler, y basada en un episodio de la guerra de Troya que había sido tratado ya por André Campra, en 1712: *Idomeneo, re di Creta*.

Las experiencias anteriores, la maduración intelectual de Mozart, su mejor conocimiento del mundo del drama y sus experiencias en Italia, lo llevaron a construir una ópera mucho más personal e inteligente que sus creaciones anteriores. Discutiendo de modo decidido con el libretista, exigió drásticos cortes en la retórica áulica del escritor, impuso la presencia de un coro que diera vida a las áridas peripecias de los personajes, y creó unas figuras femeninas con rasgos humanos muy diferenciados: la dulce Ilía, y la feroz y autoritaria Elektra surgieron de sus manos netamente definidas por el tipo de música que cantan, ambas dentro de los parámetros de los personajes nobles de una ópera seria. El protagonista, el rey Mitridate, de acuerdo con la tradición fue concebido como tenor, y el papel de su hijo Idamante, enamorado de Ilía, siguiendo un parecido trazado, lo obtuvo el *primo castrato*, un cantante apellidado Dal Prato sobre cuyas capacidades teatrales Mozart expresó las más serias dudas en las cartas a su padre, con lo que se puede apreciar su creciente interés por el aspecto dramático de la ópera que había compuesto. Años más tarde, al reponer la ópera en Viena, cambió el papel de Idamante por un rol de tenor. La ópera incluyó momentos de notable fuerza gracias al terror expresado por el coro en los momentos álgidos, y fue muy bien recibida por el público muniqués (29 de enero de 1781).

XXI. LAS GRANDES CREACIONES VIENESAS DE MOZART

La ruptura con Colloredo. Mozart en Viena

Al término de su permiso —concedido por Colloredo por la fuerza del encargo de Múnich— Mozart debía reunirse con su señor, pero estando éste a la sazón en Viena, fue allí donde tuvo que dirigirse el compositor para incorporarse a la servidumbre del príncipe-arzobispo.

A su llegada a Viena, Mozart pudo apreciar que la fama de su éxito con *Idomeneo* lo había precedido, y que recibía peticiones de actuaciones musicales que le hicieron concebir la esperanza de poder reunir un pequeño capital si lograba quedarse una temporada en la ciudad. Por este motivo se presentó ante el príncipe-arzobispo y le solicitó permiso para permanecer en Viena, pero Colloredo se negó y le ordenó que tomara la diligencia hacia Salzburgo. Mozart fingió haber perdido el carruaje y cuando volvió a presentarse ante el Colloredo éste no quiso recibirlo y dio orden a su chambelán, el conde Arco, que pusiera a Mozart en la calle, cosa que el servil personaje hizo dándole un puntapié en el trasero.

La indignación de Mozart no conocía límites y decidió allí mismo y sin ulteriores reflexiones dejar el servicio del arzobispo y quedarse en Viena. Y a pesar de los lamentos epistolares y de las súplicas de su padre desde Salzburgo se negó a pedir perdón al «mufti» (término despectivo que usaba con su familia para aludir a Colloredo) y se quedó en Viena, alojándose en la pensión de la vieja Weber, la madre de Aloysia y otras tres hijas, y viuda de Fridolin. Al hacerlo, acabó comprometiéndose a una boda con Konstanze, la tercera de las hijas, con gran desesperación (epistolar) de su padre y de su hermana.

Escribió cartas tranquilizadoras a su padre, y se quedó en la ciudad, donde efectivamente recibió algunos encargos pero especialmente el de una nueva ópera: el emperador José II, que quería impulsar la cultura germánica en la cosmopolita ciudad de Viena, quería un *singspiel* alemán para su nuevo Burgtheater, una especie de «teatro nacional» creado al efecto en el teatro que habitualmente había alojado las óperas de la corte.

Mozart se lanzó con entusiasmo a la composición de la ópera solicitada, creando una pieza de mucha mayor envergadura de la que se le había encargado, pues José II pensaba en un *singspiel* con mezcla de diálogo y canto del tipo del *Dorfjahrmarkt* de Benda (1775). Pero Mozart supo hacer uso del magnífico reparto de cantantes (cinco) que tenía a su disposición y emprendió una ópera cómica alemana con relativamente poco diálogo y una partitura extensa y rica en toda clase de detalles instrumentales y vocales.

Para escribir este tipo de ópera, Mozart pudo abandonar el pie forzado de la forma italiana, tanto bufa como seria, y modelar la parte cantada a su gusto, eligiendo soluciones basadas en la antigua ópera barroca, pero adaptadas a las necesidades expresivas de los personajes. El noble Belmonte, enamorado y capaz de rescatar a su amada Konstanze (no por casualidad el nombre de su futura esposa) es un tenor al que Mozart dio cuatro arias «amorosas» (en una ópera barroca habría habido una de este tipo y luego otra de furor, otra patética, etc., según las viejas normas). Como el propio Mozart le explicó a su padre, la emoción amorosa del personaje, en sus arias, está confiada a una división entre los violines y al uso de prolongadas frases de difícil respiración, que sugieren los suspiros amorosos (como puede apreciarse en la primera de las arias de Belmonte). Al darle a este personaje las cuatro arias del mismo tipo y dotarlo de una vocalidad elegante y decorativa, Mozart «construyó» realmente un personaje «noble y enamorado», dándole de este modo una psicología personal, en la que tal vez quiso retratarse a sí mismo como «enamorado» de *su* Konstanze. Algo parecido hizo con ella, al darle en sus tres arias el tono patético de las grandes arias barrocas, de las que cada *prima donna* solía tener una sola. Al concederle a Konstanze las tres arias de dama noble «triste o patética», le daba igualmente un carácter definido al personaje que quedaba nítidamente dibujado (a pesar de que tuvo que satisfacer las apetencias virtuosísticas de *madame* Cavalieri, a quien correspondió el papel). La música diseñada por Mozart para este papel demuestra su alta posición social, haciendo que cante de modo que las frases principales de sus melodías se desplazan con frecuencia por grados conjuntos, formando escalas simples, con pocos saltos interválicos. Algo parecido a como canta Belmonte, reflejando así la pasividad y la falta de expresividad que se tenían por el *summum* del buen gusto en la época.

De modo totalmente contrario, el papel de la criada inglesa Blonde fue dibujado a través de un canto rítmico, con trasfondo de música popular, que señalaba el carácter realmente plebeyo del simpático personaje, y aunque no le ahorró dificultades al canto, la distinguió nítidamente de su colega noble, la triste Konstanze.

Algo parecido llevó a cabo con la voz del segundo tenor, el criado Pedrillo, en cuyo canto se cuelan no sólo elementos populares («Vivat Bacchus!») sino extrañas armonías de insólito aspecto en su canción o «romance de frontera» del último acto («Im Mohrenland»).

El último detalle de verdadera caracterización musical lo reservó Mozart para el personaje odioso del guardián turco Osmín. La música de los pasajes de Osmín y los del coro de jenízaros están basados en una chispeante y graciosa «música turca» que Mozart había utilizado y utilizaría de nuevo, como muchos compositores de su tiempo, para burlarse suavemente del enemigo ancestral de los vieneses, los turcos, que ahora, derrotados, ya no inspiraban el terror de antaño, sino chanzas y burlas. Para escribir su «música turca» Mozart imitó la ruidosidad de su música militar, con címbalos, triángulos, platillos y percusión, y un pie rítmico irregular. Contó además con el excelente bajo Ludwig Fischer y Mozart decidió reforzar el papel de Osmín para aprovechar sus capacidades.

Lo único sorprendente de la ópera es que el bajá turco que tiene prisionera a Konstanze (pero con una educada circunspección, propia de un «déspota ilustrado» que aludía al propio emperador José II) no canta, sino que tiene unas breves intervenciones habladas. Tal vez por falta del cantante adecuado, Mozart no creó aquí el antecedente de bajo noble que podríamos haber esperado, y que tan bien dibujó más tarde en *La flauta mágica*.

El estreno de *Die Entführung aus dem Serail* (*El rapto en el serrallo*, de Mozart, con texto de Stephanie el Joven, tuvo lugar en Viena en el Burgtheater, el 16 de julio de 1782, una fecha que puede considerarse la fundacional de la ópera alemana moderna. El público manifestó su agrado y el emperador también, pero luego le dijo a Mozart que había «demasiadas notas» en la partitura; no es, como se ha dicho, una muestra de estupidez por parte del emperador, sino una simple alusión a que la obra era mucho más densa que el *singspiel* que se le había encargado.

Por otra parte, el proyecto de germanización cultural del emperador fue pronto desdibujándose ante los costes elevados del teatro, y finalmente esa iniciativa cultural fue desmontada discretamente.

Quizás por esta razón, Mozart no recibió ningún otro encargo hasta casi cuatro años más tarde (!). El compositor fue olímpicamente desaprovechado, con consecuencias para todos los implicados, incluidos los admiradores de la labor operística mozartiana.

Las óperas de Da Ponte

Cuando finalmente el emperador decidió encargar una nueva ópera a Mozart, había llegado a la corte de Viena un escritor, profesor de literatura y aventurero italiano llamado Lorenzo Da Ponte. Aún a sabiendas de su turbio pasado (había tenido que huir de Venecia donde tenía cuentas con la justicia), José II no lo nombró oficialmente «poeta de la corte» como había sido el difunto Metastasio, pero le dio todas las facilidades para que ejerciera como tal. Da Ponte escribió libretos para Antonio Salieri (1750-1825), para el compositor valenciano Vicent Martín i Soler (1754-1806) y también para Mozart.[12]

No se sabe con certeza quién decidió que Da Ponte pusiera en música la comedia «incendiaria» de Pierre C. de Beaumarchais *La Folle journée, ou Les Noces de Figaro*, que por su contenido antiabsolutista y antinobiliario había sido prohibida en todas las cortes europeas importantes, incluida la francesa. Poner en música esta obra podía dar una imagen de soberano liberal y tolerante (aunque se tomaron medidas para «rebajar» los pasajes más «ofensivos» de la comedia, como el discurso sobre la libertad de prensa y la celebración en escena del juicio del tercer acto). Por esto es posible que la decisión fuera del emperador. Pero pudiera haber sido del libretista e incluso del propio Mozart, aunque esto es menos probable.

En todo caso, en *Le nozze di Figaro* (1876) el compositor pudo ejercitar sus capacidades ya demostradas en *El rapto en el serrallo*, pero ampliando el

---

12 Las *Memorias* de Da Ponte han sido reiteradamente publicadas en distintas ediciones y épocas, pero no aportan gran cosa al conocimiento de las opiniones musicales del propio Da Ponte, ni dan muchas informaciones de sus colaboradores.

alcance de su capacidad de poner de relieve la psicología de los personajes a través de la música.

En el reparto hay nada menos que ocho personajes de relieve, de distintas clases sociales: los personajes netamente nobiliarios son de dos tipos: positivos, es decir, de buenas intenciones, como la Condesa de Almaviva, y negativos, con todos los defectos del feudalismo que combatía la obra de Beaumarchais: el Conde de Almaviva. No hay más que oír la única aria de este personaje para apreciar en él, dentro de la más estricta sobriedad «nobiliaria»: frases lineales, sin grandes saltos interválicos, incluso en los pasajes «odiosos», y elegancia indudable en la expresión de feroz alegría ante la perspectiva de una tremenda *vendetta*.

El contrapunto vocal de la pareja noble la encontramos en la plebeya formada por Figaro, el criado del Conde, y Susanna, la criada de la Condesa. Este personaje se disfraza después de Condesa, pero se delata *por su modo de cantar*, ya que no se expresa igual que una dama, y Figaro la reconoce por ello.

Hay en esta ópera, además, el entrañable personaje del adolescente Cherubino: un aristócrata en flor, enamoradizo y travieso, cuyas pulsiones amorosas se ven admirablemente reflejadas —junto con su carácter nobiliario— en las dos canciones que Mozart le atribuyó, dándole, por su juventud extrema, voz de mezzosoprano. Finalmente están los «medio nobles»: el doctor Bartolo, Marcellina y Basilio, tratados con el adecuado grado intermedio que los distingue de unos y de otros, aunque el carácter un tanto zafio del primero se hace patente en su aria, y el sinuoso código moral del segundo se aprecia en la suya, que muchas veces se corta.

La orquestación de las óperas de Mozart es, en estos años, una verdadera joya, y la utilización de los más nobles instrumentos de viento (clarinete, para el amor; oboe, para el dolor; fagot, para la ironía cuando no directamente para la burla, etc.) revela un profundo conocimiento de su función y de su efecto psicológico. No se puede ni se debe escuchar esta ópera sin atender de tanto en tanto a la orquesta. Mozart completó con esta ópera su dominio de la caracterización psicológica de sus personajes. Incluso la no tan inocente sencillez del personaje secundario de Barbarina tiene su momento en la partitura.

Si hubiésemos confiado en el emperador José II para un nuevo encargo a Mozart hubiéramos tenido que esperar tres años y medio más, tantos como la vez anterior. Por fortuna, el empresario italiano Guardasoni del teatro de Praga había programado *Le nozze di Figaro* en la capital checa y el éxito había sido tan rotundo que los domingos por la tarde, en los bailes públicos de la ciudad, la gente se movía al compás de varios de los temas entresacados de la ópera de Mozart. El empresario, ávido de otro éxito semejante, se puso en contacto con Mozart y le encargó una nueva ópera, para la cual contrató también los servicios de Lorenzo Da Ponte. Ambos se trasladaron pues, a Praga y convinieron en un nuevo título cuyo tema, basado en un éxito reciente del compositor italiano —veronés— Giuseppe Gazzaniga (1743-1818) era el antiguo drama de Tirso de Molina, *El burlador de Sevilla, o el convidado de piedra*, centrado en la figura de don Juan Tenorio. La obra de Gazzaniga, en un solo acto, había tenido un éxito considerable a principios de aquel año 1787, y Da Ponte tomó pasajes enteros de su libreto (de su rival Giovanni Bertati) aunque cambió algunos nombres y extendió la acción hasta que la partitura resultante tuvo una duración de prácticamente tres veces la ópera de Gazzaniga, con el título de *Il dissoluto punito, ossia il Don Giovanni*. Debe descartarse como leyenda graciosa la que asegura que el gran libertino Casanova habría intervenido en la redacción del libreto; Casanova estaba ya prácticamente retirado, y no es verosímil su estancia en Praga, aunque no le caía muy lejos, aparte de que, en cuanto a libertinaje, poco tenía Da Ponte que aprender de su contemporáneo y compatriota.

Lo más interesante dentro de esta fascinante creación operística del tándem Mozart-Da Ponte es que el compositor, aparte de definirnos a los personajes por la música que cantan, como en sus óperas anteriores, asumió aspectos del drama que sólo la música puede explicar bien. Así, por ejemplo, la seducción que ejerce don Giovanni sobre la campesina Zerlina, más que físicamente, es debido al prestigio que podría aportar a la astuta muchacha una boda noble, a la que constantemente alude el malvado personaje. Pero la seducción se hace patente cuando observamos que don Giovanni canta un minueto («Là ci darem la mano») con lo que la promesa de ennoblecimiento implícita en la escena viene por el tipo de danza noble que está cantando el seductor. Zerlina, ambiciosa, se apunta al minueto sin dudarlo, y aunque va interponiendo algunos peros (le sabe mal por Masetto, el noble la puede burlar) al final se declara dispuesta a ir con don Giovanni a la casita cercana («Andiamo») la música cambia de metro y se convierte en una pieza rítmica de claro trasfondo popular. ¿Qué ha ocurrido? Pues sencillamente, que en cuanto ella acepta, don Giovanni deja de ofrecer nobleza y sólo está ofreciendo «rebajarse» al nivel de la no tan ingenua campesina, que se ve salvada por la censura, es decir, por la llegada de donna Elvira.

Esta absoluta capacidad de Mozart para reflejar en música lo que en su vida personal no había llegado del todo a formular, es decir, una actitud de enfrentamiento de clases sociales, se reproduce de nuevo en la escena del baile de la casa de don Giovanni, al final del primer acto. Allí está todo dispuesto para la danza, y el trío de nobles que se ha metido en la fiesta (don Ottavio, tenor; donna Anna y donna Elvira, sopranos) danza un minueto, nuevamente utilizado como definidor de clase social; pero los campesinos que habían ido a la boda de Masetto y Zerlina no saben bailarlo y por esto aparece una pequeña orquesta en el escenario que *sobrepone* a la melodía y al ritmo del minueto una *allemanda*, danza popular alemana que los campesinos bailan ostentosamente. Cuando don Giovanni se apodera de Zerlina, con el pretexto de bailar, él no puede bailar la *allemanda* campesina, ni ella el minueto nobiliario; por esto aparece una segunda orquesta en el escenario que después de afinar ostensiblemente sus instrumentos inician una *contradanza* que dura sólo unos pocos compases, *sobrepuesta* a las dos danzas que están ya sonando. Este prodigio contrapuntístico mantiene, pues, a las tres formaciones instrumentales tocando a la vez ritmos y melodías distintas, hasta que, arrastrada a una habitación contigua, Zerlina empieza a gritar pidiendo auxilio, y los músicos de las dos orquestas dejan de tocar y se van corriendo.

Digamos sólo de paso que, el segundo acto tiene también algunos momentos inolvidables, como el «trío del jardín» del inicio del primer acto, y la serenata con mandolina del libertino (por influencia de Paisiello, en *Il barbiere di Siviglia* y de Martín i Soler); también es un hallazgo el juego del grupo de viento, tan «salzburgués» con el que don Giovanni hace acompañar su cena, con tres «hits» de la música del momento: un fragmento de *Una cosa rara*, de Martín i Soler, otro de *Fra i due litiganti il terzo gode*, de Giuseppe Sarti, y finalmente una alusión al «Non più andrai» de *Le nozze di Figaro*, que los espectadores de Praga conocían tan bien. No dejaremos de citar tampoco la experimental música «hórrida», con ribetes de atonalidad, que acompaña la condenación del libertino, seguida (se trata de una ópera bufa, no lo olvidemos) de la bellísima escena final, con un tierno dúo de amor (don Ottavio y donna Anna), acabada en una moraleja ilustrada con la leve severidad de una fuga. Así terminaría la carrera operística de Verdi, tal vez como homenaje a esta inmensa ópera de Mozart, la única que por su tema «romántico» hasta cierto punto, fue interpretada con alguna frecuencia en el antimozartiano siglo XIX.

El éxito de *Don Giovanni* en Praga fue suficientemente importante como para imponer la representación de la ópera en Viena. En esta ocasión Mozart añadió algunas arias a la partitura y eliminó «Il mio tesoro» de don Ottavio, en exceso difícil a juicio del tenor encargado del papel. Hoy en día se interpreta casi siempre la obra original y también los aña-

Escena de *Don Giovanni* (1787), de Mozart, con Victoria de los Ángeles como donna Anna.

didos de Viena, con lo que la obra gana en extensión pero también en una buena cantidad de música de primera magnitud.

Finalmente, después de una fatigosa campaña bélica en Oriente, volvió el emperador José II a Viena en 1789 y pensó por fin en encargar otra ópera al tándem formado por Mozart y Da Ponte. Debe descartarse como absurda la leyenda de que fue el emperador quien sugirió el argumento de

Escena de *Don Giovanni*
(Louis Otey como don
Giovanni en una producción
de Mark Lamos para el
Teatro de la Ópera de Saint
Louis, 1983.)

la nueva ópera, que se referiría a un hecho «real» acontecido en Trieste. Por una vez Da Ponte dejó en paz la literatura de tema español (de cuya especialidad se vanagloriaba) y parece que inventó un argumento original (aunque el tema se parece bastante al del «curioso impertinente» que se narra en el *Don Quijote* de Cervantes) cuyo título fue *Cosifantutto* (1790).

Una vez más Mozart se dedicó en esta ópera a dibujar el perfil humano de los personajes a través de la música que los envuelve. Sobre el papel, seis personajes equilibrados, en un juego de simetría clásico en el marco de una música galante que florece con inusitada belleza en medio de las ruinas de una Europa que está abandonando esta etapa a impulsos de la naciente Revolución, fraguada primero en América y ahora en Francia. Pero los seis personajes (tres parejas: dos de enamorados y una de cínicos, formada por don Alfonso, el «filósofo» y Despina, la muchacha de servicio), dentro de su grupo, son distintos: Ferrando es más espiritual y amoroso que Guglielmo, más drástico —más «bruto»— y más sanguíneo; en las mujeres —hermanas—, Fiordiligi es más madura, menos sensual que Dorabella, que hace grandes aspavientos de fidelidad eterna y dolor sin pausa mientras está mucho más dispuesta a ceder a las pretensiones amorosas de su amante asignado. Mozart nos reviste las expresiones amorosas de Ferrando de una cierta misteriosa languidez (aria «Un'aura amorosa») mientras Guglielmo ya desde el momento de la apuesta se muestra más directo, más activo, más vital («Una bella serenata») y en sus arias es más abiertamente crítico de la situación. Su orgullo de amante burlado estalla con mayor furor sin perder la compostura propia de un personaje noble. Siéndolo también don Alfonso, el bajo (de modestas exigencias vocales), la música popular, con sus saltos rítmicos característicos queda totalmente en boca de la criada Despina, que hace abundante uso de estos recursos en sus dos arias y que además asume inverosímiles disfraces de médico y de notario, blandiendo en el primer caso un gigantesco imán con el que Mozart aludía al doctor Mesmer que conoció en su infancia. Moderna, pero tradicional, la estructura de la obra es eminentemente clásica: dos arias por cantante, salvo el tenor, que tiene tres —una casi nunca se canta— y muy poca presencia coral, aunque de interés.

Ésta es la ópera de los números de conjunto: dúos, tercetos, cuartetos, quintetos e incluso sextetos conforman el cuerpo principal de esta obra. Don Alfonso es un personaje socarrón y sus intervenciones son muy breves.

La ópera tiene una estructura y unas exigencias escénicas más modestas —había que ahorrar ahora, en la corte de Viena— pero en su más sencilla orquesta hay los más encantadores juegos instrumentales de que era capaz el compositor, que pueden apreciarse ya desde la obertura, y un vistoso canon en el brindis de la falsa boda de las dos parejas.[13]

Mozart invitó a un ensayo de la ópera a su amigo Haydn y a su prestamista y compañero de logia, Michael Puchberg, y presentó la ópera con éxito el 26 de enero de 1790 en el teatro de la corte. Desgraciadamente, pocos días después moría el emperador José II (20 de febrero) y las representaciones se suspendieron en señal de luto.

Las óperas finales: *La Clemenza de Tito* y *La flauta mágica*

Es curioso constatar que después de tantos años pasados en espera de poder escribir una ópera, en el último verano de su vida recibiera Mozart nada menos que dos encargos distintos casi seguidos. En primer lugar, por haber encontrado en Viena, en la logia masónica que los dos frecuentaban, a su antiguo colaborador teatral, Emanuel Schikaneder, que ahora se había establecido en Viena. Schikaneder había sedentarizado a su ambulante compañía y tenía arrendado un teatro popular en las afueras de Viena: el Theater auf der Wieder (más tarde «an der Wien», con cuyo nombre existe todavía). Para el público modesto pero fiel a los espectáculos teatrales de

[13] *Cf.* Alier, Roger, *Guía universal de la ópera.* 3 vols., Robinbook, Barcelona, 2000, donde el lector encontrará la explicación detallada de los argumentos de las óperas de Mozart, y de ésta en especial.

aspecto popular, el astuto Schikaneder le encargó a Mozart una «ópera de magia» en alemán, de tipo de las que entonces estaban de moda. Así fue como, con un libreto bastante mal pergeñado por el propio Schikaneder, Mozart se puso a trabajar en una ópera de este tipo, un *singspiel* cuyo argumento, a simple vista, es un indigerible galimatías de acciones centradas en el amor de un joven príncipe Tamino (tenor) por una princesa cautiva, Pamina (soprano lírico-ligera), hija de una Reina de la Noche, de nombre Astrafiammante, que en realidad más tarde resulta ser una especie de encarnación del mal.

La versión más creíble del caso sería que, una vez Mozart y Schikaneder tenían empezada ya una narración operística ingenua sobre una princesa víctima de un supuesto ogro, pronta a ser rescatada por un príncipe (japonés, según el libreto, sin que se sepa por qué razón), los dos autores decidieron cambiar el argumento, con la intención, bastante ingenua también, de poner en escena una apología de la masonería a la que ambos pertenecían, tal vez con objeto de contrarrestar el ambiente negativo que se estaba formando en Austria contra ella, a causa de su indudable influencia en la revolución que se estaba desarrollando en Francia. La Reina de la Noche, con sus damas cubiertas con velos negros pasa a simbolizar así el más feroz oscurantismo y la reacción católica antimasónica; el ogro raptor de Pamina resulta ser un sacerdote masón, sabio y bienintencionado, Sarastro, que protege a la princesa contra su propia madre, y que está convencido de la segura conversión del príncipe y la improbable de su acompañante, el personaje popular Papageno, haciendo que pasen ambos las pruebas iniciáticas para ingresar en el templo (alusión al ritual con que se hacían las pruebas para ingresar en la masonería). El contraste —musical sobre todo— entre la histeria feroz de la Reina de la Noche, que trata de que su hija asesine a Sarastro, amenazándola con un aria llena de imposibles sobreagudos (el fa$_5$, que se suele rebajar en bastantes de las representaciones de hoy en día) que denotan su carácter mágico y eminentemente negativo, mientras que Sarastro, el gran sacerdote, responde con un aria serena, tranquila y profunda con notas especialmente graves (límite grave en el fa$_1$) para reflejar la paz y la bondad que reinan en el templo.

Escena de *Così fan tutte*, de Wolfgang Amadeus Mozart (Representación en la Ópera de Zúrich, con Cecilia Bartoli y Roberto Saccà).

Finalmente, después de pasar unas pruebas simbólicas del agua y del fuego —merced a la flauta mágica que el príncipe ha recibido—, incongruentemente, de la Reina de la Noche, él y la princesa ingresan en el templo de la sabiduría, mientras que el infeliz Papageno, que no está a la altura de lo exigido —escenas cómicas que Schikaneder representaba personalmente en las funciones del estreno de la ópera— se tiene que conformar con una «Papagena» con la que espera tener muchos hijos: su mundo no es el iniciático, si no el meramente doméstico, al servicio de la clase dominante que la masonería está dispuesta a representar.

Hay numerosas incongruencias en ese libreto mal adaptado a los cambios posteriores, como la presencia de tres niños celestiales también introducidos primero por la Reina de la Noche (cuando todavía parece ser una reina «buena»), y cuyo canto y acompañamiento orquestal es uno de los aciertos más rotundos de la partitura. Por otro lado, en alguna de las escenas finales de la obra se hace patente la influencia de la música de Bach que Mozart había aprendido a valorar de modo especial a su paso por Leipzig, el año anterior.

La naturaleza netamente germánica de este *singspiel* con sus melodías de aspecto popular, sus intervenciones «nobles» (de Tamino, Pamina, Sarastro y, dentro de todo, de la Reina y las tres Damas, así como de los tres niños) le dieron una enorme popularidad, que aunque llegó con dificultad al resto de Europa, no dejó de encandilar al público de habla alemana. Si con *El rapto en el serrallo* Mozart había puesto las bases de la ópera alemana, con *La flauta mágica* acabó de abrir la nueva vía por la que entraría, al margen de las óperas italiana y francesa, la ópera popular alemana de los Weber, Hoffmann, Spohr, Weber, Lortzing y otros muchos autores posteriores.

La muerte de Mozart, pocas semanas después del estreno de *Die Zauberflöte* (*La flauta mágica*) impidió que la estatura del compositor alcanzara las dimensiones que merecía. Por esto su labor de transformación de la ópera no tuvo el eco que hubiera alcanzado si se hubiese producido unos años más tarde. El cambio de gusto musical que se operó poco después de su muerte motivó que Mozart fuera, aunque oficialmente venerado, el gran compositor alemán de cuya producción apenas se representaba ningún título, salvo, y aun con dificultad, el célebre *Don Giovanni*, como ya tuvimos ocasión de comentar. Esto en el resto de Europa: en Alemania la popularidad de Mozart se mantuvo viva, como lo demuestra que la Ópera de Hamburgo programara *cada año* del siglo XIX alguna ópera de Mozart, excepto en el año 1873.

Casi desconocido, en cambio, en París y en Londres, casi sin representación alguna en España (las pocas que hubo fueron anecdóticas más que fenómenos reales de cultura), ausente casi por completo de Italia, Mozart tuvo que esperar al siglo XX para que se apreciara debidamente su creación operística, a la que tanto ha contribuido también el mundo del disco. Un solo detalle nos ahorrará dedicar ulteriores comentarios a este asunto: *La flauta mágica* de Mozart no se representó en España hasta que la llevó a escena el Gran Teatro del Liceo de Barcelona ¡en 1925! y no se volvió a interpretar en ningún teatro español hasta 1950 (en el propio Liceo).

Escena de *La flauta mágica* (1791), de Mozart (representación vienesa
con Luciana Serra como Reina de la Noche).

En Europa estos retrasos también se dieron en muchos países. En 1917
Richard Strauss, mozartiano convencido y gran defensor de la validez de
Così fan tutte, impulsó la iniciativa del festival mozartiano de Salzburgo. En
1934 se inauguró el Festival de Glyndebourne, en Inglaterra, donde desde
1910 Sir Thomas Beecham había estado realizando un gran esfuerzo de
difusión pública de las óperas de Mozart, también virtualmente desconoci-
das en Inglaterra hasta entonces. El antes citado Festival de Glyndebourne, además, propició algunas de las primeras grabaciones discográficas
completas (todavía en pesados álbumes con numerosos discos de 78 rpm)
Algo parecido, en menor escala, sucedió en el Festival de Aix-en-Provence, ya después de la II Guerra Mundial. Fue en Aix a mediados de los años
cincuenta donde la mezzosoprano Teresa Berganza se convirtió en una
gran especialista de roles mozartianos de inmejorable calidad. Los discos
ahora empezaban a ser de vinilo, y los álbumes con grabaciones de Aix empezaron a correr por el mundo. En los años cincuenta las óperas de Mozart
se convirtieron en una de las mejores especialidades de la Ópera de Viena,
donde surgió un equipo de especialistas mozartianos de primer nivel (Hil-
de Güden, Sena Jurinac, Lisa della Casa, Anton Dermota, Walter Berry,
Emmy Loose, Irmgard Seefried, y otros muchos) del que surgían nuevas
grabaciones consideradas entonces inmejorables. Hacia los años setenta ya

empezó a ser posible disponer de grabaciones de todas las óperas de Mozart, incluidos los títulos menores de los primeros años, en parte gracias a la labor del Mozarteum de Salzburgo.

Hoy la difusión de la música de Mozart sigue en aumento (la película *Amadeus* de Milos Forman contribuyó muy poderosamente a este hecho, a pesar de sus numerosos defectos) pero la comprensión completa del fenómeno operístico mozartiano está todavía en manos de pocos «iniciados», a pesar de los indudables progresos realizados en estos últimos veinte años.

Es curioso constatar, sin embargo, que buena parte de la difusión de las óperas de Mozart de mediados del siglo xx ha sido a través de los nuevos medios mecánicos de reproducción del sonido, y no por las representaciones teatrales que, en todo caso, han favorecido el que los teatros las pusieran en escena.

V. EL BELCANTISMO PRERROMÁNTICO

XXII. LOS INICIOS DEL SIGLO XIX

Operistas italianos de este período

En los últimos años del siglo XVIII Italia había quedado invadida por las producciones de los últimos grandes autores de la escuela napolitana. El prestigio de Anfossi, Traetta, Guglielmi, Sarti, Sacchini, y sobre todo de Giovanni Paisiello y Domenico Cimarosa, era inmenso. Los títulos de estos autores se sucedían a un ritmo casi vertiginoso, pero los acontecimientos bélicos que involucraron a Italia en las guerras napoleónicas, a partir de 1796, frenaron un poco esta creación constante de óperas nuevas y se inició una ligera tendencia a la configuración de un repertorio estable: empezó el fenómeno de la predilección del público —y también de los intérpretes— por la reposición de óperas ya bien conocidas, pero cantadas por artistas en constante renovación (la carrera de un cantante de fama rara vez superaba los veinte años de actividad, aunque lógicamente hubo excepciones).

La vida teatral italiana seguía girando en estos años en torno a la ópera. Todas las poblaciones importantes tenían su teatro de ópera, que funcionaba con el apoyo de la nobleza, algunos de cuyos miembros tenían un especial honor actuar como empresarios, incluso a riesgo de su propia fortuna, aunque a veces el poder político los obligaba a ejercer esta actividad contra su propia voluntad. La situación de algunos empresarios de la nobleza metidos en incontables problemas se convertiría algunas veces en trágica (como el caso del duque Cesarini Sforza, que murió de resultas de los múltiples disgustos que tuvo en la gestión del Teatro di Torre Argentina, de Roma, en 1816).

Pero lo importante era que los teatros seguían abiertos casi siempre contra viento y marea. Los géneros escogidos por los atribulados empresarios oscilaban entre las obras todavía del género serio, alternadas con la ópera bufa, que ahora había adquirido ribetes más «serios». Los cantantes más importantes ya no consideraban por debajo de su prestigio el interpretar los papeles principales, sobre todo amorosos, de las óperas bufas, en las que los cantantes de menor prestigio seguían defendiendo los papeles realmente cómicos de las obras del género.

En estos años de transición aparecieron algunos grandes compositores no vinculados ya a la escuela napolitana: entre los más famosos cabe nombrar al nativo de Parma, Ferdinando Paër (1771-1839), cuyo primer éxito fue la ópera *Griselda* (1796), seguida de otros títulos estelares, como *Camilla* (1799), *Achille* (1801) y una curiosa versión de la *Léonore* de Bouilly, *Leonora* (1804), que precedió por poco a la que Beethoven realizaría con idéntico argumento (*Leonore*, 1805). Más tarde Paër obtendría también notables éxitos en Francia, sobre todo con *Le Maître de chapelle* (1821), que alguna vez se representa como curiosidad.

Otro compositor más directamente implicado en el concepto de transición de la ópera dieciochesca al nuevo espíritu romántico fue el autor alemán Johann Simon Mayr (1763-1845); formado en su país, viajó hacia Italia y se estableció de modo permanente en Bergamo. Sus óperas, siempre de libreto italiano, tienen un fondo orquestal más rico y variado de lo que era habitual en Italia, pero sin rozar la pedantería. En 1796 dio a conocer su *Lodoiska* y en 1801 se hizo célebre con su *Elisa*. Curiosamente también él puso en música una adaptación de la *Léonore* de Bouilly, que se tituló *L'amore coniugale* (1805). Las innovaciones de Mayr (el uso de la banda interna, en algunas escenas de sus óperas, y la adopción del *crescendo*, luego atribuido a Rossini, y que tampoco fue él el primero en utilizar, le dieron un notable prestigio, aunque el lugar prominente de Mayr en la historia de la ópera se la dan sus óperas de tono clásico, como *Medea in Corinto* (1813) y otras de contenido argumental netamente románticas (como *La rosa bianca e la rosa rossa*, 1813). Pero lo que ha conservado el renombre de Mayr, sobre todo, fue el hecho de haber sido el benefactor y maestro del gran compositor romántico italiano Gaetano Donizetti (1797-1848) de quien trataremos en su lugar. Mayr conservó un cierto gusto por lo neoclásico (apreciable en su notable ópera *Medea in Corinto*, 1813), pero también contribuyó a la transición hacia la ópera romántica.

Autor también apreciado en estos años iniciales del siglo xix, fue Stefano Pavesi (1779-1850) autor de una ópera bufa de notable relieve, *Ser Marcantonio* (1810) de cuyo argumento saldría unos treinta años más tarde el de *Don Pasquale*, de Donizetti.

Ya hemos citado al compositor de Roma Valentino Fioravanti (1764-1837) como autor principalmente bufo de estos años.

Menos conocido, aunque durante un tiempo muy presente en los *cartelloni* (los carteles anunciadores de las temporadas) de muchos teatros, fue el compositor genovés Francesco Gnecco (1769-1810) cuya ópera *La prova d'un'opera seria* (1803), basada como otras muchas en los avatares internos de una precaria compañía de ópera, tuvo una considerable difusión. También tuvo éxito con *Carolina e Filandro* (1804). Hoy está casi completamente olvidado.

Más tarde llegaron algunos compositores más, como Francesco Morlacchi (1784-1841), a quien citamos sobre todo por el hecho de haber compuesto un *Barbiere di Siviglia* (1816), basado en el mismo libreto de Cesare Sterbini que el de Rossini de unos meses antes, y Carlo Evasio Soliva (1791-1853), piamontés, que obtuvo cierta celebridad con su ópera *La testa di bronzo*, estrenada también en 1816.

Los operistas italianos en París

En los últimos años del siglo xviii, París empezó a atraer, con sus numerosas posibilidades y su mayor nivel económico, a más de un compositor italiano. Ya vimos como los italianistas antigluckianos jalearon a Niccolò Piccinni (1728-1800) que terminó sus años compitiendo contra Gluck y creando incluso algunas óperas en francés. En los años finales del siglo se distinguió el compositor florentino Luigi Cherubini (1760-1842), quien se distinguió con algunas óperas cómicas en francés, pero de contenido clásico, la más famosa de las cuales, *Médée* (1797) ha sido divulgada en el siglo xx en italiano y convertida en ópera con recitativos acompañados a la manera de Gluck. Las óperas cómicas de Cherubini alcanzaron nuevos éxitos, especialmente *Les Deux Journées, ou Le Porteur d'eau* (1800), una variante de las óperas semiserias no italianas llamadas óperas «de rescate», porque al final de la acción la muerte del protagonista es «rescatada» por una inesperada revelación o acontecimiento. (Beethoven, que admiraba a Cherubini, compuso su *Fidelio* [1805-1814] de acuerdo con un esquema parecido.)

Cherubini se quedó para siempre en París, donde fue muy influyente, sobre todo desde el cargo de director del nuevo conservatorio de la ciudad,

Retrato de Luigi Cherubini en 1809, a los cuarenta y nueve años de edad.
(Litografía anónima.)

fundado en 1795, y donde el compositor italiano ejerció su mandato con un notable sentido de la autoridad, no sin críticas a veces injustas (Berlioz, en sus *Mémoires*, por ejemplo).

Otro compositor italiano establecido en París con éxito fue Gasparo Spontini (1774-1851). Después de un inicio de carrera en Italia, con óperas bufas como *Li puntigli delle donne* (1796). Pero a raíz de las guerras napoleónicas

La *Médée* de Cherubini, estrenada
en París en 1797 no fue repuesta
hasta 1953 en el Maggio Musicale
Fiorentino. (Escena de esta ópera, con
María Callas en el papel principal.)

pasó a la capital francesa, donde supo granjearse las simpatías de la emperatriz Josefina, que protegió sus progresos operísticos, que culminaron con
el estreno de *La Vestale* (1807) en francés, en la Ópera de París, a modo de
precedente de la *grand'opéra* que más tarde impondrían sus sucesores. Es
curioso observar que Spontini representa el Neoclasicismo de la época pero
en su vertiente romana, mientras Cherubini representa la griega. Spontini
logró otro éxito de gran calibre con *Fernand Cortez* (1809), pero después
Spontini se endiosó y sus frías creaciones monumentales, como su *Olimpie*
(1819) no acabaron de encontrar el éxito esperado.

Contratado luego por la Ópera de Berlín, el carácter cada vez más
altivo del compositor perjudicó su carrera, que habría podido ser la de un
importante compositor romántico una vez hubo descartado el «mármol»
de sus primeras composiciones, con obras como su *Agnese di Hohenstaufen*
(1829). Spontini ejerció también como director de orquesta, pero finalmente se retiró sin haber logrado alcanzar todo lo que se había propuesto.

Aunque al final fueron el vehículo para la reforma de Gluck en Italia, ni
Cherubini ni Spontini fueron bien conocidos en Italia y su influencia sobre
las óperas italianas se ejerció lentamente (a través de Bellini, sobre todo).

XXIII. EL FENÓMENO ROSSINI

Las primeras producciones

En Pesaro, el 29 de febrero de 1792 nació el hijo de músicos Gioacchino Rossini (1792-1868), hijo de un músico municipal de Pesaro, Giuseppe Rossini, apodado «il Vivazza», que tuvo la poca prudencia de manifestar demasiado abierta y prematuramente sus simpatías por la Revolución francesa, cosa que cuando regresó al poder la facción absolutista de su ciudad, le costó el puesto de trabajo. Vivió la familia entonces de las modestas dotes musicales de su esposa y madre de Rossini, una cantante de ópera de segunda categoría (*seconda donna*) que difícilmente podía prosperar porque no sabía leer música y aprendía sus papeles de oído.

Cuando el padre quedó cesante, la familia tuvo que desplazarse con la madre para seguir por las distintas ciudades donde era contratada; en algunas ciudades se detenían por un tiempo y la preocupación de padre y madre fue lograr que su único hijo Gioacchino estudiase con solvencia y efectividad una carrera musical que lo llevase por mejores caminos que los que habían tenido que recorrer ellos. Así estudió en Lugo di Romagna y más tarde en Bolonia, donde fue alumno del severo padre Stanislao Mattei, verdadero continuador del célebre padre Martini. Como éste había hecho con Mozart, consideró Mattei que Gioacchino Rossini, con catorce años de edad, merecía ser nombrado Académico de la Sociedad Filarmónica de Bolonia —exactamente a la misma edad en que había ingresado Mozart, en 1770.

El muchacho, ni mucho menos tan prolífico como su ilustre antecesor, había compuesto sin embargo unas piezas denominadas todavía con la terminología arcaica de *Sonate a quattro* (1804) que en la segunda mitad del siglo XX fueron descubiertas en la Biblioteca del Congreso de Washington, y actualmente son interpretadas con frecuencia por grupos de cámara, en lugar de respetar la forma cuartetística original, que se destaca por contar con un contrabajo, un violoncelo, una viola y un violín. Las citamos aquí porque aunque se trata de música instrumental, en sus frescas melodías se nos presentan ya muchas de las brillantes ideas que más tarde encontraremos en las primeras óperas del compositor.

El debut operístico del joven Rossini se inició muy pronto; a los catorce años había compuesto ya una ópera entonces inédita, *Ciro in Babilonia*, de 1806, escrita sobre el libreto de una amiga de su madre, la también cantante Vincenza Mombelli. (Rossini pudo estrenar más tarde esta ópera

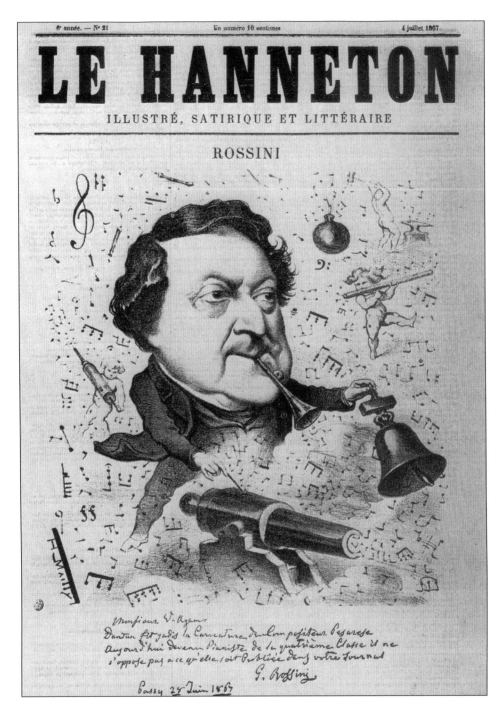

Caricatura de Gioacchino Rossini aparecida
en la portada de la publicación satírica francesa *Le Hanneton*, en 1867.

(1812) a raíz de sus primeros éxitos.) Su verdadero debut teatral tuvo lugar en Venecia, en noviembre de 1810 (Rossini tenía dieciocho años solamente) cuando el empresario-aristócrata, el marqués Cavalli, del Teatro San Moisè, que lo tenía contratado como repetidor, le preguntó si podría componer con rapidez una *farsa* cómica en un acto para cubrir un hueco irreemplazable en la programación operística de la temporada de otoño. Rossini —todavía muy en la línea compositiva y argumental de Cimarosa— solucionó la papeleta del empresario con su pieza bufa *Il cambiale di matrimonio* (*La letra de cambio matrimonial*), con texto de Gaetano Rossi, que obtuvo un éxito sonoro e inmediato y que en el siglo xx no ha dejado de aparecer en los teatros.

La ópera, basada en una típica historia bufa de enredo muy al modo de las farsas cimarosianas, había quedado magníficamente subrayada por la música de Rossini, quien supo vestir a todos los personajes con agilidad y delicadeza, a pesar de la brevedad de la obra. La figura de la joven protagonista Fanny, sobre todo (la muchacha cuya mano dependía del destino comercial de una letra de cambio) quedó realzada por la bellísima aria «Come tacer...», que más tarde Rossini volvería a utilizar como segunda parte del dúo de Rosina y Figaro, en *Il barbiere di Siviglia*. Esta práctica de reaprovechar la música que Rossini consideraba mejor, la realizó el compositor durante toda su carrera, y no debería sorprender a nadie hallar fragmentos de esta misma *Cambiale* en óperas posteriores, como *Il turco in Italia* o el ya citado *Barbiere*.

En todo caso, *Il cambiale di matrimonio* anunció ya los grandes éxitos posteriores de Rossini y constituyó un éxito, porque gustó tanto a los partidarios de las innovaciones operísticas (la vivacidad rítmica, la agilidad vocal de los personajes, etc.) como a los nostálgicos de la ópera del siglo anterior («Cimarosa ha resucitado», decían algunos con admiración ante la capacidad de Rossini de unir tradición y novedad en una misma partitura). *Il cambiale di matrimonio* cruzó ya pronto las fronteras de Italia y la hallamos, por ejemplo, programada ya en abril de 1816 en el Teatro de la Santa Cruz, de Barcelona.

Este triunfo permitió a Rossini franquear las puertas de otros teatros italianos con gran celeridad. En 1811 el Teatro del Corso de Bolonia programó su segunda farsa cómica, *L'equivoco stravagante*, que aunque tuvo problemas con la censura por el argumento, no dejó de llamar la atención. Volvió Rossini mientras tanto al San Moisè de Venecia con *L'inganno felice* (enero de 1812), donde más que una simple *farsa* como las anteriores podemos apreciar un pequeño melodrama sentimental en el que la protagonista, acusada injustamente, puede demostrar finalmente su inocencia. En algunos de estos personajes encontramos ya algunos acentos prerrománticos, pero la atmósfera general es dieciochesca y el argumento tiene un cierto parecido con el de *L'isola disabitata* de Haydn y de otros compositores. Mientras tanto en Ferrara estrenaban a Rossini su obra primeriza, *Ciro in Babilonia*, de muy relativo interés.

Fue en esta ópera donde ocurrió un caso que se ha explicado siempre como una de las anécdotas típicas de Rossini, cuya personalidad socarrona apuntaba ya, por lo visto, en grado superlativo. Según esta anécdota la *seconda donna* de la compañía era, además de extremadamente fea, una cantante muy deficiente. Rossini, que convivía durante un tiempo con los cantantes para adecuar las óperas a sus voces, tal como era costumbre en la época, se dio cuenta de que aquella cantante tenía, sin embargo, una nota en la voz, el si bemol central, mejor timbrada que las restantes, de modo que decidió escribirle un aria en la que tenía que usar constantemente esta nota, disimulando la reiteración con la gracia del acompañamiento orquestal. Años más tarde Rossini explicaba en sus conversaciones con Ferdinand Hiller (que fue quien recogió la noticia): «La pieza así cantada resultó bien y mi cantante "unitonal" estaba encantada con su éxito».

Después de estos primeros triunfos, las peticiones para que compusiera nuevas óperas empezaron a llegar una tras otra, y Rossini empezó a componer sin descanso; era ésta la vida «normal» de un compositor italiano de su época: la elección más o menos apresurada de un libreto susceptible de ser musicado, tratos con el empresario, confrontación con los cantantes, esperar que el texto «poético» estuviera listo, y composición de la música a toda velocidad, mientras los copistas le iban a la zaga copiando las partes instrumentales para la orquesta y las particelas para los cantantes. Se llevaban a cabo algunos ensayos perentorios a fin de estrenar la ópera en la fecha prevista; casi siempre había que aplazar el estreno algunos días hasta que se llevaba a escena con el compositor, que controlaba más que dirigía la ópera desde el clavicémbalo, confiando en que la acogida fuera buena. Tanto si era director como si no, el compositor dirigía las tres primeras funciones al cémbalo y después emprendía un rápido viaje hacia otra ciudad para empezar de nuevo el proceso y estrenar una nueva ópera.

El siguiente encargo que recibió Rossini volvió a ser para el San Moisè de Venecia, donde sin duda había dejado muy buenos recuerdos. La ópera elegida en esta ocasión tenía conexiones con el mundo de la farsa cimarosiana: se titulaba *La scala di seta* (1812) y su argumento giraba en torno a un matrimonio secreto, pero ahora las circunstancias del enredo eran más explícitas y un tanto más grotescas: la huérfana Giulia, enamorada de Dorvil, se ha casado en secreto con él y por las noches mantiene al marido escondido en su habitación, a la que llega y de la que se va por la mañana gracias a una escala de seda que Giulia cuelga del balcón de la casa de su tutor, Dormont. Éste, sin saber nada del enredo, ha planeado la boda de Giulia con Blansac, hombre fatuo y presuntuoso que es, además, amigo de Dorvil, al que obliga a asistir a su «petición de mano». Giulia acepta —con gran indignación del marido secreto— pensando en unir a Blansac con su prima Lucilla. Toda la trama de Giulia, sin embargo, se desmonta por las patosas e improcedentes intervenciones del criado Germano, quien, medio enamorado de Giulia, se mete por en medio y al final provoca que el tutor lo descubra todo. Pero el buen hombre pronto acepta que sea Lucilla quien se case con Blansac, en un final feliz y de «dobles parejas», como era usual en el siglo XVIII.

Si en *Il cambiale di matrimonio* Rossini ya daba señales de una mayor capacidad narrativa y musical respecto a los autores del siglo anterior, en *La scala di seta*, aun sin ser una de las mejores creaciones de su autor, se perciben progresos en los números de conjunto (por ejemplo en el cuarteto «I voti unanimi, la tenerezza») y también en la caracterización de los personajes bufos —el de Germano, con su *canto sillabato* es muy notable—. La ópera circuló por toda Europa y llegó a España (Barcelona, Teatro de la Santa Creu) en 1823, en plena oleada rossiniana.

Los éxitos de Rossini en el campo de la farsa breve favorecieron, como era lógico, que le llegase pronto un encargo de dimensiones mayores. La iniciativa la tomó la Scala de Milán, que le propuso componer una ópera bufa extensa, en dos actos, titulada *La pietra del paragone*, con una remuneración de 600 liras, que triplicaba cuanto Rossini había cobrado hasta entonces por sus creaciones.

Al componer *La pietra del paragone* (1812), Rossini tuvo que enfrentarse con un libreto cómico (de Luigi Romanelli) construido a la antigua, es decir, con unos recursos cómicos totalmente sobados y con una estructura cómica pesada y previsible. Siguiendo la costumbre establecida en el siglo XVIII, todos los cantantes de la ópera tenían una importancia parecida, y por lo tanto un número semejante de arias, lo que obligaba al compositor a interrumpir constantemente la acción con las intervenciones de cada personaje. Además, el argumento tenía también todo el aspecto de las óperas bufas antiguas: situaciones derivadas de múltiples confusiones amorosas y el recurso del disfraz de turco de un personaje para infundir miedo a los restantes y castigarlos. Este episodio, pese a su escasa originalidad, se hizo muy famoso: el falso turco iba gritando «Sigillara» —no era sino el propio amo de la casa disfrazado y fingía que se iban «sellando» todas sus propiedades—. Sin embargo, visto con la perspectiva de hoy se aprecia la pobreza del recurso y además no supone el final de la ópera, sino que queda todavía después del «secuestro» de los bienes un acto entero en el que queda finalmente dilucidado quién es y quién no es un verdadero amigo del supuestamente infortunado dueño. La trama queda un poco aligerada por la presencia de algunos números característicamente rossinianos, basados en las repeticiones silábicas y mecánicas típicas del compositor, como el aria de Pacuvio, «Ombretta sdegnosa del Missipipì» (*sic*), así como la primera de las tempestades orquestales que Rossini se complacería en crear para divertir a su público.

Puede apreciarse claramente que a pesar de la calidad indudable de las ideas musicales de Rossini, hoy en día *La pietra del paragone* no puede competir, y de hecho no compite, con las grandes creaciones bufas que le siguieron. El propio Rossini nunca más utilizó un libreto de este tipo antiguo; prefirió farsas todo lo absurdas que se quiera, pero dotadas de un argumento lineal y unitario.

La frenética actividad de Rossini en el año 1812 incluyó todavía el estreno de dos farsas más: *L'occasione fa il ladro*, estrenada en el San Moisè de Venecia, en noviembre de 1812, e *Il signor Bruschino* estrenado en el mismo local en los primeros días de 1813. Las dos obras, curiosamente, basan su argumento en una suplantación de personalidad, cosa de una relativa facilidad en una época en la que todavía no existía la fotografía. En la primera encontramos en la figura de don Parmenione, que se apropia de una maleta olvidada con cuyos documentos se hará pasar por otra persona; don Parmenione resulta una interesante figura de bajo bufo con intervenciones ingeniosas; la partitura incluye un precioso quinteto, «Di tanto equivoco», que constituye otro de los momentos típicos del gusto rossiniano por el concertante, ciertamente heredado de Cimarosa pero dinamizado por un nuevo y brillante sentido del ritmo y de los juegos vocales.

En cuanto a *Il signor Bruschino*, de mayor envergadura, debe citarse en primer lugar la famosa obertura, en la que Rossini exigió a los segundos violines de la orquesta que percutiesen con el arco de su instrumento, rítmicamente, las pantallas de sus lamparillas. En total son 32 golpecitos que los músicos tienen que dar para introducir en su actuación un sonido bien lejano del habitual. La anécdota fue recogida por Stendhal, el primer gran rossiniano de la historia, pero con su característica inexactitud atribuyó este detalle instrumental a la obertura de *La scala di seta*, en la que esto no ocurre.

En esta farsa del *Signor Bruschino*, un poco más extensa que las anteriores, la suplantación de personalidad que sirve de nudo argumental llega a niveles solamente concebibles en un género del absurdo como la farsa: el joven caballero Florville está enamorado de la bella Sofia, cuyo padre quiere unirla en matrimonio con el disipado joven apellidado Bruschino. En su desesperación, Florville llega al extremo de hacerse pasar por éste incluso en presencia del padre del novio, el irascible y nervioso Signor Bruschino. Como Florville previamente se ha ganado la simpatía de Gaudenzio, padre de Sofia, éste se deja convencer de que el viejo Bruschino no quiere reconocer a su hijo por la vida disipada que lleva; por su lado, el furibundo Bruschino decide castigar a Gaudenzio «reconociendo» por fin al falso hijo. Cuando ya se ha celebrado la boda, entra el verdadero Bruschino hijo, humillado y contrito, pidiendo ridículamente perdón a su iracundo padre. La obra no consiste solamente en situaciones grotescas, todo lo contrario: Rossini concede (algo poco habitual en él) interesantes pasajes amorosos a Florville y a Sofia, y no falta en la partitura el concertante agitado de ritmo vistoso, puntuado por las exclamaciones indignadas del viejo Bruschino.

Después del largo olvido de la música rossiniana que produjo la etapa verista, estas óperas han vuelto a la escena sobre todo en sesiones de cámara y se han editado repetidas veces en disco e incluso en vídeo.

La primera gran creación de 1813: *Tancredi*

Junto con estos encargos bufos, Rossini recibió ahora el de escribir una ópera seria, aunque no ambientada en el mundo clásico grecolatino, sino en el de las luchas entre sarracenos y cristianos (que era la fuente secundaria de la que se había nutrido en ocasiones, en el siglo XVIII, la ópera seria italiana). El encargo procedía del Teatro La Fenice, de Venecia, y el resultado fue la ópera seria *Tancredi*, estrenada en dicho local el 6 de febrero de 1813.

El esquema argumental de la ópera era netamente clásico: en la Siracusa medieval, los cristianos estaban asediados por los musulmanes y el rey Argirio, para lograr que el *condottiero* Orbazzano defendiera la ciudad, le daba como esposa a su hija Amenaide. Ésta, sin embargo, enamorada del héroe local Tancredi (exiliado de la ciudad por motivos políticos) rechaza la boda y su padre la encarcela, pues se ha interceptado una carta suya —sin nombre— dirigida a Tancredi pero que todos creen dirigida al jefe del ejército musulmán. Incluso Tancredi cree a su amada Amenaide culpable, pero a pesar de todo decide luchar por la causa cristiana. Dato curioso de la ópera es que Rossini escribió un final trágico en el que Tancredi muere en combate, aunque descubre antes la inocencia de Amenaide. Pero el público de

Marilyn Horne en *Tancredi*, de Rossini, en el Gran Teatro del Liceo.
(Fotografía: Antoni Bofill.)

1813 no apreciaba los finales trágicos y hubo que escribir un nuevo final en el que todo se arreglaba a tiempo para la boda de Tancredi con su amada.

Sin embargo, es el carácter renovador que Rossini supo imprimir a la partitura, aplicando la estructura de la ópera bufa a este drama «serio», es decir, dando la forma de aria y *cabaletta* a las intervenciones de los personajes, en lugar de la anticuada y lenta aria *da capo*. Siguiendo las ideas de Gluck, Rossini abolió también los recitativos «secos» con clavecín e introdujo las arias con recitativos acompañados, algunos de gran calidad, como el que presenta el aria más famosa de la obra, la entrada de Tancredi «Tu che accendi questo core» con su *cabaletta* «Di tanti palpiti», que se hizo universalmente famosa por su simple melodía.

Sin embargo, a pesar de sus acentos inequívocamente prerrománticos, no debemos olvidar que *Tancredi* fue concebida como una ópera seria de estructura y mentalidad todavía netamente clásicas. Si el personaje principal, Tancredi, no es ya un *castrato* es porque en 1813 empezaban ya a escasear los grandes cantantes de este tipo, pero Rossini, pensando en este tipo de voz, escribió el papel para la contralto Adelaida Malanotte: ante el conflicto que a los espectadores actuales parece obvio, entre la masculinidad del personaje y la belleza del canto ornamentado en una voz aguda, Rossini, como su público de entonces, prefirió esta última solución (como lo haría todavía Bellini diecisiete años más tarde cuando escribió su *I Capuleti e i Montecchi*).

El éxito de *Tancredi* contribuyó a afirmar la convicción creciente de que Rossini era el primer compositor operístico de la Italia, un país maltratado que estaba saliendo de las guerras napoleónicas sin haber logrado su independencia. Un argumento como el de *Tancredi* podía ofrecer un atractivo suplementario en su alusión a la lucha patriótica por Siracusa, pero Rossini nos dará manifestaciones de tipo nacionalista más claras en otras óperas posteriores.

Añadamos que el gran rossiniano pero impreciso Stendhal es quien nos narra que en Venecia el aria «Di tanti palpiti» recibió el nombre de *«aria dei risi»*, porque Rossini la habría compuesto en un hostal en el tiempo que tardó en cocerse el arroz que había encargado. La veracidad de esta anécdota parece tan probable como otra de origen incierto, según la cual los jueces venecianos, cansados ya de escuchar «Di tanti palpiti» a todas horas, llegaron a prohibir que el público la canturreara durante las sesiones de los tribunales.

Las anécdotas rossinianas abundan mucho y datan en su mayor parte de los años juveniles del compositor, cuya conducta desenvuelta, alegre y desenfadada, topó en más de una ocasión con las costumbres establecidas y con una serie de tradiciones que con el cambio generacional empezaban a ir al garete. Por otra parte, lo que parece cierto es el carácter jovial y convivial de Rossini, que componía sus piezas rodeado de amigos y en cualquier lugar donde pudiera agenciarse una mesa, aunque hubiese ruidos y parloteo a su alrededor. También circuló la historia de que con frecuencia, por pereza, componía en la cama y que en una ocasión, habiéndole caído una página recientemente compuesta, prefirió volver a componer de nuevo ese pasaje antes que levantarse a recoger el papel caído en el suelo.

Parece que, por lo que se deduce, el carácter de Rossini era socarrón y daba muy poca importancia a las actitudes «oficiales» y a las opiniones de la sociedad, de modo que tales anécdotas las fomentó él mismo al no desmentirlas, por exageradas que fueran, dejando que la gente creyese lo que quisiese, y burlándose en cierto modo de la adoración que algunos le testimoniaban. Sin embargo esto no significa en modo alguno que no fuese consciente, y mucho, de sus capacidades, como lo demostró en determinadas ocasiones, cuando le interesaba dejar bien claro su talento y profesionalidad.

Las primeras grandes óperas bufas: *L'italiana in Algeri* e *Il turco in Italia*

Pocos meses más tarde Venecia volvió a ser la sede de un importante estreno rossiniano; esta vez fue el Teatro di San Benedetto quien le encargó una ópera bufa de grandes dimensiones, *L'italiana in Algeri* (mayo de 1813), usando un libreto de Angelo Anelli que ya había sido puesto en música en 1808 por Giuseppe Mosca (1772-1839). El argumento, que guarda cierto parecido con el de *El rapto en el serrallo*, de Mozart, es una gran farsa con un contenido inverosímil, divertido y a la vez grotesco, que tiene la ventaja de haber sido concebido con un criterio moderno: desaparece casi del todo el viejo sistema de las dobles parejas amorosas. La jerarquización de los cantantes queda muy clara con el tenor (Lindoro) y la mezzosoprano (Isabella) como protagonistas. Preside la obra el primer bajo bufo (Mustafà), secundado por un eficaz segundo bufo (Taddeo) y reforzada la comicidad por un tercer bufo (Haly). La esposa de Mustafà (Elvira) es la *seconda donna*, cuya criada Zulma es una *terza donna* sin aria propia. Desde hacía algunos años el público apreciaba el retorno del coro, al que Rossini concede una presencia vistosa que redondea la obra, tan importante en el terreno bufo como lo fue *Tancredi* en el serio.

Al revés que en *El rapto en el serrallo*, en la ópera de Rossini el prisionero de los musulmanes es el tenor Lindoro, y su prometida Isabella quien acudirá para rescatarlo de su cautiverio en Argelia. Para que la moral de la época no causara problemas (una mujer sola no podía viajar, y menos por «tierra de infieles»), Isabella aparece acompañada de un viejo y ridículo, Taddeo, que aunque ama a Isabella, es un pretendiente sin posibilidad alguna de éxito. De este modo el honor de la dama queda a salvo.

Mientras tanto el bey de Argel, Mustafà, que ha oído contar maravillas de las mujeres italianas, decide repudiar a su esposa Elvira y ordena a su jefe de piratas, Haly, que le encuentre la deseada italiana. Para librarse de Elvira, decide casarla con su esclavo Lindoro y mandarlos a Italia.

L'italiana in Algeri, ópera bufa de Gioachino Rossini y libreto de Angelo Anelli, que narra la historia de Isabella, una italiana que marcha Argelia en busca de la libertad de su amado Lindoro, esclavo de Mustafá, el hombre más poderoso del país.

En este marco, la llegada de la bella italiana a la corte suscita una conmoción: todos pueden apreciar que el temible y feroz Mustafá es un corderito en manos de la atrevida italiana. Ésta prepara la fuga de los italianos prisioneros (una clara alusión patriótica que no pasó desapercibida) con el pretexto del nombramiento de Mustafá como «Pappataci» («come y calla»). Desengañado ante la fuga de Isabella, Mustafá decide recuperar a su amante esposa Elvira.

La vivacidad de las situaciones, la gracia de la música y el ritmo agitado y brillante que Rossini imprimió a todas sus escenas, hacen comprender el éxito inmediato de esta creación rossiniana. Como haría en sus siguientes óperas bufas, Rossini inicia la partitura con un primer concertante rítmicamente atractivo. El romanticismo asoma el hocico en el aria sentimental de Lindoro («Languir per una bella»), con solos de decimonónicas trompas, mientras que a Mustafá se le ofrece un aria con una increíble exhibición de coloratura en la cabaletta «Già d'insolite ardor nel petto».

La llegada de Isabella con el aria «Cruda sorte» y con un dúo con Taddeo, que se finge tío suyo para salvarse, precede a la gran escena final que se desarrolla en la corte del bey. La tradición exigía que se reuniesen en escena todos los personajes embarullados en sus problemas, pero lo que nadie había hecho era levantar una arquitectura musical y compleja como la que se desarrolla a partir de la sorpresa surgida cuando Isabella y Lindoro se encuentran frente a frente. Rossini aplica a manos llenas las frases ornamentadas y una técnica dramática muy «suya»: la suspensión del tiempo mientras los personajes explican con onomatopeyas varias los efectos de la mencionada sorpresa.

Del segundo acto mencionaremos sólo el quinteto del café, el aria pseudoamorosa de Isabella («Per lui che adoro») que el crédulo Mustafà considera dirigida a él, y el célebre trío «Pappataci». Más significativa es la exhortación de Isabella a los italianos prisioneros («Pensa alla patria»). Un final menos brillante que el primero cierra la ópera.

Aunque más tarde *L'italiana in Algeri* quedó casi del todo olvidada (su vocalidad era incompatible con la evolución de las formas que había ido adquiriendo el género operístico), fue la mezzosoprano catalana Conxita Supervía quien, con el director de orquesta italiano Vittorio Gui, consiguió rescatarla del olvido, desconcertando al público y crítica de la época al cantarla en numerosos teatros europeos (Liceo, Barcelona, 1928). El intento no cayó en saco roto, y hoy en día *L'italiana in Algeri* vuelve a formar parte del repertorio operístico internacional.

Este modelo de ópera bufa sería el que utilizaría Rossini a partir de ahora en sus restantes producciones de este tipo: *Il turco in Italia* (1814), *Il barbiere di Siviglia* (1816), *La Gazzetta* (1816, una obra menor) y *La Cenerentola* (1817).

En *Il turco in Italia*, estrenada en la Scala de Milán en 1814, el libreto de Felice Romani de una calidad muy superior a lo habitual plantea la creación de una ópera bufa directamente por parte de un «Poeta» o libretista que forma parte de los personajes, y que va reuniéndolos a todos en escenas según su conveniencia para montar una historia bufa y hacer que llegue a un buen desenlace. Su estreno no fue un éxito: el público milanés de 1814 imaginó que Rossini había «dado la vuelta» a su *Italiana in Algeri* (que en Milán todavía no conocían) y que se había limitado a presentar un «refrito» musical. Se equivocaban, y si es cierto que esto Rossini lo hizo algunas veces (de un modo escandaloso, por ejemplo, en *La Gazzetta*, 1816), no era culpable de este ardid en *Il turco in Italia*. Stendhal, aunque nos explica una anécdota muy improbable relacionada con el estreno de *Il turco* en la Scala, supo apreciar la calidad musical de varios de los episodios de esta ópera, como el dueto entre don Geronio (segundo bufo) y Fiorilla, su coqueta esposa, y también el dúo entre don Geronio y el turco Selim (primer bufo) cuando éste intenta comprarle la esposa: una escena para dos bufos derivada directamente de la del *Matrimonio segreto* de Cimarosa.

Más moderada en lo rítmico que la mayoría de las producciones bufas rossinianas, a cambio de una calidad casi mozartiana en la escritura vocal, y muy bien construida, *Il turco in Italia* tuvo la suerte de recibir un fuerte impulso de María Callas cuando la exhumó (Roma, 1950) y sobre todo con la grabación discográfica (1954), que aunque muy cortada, contribuyó en su momento a divulgar esta ópera en el mundo del teatro; después han aparecido otras versiones, pero esta creación rossiniana todavía va a la zaga de las otras óperas de mejor fortuna, como *La Cenerentola* y *L'italiana in Algeri*.

La última ópera seria y la «reforma» rossiniana

Mientras tanto Rossini emprendía la que sería su última ópera seria de estilo antiguo: *Aureliano in Palmira* (1814). En el reparto se incluía todavía un *castrato*, el entonces muy conocido Giovanni Battista Velluti (1780-1861), en la cima de su carrera. Rossini se molestó por la cantidad de añadidos ornamentales que Velluti incorporó a su papel desfigurando la escritura rossiniana. Se dice que fue a raíz de estos abusos que el compositor decidió escribir a partir de entonces todas y cada una de las ornamentaciones de los personajes de sus óperas. Con esta decisión Rossini cerraba una de las últimas rendijas que quedaban abiertas a la improvisación en el campo de la música culta europea, aunque en la práctica los cantantes siguieron añadiendo detalles ornamentales durante muchos años y actualmente vuelven a hacerlo, aunque sin el carácter de improvisación entonces en uso. La diferencia no parece grande, pero lo es: entonces los cantantes salían a cantar sin un propósito fijo en el uso de las ornamentaciones, que se emitían a gusto del intérprete, en tanto que la orquesta aguardaba la caída tonal del cantante para reemprender la marcha. Hoy en día los cantantes de mayor personalidad se complacen en cambiar las notas de las ornamentaciones consagradas por la tradición, pero las interpretan después de haberlas ensayado e incorporado a su particela, y en los teatros son casi siempre idénticas. Lo mismo, por supuesto, en las grabaciones.

Para apreciar lo que aquí se explica, basta con tomar las variaciones que distintas intérpretes han dado al célebre «rondò» final de Angelina, en *La Cenerentola*; cuanto más antiguo es el registro (Simionato, Berganza, Horne) más se ajustan las frases a un modelo establecido. Las intérpretes de fines del siglo xx (Larmore, Bartoli, etc.) revisan este modelo y añaden notas decorativas a su gusto, pero no se trata de improvisaciones, sino de variaciones previamente escritas, ensayadas y estudiadas.

Se ha considerado esta decisión rossiniana como una verdadera «reforma» de la ópera italiana, pero lo cierto es que Rossini había realizado ya una reforma mucho más importante al abandonar con *Tancredi* (1813) las formas vocales de la antigua ópera seria. En todo caso, lo que sí queda claro es que Rossini, a pesar de su talante más bien conservador, modificó con su éxito universal todos los esquemas de la ópera del período clásico y abrió las puertas al movimiento romántico, a pesar de que él mismo sentía poco apego a esa nueva estética

Sin embargo, hubo otro *elemento* importante de esa «reforma»: el abandono de los temas clásicos para componer óperas equivalentes a las antiguas óperas serias (como en el caso ya citado de *Tancredi* o, más significativamente aún, *Aureliano in Palmira* o *Sigismondo*, también en 1814). Ahora la moda —que puede apreciarse también en el teatro y sobre todo en la novela de estos años— llevaba al espectador europeo hacia las historias medievales con un planteamiento de los argumentos que podemos calificar propiamente de protorrománticos. Cuando Rossini fue contratado como compositor fijo por el ya citado empresario del Teatro San Carlo, Domenico Barbaja, los temas de las óperas que compuso como novedad absoluta para dicho local se desplazaron hacia el mundo neblinoso de las islas británicas, que el romanticismo había puesto de moda. La primera de estas óperas que Rossini presentó en Nápoles fue *Elisabetta, regina d'Inghilterra* (1815), escrita por Rossini para su nueva amante, la madrileña Isabel Colbrand (o Colbran), mezzosoprano de coloratura de extraordinaria calidad.[14] Se ha dicho que como esta cantante no tenía talento para la ópera bufa, fue ella la culpable de que Rossini abandonase el género que tantos triunfos le había granjeado.

Al enfocar estas óperas protorrománticas, Rossini aplicó en ellas el mismo método que en *Tancredi:* aplicar los esquemas propios de la ópera bufa, cosa que las libró del lastre retórico de la antigua ópera seria y les dio una nueva agilidad dramática. Quedaba la *cabaletta* como último refugio de las ornamentaciones añadidas por los cantantes de mayor lustre —escritas, como vimos, a partir de ahora por el propio compositor—. Por otra parte, la presencia de escenas con intervención del coro privaba a los esquemas operísticos de esa disposición lineal que había hecho periclitar al género serio por su excesiva estaticidad.

Con los éxitos alcanzados en Nápoles ya desde el primer momento (*Elisabetta*, 1815; *Otello*, 1816 —para la que tuvo que escribir también un «final feliz», como había hecho con *Tancredi* poco antes—; *Armida*, 1817, etc.), Rossini había llegado ya no sólo a ser el indiscutible primer com-

---

[14] *Cf.* La *tesi di laurea* sobre esta cantante española, leída en la Universidad de Bolonia en junio de 2000.

positor italiano, sino que su fama estaba cruzando ya las fronteras de los Estados italianos para abrirse paso en todos los teatros europeos. En este sentido, España fue el primer país a donde llegó en masa la producción rossiniana, a través del Teatro de la Santa Cruz de Barcelona, donde el 29 de agosto de 1815 se estrenó ya *L'italiana in Algeri*, que causó un verdadero delirio entre el público barcelonés, que en los siguientes quince años llegó a presenciar el estreno local de más de veinte títulos distintos del prolífico compositor de Pesaro.

De *Il barbiere di Siviglia* a *La Cenerentola*

El contrato con Nápoles llevó a Rossini a cambiar su modo de enfocar la ópera, pero le costó renunciar a su lado bufo. Como el contrato le otorgaba un par de meses de descanso, después del primer título importante de cada año, Rossini se habituó a pasar esas vacaciones anuales (de mediados de diciembre a febrero) en Roma para trabajar por cuenta de otros teatros. Pero el corto plazo disponible imponía una composición apresurada. Fue en una de estas «escapadas» en las que, preocupado por encontrar un argumento musicable que no ofreciese problemas con la censura —que habría entretenido la cuestión— decidió poner música al tema del *Barbier de Séville* de Beaumarchais, que Paisiello había convertido en una ópera bufa de éxito en Rusia en 1782, y que era harto conocida en la Italia de estos años.

No era inusual entonces escribir una ópera sobre un tema ya tratado por otro compositor, pero en todo caso el libreto fue nuevamente escrito por Cesare Sterbini, quien le añadió el típico pasaje concertante de empezar, que Rossini tanto apreciaba, con la primera serenata del conde de Almaviva. Se dice que para no ofender a Paisiello (que todavía vivía en Nápoles) Rossini puso como título a su ópera *Almaviva, ossia l'Inutil precauzione,* hecho que, si fue con esta intención, resultó realmente inútil, porque la noche del estreno se organizó en el Teatro di Torre Argentina de Roma una tempestad de protestas, gritos y risotadas que no se dirigían al contenido musical de la obra, sino a la osadía del joven compositor de pretender endosar un tema tan manido a un público como el romano. No parece cierto que la bulla la organizaran los partidarios de Paisiello, como se ha escrito, pero sabemos por el testimonio de Geltrude Giorgi-Righetti, la mezzosoprano que cantó la primera función, que esa noche todo salió

Un fragmento del *Barbiere di Siviglia*, de Rossini, con Cecilia Bartoli en el papel de Rosina en el Teatro del Liceo de Barcelona. (Fotografía: Antoni Bofill.)

mal, con accidentes incluso físicos de los cantantes y que, en cambio, en la segunda función, a la que no acudió Rossini, el entusiasmo fue tan grande que el maestro fue obsequiado con una serenata a domicilio.

Y es que esta ópera de Rossini no tiene nada de vulgar: ya la serenata introductoria está cuidadosamente escrita, con sus detalles «nocturnos» a cargo del par de clarinetes, y con el elegante canto de Almaviva, de delicada coloratura. Poco después se produce la entrada de Figaro, tan original como colorista y vistosa, con una ligera alusión al ritmo hispánico que le había querido dar el tenor que cantaba el papel de Almaviva, el famoso Manuel del Pópolo Vicente García (1775-1832), a la vez cantante y compositor.

El retrato psicológico de la protagonista Rosina, con su célebre aria de entrada «Una voce poco fa», tiene un nivel cuasi mozartiano: nos revela a una muchacha sumisa, pero alerta y astuta, madura —voz de mezzosoprano— y dispuesta a defender su libertad amorosa. Este retrato brillante sólo es superado por el que Rossini nos da del viejo tutor don Bártolo, con su aria autoritaria y arcaizando «A un dottor della mia sorte» y sus preferencias por la música antigua, como la que, según él, cantaba Caffariello (un *castrato* de mediados del siglo XVIII), con la significativa frase «La musica, ai miei tempi, era altra cosa».

Si no fuera que sabemos que en realidad el escándalo del estreno en Roma no fue organizado, como se había dicho, por partidarios de Paisiello, éste habría podido ser un pasaje conflictivo, porque podríamos asociar las ideas del viejo Bártolo a las del ya retirado Paisiello.[15]

No nos queda sino ponderar las deliciosas situaciones que se producen entre los distintos personajes: desde el malicioso Basilio, con su aria de «La calunnia» (heredera de la de Paisiello, pero más brillante e incisiva) hasta la criada Berta, pasando por la eficacia de los concertantes, cómicos y a la vez de belleza más que singular (como el quinteto «Buona sera…» e incluyendo, además, la grandeza del final del primer acto, donde Rossini, como Mozart en *Le nozze di Figaro*, hizo progresar la acción sin interrumpir jamás el canto desde la entrada del primer personaje hasta la *stretta* final para siete personajes y coro.

Rossini tal vez no era consciente de ello, pero con su obra de «vacaciones» romanas acababa de escribir su mayor obra maestra.

No lo fue en cambio la precipitada creación de *La Gazzetta* (1816), pieza cómica de escaso interés, en la que Rossini incluyó grandes retazos de música procedente de otras óperas, en especial de *Il turco in Italia*. El mayor interés de *La Gazzetta* reside en su obertura, que Rossini volvería a utilizar para *La Cenerentola*, ópera que compuso durante sus «vacaciones» navideñas de 1816-1817 y estrenó en el Teatro Valle de Roma en enero de este último año.

Para evitar los habituales retrasos provocados por la censura, nuevamente Rossini buscó un tema que no los presentase: en esta ocasión fue una adaptación del libretista Jacopo Ferretti del conocido cuento de Charles Perrault *Cendrillon* (*La Cenicienta*), hábilmente transformada en ópera bufa.

La adaptación fue particularmente feliz: prescindiendo de los elementos sobrenaturales del cuento, *La Cenerentola* no nos presenta a una madrastra (que juntamente con las «hermanas feas» y la propia Cenicienta habría exigido cuatro voces femeninas (las compañías operísticas italianas de entonces solían tener un máximo de tres). Además, cuatro voces femeninas no habrían permitido diferenciar bien a los personajes. Ferretti optó por un padrastro, don Magnifico, al que Rossini dio el carácter de bajo

---

[15] Paisiello moriría pocos meses después, el 5 de junio de 1816, en Nápoles, probablemente sin haber oído el *Barbiere* de Rossini.

bufo de primer orden, ya que el personaje casi resulta el protagonista de la obra, con tres grandes arias (a veces se suprime una para «aligerar» la labor del cantante) y otras muchas intervenciones.

Por otro lado, el príncipe Ramiro que gobierna el país imaginario y que convoca un baile para encontrar esposa, tiene un consejero fiel, el filósofo Alidoro (un concepto, el de gobernar a través de la filosofía, todavía netamente dentro de las coordenadas del Despotismo Ilustrado). Es Alidoro quien lleva a Angelina, la Cenicienta, al baile de palacio, preocupándose del vestido y del transporte, sin ningún tipo de magia.

Utilizando una idea típica de ópera bufa, el príncipe se ha disfrazado de criado, y su servidor Dandini, individuo rústico y comilón, es quien oficia de príncipe. De este modo atrae la pegajosa atención de las dos «hermanas feas», Tisbe y Clorinda mientras, naturalmente, la Cenicienta se enamora del príncipe al que ella cree criado, dando de este modo pruebas de una sinceridad indudable.

La censura romana, de todos modos, intervino en la historia: la Cenicienta le entrega un brazalete al príncipe para que la identifique, en lugar de perder el clásico zapato, porque en la Roma de 1817 una mujer no podía descalzarse en escena sin un notorio escándalo público.

Al fin la bondad triunfa (como indica el subtítulo de la ópera), y la protagonista expresa su felicidad en el magnífico rondó «Non più mesta accanto al fuoco», una pieza de la más brillante coloratura para mezzo-soprano. Aquí, como en *Il Barbiere* y *L'italiana*, Rossini prefirió una voz que diese la impresión de mujer más experta y madura; en cambio para la casquivana Fiorilla de *Il turco in Italia*, el compositor prefirió la voz de una soprano ligera.

El belcantismo rossiniano

Lo esencial, en toda esta producción rossiniana, tanto en el campo cómico como en el serio, es la preeminencia otorgada por el compositor siempre a la belleza de la expresión musical. Tanto da que los personajes luchen para alcanzar sus aspiraciones amorosas como que estén cantando escenas de una comicidad exagerada: lo que prevalece es siempre la belleza del canto, y el intérprete tiene que ejercer por encima de todo una completa maestría del arte vocal.

Nos hallamos, pues, de lleno en el reino del *bel canto* que Rossini no abandonaría nunca, porque estaba íntimamente convencido de que la música y el canto tenían que llevar la belleza en ellos mismos y no en su capacidad expresiva, que quedaba en todo caso circunscrita a la misma calidad del canto. Es decir, sus personajes se expresaban (como la Cenicienta en su último rondó) a través de un canto delicado y ornamentado, y jamás a través de forzar la emisión ni de la exageración dinámica en la producción vocal. El sentimiento amoroso, la felicidad o la indignación se demostraban a través de una serie de recursos vocales (ornamentación, trinos, escalas, notas repetidas) y nunca en la violencia de la emisión de las notas. Si bien se observa, son los mismos principios que hallamos en Mozart (recordemos tan sólo el modo espectacular como la Reina de la Noche, en *La flauta mágica*, expresa su ira diabólica en el aria «Die Hölle Rache», «La ira del infierno»).

Son bien conocidas y se citan muchas veces algunas anécdotas en las que se pone de manifiesto el horror de Rossini por los excesos sonoros: desde su malestar agudo cuando fue obligado por sus padres a trabajar en una herrería, a raíz de una desobediencia infantil, hasta el pánico que le produjo su único viaje en ferrocarril, muchos años más tarde (experiencia que reflejó en una divertida pieza para piano). Y, sin embargo, el propio Rossini había sido de joven el gran introductor de la dinámica y del ritmo en la ópera, pero lo había hecho con mesura y sin duda con un sentido de la proporción que hoy en día, aunque hayamos recuperado la música rossiniana, se nos escapa, al menos en parte.

Los últimos años de Rossini en Italia

Mientras tanto, en Nápoles, Rossini continuaba añadiendo piedras al edificio de la ópera romántica, como con su no muy afortunado *Otello* (1816), del que cabe recordar, sin embargo, la inspiradísima «Canción del sauce». Emprendía ahora el cultivo frecuente de la llamada «ópera semiseria», género híbrido que había iniciado Paisiello con su famosa *Nina* (1789). En este terreno dejó algunas obras de gran relieve, como *La gazza ladra* (*La urraca ladrona*, 1817) y *Matilde di Shabran* (1821), aunque la primera se difundió mejor y se la recuerda todavía gracias a una obertura que se hizo universalmente famosa.

En 1818 estrenó otro tipo de obra híbrida que sería muy utilizada en estos años: la «azione sacrotragica» titulada *Mosè in Egitto*, que fracasó inicialmente por la pésima forma en que fue presentado el paso del Mar Rojo, y que Rossini rehizo y volvió a presentar en 1819 en Nápoles con un gran éxito, en gran parte debido a la inclusión de una famosa «Plegaria» que fue muy bien acogida.

Este tipo de óperas semirreligiosas se fue abriendo paso a medida que la Iglesia fue tolerando que durante la Cuaresma se dieran también espectáculos operísticos, con la salvedad de que el argumento básico fuera de tipo religioso. Es la misma costumbre que motivó que Verdi escribiera todavía, en 1842, un híbrido semejante: *Nabucco*.

Algo que no llamó todavía la atención de sus coetáneos es que Rossini empezaba a sentir una cierta «fatiga» en la composición, lo que en los primeros años era fertilidad en la invención melódica, ahora se convertía en uso reiterado de fórmulas de los primeros años, hábilmente disfrazado a veces, descaradamente perceptible en otras ocasiones. Esta fatiga puede advertirse en la misma plegaria antes citada del *Mosè in Egitto*, página monotemática sin desarrollo alguno, que a pesar de todo fue ensalzada como una pieza maestra. Se aprecia también en algunas de las óperas menos conocidas que estrenó estos años en Roma, como *Adelaida di Borgogna* (1817) y en Nápoles, como *Armida* (1817) o *Ricciardo e Zoraide* (1818). De todos modos, algunos pasajes de la citada *Armida* y la casi totalidad de la poco conocida *Ermione* (1819) revelan un sentido del teatro musical y un nuevo concepto de la ópera totalmente insólito.

Rossini parece volver atrás con el fin de oponerse a la oleada romántica que está a punto de cambiar los esquemas musicales que él consideraba los únicos posibles en un mundo de belleza y ornamentación. En este sentido, *Ermione* (que tuvo tan poco éxito que fue retirada del cartel el segundo día y no se volvió a interpretar hasta el siglo xx) es un intento de volver a la ópera dieciochesca en todos los sentidos, y por esto el público no siguió al compositor en este arriesgado experimento. Rossini volvió, pues, a las historias de carácter prerromántico o ya casi netamente romántico, contribuyendo a afirmar la nueva estética con sus éxitos, en especial con *La donna del lago* (1819), basada en un poema de Sir Walter Scott que ofrecía todo lo que el público del momento podía desear en materia de misterio y de ambiente medieval, a pesar de que la intriga amorosa de la obra (que se parece notablemente a la de *Tancredi* pese a su carácter distinto) es, en el fondo, banal y carente de interés dramático. Es la partitura la que, con su calidad, da vida a la obra, e incluso ha permitido que en cierto modo la ópera haya vuelto en algunas ocasiones a los escenarios de ópera internacionales.

Hay que reconocer que *La donna del lago* tiene una partitura que, aliada con la simbología protorromántica, confiere interés a la obra, empezando por la primera aria de la protagonista, «Oh, matutini albori», mientras cruza en barca un lago misterioso de la lejana Escocia en una neblinosa madrugada, con la ayuda de un remo. El aria final «Tanti affetti in tal momento», ornamentada y preciosista de la protagonista del relato, Elena, corona esta ópera con una de las grandes creaciones vocales rossinianas, donde se combinan la gracia rítmica con el hallazgo melódico y el característico sentido rítmico de su autor.

Después de un título menos conocido, *Bianca e Falliero* (1819), en la que no faltan «retales» de otras óperas, Rossini volvió en 1820 con *Maometto II* a un tema algo parecido al de *Tancredi*, es decir, al de las luchas medievales entre cristianos y musulmanes, narradas de un modo todavía clasicizante. La obra fue bien acogida y años más tarde Rossini la convirtió en *Le Siège de Corinthe* (1826), que después fue retraducida al italiano, forma en la que se ha representado en algunas ocasiones por Europa y América. En su forma definitiva, el papel de la soprano protagonista tiene un relieve considerable y requiere una coloratura perfecta.

Después de la ya citada *Matilde di Shabran* (1821) Rossini se despidió de Nápoles con *Zelmira* (1822), donde el compositor trata de hacer compatibles su irresistible retorno al mundo de la ornamentación vocal con los cambios estéticos que asoman por el horizonte. Cansado del modo de trabajar de los operistas italianos, y harto de la cicatería de los empresarios teatrales, mientras por otra parte había decidido dar un estado decisivo a su unión con Isabel Colbrand, la antigua amante del empresario, se casó con ella en Bolonia y emprendió un viaje hacia el Norte, pasando por Venecia. Allí estrenó su última ópera italiana: *Semiramide* (1823), basada en un drama de Voltaire, y que constituye una nueva apoteosis del canto ornamentado dieciochesco, florido y decorativista pero en modo alguno idéntico al de los autores de aquel período, sino renovado, como siempre, en los hallazgos rítmicos y en las combinaciones vocales, que en esta ópera se manifiestan en varios dúos espectaculares, además de la célebre aria «Bel raggio lusinghier» para la soprano (papel que cantó todavía una declinante Colbran como brillante protagonista). Tanto en las arias como en los dúos, Rossini aplica estrictamente la fórmula de la *scena* (recitativo, aria o dúo y *cabaletta*). En conjunto *Semiramide* es una de las obras más fascinantes que se haya escrito dentro de los parámetros del *bel canto*, con un lenguaje tan propio del estilo galante que parece poco creíble que fuese estrenada en 1823. Sin embargo, y tal vez por esto, el público veneciano que asistió al estreno no supo apreciar las cualidades de esta ópera, y Rossini, que ya tenía puestos los ojos en Viena, abandonó Italia con su nueva esposa y se fue a conquistar nuevos laureles en los países del Norte.

Escena de *Semiramide* (1823), de Rossini (Montserrat Caballé en su memorable creación del personaje principal de esta ópera, en el Festival de Aix-en-Provence, 1980).

XXIV. Rossini y su entorno en el primer tercio del siglo XIX

Los «rossinianos» forzados de estos años

Durante los años del dominio absoluto ejercido por Rossini en el mundo musical italiano, fueron muchos los compositores que trataron de competir con él en el mismo terreno. Entre los que más sobresalieron merecen citarse el compositor judío alemán Jakob Meyerbeer (1791-1864), que inició su carrera en Italia en su juventud, destacándose sobre todo con las óperas *L'Esule di Granata* (1822) e *Il crociato in Egitto* (1824), que obtuvieron mucho éxito pero que adolecen de notables influencias de la música rossiniana. Lo mismo ocurre en las primeras obras de los más destacados autores operísticos italianos, como Saverio Mercadante (1795-1870), cuya *Elisa e Claudio* (1821) es rossiniana hasta el tuétano, aunque después el compositor se fue acercando al estilo romántico belcantista (*Il giuramento*, 1837; *Il bravo*, 1839) y acabó siendo un rival de Verdi sin su chispa.

En su lugar se comentará la fuerte influencia rossiniana que se encuentra en las primeras óperas de Gaetano Donizetti (1797-1848): en su primer éxito internacional, *L'ajo nell'imbarazzo* casi todo lo que se escucha podría haber sido compuesto por Rossini.

Otro caso ilustre es el del compositor Giovanni Pacini (1796-1867), hijo de un cantante ilustre, Luigi Pacini, que se distinguió por la elegancia de sus *cabalette*. En sus memorias, publicadas poco antes de su muerte, Pacini se exclamaba contra las críticas a sus primeras creaciones, como *Adelaide e Comingio* (1817), por su parecido a la música de Rossini: no se podía hacer de otro modo, decía el músico, pues el público sólo quería música rossiniana, y no había más remedio que imitarla.[16] Sin duda decía la verdad. También Pacini se orientó más tarde hacia el estilo belcantista romántico en el que dejó una obra maestra: *Saffo* (1840), que recorrió el mundo en triunfo. Poco después Pacini añadiría una obra más a la serie de óperas dedicadas a reinas inglesas que tan de moda estuvieron en la Italia romántica: *Maria Tudor* (1843).

Tanto Mercadante como Pacini se beneficiaron un poco de la llamada «Donizetti Renaissance» y hoy en día pueden encontrarse algunas de sus mejores óperas en grabaciones dignas.

---

[16] Pacini, Giovanni, *Le mie memorie artistiche*, Arnaldo Forni, Bolonia, 1978 (reimpresión de la edición original de Florencia, 1875).

De esta generación fueron los entonces célebres hermanos Federico Ricci (1804-1877) y Luigi Ricci (1805-1859), que escribieron óperas por separado y conjuntamente y merecen ser recordados por ser autores de la última auténtica ópera bufa de tradición italiana: *Crispino e la comare* (1850), que en el siglo xx acabó desapareciendo casi del todo. Federico ya se había hecho notar en 1837 con el drama romántico *La prigione d'Edimburgo* (1837).

Citemos todavía al compositor Giuseppe Persiani (1805-1869), autor de una *Inés de Castro* (1835) que tuvo cierto renombre, y esposo de Fanny Tacchinardi, la primera Lucia di Lammermoor de la historia lírica.

Los viajes de Rossini: Viena, París, Londres, y de nuevo París

El instinto de Rossini no se había equivocado: Viena lo recibió con los brazos abiertos; su éxito provocó la envidia y la indignación de los compositores alemanes y austríacos (entre los cuales Carl Maria von Weber, 1786-1826, muy enfermo ya, y disgustado por la falta de oportunidades que le ofrecían los mismos que aclamaban al italiano). Ludwig van Beethoven, por el contrario, recibió a Rossini bastante cordialmente y le recomendó que hiciera más óperas bufas, aludiendo al *Barbiere* (posiblemente el compositor alemán desconocía la vertiente «seria» de Rossini, de lo contrario seguramente no hubiera dicho esto).

En todo caso, los pasos siguientes de Rossini lo llevaron con su esposa a París, donde causó sensación, y de ahí a Londres, donde su presencia provocó un entusiasmo desbordante. El propio rey regente (el futuro Jorge IV) lo invitó a su palacete *kitsch* de Brighton, donde Rossini tocó el piano en presencia del monarca, cantó (parece que tenía una grata voz de barítono) y se embolsó sumas ingentes de los nobles que quisieron pagarse el capricho de tener en sus mansiones al más famoso de los compositores del momento para dar conciertos y escuchar la música italianísima del llamado en Italia «Tedeschino».

Por otra parte, en Londres, las óperas del compositor atraían multitudes: el único punto oscuro de estos éxitos fue el estado vocal de Isabel Colbran, que en algunas ocasiones ya no estaba a la altura de las exigencias vocales de las partituras que otrora había cantado con la fluidez y maestría que la habían hecho famosa.

En Londres, Rossini compuso una cantata dedicada a la muerte de Lord Byron y proyectó una o dos óperas, que tenían que estrenarse en la capital inglesa. Éste es uno de los misterios más profundos de la carrera de Rossini: hay quien sostiene que el compositor acabó las partituras de estas supuestas óperas y que quedaron, por razones legales, bajo la custodia sempiterna de una entidad bancaria británica. Un enigma histórico que, de momento, no se ha aclarado todavía.

A su regreso a París, Rossini fue festejado y agasajado sin tregua. Sus óperas habían alcanzado la cima del éxito y de la popularidad y las instancias oficiales estaban deseosas de que se quedara en la capital francesa. Se le ofreció la dirección del Théâtre Italien, donde pudo hacer representar la grandiosa cantata escénica titulada *Il viaggio a Reims* (1825), para solemnizar la coronación del rey Borbón Carlos X de Francia, obra que ha sido redescubierta hace pocos años y se ha convertido en famosa después de haber recorrido numerosos teatros europeos (en España estrenada en La Coruña, en 1999).

El gobierno de Carlos X, para asegurar que Rossini se quedara en París, lo nombró compositor real e «inspector general de canto» de las instituciones musicales francesas. La extravagancia del título, que parece sacado de una de sus óperas, le abrió las puertas de la Ópera, que le ofreció un contrato por diez óperas.

Sin embargo, la extraordinaria capacidad compositiva de Rossini, que tanto admiraba Stendhal, parecía haberse embotado —quién sabe si por los efectos de una sífilis que se manifestaría con mayor virulencia años más tarde— y el compositor prefirió ofrecer en la Ópera de París versiones en francés revisadas y mejoradas, con los ballets incorporados que exigía siempre el teatro parisién. Así en 1826 presentó *Le Siège de Corinthe* (*El asedio de Corinto*), versión revisada de su antiguo *Maometto II*, y en 1827 hizo lo mismo con *Moïse*, versión francesa modificada y revisada de *Mosè in Egitto*. En 1828 hizo por tercera vez una operación parecida, adaptando casi toda la música de *Il viaggio a Reims* a un divertido argumento casi vodevilesco de Scribe y Delestre-Poirson titulado *Le comte Ory*, convertida así en una deliciosa ópera cómica donde se combinan la gracia bufa rossiniana con la elegancia y el sentido de lo picante francés; la Ópera de París hizo una excepción y admitió esta obra ligera y de espíritu cómico en el gran templo de la Ópera oficial.

Sin embargo, Rossini estaba convencido de que tenía que hacer el esfuerzo de presentar una ópera de nueva creación, y con una fatiga inmensa logró terminar una densa historia musical de casi cinco horas de duración, titulada *Guillaume Tell* (1829), con sus correspondientes ballets (dos) y con incidentes y escenas multitudinarias que marcan el inicio de la nueva moda de la *grand'opéra*, siguiendo el camino trazado el año anterior por Daniel E. Auber (1782-1871), uno de los autores franceses más prolíficos de esta época, con *La muette de Portici* (1828); Jacques Meyerbeer (1791-1864), al establecerse en París, seguiría después por este camino con creciente entusiasmo.

Escena de *Il viaggio a Reims* (1825), de Rossini (el cantante Enzo Dara
en el papel de barón de Trombonok).

Guillaume Tell, pese a sus exageradas dimensiones y sus exigencias vocales, fue un éxito universal, pero Rossini cada vez se veía más escéptico ante el nuevo camino ya netamente romántico que seguía la ópera, y al que él en cierto modo había dado un espaldarazo con su última creación. Sabía que había acabado por abrir la puerta hacia otro modo de enfocar el mundo operístico en el que no estaba de acuerdo. Su labor lo había dejado extenuado y se sentía cada vez con menos ánimos de trabajar en una nueva creación.

Sin embargo, la decisión de continuar o no la tomaron los acontecimientos del año siguiente: en julio de 1830 estalló la revolución que derribó a Carlos X de la antigua dinastía de los Borbón y entronizó al rey-burgués Luis Felipe de Orleans. Los cargos obtenidos por Rossini habían sido creados por el régimen borbónico anterior y fueron pronto revocados, hecho que enzarzó al compositor en una serie de pleitos para que le fuesen reconocidos los derechos adquiridos. Esto y su neurastenia progresiva, causada por los progresos de su secreta enfermedad, lo llevaron a retraerse de su labor como compositor y ya no escribió ninguna más de las óperas de las que le habían sido encargadas por la Ópera de París.

Emprendió un viaje a España, donde visitó Madrid y la corte de Fernando VII, y sólo por la insistencia de un sacerdote español, Manuel Varela, sin duda avalada por una suma importante, se avino Rossini a iniciar la composición de un *Stabat Mater* para uso exclusivo de Varela. Pero cuando éste murió se descubrió que Rossini había escrito sólo los primeros números de la obra, y había encargado el resto a un alumno suyo, Giovanni Tadolini (1785-1872). En 1841-1842, para evitar que una editorial francesa publicara el *Stabat* con esa parte espúrea, decidió el compositor terminar la pieza, que se estrenó en París con gran solemnidad (1842).

El retiro dorado de Rossini

Durante estos años todo eran especulaciones en los medios musicales europeos sobre la extraña retirada de Rossini en plena fama y juventud. Se anunciaban en la prensa de la época constantemente supuestas iniciativas del compositor para volver a la escena, que después no se llevaban a cabo. Incluso en algunos casos aparecieron óperas formadas por el encadenado de varios fragmentos de obras anteriores, adaptadas a un argumento ficticio. Así, en 1846, se anunció con gran aparato el estreno de la ópera *Roberto Bruce* en París, pero en realidad era un centón formado de fragmentos rossinianos diversos.

Los siguientes años de Rossini fueron agitados y amargos a causa de la enfermedad que lo tenía atenazado. Muerta en 1845 su primera esposa, Isabel Colbrand, de la que se había separado físicamente, se casó Rossini con una mujer fiel y atenta, Olympe Pélissier, francesa, que convenció al compositor para que buscara remedio a sus males en nuevos métodos curativos impulsados por médicos parisienses. La iniciativa fue muy positiva, y en 1854 Rossini se estableció en París, donde logró finalmente la difícil curación de sus males. Se había establecido en un piso de la Chaussée d'Antin, a pocos pasos de la Ópera (entonces situada en la rue Le Pelletier), y

Escena «nocturna» de *Le comte Ory* (1828), de Rossini (representación en el Teatro Comunale de Firenze, con Annick Massis, como condesa, Laura Polverelli, en el papel de Isolier, y Juan Diego Flórez).

se hizo construir una casa en Passy donde recibía invitados en sus célebres sábados musicales por la noche. Muchos eran los que se disputaban la asistencia a estas sesiones musicales y, si era posible, exhibir sus propias capacidades como cantante. Estas sesiones incluían también la audición de pequeñas piezas que Rossini escribía, basándose muchas veces en ideas de su producción anterior, pero a veces, especialmente en las piezas para piano, haciendo gala de una vena creadora muy interesante. Estas sesiones dieron pie a muchísimas anécdotas que formaron parte de la leyenda del compositor como *gourmet* y como *bon vivant*. También algunos compositores importantes buscaban la amistad y a veces la ayuda de Rossini, tan influyente en la vida musical francesa. La visita de Wagner, por ejemplo, en 1860, recogida fielmente por escrito gracias a Edmond Michotte fue, en realidad, un intento de buscar el apoyo al proyecto de Wagner, finalmente realizado, de estrenar una de sus producciones en la Ópera de París, con el bien conocido fracaso como consecuencia (*Tannhäuser*, 1861). También Pacini, Verdi, Boito, Franco Faccio y otros muchos compositores visitaron a Rossini en los últimos años del dorado retiro del viejo compositor de Pesaro, que gastaba continuas bromas sobre su popularidad y sobre sus capacidades artísticas, firmando a veces sus cartas «Le singe de Pesaro» («El mico de Pesaro») en lugar de «Le cigne» («El cisne»), calificativo que le había sido dado por sus acérrimos admiradores.

Escribió todavía la *Petite messe solennelle* (1863), una buena muestra de belcantismo aplicado a la música religiosa. Su muerte, en París, el 26 de noviembre de 1868, se produjo cuando precisamente empezaba a declinar la presencia de sus óperas en los grandes teatros europeos, a impulsos de las grandes creaciones verdianas, estéticamente opuestas a la concepción belcantista del «cisne» de Pesaro.

VI. EL ROMANTICISMO EN ITALIA Y EN FRANCIA

XXV. Bellini y Donizetti y la consolidación del romanticismo en Italia

Mientras Rossini cerraba inesperadamente su catálogo operístico en París, en Italia se vivía ya la aparición de dos nuevas figuras de la lírica que darían un impulso definitivo a ese movimiento romántico al que se había resistido Rossini: Vincenzo Bellini (1801-1835) y Gaetano Donizetti (1797-1848). Aunque ambos compositores siguieron un estilo parecido y partieron de unas premisas semejantes, en realidad eran bastante opuestos: su personalidad y su concepto del teatro mantenían puntos de vista distintos a pesar de su cercanía. Ambos estuvieron poco menos que olvidados y fueron menospreciados en los principios del siglo xx, pero en la segunda mitad del mismo fueron objeto de una notable revalorización que los ha puesto en el lugar que merecen.

Bellini, o el crecimiento de la melodía

Aunque la personalidad de Bellini era muy egocéntrica y poco dada a pensamientos elevados, tal como permite comprobar su numerosa correspondencia,[17] su figura continúa envuelta en un aura romántica a la cual han

---

[17] *Cf.* las biografías de Weinstock, Herbert, *Bellini. His Life and Operas*, Wenley and Nicholson, Londres, 1971 y de Roselli, John, *The Life of Bellini*, Cambridge University Press, Madrid, 2000 (Trad. cast. de Albert Estany).

Retrato de Vicenzo Bellini (pintado por un artista anónimo, hacia 1825).

cooperado la iconografía de la época, que nos lo representa como un joven delicado, como sus óperas, de un lirismo excepcional que muchas veces hace que se identifique, muy equivocadamente, el mundo real de Bellini con el mundo fantástico de su producción.

En realidad el compositor supo «vender» bien su imagen y los éxitos de sus creaciones líricas contribuyeron poderosamente a que lo lograra. Otra fuente de esa honda veneración ante el compositor —que murió joven, como exigían los cánones románticos— fue su íntimo amigo Francesco Florimo, compañero de estudios y más tarde bibliotecario del Conservatorio de Nápoles, que sostuvo una constante correspondencia con Bellini y la sometió más tarde a una expurgación sistemática de todo lo que pudiera perjudicar la buena imagen de su amigo idolatrado. Pero Florimo no era lo suficientemente hábil para darse cuenta de que, incluso en la correspondencia más trivial, la figura de Bellini aparece con unos rasgos mucho menos simpáticos y espirituales de los que él quería transmitir a la posteridad. Los comentarios envidiosos de Bellini sobre Pacini o sobre Donizetti, cuando éstos estrenaban óperas o alcanzaban éxitos, son reveladores en este sentido. Incluso el biógrafo norteamericano Herbert Weinstock comenta en el prólogo de la biografía de Bellini que la figura de éste, una vez estudiada, le resultó tan poco simpática que estuvo a punto de no escribir el libro.[18]

La formación musical de Bellini no fue especialmente afortunada. Después de haber tomado algunas lecciones en su Catania natal, obtuvo una bolsa de estudios de un noble local para estudiar en el Conservatorio de Nápoles. Esta antes gloriosa institución (derivada de la reunión de los cuatro conservatorios que había tenido la ciudad) estaba ahora en franca decadencia. Bellini recibió su formación musical de Niccolò Zingarelli (1752-1837), Giovanni Furno (1748-1837) y Giacomo Tritto (1733-1824). Como puede apreciarse por las fechas de sus nacimientos respectivos, en 1819, cuando Bellini ingresó en el conservatorio napolitano, Zingarelli y Furno rondaban los setenta años de edad, y Tritto contaba ya ochenta y seis. Los tres, lógicamente, mal podían preparar a un joven nacido ya en el siglo XIX para enfrentarse a los importantes cambios estéticos y técnicos de la música, y el bagaje técnico que transmitieron a su brillante alumno estaba totalmente desfasado.

Sin embargo Bellini tenía un don o una virtud especial que le permitió superar este *handicap* formativo: tenía un sentido peculiar e innovador de la melodía, a la que supo liberar de las ataduras rítmicas y formales que encontramos tantas veces en sus contemporáneos —y en Rossini, el modelo de todos los jóvenes compositores de su tiempo—. Gradualmente se fueron abriendo paso en las composiciones bellinianas aquellos momentos líricos especiales en los que la melodía se desgajaba de su entorno rítmico y parecía flotar por los aires sin que el espectador

[18] Weinstock, Herbert, *op. cit.*

supiera acertar en qué momento caería la voz del intérprete de nuevo en la andadura rítmica de la pieza: un fenómeno comparable, por decir algo, al extraño placer que puede causarnos observar como una hoja seca vuela al viento sin rumbo preciso, tan pronto elevándose como cayendo. Eran las melodías que Verdi calificó de «lunghe, lunghe, lunghe» («largas, largas, largas»).

En realidad, quienes hayan escuchado algunas de las óperas serias y protorrománticas de Rossini habrán podido encontrar un cierto precedente del estilo belliniano. En páginas como la «Canción del sauce» del *Otello* rossiniano o en alguno de los momentos más emotivos de *La donna del lago* subyace el núcleo de lo que después se convertirá en el fascinante lenguaje vocal de Bellini, al que a veces se sumarían más tarde sus colegas Donizetti, Pacini y Mercadante.

Pero Bellini fue un artífice más refinado que éstos, sobre todo que los dos últimos: la simbiosis entre música y texto, en sus partituras, tiene su base en la idéntica acentuación que reciben letra y música (véase, por ejemplo, la frase con que empieza el dúo entre Norma y Pollione, en el último acto de *Norma*). Además, Bellini insinúa una relajación en la estructura típica de recitativo, aria y *cabaletta* que no dejó de seguir fielmente, pero acercando el recitativo a un estilo *cantabile* que hace que sea menos fácilmente distinguible del aria que sigue. Éste es el caso, por ejemplo, del recitativo con que Riccardo entra en *I puritani*, («O Elvira, o mio sospir soave»), convertido casi en un *arioso*, cuando en realidad el aria no empieza hasta «Ah, per sempre io ti perdei». Por supuesto que Bellini, como otros compositores de su tiempo, había adoptado el *modo gluckiano:* el antiguo recitativo «seco» con clavecín, y utilizaba siempre recitativos acompañados por la orquesta.

Ésta ha sido acusada, y con razón, de ser el punto más endeble de la composición belliniana. Pero ya en el siglo XIX, cuando alguien pensó en reorquestar *Norma* y consultó a Bizet —excelente orquestador— al respecto, el compositor francés respondió que sin duda la reorquestación mejoraría la obra, pero el resultado no sería ya la *Norma* de Bellini.

La rápida carrera de Bellini

En sus estudios, Bellini se distinguió de un modo especial y por esto le fue concedido escribir una ópera como trabajo de fin de carrera, y representarla en el teatrito del Conservatorio. La pieza, titulada *Adelson e Salvini* (1825) tuvo tanto éxito que incluso acudió a conservatorio a oírla el famoso empresario del Teatro San Carlo (y de la Scala de Milán ¡y de la Ópera de Viena!) Domenico Barbaja. Éste, convencido de los méritos excepcionales del joven compositor, no vaciló en encargarle una ópera nueva para la temporada siguiente, y así fue como en 1826 el Teatro San Carlo de Nápoles anunciaba la nueva ópera del principiante Bellini. Un pequeño conflicto con la censura motivó el cambio de título de la pieza: *Bianca e Gernando* en lugar de *Bianca e Fernando*, porque el heredero del trono napolitano se llamaba Fernando. En todo caso, *Bianca e Gernando* tuvo un éxito tan notable que Barbaja dio un paso más en la promoción de su protegido, y le encargó una tercera ópera nada menos que para el Teatro alla Scala de Milán: *Il pirata*, estrenada en dicho teatro en 1827. En ésta ópera Bellini acabó de hallar un estilo propio: con su colaborador, el libretista Felice Romani, entraba decididamente en el nuevo panorama de la ópera romántica: por el tema del proscrito, Gualtiero, que se ha lanzado al mundo de la piratería por razones políticas y amorosas. Para la protagonista femenina, Imogene (la soprano era mucho más adaptable a la vocalidad romántica que el tenor), Bellini hizo uso del viejo recurso de Paisiello: la escena de la locura, que «justificaba» los arrebatos vocales de su protagonista. En efecto, ésta, muertos su amante y su marido, enloquece y nos muestra su turbación espiritual en una extensa aria: «Col sorriso d'innocenza», introducida por un solo de corno inglés, valorado como el instrumento amoroso por excelencia durante toda la etapa romántica.

El aria de la locura era un excelente recurso de los compositores de este período, que oscilaban entre las exigencias de un nuevo realismo «histórico» de lo que acontecía en escena, y el recuerdo de las vistosas piezas vocales antaño cantadas por los *castrati* o las exhibiciones vocales de las sopranos, las *prime donne*. Desaparecidos los *castrati* y netamente inferiores en recursos vocales los tenores de las óperas románticas, y no valorados todavía en plenitud los barítonos y los bajos, las sopranos se erigieron en dueñas casi absolutas de los principales roles operísticos. Por esto los títulos operísticos de este período, no sólo de Bellini y Donizetti, sino de sus colegas operísticos menos brillantes, casi siempre tienen nombre de mujer: desde *La straniera*, *Norma* y *Beatrice di Tenda*, de Bellini, hasta la larga serie de títulos donizettianos, como *Gabriela di Vergy*, *Anna Bolena*, *Lucrezia Borgia*, *Gemma di Vergy*, *Parisina d'Este*, *Maria Stuarda*, *Lucia di Lammermoor*, *Maria di Rudenz*, *Elisabetta al castello di Kenilworth*, *Maria Padilla*, *Rosmonda d'Inghilterra*, *Emilia di Liverpool*, *Maria di Rohan*, *Linda di Chamounix*, *Caterina Cornaro* y otras tantas creaciones donizettianas surgidas entre fines de los años 1820 y los primeros años 1840.

La carrera de Bellini continuó con algunos altibajos en los años siguientes: su ópera *La straniera* (*La extranjera*, 1829) obtuvo menos éxito que sus primeras creaciones cuando se estrenó en la Scala de Milán, y su *Zaira* (1829), compuesta para inaugurar el Teatro Regio de Parma, fue un sonoro fracaso; sin embargo con *I Capuleti e i Montecchi*, estrenada en Venecia en 1830, volvió Bellini a obtener un éxito rotundo, aunque también se debió el triunfo a la presencia de cantantes del nivel de Giuditta y Giulia Grisi y el tenor Giovanni Rubini. En esta ópera Bellini da un paso más hacia la liberación de la melodía de sus ataduras rítmicas: las evoluciones vocales de Giulietta en sus intervenciones, y las de Romeo, sobre todo en su breve aria «Deh tu, bell'anima», causaron el impacto previsible que dio a Bellini un prestigio inmenso.

Esta ópera nos permite comprobar hasta qué punto el compositor se hallaba todavía situado en la transición entre el estilo belcantista de la antigua escuela (rossiniana, por así decirlo) y el naciente romanticismo. La elección del tema, la historia de Romeo y Julieta, apunta hacia las nuevas tendencias (aunque estos *Capuleti e Montecchi* no están basados en Shakespeare, sino en el relato renacentista italiano de Mateo Bandello). Pero si observamos la distribución vocal de la ópera, con un Romeo con voz de mezzosoprano (a falta de *castrato*), apreciaremos que en realidad Bellini tenía todavía un concepto de la ópera netamente belcantista: un protagonista de voz femenina antes que el realismo «pasional» de un Romeo masculino. El papel del tenor queda para la figura en cierto modo autoritaria del agrio Tibaldo que es quien manda en la familia de Giulietta.

Al hacerlo, Bellini conectaba sin duda con lo que todavía era la mayoría del público italiano del momento, y su éxito con esta ópera no deja lugar a dudas (aunque en los teatros de los años siguientes el tercer acto de sus *Capuleti* fuera sustituido muchas veces por el tercer acto de una ópera de un colega suyo: Nicola Vaccai (1790-1848), cuya ópera del mismo título, estrenada en 1825, tuvo durante un tiempo una presencia importante en los repertorios de ópera de Italia e incluso recorrió Europa.

Los grandes títulos bellinianos de la década de 1830

Llegado ahora a la madurez compositiva, Bellini empezaba a adoptar la regla de oro del romanticismo teatral, basada en la sublimidad del sentimiento amoroso, tan elevado que no puede ser vivido en este mundo. Por esto, en los dramas románticos ya declarados, el amor equivaldrá a una sentencia de muerte para al menos uno de los protagonistas de ese amor: ya que ese sentimiento superior sólo se puede vivir en otro mundo.

De ahí la serie de amores imposibles que plantean las óperas románticas italianas (y francesas, y, con una variante destacada, las alemanas), con un final trágico, que poco a poco se iba imponiendo ahora entre el público, el mismo que diez años atrás había rechazado las soluciones trágicas que Rossini había querido imponer con su *Tancredi* de 1813 y con su *Otello* de 1816. (Dicho sea de paso, Bellini hizo marcha atrás en *I puritani*, temiendo tal vez una reacción adversa del más «clásico» público de París.)

En todo caso, en los años que siguen Bellini escribirá las tres óperas más emblemáticas de su carrera, los tres títulos que le ganaron la «inmortalidad» en el mundo de la ópera, en la medida en que se pueda ser «inmortal» en este género: *La sonnambula*, *Norma* e *I puritani*.

La primera de las tres, *La sonnambula* (1831), estrenada por una entidad rival de la Scala, en el Teatro Cárcano de Milán, fue la única en la que Bellini abandonó —por un momento— el repertorio dramático para escribir una ópera «semiseria», de un lirismo excepcional, situada en una Suiza bucólica e intemporal. La ópera semiseria solía conllevar un conflicto grave que afectaba a los protagonistas y los conducía hasta el límite mismo de la muerte o del deshonor, pero un acontecimiento imprevisto los salvaba en el último momento para dar paso al *lieto fine* («final feliz») propio del género. Entre los personajes hay siempre uno con ribetes bufos que contribuye al feliz desenlace. En el caso de *La sonnambula*, la sencilla y pura Amina es acusada de haber sostenido relaciones amorosas con el noble del lugar, el conde Rodolfo (que es el personaje más o menos bufo del relato). Aunque éste la disculpa, el novio, el engreído tenor Elvino, no lo cree y el pueblo tampoco, pero Amina disipa por ella misma las dudas cruzando un paraje peligroso completamente dormida; cuando llega a la plaza del pueblo sueña que se halla ante el altar en una escena parangonable a un «aria de locura». Cuando se despierta, el aria triste y melancólica que había estado cantando se transforma en una alegre *cabaletta* de complicada pirotecnia vocal, con su concertante final.

Norma, que es considerada por muchos la obra maestra de Bellini, fue estrenada en la Scala de Milán en diciembre de 1831. Con esta partitura el compositor se acercó al estilo de Cherubini y Spontini, poco conocidos en Italia. El contenido cuasi romántico de *Norma* se ve temperado y moderado por el clasicismo de estos autores, y con ecos —suavizados— de la figura de Medea, que Cherubini había tratado casi treinta y cinco años antes. La situación, basada en el clásico triángulo amoroso, nos transporta al ambiente misterioso de los druidas antirromanos de la Galia ocupada, un tema que se relacionaba directamente con los orí-

genes —célticos— del romanticismo. Los infelices druidas viven miserablemente engañados por la gran sacerdotisa Norma, que va frenando los
impulsos patrióticos de su pueblo para no perder su culpable amor por
el procónsul romano Pollione, amor que su condición de sacerdotisa no
le ha impedido consumar hasta tener dos hijos del romano. Pero cuando éste se enamora de otra sacerdotisa, la dulce Adalgisa, los celos de
Norma la llevan a denunciar a su antiguo amante, con tanta pasión que
reconquista el amor de éste. Entonces confiesa su pecado, feliz de morir
en suplicio al lado de Pollione.

Lo que realmente impresiona de esta ópera es, en primer lugar, la
invocación de Norma a la Luna («Casta diva») en una de las arias más impresionantes escritas en estos primeros tiempos del romanticismo, introducida por una marcha ceremonial todavía gluckiana en espíritu, y acabada
con una *cabaletta* vigorosa en la que Norma expresa su irreprimible amor
por el guerrero romano.

Éste, mientras tanto, asedia a Adalgisa, pero la joven sacerdotisa se
siente obligada a confesarlo todo a Norma. El pasaje en el que Norma y
Adalgisa se reconcilian cantando a dúo («Mira o Norma») es un pasaje
impresionante, en el que Bellini recupera una fórmula de éxito seguro,
empleada ya antaño por Pergolesi en su *Stabat Mater*; es la quintaesencia
de la tradición lírica de la escuela napolitana la que se encuentra tras estas
bellas páginas bellinianas.

El éxito de *Norma* no tuvo fronteras, y por su carácter heroico mereció los
elogios incluso de Wagner, a pesar de que, de acuerdo con los criterios
que se iban imponiendo, la instrumentación belliniana era demasiado pobre, sobre todo comparada con el lenguaje instrumental alemán que iba
ganando adeptos en las salas de conciertos.

Aún así, *Norma* se ha mantenido siempre con mayor o menor fuerza en
el repertorio, y si no se ha prodigado más es por las dificultades que en-
trañan los papeles principales, y muy especialmente el de su protagonista.

El último triunfo: *I puritani*

Después de *Norma*, Bellini, que se gloriaba de escribir sólo una ópera al
año y de ser el mejor pagado de todos los compositores entonces en activo,
se tomó un año libre y visitó Nápoles y Sicilia, donde fue recibido como
un héroe.

Después, y siempre con su colaborador Felice Romani, emprendió la composición de *Beatrice di Tenda* (1833), que no obtuvo el éxito previsible, y que pese a sus páginas más que notables no ha sido nunca una ópera popular. Romani y Bellini se echaron el uno al otro la culpa del poco éxito alcanzado y se produjo una ruptura entre ambos. Entre tanto, el eco de los éxitos de Bellini había alcanzado a París y a Londres, y en ambas ciudades el compositor fue festejado y agasajado. Las elevadas «tarifas» del compositor dificultaron un acuerdo con algunos teatros, pero finalmente el Théâtre Italien de París se animó a programar un nuevo título del compositor: *I puritani di Scozia*, más tarde llamado *I puritani* a secas. La ruptura con Romani obligó al compositor a buscar los servicios de un aristócrata aficionado a las letras, el conde Carlo Pépoli, que escribió un texto no exento de buenos momentos poéticos, pero con garrafales errores como el de situar a Plymouth, supuesto castillo puritano, en Escocia.

Por consejo de Rossini, Bellini enmendó su tendencia a instrumentar de modo crudo y un tanto drástico sus óperas, y en este sentido *I puritani* es, sin duda, su mejor creación musical. El éxito de esta ópera, que contiene dos «escenas de la locura» en lugar de una, además de un extraordinario dúo de soprano y tenor, «Vieni fra queste braccia», en el que la heroína va recuperando la razón (como la Nina de Paisiello, no está de más señalarlo), fue fulgurante en París (enero de 1835), donde también gustó enormemente el dúo de los dos bajos (o bajo y barítono) «Suoni la tromba intrepida», por su contenido más o menos abiertamente político y por su indudable impulso. La aplicación de la fórmula de Cimarosa del dúo de bufos, aplicado a una ópera romántica dio un resultado espléndido.

El éxito de Bellini en París parecía abrirle nuevos caminos y confirmar su primacía en el mundo de la ópera (a pesar de la competencia que Bellini detestaba, de sus rivales Pacini y Donizetti). Pero de pronto, y víctima de un ataque intestinal, Bellini murió en casa de unos amigos suyos en Puteaux, no lejos de París, en septiembre de aquel mismo año 1835, víctima de una desidia tan increíble por parte de sus amigos, que Rossini recomendó la autopsia del difunto, que se llevó a cabo por si había sido envenenado.

La pronta desaparición de Bellini causó una hondísima impresión en todo el mundo: los elogios al gran creador lírico se suceden en la literatura de la época. Por otra parte, la música de Bellini contenía elementos románticos suficientes para ser «salvado» por las siguientes generaciones; al menos los tres títulos principales, *La sonnambula*, *Norma* e *I puritani*, coexistieron en el repertorio con las producciones verdianas más «fuertes» y con los dramas veristas. A cosa, eso sí, de que se perdiesen algunas de las cualidades de la vocalidad belliniana, que fueron intensificadas, convirtiendo en *spinto* algunos papeles de tenor que el compositor había previsto para voces más tenues, y eliminando los pasajes en falsete sin los cuales, por ejemplo, no pueden cantarse los agudos «estratosféricos» previstos para Elvino en *La sonnambula*, o los previstos para Arturo en *I puritani*, en sus arias y en el dúo final de esta ópera. La recuperación belliniana de estos últimos decenios, superada ya la moda del canto veristoide, ha supuesto, sin embargo, un cierto conflicto entre esta tradición «fuerte» y la reaparición de los tenores *di grazia* que han retomado el canto belliniano con los sobreagudos emitidos, sin embargo, de una forma que tampoco concuerda con el modo como el compositor los había previsto.

El conflicto estilístico, en el caso de las voces femeninas, ha tenido una importancia mucho menor, y así ha habido algunas grandes cantantes internacionales capaces de brillar al enfrentarse con los papeles bellinianos, dejando en algunos casos grabaciones admirables.[19]

El caso de Donizetti

Gaetano Donizetti (Bérgamo, 1797-1848) fue el otro gran compositor de la transición del *belcantismo* heredado del siglo XVIII y de la tradición rossiniana, hacia una estética nueva, marcada por el movimiento romántico.

Donizetti debió su carrera musical al hecho de haber sido distinguido primero con la atención docente, y más tarde con la amistad del compositor de origen alemán Johann Simon Mayr (1763-1845) establecido en Italia desde sus años de estudiante, y afincado en Bérgamo. Su carrera de compositor, iniciada en los años 1790, le dio prosperidad y reconocimiento, y por este motivo, y por iniciativa propia, organizó unas *lezioni caritatevoli* en Bérgamo, para enseñar música a muchachos económicamente desasistidos de la ciudad. Entre éstos figuró muy pronto el pequeño Gaetano Donizetti, por cuyos rápidos progresos se interesó el generoso Mayr, llegando a financiarle los ulteriores estudios realizados en el Liceo musical de Bolonia, con el padre Stanislao Mattei, sólo unos pocos años después de que pasara por la misma institución el ahora ya famosísimo Rossini. Los alumnos del Liceo y el propio Donizetti estaban convencidos de que también ellos lograrían alcanzar la fama de su ilustre condiscípulo. Donizetti tenía la ventaja de la ayuda de Mayr, quien en 1816 lo animó

---

[19] *Cf.* Alier, Roger y Albert Estany, *Guía universal de la Ópera (III). Discografía esencial*, Robinbook, Ma non Troppo, Barcelona, 2001.

Retrato de Gaetano Donizetti (óleo, por Rillosi, pintado hacia 1848).

a componer una operita en un acto, *Il Pigmalione*, de muy escaso interés musical, pero después lo fue guiando hacia empresas de mayor envergadura, como el estreno, en 1818, de *Enrico di Borgogna*, y unos años más tarde de la considerada primera ópera importante de Donizetti, *Zoraide di Granata* (1822), con un éxito cuyo mejor efecto fue librar al compositor del servicio militar.

En 1824 Donizetti logró su primer éxito internacional con *L'ajo nell'* *imbarazzo* (*El ayo metido en líos*), una ópera bufa de corte netamente rossiniano, pero con páginas aquí y allá de contenido melódico un tanto distinto en las que asoma la vena creadora del joven compositor bergamasco. Fue la primera ópera de Donizetti que se escuchó en España (Teatro de la Santa Creu, Barcelona, 1828) y el inicio de una verdadera invasión de títulos de este compositor, que en los últimos años 1820 emprendió un estilo nuevo, centrado en torno a los dramas históricos de moda, que de momento sólo obtuvieron una buena acogida, pero sin llegar a los grandes éxitos que en estos años parecían reservados sólo a Bellini.

Más aún que Bellini, Donizetti ha sido un compositor de lenta recuperación. No tenía el genio ágil de un Rossini ni el mismo acento elegíaco y soñador de un Bellini. Sus óperas basan una gran parte de su fuerza en el teatro y el hábil dramatismo de las situaciones. La penetración psicológica que consiguió dar a algunos de sus personajes fue muy superior a la de sus contemporáneos. Tanto es así que es Donizetti el compositor que influiría más directamente en la obra de Verdi.

Al contrario de Bellini, y tal como le ocurrió a Verdi en sus primeros años, Donizetti trabajó siempre con una inusitada velocidad para poder afrontar todos sus encargos teatrales. Son bien conocidos los «récords» que llegó a establecer en la composición de alguna de sus óperas.

Donizetti escribió más óperas serias que piezas del género bufo, pero no marginó este género como su colega Bellini. En sus primeros años dejó una buena serie de piezas que hoy en día se están recuperando lentamente, como la farsa *Viva la mamma!* (1827). Su formación musical fue excepcional para un compositor de su tiempo, y muy superior a la de su rival Bellini. Con el consejo y la ayuda económica de su primer maestro Mayr, Donizetti estudió la obra de Haydn y de Mozart, entonces poco conocidos en Italia y que Rossini, en cambio, sí había asimilado. Así no resulta extraño encontrar en Donizetti recursos orquestales superiores a los de sus colegas, malogrados algunas veces por las prisas (en algunas ocasiones encontramos en sus partituras los mismos efectos de «gran guitarra» de Bellini, pero en menor grado y debidos al deseo del compositor de simplificar escenas a causa de la celeridad con que tenía que cubrir algún pasaje).

En el terreno de la ópera seria se hacen notar, en sus primeros años, algunas piezas como *Emilia di Liverpool* (1824) y *Elisabetta al castello di Kenilworth* (1829) que preludian algunas de las características que se pondrían de relieve en su éxito posterior con *Anna Bolena* (1830). Este último título fijó las pautas de las óperas serias-románticas de Donizetti. Fue la primera de una serie de heroínas donizettianas a las que el com-

Escena de *L'elisir d'amore* (1832), de Donizetti, (representación en el Covent Garden, de Londres, en 1997, con Josep Bros).

positor dotó de un perfil psicológico complejo y sobre todo humano. Los personajes donizettianos buscan la complicidad del público a través de un carácter sincero y humano que, en el caso de Anna Bolena, sólo puede basarse en la creencia en la inocencia de la protagonista. Se trata de una aproximación emocional a la figura histórica, que no resistiría un análisis serio, pero que teatralmente funciona. Y si esta ópera todavía no tiene la perfección en los retratos de los personajes, tiene momentos de gran significación lírica, como la extensa aria final en la que la protagonista desvaría —de hecho, es una «aria de la locura»— ante la inminencia de la muerte, recuerda su castillo natal («Al dolce guidami castel natìo») y despierta de su delirio para maldecir a su ex esposo, que no ha esperado ni a su muerte para llevar a su siguiente esposa, la Seymour, al altar para casarse con ella.

Desde el primer momento, Donizetti fue alternando los títulos serios, ya netamente románticos, con el antiguo repertorio bufo, con el cual obtuvo también gran fama porque supo actualizar las escenas cómicas con elementos sentimentales del nuevo estilo. Justamente fue un título de estas características, *L'elisir d'amore* (1832), estrenado poco después de *Anna Bolena*, el que obtuvo un mayor éxito y no llegó nunca a desaparecer del repertorio. En este caso Donizetti, sin salir de las convenciones fijadas por Rossini y la tradición bufa anterior, aplicó este principio de sinceridad y humanidad a los personajes de la obra, de tal modo que desde el punto de vista psicológico consiguió hacer de las figuras tópicas de la ópera bufa personajes de carne y hueso. El protagonista Nemorino es un ejemplo perfecto de esta nueva concepción, en la que el joven pueblerino enamorado hace un poco el ridículo, pero también emociona al público. Para conseguir este efecto, Donizetti renunció a buena parte de los efectismos vocales de las óperas de Rossini, para hallar en la sencillez de la línea musical del personaje esta expresión de sinceridad requerida, a la que hay que añadir la romanza tiernamente romántica («Una furtiva lacrima») y finamente instrumentada para redondear el efecto.

Escena del primer acto de *L'elisir d'amore*, 1832
(representación en la Ópera de Lyon, con el tenor Eduardo Gimenez).

XXVI. LAS GRANDES CREACIONES ROMÁNTICAS DE DONIZETTI

Las protagonistas femeninas de Donizetti

Después de esta incursión en el repertorio bufo, el compositor continuó su exploración de los recursos psicológicos de sus personajes con otros títulos «serios», como *Parisina d'Este* (1833), *Torquato Tasso* (1833), *Lucrezia Borgia* (1833) y *Maria Stuarda* (1834); con este último título continuaba su producción acerca de las reinas inglesas de la época Tudor.

De las obras citadas, la primera tiene el interés de una figura central femenina de gran envergadura, con arias de una belleza más que notable, y con la curiosa presencia de un personaje especial: un esclavo africano celoso, que se sale de lo corriente en este tipo de argumentos.

En *Torquato Tasso*, la trama se desarrolla en torno al poeta, representado por el barítono, a quien Donizetti otorgó —cosa totalmente insólita— una «escena de la locura» que se desarrolla en la prisión (una idea que el compositor repetiría con un tenor en *Roberto Devereux*, 1837).

Más importante fue aún *Lucrezia Borgia*, cuya enorme popularidad llegó hasta principios del siglo xx. Es una obra de gran complejidad y exige un crecido número de cantantes secundarios, cosa que la convirtió en una ópera «de lujo», muy cara de programar. Aún así, la belleza de las arias, las *cabalette* y los concertantes, así como el carácter romántico y misterioso del argumento la hizo muy apreciada. Es, además, curiosamente, una de las poquísimas óperas en las que no hay propiamente trama amorosa, pues todo el argumento se basa en la relación materno-filial entre la propia Lucrezia y su hijo Gennaro, en un mundo siniestro de conspiraciones y venenos.

En la ópera *Maria Stuarda* volvemos a encontrar una fuerte apelación al sentimiento del público ante la supuesta inocencia perseguida de la protagonista. La obra se reforzó con el invento de un verdadero duelo de «divas» en la famosa escena del desafío entre Isabel Tudor, reina de Inglaterra, y su prima María Estuardo, reina de Escocia. Esta escena, sin embargo, fue prohibida por la censura de la época en Nápoles, lo que perjudicó la difusión de la ópera, que es una de las más logradas entre las «reexhumaciones» del siglo xx.

Sin embargo, el título que confirmó a Donizetti como uno de los mayores compositores de la historia de la ópera italiana fue, sin duda, *Lucia di Lammermoor* (1835). Donizetti logró cristalizar en esta obra todos sus objetivos, tanto desde un punto de vista dramático como desde el estrictamente vocal. El autor del libreto fue Salvatore Cammarano (1801-1852), que supo convertir en un libreto modélico la novela de Sir Walter Scott *The Bride of Lammermoor* (1819), eliminando personajes innecesarios y dejando el texto teatralizado de modo eficacísimo. *Lucia di Lammermoor* tiene todos los ingredientes propios del nuevo prototipo de melodrama romántico, empezando por el emplazamiento de la acción en la legendaria Escocia, el lugar más mitificado de todo ese ideario, y en un castillo gótico en ruinas (otro objeto de «placer» para el espectador), reforzado con un cementerio medio abandonado (otro incentivo para el público del momento). Toda la acción se halla envuelta en el *pathos* adecuado. En el libreto, Cammarano ya pudo definir de modo magistral a los protagonistas, poniendo un énfasis inhabitual en la figura del tenor, al que Donizetti quiso dar, contra lo normal en esta época de sopranos, un relieve premonitorio de los cambios que regirían en el romanticismo maduro italiano. Por esto el tenor tiene una gran *scena* final: recitativo acompañado, «Tombe degl'avi miei», aria «Fra poco a me ricovero» y *cabaletta*, hábilmente dispuesta para que en la repetición de la misma el protagonista, herido, no se viera obligado a añadir variaciones sobre el tema, sino que se limitara a cantar entrecortadamente las frases a modo de quien agoniza.

Con esta gran escena final, Donizetti reivindicaba el papel creciente que el tenor estaba destinado a tener en la ópera romántica (pero algunos teatros, persuadidos de que lo ideal era una escena final de soprano, llegaron a cortar esta escena terminando la ópera con la escena de la locura de Lucia).

La verdadera protagonista, sin embargo, es Lucia, cuyas intervenciones, como la gran *scena* del primer acto y su dúo con su hermano Enrico, son sólo los preparativos para su gran aria y *cabaletta* de la locura con que la protagonista (que ha asesinado al esposo que le han obligado a desposar) canta con el camisón ensangrentado y la mente obnubilada el aria y la doble *cabaletta* de rigor. Como la soprano destinada a estrenar en Nápoles esta ópera (septiembre de 1835) era una famosa soprano ligera, Fanny Tacchinardi-Persiani, Donizetti se limitó a escribir la base musical de esta gran escena, y la cantante se cuidó de añadir todas las agilidades que consideró necesarias para triunfar en el rol. Aunque dichos añadidos se siguen cantando más o menos de acuerdo con la tradición, existe una grabación en la que Montserrat Caballé —que nunca fue soprano ligera— canta estrictamente lo que figura en la partitura.[20]

La ópera se convirtió pronto en la más famosa de Donizetti, que había escrito, además, una partitura realmente notable por su riqueza melódica, así como por la cantidad de recursos musicales utilizados, entre los cuales hay que citar el célebre y prolongado sexteto final del segundo acto. Donizetti supo dar, además, un papel muy definido a la orquesta para crear los ambientes adecuados: el preludio siniestro y amenazador, que nos informa de la tristeza de la historia que se nos va a narrar; la fuente que brota entre las ruinas góticas (con un solo de arpa, el instrumento romántico-ossiánico por excelencia), las danzas pseudoescocesas que amenizan la fiesta de las bodas, y las trompas que anuncian la última y fúnebre escena del tenor.

En Nápoles, en la primavera de 1836, cerraron por una epidemia todos los teatros salvo uno, el Nuovo, donde se daban farsas y piezas breves. Aprovechando el paro forzoso impuesto por la epidemia, Donizetti escribió, con un libreto propio, la pequeña pero graciosa farsa *Il campanello di notte*, en un solo acto, estrenada en dicho teatro en junio de aquel año. La breve pieza gira en torno a las bodas de un maduro farmacéutico, don Anibale Pistacchio, con la joven Serafina, anteriormente novia de un botarate llamado Enrico. Éste decide estropear la noche de bodas de su maduro rival

---

[20] Grabación de la casa PHILIPS, con José Carreras y otros intérpretes. *Cf.* la discografía citada en la nota anterior.

con constantes llamadas a la campanilla nocturna del pobre don Annibale, explicándole supuestas enfermedades suyas y ajenas y encargándole interminables recetas.

La farsa es interesante porque don Annibale prefigura sin duda y anuncia a don Pasquale, el mejor personaje bufo de toda la carrera de Donizetti, y es a la vez una amarga reflexión sobre un tema literario muy usual: el del viejo que se une en matrimonio con una mujer joven. La obra, a pesar de su comicidad externa, tiene un poso de tristeza que le da profundidad al contenido. Resulta curioso que esta pequeña ópera contenga el aria bufa más extensa de la historia, la de Enrico recitando todos los ingredientes que deben figurar en la enorme receta que le encarga al infeliz don Annibale.

Mientras tanto Donizetti estaba pasando por un terrible calvario familiar; primero fue la muerte de sus padres; luego la pérdida de una hija, y finalmente la de su esposa, Virginia Vasselli, y la del único hijo que le quedaba.

Estas desgracias familiares parecen haber desatado en el compositor una actividad frenética, tal vez para no dejarse apabullar por el dolor. Componía ópera tras ópera, dirigía y preparaba los estrenos, viajaba de un lado a otro de Italia y preparaba, además, su candidatura a la dirección del Conservatorio de Nápoles. Entre la multitud de títulos de estos años, los más recordables son *Belisario* (1836), *Pia de' Tolomei* (1837) y sobre todo *Roberto Devereux* (1837), una obra maestra dentro del ciclo de las óperas en torno a la reina Isabel I de Inglaterra, tan de moda en estos años entre los compositores italianos. La obra nos presenta ahora a la reina envejecida y vengativa, enamorada y a la vez despechada por el hecho evidente de que Roberto Devereux no corresponde a sus insinuaciones amorosas y está enamorado de otra mujer, Sara, a quien la reina ha hecho casar «por si acaso» con otro noble de su corte, el duque de Nottingham. Aunque Donizetti no pudo hacer girar la obra en torno a un tenor —que ya figura en el título—, es evidente que trató de darle la mayor estatura posible en el drama, incluyendo un aria «de delirio» en la cárcel. Pero las voces de tenor no podían asumir todavía el vigor vocal que requerían los dramas románticos, y por esto la reina Isabel (y también Sara) son las figuras femeninas que dominan el drama. Es interesante el tono amargado y decaído de la reina vieja, al término de su reinado, que Donizetti sabe imprimir a la protagonista, que se despide amargamente del amor, dispuesta incluso a ceder ante Sara (aria «Vivi, ingrato, a lei d'accanto», «Vive, ingrato, junto a ella»). Donizetti pecó de alguna ingenuidad, como por ejemplo usando el tema del himno «God save the Queen» en la, por otra parte, excelente obertura.

Otro éxito interesante de Donizetti en esta época fue *Maria di Rudenz* (1838), ópera que modernamente se ha rescatado alguna vez, y que tiene un aria de barítono de gran calidad, pero su mejor y más perfecta creación de esta época fue *Poliuto* (1838), destinada al San Carlo de Nápoles. Por desgracia, la estupidez de la censura napolitana, llevada al colmo con la intervención del propio monarca, se permitió prohibir una ópera en la que se trataban temas de fuerte componente religioso, a pesar de que el origen de la historia estaba en Corneille. La indignación de Donizetti se sumó a la de no haber sido finalmente elegido como director del conservatorio napolitano (fue elegido Mercadante) y tomó la decisión de abandonar Italia y trasladarse en París, que se había convertido en un centro operístico italiano de primer orden en estos años, y donde el «trono» estaba vacante, por la retirada inesperada de Rossini y la no menos inesperada muerte de Bellini.

Donizetti en París y en Viena. Sus últimas creaciones

Lo primero que hizo Donizetti en París fue ofrecer su ópera cómica a la francesa, pero de italianísimo contenido, *La Fille du régiment*, a la Opéra-Comique de París. Mientras tanto, su *Poliuto*, rehecha y traducida al francés como *Les Martyrs*, adaptada al estilo de grand'opéra, apareció con gran éxito en la Ópera de París en abril de 1840.

En París funcionaban en este momento, además de la gran y rígida institución de la Ópera (Académie Royale de Musique), la Opéra-Comique y el Théâtre Italien. Los tres teatros abrieron sus puertas para el famoso compositor bergamasco, quien, con su desorden característico, empezó a componer óperas para los tres y además aceptó un encargo para Roma. Después de varios altibajos, pudo estrenar las dos óperas citadas, pero no *L'Ange de Nisida*, que tenía a medio componer cuando la empresa teatral que la había contratado se vino abajo, ni tampoco *Le Duc d'Albe*, iniciada en 1839 y que quedó incompleta. De la primera ópera extrajo Donizetti un aria de calidad superior, «Ange si pur», que se convirtió en el aria final de Fernand en la nueva *grand'opéra* francesa que preparó para la Ópera grande, *La favorite*, que se estrenó el 2 de diciembre de ese año 1840 tan agitado en la vida del compositor. Por cierto que esta ópera tuvo que escribirla para una mezzosoprano protagonista, ya que la Ópera de París, en estos momentos, estaba en manos de la tremenda cantante Rosine Stolz, que imponía su voluntad en el teatro a través de su relación tempestuosa con el empresario Léon Pillet.

En París, mientras tanto, había surgido una novedad en el terreno del canto: en 1838 el tenor Gilbert Duprez había desarrollado una técnica nueva, que le permitía alcanzar el do$_4$ con el registro llamado «de pecho», descartando el falsete. Sus primeras interpretaciones del Edgardo de *Lucia di Lammermoor* con este registro vocal intenso causaron un fuerte impacto, y Donizetti decidió explotar este recurso dando en el estreno el papel de Fernand de *La favorite* al propio Duprez. Donizetti, que había luchado años en pro del protagonismo vocal del tenor en sus óperas, había alcanzado su propósito, y en sus últimas obras el tenor es utilizado con todo su arsenal vocal. Es por esta razón que *La favorite*, a pesar de su endeble argumento, se convirtió pronto en vehículo para muchos tenores que querían demostrar sus facultades en el nuevo registro, y la ópera, traducida al italiano como *La favorita*, circuló sin cesar por toda Europa (con ella se inauguró el Teatro Real de Madrid, en 1850) y de hecho no ha llegado a desaparecer nunca del repertorio, aunque en años recientes se ha reducido un tanto su presencia.

Mientras tanto, la frenética vida de Donizetti no sólo no se calmó en París, sino que se complicó más. Mientras preparaba una nueva ópera para la Scala de Milán, *Maria Padilla* (1841), una ópera de notable interés musical y dramático, Donizetti entraba en contacto con la corte de Viena, donde dirigió varias óperas y piezas de otros autores y fue nombrado *Kapellmeister* de la corte imperial. Como se ha señalado a veces con una cierta sorna, Donizetti ocupaba ahora un cargo parecido al que tuvo Mozart cincuenta años antes, pero mucho mejor pagado. El compositor coronó estos éxitos vieneses con la nueva ópera «semiseria» *Linda di Chamounix* (1842), una ópera bucólica situada en gran parte en una Suiza ideal, donde Linda, la hija de unos pobres feudatarios de un noble, el marqués de Boisfleury, tiene que huir a París para escapar de las garras de éste, que a pesar de su siniestra actitud es el personaje bufo de la ópera. Amada por Carlo, el sobrino del noble, que se hace pasar pintor, un tenor lírico-ligero clásico, Linda es acusada de vida licenciosa y se refugia en una elaborada «aria de la locura», pero al final, como es propio de las óperas del género «semiserio», todo se arregla y acaba en boda. La ópera tuvo un éxito inenarrable en Viena, en el Teatro de la Puerta de Carintia (Kärntnertor) y conllevó otro encargo para el año siguiente, que sería el drama romántico *Maria di Rohan* (1843), una soberbia ópera de considerable fuerza que nos acerca cada vez más al mundo verdiano.

Donizetti alternaba sus actividades viajando de Viena a París y de París a Italia (casi siempre en las diligencias de la época). De regreso en la capital francesa, concibió para el Théâtre Italien una nueva ópera bufa de gran calidad que sería la culminación de sus creaciones cómicas: *Don Pasquale* (1843), más una evocación de un género periclitado que una obra de futu-

Una escena de *Don Pasquale* (1843), de Donizetti, con Enzo Dara y Juan Luque Carmona, en el Teatre Grec de Barcelona, en 1989.

ro, pero no por ello menos brillante y bien trabada. El viejo don Pasquale, irritado porque Ernesto, su sobrino y heredero, no quiere casarse a su gusto, sino con una viuda pobre llamada Norina, lo deshereda, y halla para sí mismo una esposa «modélica» en la novia que le trae su amigo el doctor Malatesta (amigo también de Ernesto). La novia, «Sofronia», supuesta doncella obediente y monjil, cambia de carácter en cuanto el anciano firma ante un falso notario el certificado de boda, y se convierte en la tirana de la casa, gastando el presupuesto de todo el año. Interviene de nuevo el doctor Malatesta para arreglarlo todo: desesperado, don Pasquale accede a la boda de su sobrino para descubrir que la tremenda «Sofronia», en realidad es la joven Norina. El final feliz se da por descontado.

Terminada mientras tanto *Maria di Rohan* para Viena, como vimos, Donizetti emprendió en su furor creativo otra ópera para el Teatro San Carlo de Nápoles, *Caterina Cornaro* (1844), pieza romántica típica, pero a la vez trabajaba en otra *grand'opéra* para la Ópera de París: *Dom Sébastien, roi de Portugal*, ópera de gran espectáculo en cinco actos, estrenada en noviembre de 1843.

En los ensayos de esta ópera y en su conducta de los meses finales de 1843 empezó a mostrar síntomas de un gran agotamiento nervioso; ata-

Montserrat Caballé y Roger Alier (2000).

ques súbitos de nervios, momentos de desorientación, irritación y parálisis anunciaban el fin que llegó en el curso del año 1845. El sistema sanitario francés obligó a recluir al compositor en un siniestro manicomio de las afueras de París, y sus familiares tuvieron que vencer numerosos obstáculos para llevarse al enfermo a Bérgamo, donde, cuidado por un hermano, fue convirtiéndose en un ente vegetativo que murió poco antes de cumplir cincuenta años, el 8 de abril de 1848.

La herencia donizettiana

Como ocurrió con Rossini y en cierto modo con Bellini, la música de Donizetti sobrevivió en la era verdiana y verista sólo a cambio de notables deformaciones de su estilo y de la línea de canto de sus personajes. De toda su extensa producción sólo sobrevivieron a duras penas *Lucia di Lammermoor*, *L'elisir d'amore* (gracias a la atención que le prestó el gran tenor napolitano Enrico Caruso), *La favorita* (en italiano, gracias a su «garra» sobre los tenores), *Don Pasquale* y, de modo muy precario, *La figlia del reggimento* (en italiano) y un poco *Linda di Chamounix*. Sin embargo, con la postguerra de 1945 se despertó el interés por la ópera belcantista y algunos teatros iniciaron la recuperación de la ingente obra del compositor, generando así un nuevo interés por Donizetti: uno de los más señalados fue el Gran Teatro del Liceo de Barcelona, cuyo centenario, en 1947, se conmemoró con la reposición de la entonces olvidadísima *Anna Bolena*. El Teatro de Bérgamo aprovechó la recurrencia, el año 1948, del centenario de la muerte del compositor recuperando algunos títulos olvidados, pero la verdadera fuerza detrás de este nuevo interés por Donizetti fue el con-

Joan Sutherland, Richard
Bonynge y Roger Alier (2000).

vencimiento de Maria Callas de que estas óperas merecían ser divulgadas
y grabadas en discos. La Callas dio vida a *Anna Bolena*, y renovó el interés
por *Lucia di Lammermoor*, mientras por su lado la siguiente generación
de cantantes belcantistas, como Joan Sutherland, Montserrat Caballé y
Leila Gencer, daban un nuevo impulso a la recuperación de los títulos
donizettianos menos conocidos, haciendo resurgir del olvido las restantes
óperas de las reinas inglesas (*Maria Stuarda, Roberto Devereux*) y llamando
la atención sobre la calidad de *Lucrezia Borgia* y otros títulos. Aparecieron entidades beneméritas, en Bérgamo y también en Inglaterra —la
«Donizetti Society», por ejemplo— que cuidaron de la difusión de obras
donizettianas mediante ediciones de partituras, puestas en escena de sus
principales óperas, realización de grabaciones y conciertos y la creación
del ambiente musicológico y musical que llegó a calificarse con el nombre
de «Donizetti Renaissance», cuyos frutos han permitido que el nombre
del compositor haya ganado en presencia efectiva teatral y en respeto hacia
unas creaciones que se vieron perjudicadas por una excesiva producción
operística, pero que esconden valores más que notables en sus partituras.

Hoy en día óperas como *Anna Bolena, Maria Stuarda, Roberto Devereux,
La Fille du régiment* y, en menor medida, *Lucrezia Borgia*, han sido devuel-
tas al repertorio operístico internacional; sus grabaciones se multiplican y
son obras conocidas del aficionado medio, algo casi impensable en 1950.

XXVII. La ópera francesa del romanticismo

De la ópera gluckista a la opéra-comique

La ópera seria francesa había sobrevivido a la fuerte influencia italiana gracias a la ayuda de Gluck; los italianos Cherubini (1760-1842) y Spontini (1774-1851) habían unido sus esfuerzos a la causa de la ópera francesa, y a la vez la habían hecho asequible a la nueva ópera romántica italiana. Aunque casi «colonizada» por los italianos, que tuvieron su teatro propio en París (el antes citado Théâtre Italien) desde 1828. La ópera francesa que mejor resistió su individualidad (gracias al uso del idioma hablado) fue la Opéra-Comique, activa ya en el siglo XVIII, y donde surgió una generación de compositores dignos de todo respeto, empezando por el ya citado autor valón André-Modeste Grétry (1741-1813), así como Jean-François Le Sueur (1760-1837), Pierre Gaveaux (1761-1825), el maltés Niccolò Isouard (1775-1818) y sobre todo el lírico y elegante Adrien Boïeldieu (1775-1834), dotado de un sentido melódico y rítmico que debió mucho a la ópera italiana, y en sus últimas obras, a Rossini. Aparte de *Le Caliphe de Bagdad* (1800), hoy Boïeldieu es recordado por su obra maestra romántico-primeriza *La Dame Blanche* (1825), cuyo éxito escénico duró un siglo entero y ha sido grabada y cantada modernamente en varias ocasiones.

Más activo y con un mayor componente italianista fue el en su tiempo-famoso Daniel-Esprit Auber (1784-1872), cuya ópera *La muette de Portici* (*La muda de Portici*, también llamada *Massaniello*, sobre la revuelta antiespañola de Nápoles de 1657) fue un anticipo de la *grand'opéra* francesa y provocó una revuelta en Bruselas cuando se dio allí (1830), que desembocó en la independencia de Bélgica respecto de Holanda.

Sin embargo, la ópera de Auber que más se ha dado en Europa es su italianísima ópera cómica *Fra Diavolo* (1830), cuya popularidad mereció incluso un film de Stan Laurel y Oliver Hardy (1933) y que se representa todavía con cierta frecuencia en Alemania y los países anglosajones.

Auber fue muy prolífico y escribió gran número de óperas de diversos contenidos (citemos todavía *Le domino noir*, 1837, *Les diamants de la couronne*, 1841 y una curiosa *Manon Lescaut*, 1856). Auber mereció elogios incluso de Wagner.

Toda esta serie de compositores, a los que podríamos añadir al más tardío pero también muy destacado Adolphe Adam (1803-1856), quien además del mundialmente famoso ballet *Giselle* (1841) dejó algunas óperas cómicas que todavía aparecen de vez en cuando en Alemania (*Le Postillon de Longjumeau*, 1836; *Si j'étais roi*, 1852) y han merecido los honores del

disco. Adam, como la mayoría de los autores antes citados, mantuvo conexiones con el gusto clásico y se adentró sólo tímidamente en el campo
romántico. En sus últimos años todavía polemizaba activamente sobre la
vocalidad verdiana a la que calificaba de nefasta para el canto.

Vino a completar el panorama de la ópera francesa, en el campo de la
grand'opéra iniciada por Auber, el compositor judío alemán Jacques Meyerbeer (1791-1864), quien se convirtió en el rey de la Ópera de París con
sus grandes producciones, que acostumbraron a su público a la *grand'opéra*,
como las ya mencionadas *Robert le Diable* (1831) y *Les Huguenots* (1836), a
las que después añadió *Le Prophète* (1849), que causó un gran impacto en su
época, y que fue imitada por Jacques Fromenthal Halévy (1799-1862), con
su ópera de gran éxito La Juive (*La hebrea*, 1835). Meyerbeer también obtuvo éxitos con las óperas cómicas *L'Étoile du Nord* (1854, sobre la vida del zar
Pedro el Grande de Rusia), y *Dinorah* (1859), volviendo de nuevo a su gran
proyecto de ópera de gran espectáculo *L'Africaine*, que dejó casi concluida a
su muerte, de modo que en 1865 se pudo estrenar póstumamente. Fue con-

Ilustración que muestra
a Jenny Lind en *Robert le Diable*
(1831), de Meyerbeer. (Covent
Garden, Londres, 1847.)

siderado en su tiempo un verdadero genio de la música, con representaciones continuas de sus óperas, normalmente traducidas al italiano. Pero después de los años treinta se desinfló muy rápidamente su prestigio hasta casi desaparecer del mundo operístico, aunque alguna vez se representan *Les Huguenots* y, menos frecuentemente aún, su escénicamente complicada *L'Africaine*.

Otro judío alemán de trayectoria parecida fue Jacques Offenbach (1819-1880), quien después de una carrera en zig-zag, fundando el teatro de los Bouffes Parisiens (1855), alcanzó la fama y la fortuna con óperas cómicas que se convirtieron en operetas farsescas, de más que notable sentido melódico y elegancia orquestal, y algunas con alusiones humorísticas al mundo clásico como pantalla de verdaderos ataques a la política del momento: *Orphée aux Enfers* (1858), *La Belle Hélène* (1864, transparente alusión a Eugenia de Montijo y a su esposo Napoleón III), *La Vie parisienne* (1867), *La Grande-Duchesse de Gérolstein* (1867, contra el belicismo ambiental) y *La Périchole* (1868) sobre un conocido tema colonial español. La guerra franco-prusiana de 1870-1871 arruinó a Offenbach, en quien el público veía ahora a un sospechoso alemán. Rehecha lentamente su fortuna, el compositor quiso llevar a cabo su aspiración de escribir una ópera «de verdad» con *Les Contes d'Hoffmann*, que dejó casi terminada (fue acabada por Ernest Guiraud y estrenada en 1881, un año después de su muerte).

La plenitud romántica de Berlioz

Hector Berlioz (1803-1869), estudiante de medicina «de provincias»que, desobedenciendo a su padre se dedicó a la carrera musical. Fue el único compositor francés que entró de lleno en el ideario romántico, en gran parte debido a su temperamento inconformista, a la lucha que tuvo que sostener para seguir su vocación, y a su incompatibilidad con los procedimientos pedagógicos de Luigi Cherubini, a quien atribuye actitudes despóticas en sus interesantes, pero irregulares *Mémoires*, aparecidas en 1870, después de su muerte.

Berlioz siguió todo el proceso del buen romántico de 1830: se emocionó con las obras de Shakespeare hasta el punto de casarse con una actriz, Harriet Smith, decisión equivocada; se entusiasmó con las sinfonías de Beethoven y por el otro lado veneró a Gluck, detestando en cambio la música amable y poco «atrevida» de autores como Auber, Boïeldieu y Rossini; ganó el «Premio de Roma» yendo a residir en dicha ciudad, muy entusiasmado por la música italiana, sobre todo por su carácter popular. De regreso a París, ejerció de crítico intolerante en *Le Journal des Débats* e inició una serie de obras híbridas entre sinfónicas y teatrales, que sólo

Escena de *Les Troyens* (1862), de Berlioz (representación en
la Scottish Opera, con Janet Baker como Dido, 1969.)

alcanzaron estatura operística a partir de su *Benvenuto Cellini* (1838), en
donde dejó constancia de su entusiasmo por los carnavales romanos y por
el arte de Italia.

En 1846 demostró su inclinación por el romanticismo de cuño alemán
escribiendo *La Damnation de Faust*, que no es una ópera, pero se ha representado como tal en muchas ocasiones. Inició entonces una ópera de
grandes dimensiones, *Les Troyens* (*Los troyanos*, 1856-1858, en dos grandes
partes), que no logró estrenar (sólo llegó a ver en escena la segunda parte,
Les Troyens à Carthage, en 1863), obra grandiosa que en el siglo xx ha sido
finalmente posible representar en algunas ocasiones con producciones
dignas, sobre todo en países anglosajones.

Como compensación a sus múltiples disgustos, muchos de ellos motivados por su pésimo carácter y poca paciencia, Franz Liszt le ofreció
la posibilidad de estrenar en Weimar su *Benvenuto Cellini*. Poco después
pudo estrenar también su ópera de tema shakespeariano, *Béatrice et Bén-
édict*, sobre la comedia *Much Ado about Nothing Mucho ruido y pocas nueces*,
Baden-Baden, 1862). Nuevos disgustos familiares abreviaron su existencia
sin haber logrado ser plenamente reconocido en su Francia natal.

Los románticos «suaves»

Los restantes compositores que forman parte del elenco romántico francés estuvieron marcados por el carácter marcadamente clásico de su formación y también por una fuerte influencia italiana, así como por un gusto local muy intenso por todo lo exótico, introducido a mediados del siglo XIX por el hoy olvidado compositor francés Félicien David (1810-1876), apenas recordado por *La Perle du Brésil* (1851). En los autores de esta generación, aparte del caso ya citado de Berlioz, el romanticismo fue asumido sólo como compatible con un espíritu lírico edulcorado y poco violento. El primero de los autores que pertenecen a este grupo fue el místico y elegante Charles Gounod (1818-1893). Ganó el «Premio de Roma», como Berlioz, pero su vida en Roma tuvo un componente religioso, aunque en París, la cantante Pauline Viardot lo convenció para que se dedicara a la música y no al altar. Muy influido por la vocalidad mozartiana (dedicó incluso un estudio a *Don Giovanni*), se mantuvo dentro de los parámetros de una vocalidad lírica que hizo extensiva sobre todo a la voz de los tenores de sus óperas, siendo considerado en cierto modo el creador del auténtico «tenor lírico», que por un lado debe alcanzar el do_4, y por el otro tener una vocalidad suficientemente fuerte para hacer creíbles los arrebatos amorosos de su papel. A esto hay que añadir la exquisita elegancia de la instrumentación del compositor, que sería el modelo seguido por toda una generación de autores franceses. En esta línea, y después de unos primeros títulos de éxito, como *Sapho* (1851) y *La Nonne sanglante* (1854), acertó de lleno al escribir una versión edulcorada de *Faust* (1859) protagonizada por un tenor como el que ya se ha descrito, y una soprano entre ligera y lírica como Marguerite (la esposa del empresario Léon Carvalho, para el que Gounod trabajaba), Madame Miolan-Carvalho, que imponía un cierto número de exhibiciones de «su» coloratura en los papeles que cantaba. Después de diez largos años de éxito, y previas las reformas que incluían un extenso ballet, *Faust* fue aceptada en la Ópera de París (1869), donde se convirtió en una obsesión institucional, habiéndose representado, en un siglo, más de 3.000 veces, ocupando un altísimo porcentaje de las funciones del teatro.

Gounod escribió otras óperas de considerable interés, *La Reine de Saba* (1862) y sobre todo *Mireille* (1863), basada en el relato de Frederic Mistral, para componer esta pieza pasó todo un verano en Provenza con el autor, absorbiendo la música popular de la región, que se percibe nítidamente en la partitura junto al elegante estilo cosmopolita de su autor.

El otro gran éxito de Gounod fue, en 1867, una versión shakesperariana edulcorada de *Roméo et Juliette*, donde de nuevo corresponde al

Edouard De Reszke como Mefistófeles en el *Fausto* de Gounod (1859).

tenor lírico la creación de un papel de indudable interés vocal y musical: el de Roméo, mientras se reservan a Juliette las «coloraturas» preferidas de Madame Miolan-Carvalho. *Roméo et Juliette*, estrenada igual que *Faust* en el Théâtre-Lyrique, fue admitida en la Ópera «grande» en 1888, con algunos cambios importantes y añadiendo la inclusión de un extenso ballet en el acto IV.

Por distintas razones la vida de Gounod se complicó en años sucesivos. Una estancia en Londres lo apartó de los medios teatrales, aunque en 1877 volvió a la escena con *Cinq-Mars*, con un éxito mediano que ni repitió siquiera con sus dos últimos títulos, *Polyeucte* (1878) y *Le Tribut de Zamora* (1881), poco menos que fracasos.

Importante fue la labor docente de Gounod, ya que se le debe la formación del joven compositor César-Alexandre-Léopold Bizet, que se hizo llamar Georges Bizet (1838-1875). Ya en su *Sinfonía en Do*, a los diecisiete años, Bizet mostró su capacidad compositiva, que se orientó con frecuencia hacia la ópera, campo en el que se inició con dos piezas cómicas que no anuncian todavía la compleja trama de sentimientos que supo pintar en la historia exótico-lírica *Les pêcheurs de perles* (*Los pescadores de perlas*, 1863), que le valió fama europea, aunque la ópera se divulgó en lengua italiana.

Después de algunos títulos más, como *La Jolie fille de Perth* (1867) y la poco interesante *Djamileh* (1872), también «exótica», Bizet emprendió una curiosa *opéra-comique*, es decir, con texto hablado y números cantados, basada en la novela romántica de ambiente español de Prosper Mérimée, *Carmen*, que después de un estreno algo controvertido en la Opéra-Comique de París (1875) obtuvo un rápido ascenso hasta convertirse en una de las óperas más populares de los cien años siguientes, sin que haya cedido en lo más mínimo su justa fama. *Carmen*, situada en una España pre-isabelina de rasgos exóticos, satisfacía las aspiraciones del público francés del momento, pero tenía refinados gustos (instrumentación de altísima calidad, vocalidad cuidada, sentido de la música española aliado a un gusto netamente francés) que le aseguraron un gran éxito, contra la leyenda que atribuye al compositor la muerte por el disgusto de un supuesto fracaso (cuando murió Bizet, tres meses después del estreno, su ópera seguía en cartel).

A *Carmen* se le atribuye con fundamento un fuerte impulso hacia la aparición del verismo operístico italiano y por supuesto una enorme influencia sobre otros autores operísticos franceses y de otros países.

En Francia, y sobre todo a partir de la irritante derrota frente a las tropas alemanas (1870-1871), había surgido una prevención inmensa en contra de la «contaminación» wagneriana, de la que se acusaba a todos los compositores que no seguían estrictamente los pasos más tradicionales. El propio Gounod fue a veces acusado de esa «plaga» y lo mismo puede decirse de los restantes compositores que lo siguieron. De entre éstos, y en un terreno un poco más académico que Gounod, pero con un parecido gusto por

Escena de *Roméo et Juliette* (1867), de Gounod (Ainhoa Arleta en el papel de Juliette).

la instrumentación cuidada y elegante, se distinguió Ambroise Thomas (1811-1896), que ocupó importantes cargos en el Conservatorio de París, que finalmente dirigió. Aunque sus primeros éxitos estuvieron más bien en el terreno cómico (*Le Caïd*, 1849), alcanzó éxitos rotundos con adaptaciones de Goethe (*Mignon*, 1866, *opéra-comique* sobre *Los viajes de Wilhelm Meister*) y de un Shakespeare clasicizado (*Hamlet*, ópera «grande», 1868). Ambos títulos circularon muchísimo por toda Europa durante tres cuartos de siglo, aunque casi siempre en italiano. Hoy reaparecen algunas veces, siempre en francés. Fue venerado, durante mucho tiempo, como maestro por sus discípulos, pero sus últimos títulos, como *Françoise de Rimini* (1882) no lograron imponerse.

Mientras tanto la Ópera de París, institución que había pererinado por numerosos edificios hasta entonces, se había trasladado al grandioso teatro edificado por Charles Garnier para los fastos imperiales de Napoleón III, quien no llegó a tiempo para la inauguración (5 de enero de 1875), pues desde 1870 Francia era nuevamente una República. Pero el edificio siguió siendo emblema de una sociedad frívola y poco entregada realmente a la ópera como forma artística.

Una figura especialmente ecléctica en el campo de la ópera francesa fue el clasicista Camille Saint-Saëns (1835-1921), cuyo único título habitual en el repertorio mundial es la ópera semi-bíblica *Samson et Dalila* (1877), que reúne el gusto netamente francés de la instrumentación y del exotismo, con una vocalidad intensa, a cargo de un tenor (Samson) de considerable fuerza (poco menos que dramático) y una mezzosoprano (Dalila) que reúne en su rol dos de las arias más sensuales surgidas de la pluma de un compositor, aunque el sentido teatral de la ópera sea muy modesto. La otra ópera que en alguna ocasión ha merecido la atención del público es *Henri VIII* (1883), curiosa aproximación francesa al tema de las «reinas inglesas» tan cara a la ópera italiana, pues el tema central es el repudio de Catalina de Aragón por parte del rey inglés, en beneficio de Anna Bolena.

Los últimos autores románticos

El último de la gran lista de autores del romanticismo francés de esta generación fue el elegante y edulcorado Jules Massenet (1842-1912). Su obsesión principal era complacer al público, pero siempre dentro de una labor orquestalmente cuidadísima y de una vocalidad exquisita. Discípulo de Ambroise Thomas, se destacó de modo definitivo con su ópera «exótica» *Le roi de Lahore* (1877). Siguieron otras obras un tanto desiguales, como *Hérodiade* (1881), sobre el exótico ambiente bíblico que rodeaba a Juan el Bautista, y sobre todo su éxito absoluto *Manon* (1884), adaptación de pseudo refinamiento dieciochesco sobre la novela del abate Prévost con importantes oportunidades para el canto lírico tenoril, en la misma línea de Gounod, y de lucimiento para sopranos con agilidad y bella línea de canto. Más romántica dentro del espíritu francés resultó la adaptación de la novela de Goethe *Werther* (1892) que sólo logró imponer en Francia después del éxito alcanzado en Viena, en alemán. Con *Thaïs* (1894) volvió a un exotismo literario musicalmente bien dotado, culminando su larga producción con numerosas óperas de poco relieve, pero elegante factura, como *Le Jongleur de Notre-Dame* (1902), *Chérubin* (1905), una supuesta historia del personaje mozartiano de *Le nozze di Figaro*, y *Don Quichotte* (1910), compuesta para el bajo Fiodor Chaliapin y con una fuerte influen-

La cantante Carmen Gracia
en el papel de Léila, en
Les pêcheurs de perles (1863),
de Georges Bizet, en el
Gran Teatro del Liceo.

cia de la *Carmen* de Bizet (Dulcinea es un papel para mezzosoprano con visibles ecos de la protagonista de Mérimée). En los últimos años de su vida, Massenet hizo la fortuna en la Ópera de Monte-Carlo, que le dejó estrenar sus más notables creaciones.

Figura menor dentro de esta escuela del exotismo francés la constituye el compositor de ballets Léo Delibes (1836-1891), autor de una ópera cómica que alcanzó un gran renombre, *Lakmé* (1883), que ha conservado su prestigio sobre todo por el aria de lucimiento vocal de soprano ligera, el «aria de las campanillas» («Où va la jeune hindoue»). También podemos citar aquí al compositor francés de origen español Édouard Lalo (1823-1892), padre del crítico musical Édouard Lalo (1832-1893), y autor de una ópera de relativo éxito, *Le roi d'Ys* (1888), donde la influencia wagneriana se muestra de un modo descarado, pues en la partitura se cita literalmente un tema de *Tannhäuser*.

Algunos compositores ya apostaban directamente por un wagnerismo de imitación, como es el caso de Ernest Reyer (1823-1909), cuyo *Sigurd*

Dibujo que representa el
personaje de Carmen, de la
ópera del mismo nombre de
Bizet (programa del Liceo
para la temporada 1920-1921.)

(1884) es una ópera que parece más wagneriana de lo que en realidad es.
Más tarde estrenó una *Salammbô* (1890) de éxito momentáneo.

La generación de compositores de estos años había dejado de creer
en la ópera como género, César Franck (1822-1890) sólo estrenó unos
pocos títulos, casi todos en Monte-Carlo, y entre sus seguidores y discípulos fueron pocos los que le dedicaron una atención suficiente, aunque
Vincent D'Indy (1851-1931) despertó el interés con sus óperas un tanto
«wagneristas» *Fervaal* (1897) y *L'Étranger* (1903).

De modo independiente, y profesando unas ideas con preocupaciones
sociales avanzadas, se distinguió en 1900 el compositor Gustave Charpentier (1860-1956), cuya ópera *Louise* (1900) fue muy celebrada en muchos
países, por sus vinculaciones wagnerianas y veristas, pero el intento de
Charpentier de convertirla en trilogía fracasó por completo.

Natalie Dessay en una representación de *Hamlet* (1868), de Ambroise
Thomas. (Théâtre du Capitole, abril de 2001).

Mary Garden como Melisande y Jean Alexis Périer como Pelléas en *Pelléas et Mélisande*, de Debussy. (Opéra-Comique, París, 1902.)

El posromanticismo

Mientras tanto, la música francesa, influida por la fuerte personalidad de Claude Debussy (1862-1918), se orientaba por otros derroteros, ciertamente poco wagnerianos, porque el compositor detestaba a Wagner, pero sí rompedores con la tradición francesa, usando los juegos tonales y el lenguaje orquestal para ilustrar la obra teatral simbolista de Maurice Maeterlinck, *Pelléas et Mélisande*, estrenada en 1902 en la Opéra-Comique en medio de fuertes protestas de un público conservador completamente hostil a la creación de Debussy. Recientemente se ha dado a conocer otra ópera de Debussy, *Rodrigo et Chimène*, esbozada por el compositor en 1892 y orquestada y puesta en circulación por la Ópera de Lyon, en 1993.

No podemos dejar de citar la más notable creación operística del colega de Debussy, Gabriel Fauré (1845-1924), autor de una *Pénélope* (1913), mezcla de espíritu clásico y de modernidad sumamente sugestiva, aunque poco difundida.

También merece cita la breve aportación a la ópera de Maurice Ravel (1875-1937), con la divertida pieza en un acto *L'heure espagnole* (*La hora española*, 1911). Estamos entonces ya muy lejos del romanticismo musical francés, lo estamos más aún con *L'Enfant et les sortilèges* (1925), un juego musical prodigioso pero pràcticamente irrepresentable.

VII. LA ÓPERA ALEMANA

Evolución del *singspiel* alemán. Beethoven

Si fuésemos estrictos con la denominación «alemana» tendríamos que situar en este apartado a autores que ya hemos mencionado en los capítulos anteriores, como Reinhard Keiser, Georg Philipp Telemann, Georg Friedrich Händel, Johann Adolph Hasse, Christoph Willibald Gluck, Ignaz Holzbauer, Ditter von Dittersdorf, Franz Joseph Haydn y, por supuesto, Wolfgang Amadeus Mozart. Sin embargo, la situación de la ópera en Europa era tal que nadie hubiera reconocido la existencia de una verdadera «ópera alemana»: el género que cultivaban todos o casi todos los citados era un tipo de ópera netamente italiano, con todas las características del género.

Cierto que hacia 1750 habían empezado a aparecer obritas cómicas cantadas y habladas: los *singspiele* con texto en alemán y personajes populares del ámbito germánico. Este fenómeno era parecido al que había generado Francia unos cincuenta años antes, con el nombre de *opéra-comique*, que había influido mucho en Alemania y Austria, y que había cultivado Haydn en su juventud, aunque casi todas sus creaciones en este campo se perdieron. Más tarde algunos compositores, como Johann Adam Hiller (1728-1804), y algunos no siempre alemanes, como Jirí Antonín Benda (1722-1795), cultivaron también el *singspiel* alemán, que en sus primeros tiempos era un género muy poco importante, con un poco de comedia hablada, algún personaje grotesco y comilón (llamado muchas veces «Hans Wurst», algo así como «Juanito Embutido») y algunos números musicales más o menos graciosos. Con el tiempo, sin embargo, el *singspiel*, sobre todo en manos de Benda, fue adquiriendo un mayor refinamiento.

Sin embargo, fue Wolfgang Amadeus Mozart quien sintió el impulso necesario para convertir el *singspiel* en verdadera ópera. Dejando de lado su temprana e infantil creación *Bastien und Bastienne* (1768), Mozart se decidió a escribir su primer *singspiel* de envergadura superior a la entonces normal con *Zaide*, la ópera que comenzó en Salzburgo con la esperanza de estrenarla algún día, y que dejó inacabada a raíz de las tareas auténticamente operísticas que le fueron encomendadas antes de terminar su obra (1780). Como se ha comentado en un capítulo anterior, cuando en 1782 el emperador José II le encargó un *singspiel*, cuyo título acabó siendo *Die Entführung aus dem Serail* (1782), Mozart se lanzó de lleno a la composición de una verdadera ópera alemana que conservaba del *singspiel* sólo una parte hablada de relativa importancia y el uso de la lengua alemana. Libre de las ataduras que hubiese tenido si hubiese trabajado en una ópera italiana, Mozart construyó a su gusto un complejo *singspiel* de compleja estructura (de ahí el reproche del emperador: «Demasiadas notas, Mozart») que serviría, junto con su otro *singspiel* grande, *La flauta mágica* (1791) de trampolín de partida para la evolución de la ópera alemana, a través de imitadores, como el brillante Ditters von Dittersdorf (1739-1799), Friedrich Heinrich Himmel (1765-1814) y otros, y algunos seguidores convencidos de la bondad de la fórmula, como Ludwig van Beethoven (1770-1827).

En efecto, este compositor, a pesar de sus modestas nociones de teatro, quiso también probar fortuna en el género alemán naciente. El resultado fue su desigual pero fascinante *singspiel* titulado primero *Leonore* (1805; 1806, segunda versión) y más tarde *Fidelio* (1814), a cada una de las cuales le fue antepuesta una obertura distinta. En *Fidelio*, Beethoven puso las bases de la ópera alemana, más por el prestigio que adquirió el compositor que por la obra en ella misma. Para el argumento de esta ópera Beethoven echó mano de una pieza teatral francesa, de Jean-Nicolas Bouilly, que habían puesto en música Gaveaux, Paër y Mayr antes que él, y que, según parece, estaba basado en un suceso más o menos real acontecido durante la Revolución Francesa. Acendrado defensor del amor conyugal y de las virtudes cívicas, Beethoven no quiso que recayera sobre la Revolución la mala fama de un hecho tiránico como el relatado en la historia, y la situó en la España del siglo XVIII, donde un tiránico gobernador de prisión,

Ludwig van Beethoven,
1770-1828 (retrato al óleo
del artista vienés Ferdinand
Georg Waldmüller).

don Pizarro, tiene preso ilegalmente a un enemigo político. La esposa de éste, Leonore, se hace pasar por un muchacho, Fidelio, cuyos servicios ha contratado el carcelero de la prisión, Rocco. Así Leonore logra llegar hasta su moribundo esposo, Florestán, y con un arma logra impedir que el malvado don Pizarro le dé muerte. La oportuna llegada de un ministro ilustrado, don Fernando, amigo de Florestán, pone de relieve el mérito del amor conyugal de Leonore, a quien se concede liberar a su marido de los grilletes de la prisión.

En el primer acto reina el ambiente de *singspiel*, que se pierde luego a medida que avanza la acción. En las escenas iniciales de su ópera, el compositor se mantiene fiel al espíritu del *singspiel* y esboza unas escenas cómicas, pero aprovecha también el cuarteto de los personajes «ligeros» y Leonora para «enmendar» el canon a cuatro voces que Mozart tuvo que dejar irresuelto en su *Così fan tutte* (1790). Luego la trama se desarrolla dramáticamente y crea una sensación de desigualdad teatral que queda compensada por la belleza de los pasajes corales, como en la emocionante escena en que, por iniciativa de Fidelio se permite a los presos salir a recibir el aire libre y la luz del sol.

Pese a sus estudios con Antonio Salieri en Viena, Beethoven nunca aprendió a escribir una verdadera ópera, y utilizó por lo tanto una orquesta sinfónica —y no una orquesta propiamente de ópera— para acompañar el canto, con lo que varios de los personajes, especialmente Leonore y Florestán, se vieron sumergidos en una densidad orquestal desorbitada. Leonore, por ejemplo, debe afrontar su recitativo y aria («Abscheulicher!») ante una orquesta densa, propia de una gran sinfonía, reforzada con tres trompas solistas. En estas circunstancias, se comprende que la soprano del estreno, Anna Mülder, perdiera la voz después de unas pocas representaciones. Para cantar ese rol, así como el más breve, pero igualmente duro de Florestán se requieren voces con más potencia, entonces no existentes, y que con el tiempo se convertirían en las «voces dramáticas» que caracterizarían a la ópera wagneriana, que seguiría por el mismo camino que Beethoven.

Ya se comentó en el capítulo V, y no deja de ser cierto, que *Fidelio* no es sino una de las varias «óperas de rescate» que estaban de moda en estos años, una especie de ópera semiseria francesa o alemana, característica de los inicios del romanticismo.

Aunque *Fidelio* tuvo poco eco en los restantes países de Europa durante el siglo XIX, en Alemania constituyó un estímulo para la construcción de una definitiva ópera alemana. Muy significativo es que el estreno en España de *Fidelio* no se produjera hasta 1921 (Gran Teatro del Liceo, de Barcelona) y que su presencia fuera una rareza hasta después de los años cincuenta.

Los primeros grandes operistas alemanes del siglo XIX: E. T. A. Hoffmann y Carl Maria von Weber

Aunque más conocido casi como poeta y escritor que como músico, Ernst Theodor Amadeus Hoffmann (1776-1822) —el tercer nombre de pila lo adoptó en homenaje a Mozart— fue el definitivo introductor de las ideas románticas en el mundo de la música y de la ópera alemana. Es cierto que su misma variada dedicación a todo tipo de formas artísticas limitó su capacidad de dedicación al mundo de la ópera y que sus obras, con el tiempo, han quedado siempre prácticamente al margen de la vida musical alemana y europea. Con todo, sus *singspiele* marcaron la pauta de la entrada de elementos románticos en el teatro musical, como *Der Trank der Unsterblichkeit* (*La bebida de la inmortalidad*, 1808), *Aurora* (1812), concebida ya como gran ópera romántica aunque no se desprenda todavía del lastre de la palabra hablada, como tampoco *Undine* (1816), considerada

Retrato de Carl Maria von Weber, rodeado de distintos motivos
que representan algunas escenas de sus óperas.

la obra maestra de Hoffmann y la única que tiene presencia discográfica
actual. Undine es una ninfa acuática, cuyos avatares amorosos son parecidos a los de la sirenita que inventara Andersen; la infidelidad del caballero
del que se enamora Undine la obliga a volver a su ambiente acuático a
las órdenes del demoníaco Kühleborn, que gobierna toda la historia. La
ópera tuvo eco, años más tarde, en otro título idéntico de Lortzing, como
veremos más adelante.

La influencia de Hoffmann no fue únicamente como músico, también
por sus manifestaciones escritas en pro de una ópera alemana, que en sus
palabras debía ser «la ópera que los alemanes quieren, una obra de arte

contenida en sí misma en la que todos los elementos, aportados por las artes vecinas en colaboración, se fundan unos en otros, de modo que queden absorbidos para crear un mundo nuevo».

Muchas de las narraciones y piezas teatrales escritas por el compositor fueron utilizadas por otros autores, incluso en el siglo XX (*Cardillac*, por Paul Hindemith, por ejemplo, en 1926) y su figura inspiraría a Offenbach en la creación de su ópera *Les Contes d'Hoffmann* (*Los cuentos de Hoffmann*, 1880).

El heredero más completo del espíritu creado por Hoffmann fue, sin duda, el compositor de Eutin, Carl Maria von Weber (1786-1826), cuya vida laboral estuvo agitada por las dificultades con que llegó a imponerse como director de orquesta y como intendente de varios teatros de ópera.

Weber inició su dedicación al teatro musical con piezas incidentales para teatro y con añadidos para óperas del repertorio entonces corriente. Desgraciadamente, las óperas de los primeros tiempos del compositor se han perdido o han quedado totalmente relegadas a los archivos, como *Peter Schmoll* (1803) o *Silvana* (1810), esta última grabada recientemente en CD pero ausente de los teatros por el momento. En esta ópera Weber trata el tema de la muchacha de los bosques a la que había dedicado ya una primera pieza hoy perdida, *Die stumme Waldmädchen* (*La muchacha muda del bosque*, 1800).

Su primer éxito notorio lo obtuvo con un *signspiel* de argumento musulmán, típico de los gustos alemanes de la época: *Abu Hassan* (1811). Su agitada vida laboral le impedía, sin embargo, dedicarse a fondo a la producción teatral, en la que encontramos otra pieza de música incidental, *Preciosa* (1820), de ambiente español y de cuya música oímos por lo común sólo la obertura, y un intento operístico posterior, *Die Drei Pintos* (1821) que llegó sólo a esbozar (y que Gustav Mahler intentó revitalizar terminando la partitura en 1888).

Sin embargo, la capacidad creativa de Weber logró cuajar en una ópera importantísima, que logró difusión europea y un puesto importante en el repertorio mundial: *Der Freischütz* (1821), estrenada en Berlín, y cuyo título suele traducirse como *El cazador furtivo*, pero que en realidad significa «el que dispara libremente». El origen literario de la ópera se halla en una narración del siglo XVIII, reelaborada posteriormente y publicada en un *Gespensterbuch*, colección de cuentos fantasmagóricos que llamaron la atención de Weber y de su libretista, obviamente por su aspecto romántico y misterioso, como puede apreciarse por el comentario que el propio Weber le escribió a su prometida, Carolina Brandt: «El tema es adecuado, hórrido e interesante…».

Escena de la ópera de Weber *Der Freischütz*, 1821 (representación
en el Teatro Nacional de Múnich, octubre de 1998).

Manteniendo la forma de *singspiel*, aunque inclinando la balanza a favor de la música, que da a la voz una entidad considerable, respetando la
forma de las arias como unidad básica de la parte cantada (especialmente
llamativa la gran aria de Agathe del segundo acto) pero introduciendo
de modo muy especial al coro como personaje variopinto, alegre y ri-
sueño en las escenas de la tarde, siniestro y amenazador por la noche,
firme y decidido por la mañana (el famoso «coro de cazadores», que
tanta influencia tuvo en el desarrollo de la música coral europea, incluso
en España).

Aparte de la historia, llena de influjos sobrenaturales y relativamente mal narrada, lo importante de *Der Freischütz* es su concepción como ópera alemana, estricta y totalmente alemana, tanto por su situación histórica, en la Alemania del Antiguo Régimen, con sus instituciones, su príncipe, y su tierra: los bosques alemanes, todavía hoy impresionantes por su densidad, y que se ha dicho, y no sin razón, que son los verdaderos protagonistas de la historia. Estos bosques, con un componente mítico, que son agradables lugares de reunión, canto, baile (y cerveza) por la tarde, pero son lugares temibles, siniestros, por donde pululan trasgos, fieras, fantasmas y diablos por la noche. La escena de la fabricación de las balas diabólicas, en plena nocturnidad, con la ayuda del diablo Samiel, no tiene equivalente en ninguna ópera anterior a ésta por su variedad y libertad formal. Luego, por la mañana, los bosques recuperan su ambiente luminoso y son de nuevo la escena donde se dirimen las cuestiones importantes: el concurso de tiro, el canto de los cazadores y donde se produce el ambiguo desenlace de la obra, que impone un año de penitencia a ese Max cazador que intentó tirar «por libre» con balas fabricadas con la ayuda del diablo para poder casarse con Agathe, la hija del guardabosques.

Animado por el éxito alcanzado, Weber emprendió una nueva ópera romántica, *Euryanthe* (1823), cuyas virtudes musicales —que pueden apreciarse en la famosa obertura— se diluyen ante la pobreza y la estupidez del libreto de la escritora *dilettante*, Wilhelmine von Chézy.

Mejor, aunque casi irrepresentable, resultó la última ópera de Weber. Preocupado por dejar un mínimo de recursos económicos a su familia ante la evidencia de su muerte próxima por tisis, el compositor aceptó un encargo del Covent Garden de Londres, *Oberon* (1826), con un libreto en inglés de James Robinson Planché, y basado en una historia derivada de los personajes principales de *El sueño de una noche de verano*, de Shakespeare y de un poema épico de Wieland. Dotada de una extraordinaria obertura, superior incluso a las de *Der Freischütz* y *Euryanthe*, esta ópera, con una orquestación potente que otorga a los principales personajes, el caballero Hüon de Bordeaux y Rezia, una fuerza vocal muy cercana ya a la de las voces dramáticas beethovenianas (aria de Rezia «Ocean, thou mighty monster»). Éstos contrastan con los personajes cómicos de neta tradición alemana, por el carácter «mágico» de algunas escenas corales, constituyendo un evidente anticipo de lo que Wagner acabaría realizando en el campo de la ópera. Pero *Oberon* no ha logrado en el panorama operístico internacional el prestigio y la presencia de *Der Freischütz*, única ópera de Weber realmente conocida.

El propio Wagner reconoció la importancia nacional de este compositor para Alemania, pronunciando un sentido discurso con motivo del traslado de los restos de Weber a Dresden, en 1844, justo cuando él mismo se
aprestaba a continuar por el camino trazado.

La llamada «época Biedermeier»

Este período que tiene unas características propias en la historia del arte
alemán y que significó una moderación en las posiciones del romanticismo, con un cierto regusto doméstico y realista, tiene en música también
un equivalente muy notable. Se ha atribuido esta corriente «moderada»
del romanticismo al predominio de los ideales burgueses en la Alemania y
la Austria de los años posteriores a las guerras napoleónicas y el Congreso
de Viena (de 1815 a 1848).

Desde el punto de vista estrictamente operístico, esta etapa margina
un poco las visiones místicas y grandiosas del romanticismo alemán para
caer en una «comodidad» y un conformismo pequeño burgués, que se
divierte con óperas de tipo cómico, en el que se reflejan los valores de
esta sociedad poco aventurada. De ahí el crecimiento de la ópera cómica
alemana, al que contribuirán —por su falta de sentido teatral verdadero— artistas del calibre de Franz Schubert (1797-1828), incapaz, a pesar
de sus indudables cualidades como músico, de articular una verdadera
ópera alemana que se sostenga ante un público dispuesto a reconocer
su valía musical, pero no su sentido de la escena, totalmente ajeno a su
verdadero temperamento. Schubert intentó la vía del *singspiel* con obritas como *Der vierjährige Posten* (*Cuatro años en el puesto de guardia*, 1815),
Die Freunde von Salamanca (*Los amigos de Salamanca*, 1815), *Alfonso und
Estrella* (*Alfonso y Estrella*, 1822, de mayor formato pero poco afortunada teatralmente), *Die Verschworenen* (Las *conjuradas*, 1823) y *Fierrabras*
(1823). Todas éstas y algunas más han merecido en los últimos años
la atención de las casas discográficas, pero con una difusión bastante
limitada.

En el grupo de los Biedermeier puede incluirse a Conradin Kreutzer
(1780-1849), compositor y director de orquesta durante muchos años en
Viena, autor de una *Libusse* (1822) sobre un tema que trataría más tarde
el compositor checo Smetana. Sin embargo la ópera más divulgada de
Kreutzer fue *Das Nachtlager in Granada* (1833), que contenía suficientes
elementos exóticos y humorísticos para cuajar en el ambiente operístico
de esta generación.

Más importante fue el compositor de Braunschweig, Ludwig Spohr
(1784-1859), cuyo *Faust* (1816) fue la primera versión operística de la

obra de Goethe que sobrevivió, aunque precariamente al olvido, y todavía se da alguna vez en Alemania, además de contar con alguna grabación discográfica. Lo mismo puede decirse de *Jessonda* (1823), la otra ópera de Spohr que ha sobrevivido a su autor en gran parte por su tema exótico (los avatares de un amante para salvar de la pira funeraria a la protagonista, en la India). Son obras que reflejan la calidad de Spohr como instrumentista (dejó interesantes conciertos de violín y música sinfónica), con matices y colores que realmente sobresalen de los de otros autores de su generación.

También se distinguió en una vena romántica más cercana al terror y a la imagen de la muerte el compositor Heinrich Marschner (1795-1861), que fue *Kapellmeister* en Leipzig. Sus óperas *Der Vampyr* (1828) y *Der Templer und die Jüdin* (*El templario y la hebrea*, 1829) lograron un éxito que hasta entonces se le había escapado al compositor, aunque hoy sólo es conocida, y no mucho, la primera. En 1833 logró otro éxito muy destacado con *Hans Heiling*, pero en años sucesivos no alcanzó el nivel que parecía prometer, aunque siguen reconociéndose los méritos de sus óperas de mayor éxito, que sitúan al compositor en un terreno próximo a Weber y un poco anticipatorio de Wagner.

En sus últimos años Marschner estrenó varias óperas más, como *Das Schloss am Ätna* (*El castillo en el Etna*, 1836) y la ópera cómica *Der Bäbu* (1838), pero no logró superar los buenos resultados de su etapa anterior.

El compositor más brillante de esta etapa fue sin duda Albert Lortzing (1801-1851), quien logró dar una cierta solidez a la vida operística de esta etapa con títulos que aún siguen siendo predilectos del público alemán de hoy en día. Lortzing se apoyó fuertemente en la tradición del *singspiel* de Mozart, cuyo refinamiento instrumental explotó al máximo, y siguió especialmente el modelo de *El rapto en el serrallo* y de las óperas cómicas de Dittersdorf. Uno de sus primeros experimentos teatrales, no muy afortunado, se tituló *Szenen aus Mozarts Leben* (1832), uno de los primeros intentos biográfico-teatrales sobre el compositor austríaco. Pero Lortzing mejoró su enfoque teatral, manteniendo sus creaciones bufas bastante al margen del modelo italiano, y escribiendo algunas piezas que todavía hoy perviven en el teatro alemán, como *Zar und Zimmermann* (1837), con la creación de un modelo de bajo bufo alemán (el alcalde «holandés» van Bett) y distinguiendo hábilmente a los personajes fundamentalmente «serios» (como el zar Pedro el Grande), de los más modestos (Peter, el enamorado desertor en apuros). Sin un personaje como van Bett no habría nacido, años más tarde, un Barón Ochs como el que creó Richard Strauss.

Con *Der Wildschütz oder die Stimme der Natur* (*El cazador salvaje o la voz de la naturaleza*, 1842) Lortzing creó una pequeña obra maestra que, aunque poco divulgada en Europa, es muy apreciada en Alemania, especialmente su aria cómica «Fünftausend Taler», para bajo bufo, que forma parte del repertorio de muchos cantantes alemanes. Aunque hay historiadores alemanes que pretenden ver en *Der Wildschütz* casi un equivalente de *Le nozze di Figaro* del siglo XIX, esto es un punto de vista un tanto exagerado.

Lortzing quiso entrar también en la ópera romántica al uso, con su versión de *Undine* (1845); parece que cuando puso en música esta obra desconocía la de Hoffmann, pero el resultado fue menos logrado que el de este último. De todos modos, *Undine* mantiene cierta presencia en Alemania y ha sido objeto de alguna grabación completa.

Poco después el compositor dio a conocer otra ópera cómica, *Der Waffenschmied* (*El maestro armero*, 1846). Pero Lortzing, con una numerosa familia a su cargo y constantes preocupaciones económicas que lo agobiaban, no siempre podía extraer de su imaginación los elementos que sin duda tenía para lograr un mejor reconocimiento de su labor. Murió prematuramente, antes de cumplir cincuenta años.

Finalmente debe mencionarse a otro compositor cuya breve vida se ajustó a los cánones románticos: el prusiano Otto Nicolai (1810-1849), que entró directamente en el campo de la ópera italiana gracias a su juvenil fuga a Italia, donde logró trabajo como organista de la embajada prusiana de Roma. Allí logró introducirse en el circuito de las óperas italianas de prestigio, gracias a su enorme éxito con *Il templario* (1840), sobre un argumento de Walter Scott. *Il templario* circuló por toda Europa, incluida España. En 1841 Nicolai estrenó también con éxito *Il proscritto*, de tema netamente romántico, y poco después rechazó el encargo de componer *Nabuccodonosor* para la Scala de Milán, que más tarde Verdi convertiría en su primer gran éxito.

Pasó después a Viena, donde fundó la todavía existente Orquesta Filarmónica de Viena (1842) y finalmente a Berlín, donde fue director de la Ópera Real, donde pocos días antes de morir inesperadamente estrenó su obra maestra *Die lustigen Weiber von Windsor* (1849), ópera que más o menos ha conseguido sobrevivir pese a la intensa competencia que le ha supuesto el *Falstaff* verdiano (1893), sobre el mismo tema. La ópera de Nicolai, favorecida por una obertura que fue famosísima en las salas de conciertos, mantiene un precario lugar en el repertorio.

Aunque no pertenece propiamente al mismo ambiente, merece ser citado aquí, aunque sea por compartir su origen de la Alemania del Nordeste con Nicolai, el compositor de familia nobiliaria Friedrich von Flotow (1812-1883). Influyó mucho en su formación el hecho de haber estudiado en París con Antonín Rejcha (1770-1836), compositor no operístico que influyó en él introduciéndolo en un mundo todavía clásico en sus concepciones. Después se orientó hacia el mundo de la ópera francesa, alcanzando cierto éxito con *Le Naufrage de la Méduse* (1839) y convirtiendo en ópera alemana su pieza lírica *Alessandro Stradella* (1844), sobre el compositor italiano del siglo XVII, asesinado en Génova en 1682. Sin embargo, la ópera que le dio perennidad en el repertorio, aunque hoy en retroceso, fue su ópera cómica *Martha* (1847), basada en un ballet anterior escrito por Flotow en París. La ópera fue estrenada con gran éxito en Viena, en alemán, y después fue divulgadísima por toda Europa en versión italiana, de la que todavía circula alguna versión discográfica, aparte de las alemanas. En *Martha* el compositor no dejó de recoger aires del ambiente operístico romántico, y es notable observar que opuso al célebre coro de cazadores de la ópera de Weber, un gracioso «coro de cazadoras». Pero la obra de Flotow supo recoger el ambiente popular alemán, trufándolo con alusiones sentimentales y folklóricas, (la canción irlandesa «The Last Rose of Summer», ritmos polacos, etc.), el famoso cuarteto de las ruecas y la gran aria sentimental «Ach, so fromm» (mejor conocida en su versión italiana «M'apparì») que todavía forma parte del repertorio de los tenores lírico-ligeros de toda Europa.

Podemos incluir, en el capítulo de los *Biedermeier*, a los autores poco o nada operistas que tocaron el género de refilón. Su postura nos hace comprender lo poco que, en algunos círculos musicales, se estimaba la ópera, y así encontramos a Felix Mendelssohn (1809-1847), autor de algunas tentativas sin éxito, como *Der Onkel aus Boston* (*El tío de Boston*, 1824) y la ópera de tema cervatino *Die Hochzeit des Camacho* (*Las bodas de Camacho*, 1827), con algunos títulos más que no significan nada en la historia de la ópera pese a proceder de un compositor tan famoso. Un poco más de entidad tiene la única ópera de Robert Schumann (1810-1856), *Genoveva*, en torno a la vida de la santa de este nombre, pero como ópera, su historial es pobre en apariciones teatrales y en grabaciones discográficas.

En cuanto a los compositores judíos alemanes Jakob Meyerbeer (1791-1864) y Jakob Offenbach (1819-1880), su vinculación a la ópera francesa del siglo XIX hace preciso describir su importancia e influencia en dicho capítulo.

Retrato de Richard Wagner, el compositor de Leipzig, autor de
obras capitales como *El holandés errante* o *Tannhäuser*.

XXIX. El máximo fenómeno operístico alemán del siglo XIX: Richard Wagner

Wagner y los inicios de su revolución musical

El fenómeno wagneriano desencadenado por la fuerte y contradictoria
personalidad del compositor alemán Richard Wagner (1813-1883) marcó
toda la historia de la ópera alemana desde el momento de sus primeras
creaciones y desarrolló una polémica cuyos ecos todavía no se han aplacado del todo. Como decía Günter Hausswald en su importante contribución a la *Storia dell'opera* dirigida por Alberto Basso (Turín, U. T. E.

T., 1977) «es raro en la historia que un hombre haya desencadenado ya durante su vida una tal tempestad en la opinión pública, y que semejante tempestad no se haya aplacado hasta hoy en día».[21]

Como muchos músicos jóvenes alemanes de su generación (el caso de Schumann, por ejemplo), Wagner se sintió atraído por los estudios literarios. En esta época se había completado el redescubrimiento de los valores históricos y literarios de la lengua alemana, y se sucedían los estudios y las ediciones de textos del Medioevo alemán; los estudiosos competían en el conocimiento de las olvidadas leyendas germánicas y las antiguas sagas escandinavas, nacidas de su propia cultura.

No es extraño pues que, a pesar de su formación literaria de notable calidad, movido por la admiración especial hacia Beethoven, así como por la cantante Wilhelmine Schröder-Devrient, Richard Wagner acabase conduciendo su atención hacia la música, sin dejar de lado los aspectos literarios de su trabajo.

La primera aspiración de Wagner fue emular los grandes espectáculos con los que el compositor judío-alemán Jakob Meyerbeer se había convertido en el autor más apreciado de la Ópera de París y el definitivo impulsor de la *grand'opéra* francesa, con títulos como *Robert le diable* (1831) y *Les Huguenots* (1836), la primera con importantes escenas fantasmagóricas y la segunda como un gran fresco pseudohistórico de la época de las guerras de religión francesas (siglo XVI).

En este momento, el gusto de Wagner era todavía comparable al de los *Biedermeier* que se mencionaron en el apartado anterior, y se mostraba sumamente imitativo con el estilo francés, habiendo optado en su primera ópera, *Die Feen* (1833, no estrenada entonces), por un estilo decorativo, con extensas intervenciones vocales ornamentadas con pasajes de coloratura. Ópera difícil y ambiciosa, no halló en Alemania salida alguna y sólo se representó póstumamente (1888), sin haber tenido nunca otra acogida que la de ser en cierto modo una ópera prewagneriana.

Después de notables estrecheces y dificultades, Wagner alcanzó el cargo de director del teatro de Magdeburgo y se dispuso a estrenar una nueva ópera, basada en una pieza de Shakespeare (*Much Ado about Nothing*, «Mucho ruido y pocas nueces»). La ópera, titulada en alemán *Das Liebesverbot* (*La prohibición de amar*, 1836) se acerca ahora mucho más a la ópera

[21]Hausswald, Günter, «L'opera romantica da Weber a Strauss», en Basso, Alberto (dir.), *Storia dell'opera*, U. T. E. T., Turín, vol. II, cap. II, pp. 287-336, 1977.

romántica francesa, con pasajes elaborados de notable calidad musical, pero su fracaso resultó estrepitoso, pues no se correspondía con el gusto musical entonces predominante en Alemania.

En este año Wagner contrajo matrimonio con la cantante Minna Planer, y encontró un nuevo cargo en el teatro alemán de Riga, de cuyos coros emprendió la dirección. Su intervención en el repertorio culminó en la preparación de una tercera ópera, ésta concebida en los términos de una *grand'opéra* de estilo meyerbeeriano y para cuya realización se requerían tantos medios que no se pudo estrenar. Entre tanto, perseguido por los acreedores, puso tierra de por medio huyendo de Riga con Minna y con su perro, para embarcarse con rumbo a Londres. El viaje marítimo resultó sumamente agitado y el buque tuvo que buscar refugio en un fiordo noruego; estas difíciles experiencias motivaron que Wagner se inspirase más tarde en ellas para componer la que se considera su primera ópera de madurez, *Der fliegende Holländer* (*El holandés errante*), que estuvo preparando mientras trataba de hallar un puesto de trabajo digno en París, donde concibió un resquemor contra las óperas italianas al verse obligado, para subsistir, a realizar versiones de canto y piano de algunos de los títulos más célebres de los autores italianos del momento, sobre todo de *La favorita*, de Donizetti. Ni así logró evitar la cárcel por deudas ni otras enojosas situaciones que lo llevaron hasta a vender el argumento de *El holandés errante* en París, por lo que más tarde tuvo que repetirlo para su uso propio.

La formación literaria de Wagner le consentía redactar sus propios libretos desde un primer momento, de modo que se verificaba en él la unión ideal del poeta y compositor que, sin duda, había de redundar en una mejor expresión musical del drama. Esto puede apreciarse de modo especial en *Der fliegende Holländer*, en la que, a modo de Weber, el compositor trató de expresar no sólo sus propias vivencias, sino la creación de un drama netamente germánico, situado en tierras escandinavas (igualmente germánica desde el punto de vista del más extensivo pangermanismo), y ajeno por completo a la ópera italiana, aunque en la obra se conservan algunas formas cerradas que todavía procedían de la ópera internacional: arias, cavatinas, dúos y un trío. Pero, siguiendo sus ideas beethovenianas decidió dar un papel preponderante a los temas musicales, que a modo de los de una sinfonía, debían servir para orientar al espectador no sólo en cuanto al contenido musical sino también al narrativo: los temas de la forma sonata clásica se convertían así en una especie de indicadores del contenido dramático de las escenas de la ópera. Aunque ya había autores que en alguna ocasión habían recurrido a este sistema (el propio Mozart, por ejemplo), nadie se había dedicado con tanta intensidad a la creación de un lenguaje teatral tan vinculado a los temas musicales.

La propia obertura de *Der fliegende Holländer* resulta así un verdadero compendio de la ópera y adquiere un sentido dramático que no se daba en las oberturas de los restantes compositores de este período. No se trata ya de introducir en la música instrumental los motivos más destacados del canto, sino en crear un verdadero cuadro de alusiones a los hechos que se desarrollarán después en escena, con el mismo parecido contenido temático de la obertura.

El contenido dramático, una leyenda sobre un marino holandés que debe alcanzar el amor de una mujer mortal para salvarse de una condena secular que lo obliga a surcar los mares sin descanso en su nave fantasmagórica, ponía en escena el núcleo esencial de la concepción romántica del drama: el amor conlleva la muerte, pero en el caso de Wagner, a diferencia de los románticos italianos, la redención por amor se convierte en una variante de los efectos mortíferos del sentimiento amoroso que ya fueron comentados en el capítulo de la ópera italiana.

En *Der fliegende Holländer* (1843), puede apreciarse todavía la fuerte influencia de la música de Weber y de sus métodos: citaremos sólo la presencia, en el tercer acto, de un imponente «coro de marineros» que se amplía aquí con un coro femenino —el de Weber era de hombres solos—. Cuando el compositor pudo finalmente abandonar París y acceder a un cargo estable, en la Ópera de Dresden, como director musical, pudo estrenar su ópera, que fue muy bien acogida, y confiar el papel femenino principal a su admirada soprano Wilhelmine Schröder-Devrient. El éxito le permitió preparar su título siguiente: *Tannhäuser und der Sängerkrieg auf Wartburg* (*Tannhäuser, o la competición de canto en el Wartburg*, 1845, normalmente conocida solamente como *Tannhäuser*).

En esta ocasión, y dentro del fervor nacionalista y literario de Wagner, se presentaba un cuadro idealizado de lo que había sido el movimiento literario y musical tardomedieval de los *minnesänger* de la época de Hermann I, landgrave de Turingia, en el siglo XIV. En la historia creada por Wagner el caballero Tannhäuser ha vivido entregado al amor carnal (Venus) y cuando es llamado a competir en el siguiente «torneo» de canto, junto con sus amigos poetas y músicos como él, que cantan el amor virginal de sus damas encumbradas e inaccesibles, escandaliza a todos los presentes, incluida su amada Elisabeth, con su procaz invocación al amor carnal. Ella intercede ante los demás cantores, que en lugar de matar al réprobo, como era su primera intención, se conforman con obligar a punta de espada a Tannhäuser a marcharse a Roma a pedir clemencia por sus pecados, junto con un grupo de peregrinos cuyo *leitmotiv* es fundamental en esta ópera.

Escena de *Der fliegende Holländer*,
de Wagner (1843).

En todo caso el héroe no es perdonado en Roma por la gravedad de sus pecados, y es Elisabeth, muriendo de amor por él, quien lo redime en el último instante, cuando ya estaba pensando en volver a los brazos de Venus. La figura secundaria de Wolfram, el más amigo de Tannhäuser, se agencia la pieza más hermosa de toda la ópera, el célebre «Canto a la estrella vespertina». Y es que *Tannhäuser* todavía es una ópera formada por arias y números individuales, a pesar de que Wagner tenía en mente su disolución gradual mediante una continuidad melódica ininterrumpida, o casi.

En realidad, aunque esta ópera no supuso un progreso en la utilización de los motivos conductores o *leitmotive*, la obra adquirió una envergadura mayor que la anterior y fue un paso adelante en el proceso de disolución de la ópera tradicional. A la vez provocó un cierto conflicto por el carácter «filocatólico» que quisieron ver en ella los protestantes, mayoría en Alemania. Aunque cierto es que en el siglo XIV el protestantismo aún no existía y por esto cualquier alusión religiosa en una ópera de ambiente medieval tenía necesariamente que ser «romana», Wagner introdujo en la partitura algún tema procedente de un coral luterano para cubrir el expediente.

Tannhäuser fue estrenada en la Ópera Real de Dresden en octubre de 1845 con gran éxito, y el compositor se dispuso a avanzar por el camino que se había trazado, componiendo una gran «ópera romántica» (así figura en la partitura) en la que las ideas que habían ido germinando en la mente del compositor tuviesen una mayor efectividad, especialmente el empleo del *leitmotiv* como elemento esencial de la ópera: desaparecen virtualmente de la partitura los términos como aria, dúo o concertante, y el material musical de la historia del protagonista se construye casi íntegramente de *leitmotive* encadenados sin solución de continuidad. De esta manera la música de la ópera asume no sólo la función de «decorar» el drama, sino la de explicarlo por entero, conduciendo la atención del espectador hacia el verdadero significado de lo que está ocurriendo en escena, con lo cual todos los elementos del drama, incluida la parte vocal, quedan supeditados a las descripciones temáticas, que se irán produciendo de acuerdo con los personajes que haya en escena, sus intenciones, pensamientos, deseos y acciones. Los temas o *leitmotive* pueden aparecer bajo cualquier forma instrumental en forma melódica, armónica o rítmica, y variar, desarrollarse o mezclarse de tal modo que su presencia en el lenguaje musical suponga por parte del espectador la conexión mental inmediata entre lo que está comentando la orquesta y lo que sucede en escena, e incluso lo que *no* se aprecia en escena (intenciones o sentimientos ocultos de alguno de los personajes, por ejemplo).

Terminaba así Wagner de romper con el carácter convencional forzoso de la conjunción, hasta ahora en la música operística, de música y texto, basada en una simple coincidencia de estructuras que no significaban nada en sí, porque la música de la ópera italiana estaba como sobrepuesta al texto sin significar nada. En el fondo, la idea de Wagner atribuía un sentido a su música a pesar de que también, en el fondo, era una aplicación convencional la que llevaba determinados temas a convertirse en significantes. Pero en su época la idea causó un gran impacto y pareció resolver el centenario conflicto entre el valor de la música como objeto artístico sin significado preciso, en un mundo fundamentalmente aristotélico en el que el arte se justificaba como representación de un mundo ideal, algo que la música prácticamente no podía hacer.

Escena de *Tannhäuser* (1861), de Richard Wagner (Wolfgang Schmidt
en el papel protagonista).

Lohengrin y las grandes realizaciones wagnerianas

Efectivamente, *Lohengrin* empieza con una obertura formada por *leitmotive* entre los que se destacan el grandioso tema del Grial, que se presenta cuatro veces con una instrumentación cada vez más desarrollada que permite comprender todas las posibilidades del sistema, porque el entramado de *leitmotive* no supone reiteraciones ni limitación de recursos, sino todo lo contrario.

La complejidad de la música wagneriana requería, sin duda, una orquesta de dimensiones inusitadas, así como unos cantantes que fueran capaces de sobreponerse a la densidad instrumental. En este terreno, como en otros muchos, Wagner se dejó guiar por el modelo beethoveniano de enfrentar las voces a una orquesta sinfónica, y por ello los cantantes de sus óperas tuvieron que adquirir la resistencia física adecuada, es decir, voces dramáticas capaces de superar el obstáculo de una formación instrumental densa y poderosa.

En *Lohengrin*, Wagner se aparta de su esquema usual de la redención por amor, en este caso imperfectamente lograda por el protagonista, el caballero del Grial llegado a tierras de Brabante (desde la óptica nacionalista wagneriana, tan germánica como Prusia) para defender a una doncella, Elsa, acusada de haber matado a su hermano Gottfried. La acción ocurre en pleno siglo x. En realidad el pequeño príncipe no ha muerto, sino que ha sido objeto de un encantamiento por parte de Ortrud, poderosa maga pagana, que con este acto pretende destruir la nueva fe religiosa del cristianismo en su región. Ortrud se apoya en la firme convicción de su marido Telramund, de que cuanto le dice su esposa es cierto. Por ello Telramund acusa ante el rey germánico Enrique el Pajarero (919-936) a Elsa y ésta invoca a un caballero de resplandeciente armadura que ha visto en sueños para que la defienda en un «juicio de Dios». Aparece Lohengrin, en una barca tirada por un cisne, y derrota a Telramund; antes ha ofrecido casarse con su defendida, pero imponiendo una prohibición: Elsa no debe preguntarle jamás por su identidad. Sin embargo ella, torturada por las dudas, no resiste la tentación y formula la pregunta prohibida. Lohengrin reúne a toda la corte y en su famosa narración («In fernem Land», «En una lejana tierra») se identifica como caballero del Grial y se ve obligado a volver a su lejano castillo por la inoportuna pregunta. Al marcharse libera a Gottfried de su encanto: era el propio cisne y Ortrud cae muerta al romperse su maleficio.

La historia de *Lohengrin* fue poco divulgada, porque antes de su estreno estalló la revolución de 1848-1849 en Dresden, a la que se apuntó Wagner no sin una cierta frivolidad, que en estos años exhibió actitudes políticas radicales, lo que motivó su pérdida del cargo en la Ópera y su exilio de bastantes años en Suiza. Franz Liszt le ofreció la posibilidad de estrenar *Lohengrin* en Weimar (1850), pero adaptando la grandiosa ópera a los modestos recursos orquestales y escénicos del teatro de Weimar.

Pintura que muestra la escenografía realizada por Josep Mestres Cabanas
para *Lohengrin* (1845), de Wagner (Gran Teatro del Liceo, 1944).

En su exilio, Wagner dio rienda suelta a sus opiniones teóricas sobre la ópera y el drama (*Die Kunst und die Revolution*, «Arte y revolución», 1849; *Oper und Drama*, 3 vols., 1852) y otras obras. Ya hacía tiempo que había empezado a concebir una creación teatral en dos partes que estuviese interrelacionada a través de los *leitmotive*, es decir, que los temas musicales de la primera parte siguiesen siendo válidos para la segunda. Así había iniciado ya en 1849 un esbozo sobre el *Der Ring des Nibelungen* (*El Anillo del Nibelungo*), pensado inicialmente en dos episodios sobre las gestas del héroe Siegfried, pero más tarde el compositor fue ampliando la idea original hasta constituir una *Tetralogía* formada por *Das Rheingold* (*El oro del Rhin*, como prólogo o introducción, *Die Walküre* (*La Valquiria*, como primera parte o «jornada»), *Siegfried* (*Sigfrido*, segunda parte) y *Die Götterdämmerung* (*El ocaso de los dioses*, como jornada final de la *Tetralogía*). En 1851 ya estaba componiendo la música del prólogo, y en los años sucesivos fue componiendo *Die Walküre* y la primera parte de *Siegfried*.

Sin embargo vino a interferir su proceso creativo el amor surgido entre Mathilde Wesendonck, esposa de uno de los protectores de Wagner, Otto Wesendonck, y el seductor compositor; el conflicto hizo intervenir también a la esposa de Wagner, y el asunto fue zanjado de un modo correcto, pero al compositor el fuego interior de ese amor sublime lo había llevado a interrumpir su labor sobre el *Anillo* para emprender una obra, que, como buen romántico, basó en una historia medieval, de Gottfried von Strassburg (hacia 1210), pero cuyo trasunto era el amor de Mathilde. La ópera así cconcebida es *Tristan und Isolde* (*Tristán e Isolda*, 1857-1859), de cuya composición fue constantemente informada Mathilde, incluso después del escándalo.

Aparte de las múltiples anécdotas y de la agitada historia de esta composición, hoy en día se reconoce a esta ópera de Wagner una impresionante influencia sobre la música europea posterior, motivada por el carácter poco «ortodoxo» de la composición (el acorde inicial en la obertura, el llamado «acorde de Tristán» fue objeto de análisis y controversias). En el segundo acto, en el dúo de amor, para crear en el espectador la sensación de fluctuación amorosa de los dos enamorados, Wagner hizo un uso continuo de las modulaciones, creando un ambiente de indefinición tonal continuo que puso en cuestión por primera vez la posibilidad de suprimir las tradicionales limitaciones y reglas que hasta entonces gobernaban la composición musical y las rígidas leyes de la tonalidad. En cierto modo, pues, con *Tristan und Isolde*, Wagner abrió la puerta que condujo gradualmente a las grandes conquistas musicales que han caracterizado el siglo xx.

Mientras tanto, y dada su desesperada situación financiera, Wagner emprendió todos los pasos necesarios para estrenar esta obra, por lo cual acudió a París, como lugar cuyo éxito le aseguraría la fama y la mejora de su situación financiera. No vaciló en acudir a todas las personas influyentes de la vida musical parisiense, entre ellas a Rossini (1860), y finalmente logró que la Ópera aceptara una ópera suya, aunque por su carácter más «moderado» la que fue aceptada fue *Tannhäuser*. De acuerdo con las normas de la Ópera —que seguía siendo «Académie» oficial de música—, Wagner tuvo que añadir un ballet a la ópera, y no queriendo romper la unidad narrativa de la misma, situó la pieza coreográfica, compuesta sobre temas ya presentes en la partitura, en el primer acto, justo después de la obertura. Como el público «elegante» de la Ópera tenía a plebeyez el asistir al inicio de la ópera, haciendo su entrada solemne a mitad del primer acto o al principio del segundo, el estreno, en marzo de 1861, para ellos, carecía de ballet, y ese público ya mal dispuesto hacia el compositor alemán, como los socios del elitista «Jockey Club», provocó un escándalo que motivó la retirada de la ópera después de la tercera representación (y, además, la cancelación de *Tristan und Isolde* que la Ópera de Viena había aceptado y que estaba ya en ensayos).

Hermann Prey en su renovadora interpretación del papel de Beckmesser en *Los maestros cantores de Nuremberg* (1868), de Richard Wagner. (Festival de Bayreuth, 1982.)

Wagner tuvo que retirarse de nuevo a su exilio de Suiza y sus perspectivas de futuro parecían muy tristes, pero la llegada al trono de Baviera de un admirador suyo, el nuevo rey Luis II (1864) liberó al compositor de sus principales cuitas económicas, aunque su actitud excesivamente dispendiosa cuando el rey puso a su disposición la Ópera Real de Múnich provocó más de un conflicto.

El 10 de junio de 1865 subía al escenario de la Ópera de Múnich *Tristan und Isolde*, cuya interpretación exigía de los protagonistas unos esfuerzos vocales desmesurados, en la línea del canto dramático que Wagner había impuesto, y que tal vez causaron la prematura muerte del primer Tristán, un mes después del estreno.

El estreno de *Tristan und Isolde* en Múnich no fue un triunfo definitivo, por las enemistades que el compositor había suscitado, entre otras razones por el escándalo surgido a raíz de las subvenciones reales al arte de Wagner, y el que vino a continuación, cuando Wagner se introdujo en el matrimonio de la hija de su amigo Liszt, Cósima, casada con el pianista y director de orquesta Hans von Bülow (1830-1894) precisamente uno de los más ardientes defensores de la música wagneriana en Múnich. Al menos dos de las hijas atribuidas al matrimonio, Isolde y Eva, eran en realidad hijas de Wagner; el asunto se solventó finalmente con el divorcio de Cósima y von Bülow (1870), mientras Cósima había dado a luz ya en 1868 el deseado heredero de Wagner, Siegfried Wagner (1868-1930).

Para demostrar en Múnich que el compositor no era un autor esotérico incapaz de conectar con los gustos de un público ciudadano no sofisticado, Wagner emprendió la composición de una gran ópera «cómica» basada en la tradición artesana de la música de los gremios de la ciudad de Nuremberg: así nació en 1868 *Die Meistersinger von Nürnberg* (*Los maestros cantores de Nuremberg*), ópera cuajada de alusiones y de afirmaciones de un nacionalismo exacerbado muy propio del tardorromanticismo del momento, y que más tarde sería objeto de especial atención de las ideologías más extremas del mundo germánico. Aunque basada en el método de la concatenación de *leitmotive* propia del compositor, *Die Meistersinger* revisa la posición de Wagner relativa al coro, que aquí adquiere una dimensión muy superior a la de los últimos veinte años de la música wagneriana, e incluso permite la presencia de números cerrados y colectivos en la partitura (como el más que notable quinteto que cierra el último cuadro del tercer acto).

Wagner, siempre dispuesto a la grandiosidad y a una actitud artística de envergadura nacional, había concebido realizar un teatro público, gratuito, de madera, con las lógicas resonancias clásicas (inspirado en el teatro griego de la Antigüedad), donde el público alemán se «nutriría» espiritualmente de un teatro musical alemán que uniría todas las formas artísticas (música, poesía, interpretación dramática, pintura, escultura y arquitectura —escenográfica— danza, luminotecnia, etc.) y en el que los cantantes y artistas actuarían desinteresadamente en pro del arte alemán. Tal utopía se revelaría irrealizable, pero lo que sí logró el visionario com-

Escena del acto II de *Los maestros cantores de Nurenberg*, de Richard Wagner.
(Festival de Bayreuth, 1996.)

positor fue el apoyo del rey de Baviera para la realización de esta magna empresa, no en Múnich, donde las circunstancias políticas no lo habrían permitido, pero sí en la alejada población de Bayreuth, en el norte del reino, donde un astuto alcalde supo proporcionar las tierras adecuadas para el proyecto, estimulado además con la concesión de una casa en la vecindad para el propio compositor.

XXX. El gran proyecto wagneriano: La *Tetralogía*

En 1872 se produjo la ceremonia inicial del proyecto, con una *Novena sinfonía* de Beethoven dirigida por el propio Wagner y la colocación de la primera piedra del teatro, tras salvar innumerables obstáculos. El compositor había terminado *Siegfried* y había compuesto *Götterdämmerung* (*El ocaso de los dioses*) y aunque por razones políticas tuvo que estrenar *Das Rheingold* (1869) y *Die Walküre* (1870) en Múnich, para seguir contando con el apoyo del rey de Baviera, reservó el estreno del ciclo completo para el primer gran festival de música wagneriana inaugurado en el Festspielhaus de Bayreuth, en agosto de 1876. El estreno de la *Tetralogía* entera despertó una corriente de admiración en toda Europa, y fueron muchos los «peregrinos» que acudieron a la primera *Tetralogía* y difundieron su contenido por todos los países. En España fueron los catalanes Josep de Letamendi (1828-1897), doctor en medicina, y su alumno Joaquim Marsillach i Lleonart (1859-1883), quienes emprendieron la difusión de la música wagneriana con unos resultados que con el tiempo resultaron decisivos para que Barcelona se convirtiera en el primer centro wagneriano del mundo latino, con la aparición de una activísima «Associació Wagneriana», en 1901, que tradujo todos los textos de las óperas wagnerianas del alemán al catalán.

La *Tetralogía* fue concebida como una extensa saga mitológica en la que se aprecian los elementos de la ideología wagneriana fruto de la influencia de las lecturas de Wagner, de Schopenhauer y de Nietzsche, con la plasmación de un entorno nacional germánico regido por el concepto del héroe y de una concepción del mundo (*Weltanschauung*) que explica que más tarde fuera aprovechada por la ideología nacionalsocialista.

En cierto modo, lo que Wagner nos explica en su teatro musical, en esta *Tetralogía* es la transición de la Alemania pagana a la cristiana, aunque no se mencione este cambio de modo explícito, tal vez por no incomodarse con Nietzsche, cuya posición anticristiana era bien conocida. La amistad con el filósofo-filólogo Nietzsche se fue enfriando en el curso de la creación del *Anillo* y se diluyó después del estreno del ciclo, del que Nietzsche sólo presenció *Das Rheingold*, aunque la ruptura definitiva tuvo lugar más tarde, cuando Nietzsche criticó la visión grandilocuente y megalómana de Wagner y sobre todo su «retorno al cristianismo» con *Parsifal*, llegando a escribir páginas hostiles al compositor (*Nietzsche contra Wagner*, no publicado hasta 1910). Nietzsche encontró después el modelo que deseaba en la figura de *Carmen* la protagonista desinhibida y libre de la ópera de Bizet.

Escena inicial de la ópera *Das Rheingold* (1869), de Richard Wagner.
(Producción de Harry Kupfer en el Festival de Bayreuth.)

En el prólogo, *Das Rheingold* (*El oro del Rin*, 1869), se abre la *Tetralogía* con un pasaje musical de más de ciento cincuenta compases escritos en la tonalidad de mi bemol, cuya escala se va construyendo con la incorporación sucesiva de notas hasta que se completa la escala, que se escucha cuatro veces. Este pasaje, adaptación wagneriana del famoso pasaje de *Die Schöpfung* (*La Creación*, 1798) de Franz Josef Haydn, es la narración de cómo se forma el Rin, eje vertebrador de la nación germánica, en cuyo seno yace un bloque de oro —el oro del Rin— que simboliza el valor absoluto e innegociable de la germanidad, custodiado por tres ninfas o Hijas del Rin, que con el paso de los siglos han ido aflojando su vigilancia y son burladas por el ambicioso nibelungo Alberich. Éste, que ha tratado en vano de hacerse amar por las tres escurridizas ninfas, descubre que si renuncia al amor —sentimiento sublime en la concepción romántica— puede robar el oro y se lo lleva, a pesar de las protestas de las ninfas.

Después de esta introducción simbólica —Alberich convierte el oro en un valor económico, es decir, en fuente de poder— la escena siguiente nos lleva a lo alto de las montañas donde Wotan, el padre de los dioses, ha hecho construir una residencia digna de su categoría, pero sin medios para pagar la esforzada labor de los primitivos gigantones, a quienes ha prometido entregar a Freia, la diosa del amor, la que mantiene jóvenes a los dioses con sus manzanas de la vida.

El conflicto surge cuando los gigantes se llevan a Freia de modo provisional, ante la promesa de otro pago mejor. Wotan, con la ayuda de Loge, consigue descender al país de los Nibelungos, donde Alberich se ha hecho el dueño gracias a su nuevo poder, simbolizado por el anillo que le ha hecho su hermano, el orfebre Mime, despojado violentamente de un yelmo protector que se había hecho éste para escapar a la tiranía de Alberich. Pero el nibelungo cae en la trampa que le tiende Loge y los dioses se apoderan de él y se lo llevan a lo alto de las montañas, donde le exigen que entregue el oro que servirá para pagar a los gigantes. En el proceso, Wotan le arrebata también el anillo, contra el que el nibelungo, furioso, fulmina una maldición cuyo efecto se hará patente cuando finalmente los gigantes se quedan con él, con el yelmo y con todo el oro a cambio de la libertad de Freia. Los dos gigantes se enfrentan por el anillo y Fafner, más fuerte, mata a su hermano Fasolt; toma el tesoro y va a refugiarse en una cueva de un profundo bosque, donde gracias al yelmo tomará la figura de un dragón que custodiará el oro y el anillo sin saber hacer uso de sus posibilidades (es la figura del tesoro inactivo, del poder inerte, por la ignorancia de su dueño). Así el oro ha pasado por tres fases en el prólogo que termina con la solemne subida de los dioses al Walhalla. Las Hijas del Rin reclaman la devolución del tesoro robado, y Wotan se detiene dos veces, pensando que, efectivamente, debe encontrar una solución para restituir el oro a su lugar, pero sin ser él quien directamente se lo quite a Fafner, porque los pactos inscritos en la lanza de Wotan estipulaban el pago por la construcción del Walhalla, donde entra la familia de Wotan finalmente, en medio de los comentarios sarcásticos del dios del fuego, Loge.

Efectivamente, Wotan pensará en un plan para salvar el oro y devolverlo al Rin, y Wagner nos lo narrará en *Die Walküre* (*La Walquiria*, 1870): la creación de una estirpe de héroes, los Wälse —contra lo previsto por Wotan fueron dos hijos suyos, un hombre, Siegmund, y una mujer, Sieglinde, que nacieron de la mujer terrenal y anónima que sirvió para la procreación—. Luego, abandonados a su suerte, Sieglinde fue raptada y obligada a casarse con el jefe de una tribu de hombres primitivos, Hunding, y Siegmund, perseguido por los mismos, halla temporal refugio precisamente en la casa de Hunding, donde Wotan había clavado una espada para que pudiera defenderse. Allí mismo nace el amor entre los dos hermanos, que se unen incestuosamente, porque en la concepción del héroe nietzschiano, éste puede y hasta debe conculcar las leyes y normas del mundo. Fricka, la esposa de Wotan y diosa del amor matrimonial, exige de su esposo la anulación de la protección especial que Wotan y su hija mayor Brünnhilde dispensan a la pareja incestuosa, y Wotan tiene que permitir que Hunding mate a Siegmund, pero Brünnhilde salva a Sieglinde y recoge los trozos de la espada del héroe muerto, aconsejándole que tenga a su hijo en una cueva del bosque cercana a la de Fafner. Así nacerá el héroe Siegfried, cuya historia mitológica había motivado el interés inicial de Wagner por todo este mundo primitivo. Mientras tanto Wotan castiga a su hija por haberle desobedecido, dejándola dormida sobre una roca, aunque protegida por un círculo de fuego. La despedida de Wotan y Brünnhilde es uno de los momentos más emotivos y bellos de todo el ciclo.

Casi veinte años han transcurrido cuando empieza la tercera viñeta de la *Tetralogía*, titulada *Siegfried*. Con su nacimiento murió Sieglinde del parto, pero el niño fue cuidado por el nibelungo Mime, que intuye que el héroe matará al dragón y que, ignorante del valor del tesoro, lo dejará al alcance del débil pero astuto enano (aunque Alberich también ronda el lugar, en espera de lo mismo). Wotan, preocupado ahora por seguir el curso de la acción, se presenta ahora como caminante, y luego trata de

Escena del acto III de *Die Walküre* (1870), de Wagner. (Gran Teatro del Liceo, 1955.)

advertir a Fafner sobre la llegada del héroe, pero el dragón sólo quiere dormir, yacer y poseer, y no se inmuta. Cuando llega el héroe, la lucha con el dragón es breve y el héroe le clava su espada: la sangre de Fafner le permite entender el lenguaje de los pájaros, uno de los cuales le explica la importancia del anillo y del yelmo, de los que el héroe se apodera. Mime, para robárselos, trata de hacerle beber un veneno, pero Siegfried entiende ahora el sentido real de sus vanas palabras y mata al enano. Luego, conducido por el pájaro, y rompiendo por el camino la lanza de Wotan, que trata de oponérsele, llega hasta la roca y descubriendo a Brünnhilde dormida, la primera mujer que ha visto en su vida, la despierta con un beso de amor.

Se sabe que el contenido de la última parte de la *Tetralogía*, *Götterdämmerung* (*El ocaso de los dioses*, 1876) fue modificada por Wagner dándole un final pesimista, en la línea de la filosofía de Schopenhauer: Siegfried (que por medio de un brebaje ha olvidado a Brünnhilde y se la ha entregado a su nuevo amigo Günther) se niega a dar a las Hijas del Rin el anillo que ostenta en su mano, provoca el final de los dioses, que se hundirán con Wotan y con todo el Walhalla en el incendio final provocado por la pira funeraria en la que se incinera el cadáver del héroe, víctima de la ambición del hijo de Alberich, Hagen, que ha asesinado al héroe con objeto de robar el anillo. Pero, aunque muerto, el héroe mantiene sujeto el anillo en su puño y sólo Brünnhilde, su esposa, puede tomarlo y lanzarlo al Rin para que las Hijas lo recuperen, arrastrando a Hagen entre sus aguas, mientras se hunde el mundo de los dioses y se inicia una incierta, pero renovada era de la historia del mundo germánico. La grandiosidad de la obra, con momentos musicales que son verdaderos poemas sinfónicos (como «El descenso de Siegfried por el Rin», en el primer acto, y la «Marcha fúnebre de Siegfried», en el tercero, y la compleja reutilización del material temático de todo el conjunto, un tanto modificado por los años que separan esta última parte de las tres partes anteriores, dan a la *Tetralogía* el carácter de un verdadero monumento musical, cuya duración de más de quince horas impone la representación separada de las cuatro partes del drama, como se hizo en Bayreuth a raíz de su estreno, y como se sigue haciendo en la actualidad, tanto en el festival como en las ciudades donde se lleva a cabo una *Tetralogía* como producción unitaria.

El Festival de Bayreuth de 1876, a pesar de su impacto internacional no logró una respuesta económica suficiente y no se repitió hasta el año 1882, cuando Wagner presentó en él su última obra, *Parsifal*, basada en la leyenda del Grial que ya había merecido su atención más de treinta años antes y compuesta casi totalmente durante sus largas estancias en Italia. En

John Tomlinson, ilustre intérprete en varias *Tetralogías* de Bayreuth,
en el papel del Caminante, de *Siegfried*, 1994.

Parsifal, volvía el compositor a usar un ciclo de temas interno que seguía
ejerciendo la misma función conductora que en sus anteriores obras: uno
de los motivos era el «amén de Dresden», que Mendelssohn había incluido
en su *Sinfonía de la Reforma* y que procedía de la tradición litúrgica luterana.

La historia narraba la decadencia del castillo-templo donde se custo-
diaba el Grial por una comunidad fundada por Titurel, que ahora era un

viejo incapacitado, mientras su hijo Amfortas, en su intento por luchar contra el réprobo Klingsor, no sólo se dejaba seducir por Kundry, mujer malvada al servicio de Klingsor, sino que se dejaba robar uno de los tesoros de la comunidad, la lanza con la que Longinos había herido el costado de Jesús en la Cruz, con la que Klingsor le infligía una significativa herida en un costado, herida que no sanaba y le procuraba inagotables dolores, por culpa de los cuales y de su sentimiento de culpa, cada vez le costaba más oficiar con el cáliz sagrado. La llegada de un joven cazador atolondrado, Parsifal, suscitaba esperanzas de una redención en el anciano Gurnemanz, miembro de la comunidad, que lo hacía asistir a un oficio. Pero el muchacho no parecía entender nada y Gurnemanz lo expulsaba del templo. Sin embargo, la fe difundida por el cáliz fructificaba, y Parsifal, por propia iniciativa derrotaba con su pureza e inocencia a Klingsor y recuperaba la lanza sagrada. Regresaba al templo un Viernes Santo, sanaba la herida de Amfortas y asumía la dirección de la vida del templo después de redimir a la arrepentida Kundry.

El estreno de *Parsifal* fue dirigido por Hermann Levi, judío, hecho que suele citarse como uno los grandes argumentos contra el antisemitismo de Wagner, quien, sin embargo, había escrito un extenso artículo, *Das Judentum in der Musik* (1850) en el que trataba de demostrar que los judíos, por su origen, eran incapaces «para la manifestación artística de su esencia», a pesar de lo cual, con su poder económico, se habían apoderado de importantes posiciones en el mundo de la música. Wagner se centraba de modo especial en la figura de Mendelssohn para explicar sus opiniones.

Enfermo del corazón, Wagner murió el invierno siguiente en Venecia (febrero de 1883), dejando en manos de su esposa Cósima la gestión de los festivales, que volvieron a funcionar en años sucesivos, primero con *Parsifal*, y después con la incorporación gradual de las restantes óperas de Wagner hasta quedar, en 1901, completado el *canon* de diez títulos, desde *Der fliegende Holländer* hasta *Parsifal*. Cósima, autora de un extensísimo diario que se ha publicado finalmente en los años ochenta, rigió el Festival con mano de hierro, tomando decisiones en torno a cantantes, directores de orquesta, producciones, etc., en nombre de su hijo Siegfried Wagner (1869-1930), compositor que procuró mantenerse independiente respecto de la música de su padre, aunque ninguna de sus varias óperas (*Der Schmied von Marienburg*, *El herrero de Marienburg*, 1923, tuvo un cierto grado de éxito) se estableció en el repertorio en ningún momento, ni siquiera en Alemania. Desde 1908, tomó Siegfried Wagner a su cargo el Festival de Bayreuth, y superó con éxito el trauma de la I Guerra Mundial, durante la cual y hasta 1924 el Festival estuvo suspendido. Siegfried

Plácido Domingo es, junto con Victoria de los Ángeles, el único español
que ha cantado en el Festival de Bayreuth. En la fotografía aparece
en una escena de *Parsifal*, en 1992.

Wagner, que fue casado casi por imposición materna en 1916 con la
joven inglesa Winifred (Winifred Wagner), dejó los festivales en manos
de su joven esposa, quien llevó el mando de los mismos a partir de 1931
y abrió sus puertas al mandatario nacionalsocialista Adolf Hitler, quien
visitó asiduamente el Festival hasta el estallido de la II Guerra Mundial,
en 1939. Los festivales gozaron de su protección hasta la última y precaria

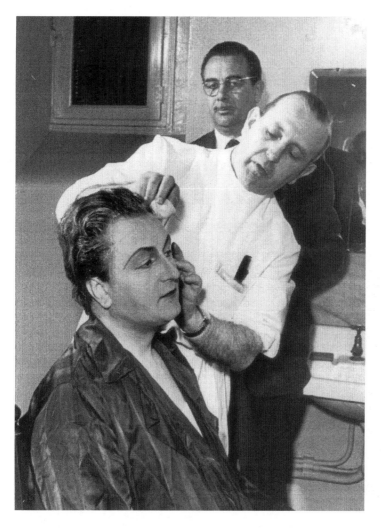

El tenor Wolfgang Windgassen preparándose para cantar
en la ópera *Parsifal* de Wagner. (Gran Teatro de Liceo, 1955.)

edición de 1944 y Winifred fue despojada del mando por los Aliados, que
consintieron en la reapertura de los mismos bajo la dirección de los hijos
de Winifred (y nietos del compositor), Wieland y Wolfgang Wagner a
partir del año 1951.

La inmensa labor creadora de Richard Wagner hizo poco menos que
imposible la continuidad de la vida operística alemana por el camino que
él había trazado, y en los últimos años del siglo xix sólo pudieron existir
intentos de imitación de su estilo, o la regresión a métodos anteriores a
su aparición. La única notable excepción la constituyó, en Alemania, su
discípulo y ayudante (en la puesta en escena musical de *Parsifal*, en 1882),

Engelbert Humperdinck (1854-1921), autor de una ópera de aspecto infantil pero de notable contenido musical, *Hänsel und Gretel* (1893), que ha ocupado un lugar en el repertorio internacional; en 1897 estrenó otro título de parecida estructura y basado también en un cuento infantil, pero mucho menos conocido: *Königskinder* (*Los niños del rey*).

Dentro de los epígonos wagnerianos hay que citar, en otro terreno, al compositor alemán Hans Pfitzner (1869-1949), gran admirador de Wagner y contrario a la evolución de la música, Pfitzner se unió al nacionalismo musical germánico con óperas como *Die Rose vom Liebesgarten* (*La rosa del jardín del amor*, 1901) y *Palestrina* (1917), que es considerada su mejor creación.

En un terreno mucho más ligero, el compositor Johann Strauss II (1825-1899) se distinguió, no sólo de la composición de sus inmortales valses, sino también en la creación de destacadas operetas *Die Fledermaus* (*El murciélago*), 1874 y *Der Zigeunerbaron* (*El barón gitano*), 1885 que aún hoy son parte importante de la programación de muchos teatros de ópera europeos.

Sólo un compositor de excepcional personalidad iba a lograr, con el tiempo, crear una serie de óperas en las que la influencia wagneriana se mantuviera sólo en un discreto segundo plano, sin impedir la propia capacidad creativa: el compositor bávaro Richard Strauss (1864-1949), de quien se tratará en un capítulo posterior.

VIII. EL NACIONALISMO OPERÍSTICO

XXXI. El nacionalismo musical italiano: Giuseppe Verdi

Aunque el fenómeno del nacionalismo musical en Italia no adquirió la misma forma que en otros países —Italia no tenía que reivindicar nada musical en un mundo que estaba completamente italianizado, sobre todo en materia de ópera— lo cierto es que también se hacen sentir intensos influjos nacionalistas en la música italiana. Ya Rossini había dado algunos testimonios «nacionalistas» en su *L'Italiana in Algeri* (1813) y, en menor grado, en *Il turco in Italia* (1814). Bellini, Pacini y Donizetti habían sido más cautos, a pesar de que en sus años de actividad iba en aumento el clima reivindicativo de un nacionalismo italiano libre de dominios ajenos.

Fue en este clima creciente de reivindicación nacional que apareció la figura de Giuseppe Verdi (1813-1901), a pesar de que en sus primeros años el compositor, natural de Busseto, en el ducado de Parma, vivió bastante ajeno a todas las cuestiones políticas que se debatían en la Italia de sus años mozos.

Sus oscuros inicios como operista (trató de escribir un *Rocester* que no llegó a terminar, en 1836) le consintieron la creación de óperas de mediano relieve para la Scala de Milán, gracias a la recomendación de la soprano Giuseppina Strepponi, y así pudo el compositor presentar en 1839 su primera ópera definitiva, *Oberto, conte di San Bonifacio* (1839) y la ópera bufa *Un giorno di regno, ossia Il finto Stanislao* (1840), cuyo fracaso no

Giuseppe Verdi, el compositor romántico italiano autor de obras como *Aida*, *Otello* o *Falstaff*.

fue debido a la menor calidad de la partitura —como se ha dicho insistentemente— sino a algún factor relacionado con los cantantes o la presentación escénica de la pieza, como ocurría tantas veces entonces.

Desde estas primeras creaciones, todavía enmarcadas en el primer romanticismo de Bellini y Donizetti, e incluso con algunos ecos orquestales rossinianos, hasta la última creación verdiana, *Falstaff*, estrenada cincuenta y cuatro años más tarde, la ópera italiana vivió cada vez más gobernada por la extensa producción de un compositor que, como dijo en su momento el escritor René Dumesnil, tuvo la facultad de saberse renovar siempre manteniéndose, por otro lado, siempre fiel a sí mismo.

En cierto modo Verdi tuvo un aprendizaje bastante autodidáctico; es sabido que no fue admitido en su momento en el conservatorio de Milán (¡que hoy día lleva su nombre!) porque fue considerado demasiado mayor y poco hábil en el manejo del piano. Tuvo que formarse de modo libre, con profesores ocasionales, y muchas de las cosas que aprendió en el campo de la ópera las adquirió más con el trabajo que con el estudio teórico.

Trabajó como director de orquesta ocasional y obtuvo un contrato del empresario Bartolomeo Merelli, entonces responsable del Teatro alla Scala de Milán, para que compusiese tres óperas; las dos primeras fueron las antes mencionadas *Oberto* y *Un giorno di regno*. Coincidió la segunda con

Escena de *Nabucco* (1842),
de Giuseppe Verdi
(representación con Leo Nucci
en el papel protagonista, en
el Teatro Lirico di Cagliari,
Cerdeña, en 2001).

la enfermedad y muerte de sus dos hijos y de su esposa, que dejó a Verdi
solo en Milán y sin ánimos de continuar su carrera. Sólo la insistencia de
Merelli llegó a convencerlo para que escribiese otra ópera, cuando el joven
compositor había decidido abandonar el género.

El tema sugerido por Merelli era un libreto de tema bíblico (era preciso, puesto que la ópera debía estrenarse en Cuaresma) titulado *Nabuccodonosor*, y que había sido antes rechazado por el compositor alemán Otto
Nicolai. El título de la ópera acabaría quedando abreviado en *Nabucco*,
mucho más tarde. Ésta fue la ópera que llevó a Verdi a un primer contacto
con la fama. Aunque seguía siendo evidente la influencia de los compositores de la generación anterior (la partitura muestra parecidos muy directos
con otra ópera bíblica, el *Mosè* de Rossini), pueden apreciarse en su música
contenidos que serán típicos de Verdi. Desde el punto de vista estructural,
la obra es bastante sencilla: su núcleo esencial, como en la mayoría de las
óperas de esta época, es la *scena* (cuyo contenido, como se recordará, estaba formado por un recitativo con orquesta de carácter bastante melódico,

seguido de un aria y de una rítmica y animada *cabaletta*). Los personajes no son tratados ni de lejos con la profundidad psicológica que Verdi dará a los de óperas posteriores. Aun así, se trata de una ópera que rezuma ideas brillantes, un tratamiento primario pero eficaz de las voces y además fue la que abrió la etapa nacionalista del compositor. El famoso coro «Va, pensiero», en el que los israelitas se lamentan por la pérdida de su patria, fue identificado rápidamente por el público milanés con la ocupación austríaca de su país y dio al compositor la clave de un hilo conductor nacionalista en el que no había atinado hasta entonces, gracias también en parte al tono literariamente ineficaz, pero políticamente despierto, del texto de Temistocle Solera. Esa exaltación del patriotismo italiano en plena etapa del Risorgimento político y también literario que se vivía en Italia identificaron a Verdi (cuyo apellido coincidía, además, con las signas de «Vittorio Emanuele Re D'Italia» que propugnaban los patriotas) y que acabó haciendo de Verdi el compositor que representaba el deseo de todo un pueblo de quitarse de encima el yugo de los austríacos.

No es extraño, pues, que visto el éxito de *Nabucco*, el empresario quisiera repetir la jugada político musical con un nuevo encargo a ambos artistas, compositor y libretista: el resultado fue *I lombardi alla prima crociata* (1843), en la que el sentimiento nacional resulta más explícito en una historia protagonizada por los lombardos (Lombardía, cuya capital es Milán).

Llamados a tener un papel crucial en el movimiento por la independencia. Verdi insistió en *I lombardi* en dar relieve a la parte coral: el pueblo pasa a ser casi el protagonista real de la acción y, en un intento de repetir el éxito de «Va, pensiero», los lombardos en peligro se reunirán en un canto coral, «Signor, dal tetto natìo» para implorar el auxilio divino para su nación. Pero nunca segundas partes fueron buenas, y aunque no carece de interés musical (con algunos curiosos intentos de renovar el contenido instrumental, como el preludio al trío de la muerte de Oronte, casi un movimiento de concierto para violín y orquesta), *I lombardi* no alcanzó nunca el éxito de su predecesora.

Desde el punto de vista vocal, Verdi se lanzó de lleno a la busca de una vocalidad de tonos heroicos, que hizo uso, en los primeros tiempos, de un tipo de voz femenina que se encuentra ya apuntada en algunas óperas de Bellini (*Norma*, sobre todo) y de Donizetti (en *Lucrezia Borgia*, por ejemplo) y que se dio el nombre de «soprano dramática de coloratura», porque reunía a la vez una potencia considerable (para superar la barrera de una orquesta que Verdi quería cada vez más intensa —«ruidosa», según sus enemigos—) y la antigua agilidad de las sopranos de la generación anterior. El resultado fue una mezcla explosiva, que aplicada sin tino causó daños irreversibles en la voz de la soprano que interpretó el papel casi inasequible de la Abigaille, en *Nabucco*, la soprano Giuseppina Strepponi, que tanto había defendido a Verdi ante el empresario Merelli. La Strepponi, que había iniciado por aquel entonces una relación amorosa con el compositor, acabaría siendo, años más tarde, su esposa. En óperas sucesivas Verdi atenuaría un poco las exigencias vocales de sus sopranos.

Como Bellini o Donizetti, Verdi no podía todavía dar el protagonismo de sus arrebatadas óperas románticas a la voz de tenor, todavía no preparada para encabezarlas. El nuevo canto expresivo hacia el que se encaminaba la ópera era totalmente extraño a la práctica vocal y a la técnica adquirida por los tenores de la época del *bel* canto. La formación de un nuevo tipo de voz había provocado incluso conflictos, como el del tenor *belcantista* francés Adolphe Nourrit (1802-1839) quien, ante la incapacidad de adaptarse al nuevo modo de cantar de su rival Duprez, acabó su brillante carrera suicidándose en Nápoles. Hacía falta tiempo para que los nuevos tenores fuesen adaptándose a la fuerza exigida por los dramas románticos; había, además, una fuerte opinión en contra de estos cambios, atacados por críticos prestigiosos tanto en Italia como fuera de ella.

No es extraño, por lo tanto, que siguiera siendo la voz femenina la de las protagonistas de las primeras óperas verdianas: la ya citada Abigaille, en *Nabucco*, Giselda, en *I lombardi*, y Elvira, en su siguiente ópera *Ernani* (1844), aunque en contrapartida los personajes masculinos de voz más «normalizada», como los bajos y barítonos, adquieren en estas óperas un relieve casi excepcional (el gran sacerdote Zaccaria, el bajo de *Nabucco*, y el propio protagonista de la ópera, barítono). Aunque Donizetti ya había creado papeles importantes para bajo y barítono, no les había concedido papeles de tanto relieve. En cambio el tenor —papel de Ismaele— tiene una presencia reducida en la acción. Aparte de la orientación de los protagonistas, crece el papel del coro, como ya se ha indicado, y la fuerza de la orquesta.

En *Ernani*, sin embargo, el tenor ya adquiere un relieve notable y se está preparando el terreno para que sea ésta la voz de mayor importancia de la obra, aunque no sea posible, de momento, consagrar esta idea. En óperas siguientes el tenor volverá a cometidos secundarios (como en el caso de *Macbeth*, donde los dos personajes de esta cuerda, Malcolm y McDuff son, en realidad, poco menos que un tenor escindido en dos partes).

En el caso de *Ernani*, Verdi escogió una obra simbólica del romanticismo triunfante (*Hernani*, de Victor Hugo) y confió el libreto al que sería su colaborador más fiel: Francesco Maria Piave. Éste, no tan explícitamente

patriota como Solera, no dejó de introducir en el texto momentos suscep-
tibles de despertar el ardor patriótico en el público: en esta ópera, el espectacular concertante «Si ridesti il leon di Castiglia», que fue usado como
uno de los himnos preferidos del Risorgimento, con una fama parecida a
la de los coros ya citados de *Nabucco* e *I lombardi*.

Sin embargo, no todas las óperas de esta época dieron el mismo resultado feliz. Las prisas con las que tenía que trabajar el compositor no
contribuían a darle un estado de ánimo adecuado para la experimentación
que hubiera tenido que llevar a cabo para seguir el camino que él mismo
había elegido. Por esto, estos años fueron los más flojos de su producción,
los que él mismo llamó *anni di galera* (años de presidio), en los que trabajaba como un forzado sin poderse conceder un respiro en los plazos de un
trabajo agotador. En estos años aparecen, pues, sus óperas menos apreciadas: *I due Foscari* (1844), *Giovanna D'Arco* (1845, basada en una obra de
Schiller) y sobre todo su flojísima *Alzira* (1845), una creación considerada
por el propio Verdi como su peor producción operística.

Aún así, no dejan de hallarse en estas óperas algunos momentos curiosos e incluso felices, como por ejemplo, la confrontación padre-hija
de *Giovanna D'Arco* que Verdi había esbozado ya en su *Oberto*, y que aquí
adquiere un mayor relieve (lo tendría aún mayor más tarde), así como
algunos curiosos experimentos en la instrumentación que no tuvieron
continuidad.

Superado este «bache», el compositor remontó su nivel dramático en
Attila (1846), con un libreto pésimo, pero muy «patriótico» del incansable
Temistocle Solera. Todavía el protagonismo vocal masculino reposa sobre
las voces de bajo (Attila) y de barítono (Ezio), quedando la de tenor en un
discreto segundo plano (Foresto); el relieve de la voz de soprano dramática de coloratura se mantiene incólume en la figura de la bélica Odabella.
La orquesta se ha ido apartando ya del modelo belliniano-donizettiano y
adquiere un papel de primer orden, como puede advertirse en el preludio
del primer acto, que establecería una continuidad con otros preludios
posteriores de mayor relieve, como el de *Macbeth* e incluso en óperas posteriores, como *La traviata*.

XXXII. EL LENTO ADIOS AL BELCANTISMO: CAMBIOS ESTILÍSTICOS

Una voz «fea» para Lady Macbeth

Con *Macbeth* (1847), inmediatamente posterior a *Attila*, se afirman los cambios estilísticos insinuados en esta ópera. *Macbeth* es sin duda la obra más significativa de Verdi desde *Nabucco*, y la que le permite llevar a cabo sus principales objetivos, uno de los cuales era dar vida a una obra teatral de Shakespeare. Verdi no era un autor muy «leído», pero estaba al corriente de las líneas maestras de su tiempo y sentía una gran admiración por el teatro del dramaturgo inglés, al que pudo dedicar sólo una ópera a pesar de su intenso deseo de poner en música otras creaciones de Shakespeare. Aunque en la creación de *Macbeth* el compositor siguió en la línea de dar a su público una nueva ración de patriotismo vital (especialmente en el coro del último acto), lo interesante de esta ópera es el tratamiento psicológico dado a los personajes principales de la obra. Verdi iba descubriendo que éstos deben cantar un tipo de música que exprese sus vivencias interiores, y no un conjunto de florituras decorativas lejanas de su verdadera psicología. Por esto suele considerarse que con esta ópera Verdi se aleja por primera vez y de una manera consciente de las exigencias del *bel canto* (belleza en la emisión vocal como elemento primordial) y siente la necesidad de que los personajes negativos, atormentados o perversos *expresen* con su voz los sentimientos reales que motivan sus atroces acciones.

Es célebre la carta que Verdi dirigió a su empresario, recomendando que la cantante que debía interpretar el papel de Lady Macbeth tuviese una voz áspera y desagradable, era necesario que diese el adecuado relieve al personaje. No tenía sentido recurrir al *bel canto* para este rol de mujer malvada y ambiciosa, sino una voz que con su emisión rugosa y desigual expresase las asperezas del alma del personaje.

Una vez más, la voz de tenor se mostraba todavía incapaz de adaptarse a las nuevas ideas.

Conocemos muchos pormenores de esta etapa de la carrera de Verdi gracias a la correspondencia de su único alumno, el poco afortunado compositor Emanuele Muzio (1821-1890), a quien el maestro confió una de las primeras representaciones de *Macbeth*, con la que inició una carrera más afortunada como director de orquesta. Aunque poco crítico con la obra de su admirado maestro, las cartas de Muzio (muchas dirigidas al antiguo protector de Verdi, Antonio Barezzi) nos dan una interesante información sobre el día a día verdiano de estos años.[22]

Nuevo «bache» verdiano

Un nuevo «bache» compositivo sigue al brillante logro de *Macbeth*, subrayado por una crisis de salud que llegaron a ser inquietantes. Un cierto retorno al *belcantismo* parece aflorar en *I masnadieri* (1847), basado en un drama de Schiller, al que Verdi recurría con frecuencia en estos años, no siempre con el mejor éxito. En *Il corsaro* (1848), sólo salvable por un par de arias notables, la inventiva verdiana se hunde de nuevo, sin saber dar al típico tema romántico del corsario un interés suficiente.

Algo mejor resultó, en 1849, *La battaglia di Legnano*, una vez más dedicada a recordar las glorias de la Italia medieval para un público decidido a recuperar su vida independiente.

Sin embargo, el fracaso de la revolución de 1848 había enfriado un tanto los ánimos de los patriotas, y el clima político-musical estaba cambiando. En todo caso, una obertura atractiva y unos números para los principales personajes, bastante sugestivos, hacen de esta ópera un título que habría que recuperar.

Sí que se ha recuperado modernamente, en cambio, *Luisa Miller* (1849), otro drama basado en *Kabale und Liebe*, un flojo drama de Schiller que tiene sólo el atractivo de darnos una protagonista que no es una dama noble, sino una aldeana enamorada de un joven que no es, en realidad, tampoco el noble que pretende ser (su padre, el conde Walther, no es sino un despreciable usurpador). Los tintes oscuros con los que se ve revestido el drama siguen siendo los de las óperas tenebrosas de los años 1830 y 1840 (los mismos que usaría Mercadante en su exitoso *Il bravo*), y Verdi nos dibuja un villano contumaz y perverso, sin ningún contraste humano, en la figura del malvado Wurm (cuyo nombre, en alemán, significa «gusano»). Sin duda Verdi sintió una cierta frustración al crear un personaje monocolor, sin relieve, pura maldad, sin ninguna personalidad visible, y es posible que este hecho modificara su modo de proceder a partir de esta ópera, que siempre se ha considerado el punto de inflexión entre el Verdi de los primeros años y su nueva y esplendorosa etapa de los años 1850.

---

[22] Garibaldi, Luigi Agostino (ed.), *Giuseppe Verdi nelle lettere di Emanuele Muzio ad Antonio Barezzi*, Fratelli Treves, Milán, 1931. Aparte de las numerosísimas biografías verdianas más o menos detalladas, puede consultarse también Vetro, Gaspare Nello, *L'allievo di Verdi, Emanuele Muzio*, Zara, Parma, 1993.

Sin embargo, el primer intento de cambio no resultó muy afortunado: *Stiffelio* (1850), que situaba al protagonista en un conflicto de conciencia como sacerdote protestante y a la vez esposo de una esposa con una historia de infidelidades, no dio un buen resultado ni en esta ocasión ni cuando, en 1857, Verdi quiso repetir el intento con *Aroldo*, una de sus óperas menos conocidas y apreciadas.

La «trilogía verdiana»

La suma de todas estas experiencias y el dominio cada vez mayor de los recursos expresivos y dramáticos de las óperas que escribía Verdi precipitaron de pronto tres dramas musicales que por su categoría especial han sido denominados «la trilogía verdiana», aunque no exista nexo preciso entre las tres óperas. Con ellas, Verdi «aplastaría» definitivamente a sus posibles rivales Pacini, Mercadante, los hermanos Ricci y demás colegas suyos. En cierto modo, el predominio casi absoluto de Verdi perjudicó la vitalidad de la ópera italiana, ya que pocos eran los que conseguían sobrevivir ante la tremenda marea verdiana que ocupaba los teatros de ópera de Italia y de fuera de ella.

Rigoletto (1851), basada en una obra antimonárquica de Victor Hugo titulada en francés *Le Roi s'amuse* (*El rey se divierte*, 1832), fue la pieza con la que Verdi inició la transformación de su estilo adoptando el realismo teatral en lugar de las convenciones románticas irreales del mundo caballeresco medieval, pero sin rupturas: para los espectadores de entonces, como para los de ahora, en esta ópera hay bastantes momentos vocalmente *belcantistas*, pero el secreto está en que ese antiguo recurso del canto está orientado ahora a dibujar con precisión la psicología de algunos personajes. Así, por ejemplo, sustituir la soprano dramática de coloratura por una soprano ligera, con aria ornamental y con sobreagudos, no es sino un modo de indicarnos el carácter ligero, casi infantil, de la inocente —pero mentirosa— Gilda, capaz de sacrificar su vida por un engañoso galán que no merece su amor. La figura de éste, un tenor lírico-ligero, queda definida vocalmente por su carácter vano y voluble (tan bien expresado en su «Questa o quella» inicial y en su famosa canción «La donna è mobile»). Aquí la figura central sigue siendo el barítono, en este caso el protagonista real de la obra, capaz de arremeter contra la corrupta corte a la que él mismo ha servido («Cortigiani, vil razza dannata») pero incapaz de luchar con eficacia contra el odiado seductor, con lo que su «tremenda vendetta» recae sobre él mismo, en un impresionante final.

Verdi había conseguido ahora crear un personaje que no era «malo» (como Wurm) ni tampoco «bueno». Su psicología superaba por primera vez la simple valoración moral para situarse en el complejo mundo de las relaciones padre-hija (ya esbozado con eficacia en *Giovanna D'Arco*). El aspecto humano de la ópera, por lo tanto, había triunfado de modo definitivo. El enfoque dado al tenor, aparentemente noble, caballeresco y cabal, cambia por completo: no todos los nobles lo son moralmente: el tenor «amoroso» de *Rigoletto* es un miserable seductor sin conciencia ni moral, y esto a pesar de que la censura de la época procuró mitigar su imagen, impidiendo que fuese rey de Francia, sino sólo un duque de Mantua, e introduciendo un cierto grado de enamoramiento en sus acciones que la obra original no ofrecía (el aria «Parmi veder le lacrime», en que el seductor afirma amar a Gilda, fue una imposición de la censura).

Rigoletto entra en un terreno realista que impone, entre otras cosas, un buen número de personajes comprimarios (estamos lejos de los cinco o seis de *La favorita* de Donizetti, por ejemplo), con lo que se da más realismo a la trama argumental (la dama seducida, los cortesanos, la «dueña» corrupta, el paje atolondrado, el rebelde Monterone). Este procedimiento de realismo escénico arraigaría fuertemente y volveremos a encontrarlo en las óperas siguientes, muy especialmente en *La traviata*.

Si los progresos narrativos y dramáticos de *Rigoletto* resultan evidentes, no lo son tanto en cambio los que pueden apreciarse en la ópera siguiente, *Il trovatore* (1853). A primera vista parece un paso atrás en la evolución continua de la ópera verdiana. Es cierto que en algunos aspectos, la ópera resulta más convencional que *Rigoletto* y que, desde el punto de vista musical, las estructuras cada vez más abiertas que proponía Verdi parecen congelarse en esta ópera. Sin embargo, no es del todo cierto: los recursos establecidos para explicarnos *Rigoletto* se mantienen y la ambigüedad moral de un personaje socialmente marginado está espléndidamente representado en el papel de la gitana Azucena. Además, es en esta ópera cuando aparece por primera vez un ejemplo de tenor verdiano, verdadero protagonista vocal de la ópera, en la figura de Manrico, que se enfrenta a un barítono con un papel de considerable importancia, el conde de Luna, pero que ya no es el protagonista de la obra.

Las estructuras de *Il trovatore* no son tan convencionales como parecen: en la escena de Manrico y Leonora del tercer acto, el aria inicial «Ah sì, ben mio» está tan separado de la famosa *cabaletta* que Verdi se aventura a colocar en medio el bellísimo *duettino* «L'onda dei suoni mistici», para concluir la *scena* con «Di quella pira», la famosa *cabaletta* que hoy suele escucharse mutilada.

Escena de *Rigoletto* (1851), en una curiosa producción con Giancarlo Pasquetto en el papel de Rigoletto y el tenor Marcelo Álvarez en el de Marullo, Tokio, en 2001.

El drama romántico español *El trovador* (1835) de Antonio García Gutiérrez, sin ser una obra de gran calidad, tiene al menos una coherencia interna que se aprecia si se sigue el libreto que Salvatore Cammarano esbozó para Verdi, y es justo reconocer que la estatura dramática de la gitana Azucena tiene casi el mismo interés que la figura de Rigoletto de la ópera anterior.[23]

Unos pocos meses después del estreno en Roma de *Il trovatore*, Verdi presentaba en Venecia su siguiente título: *La traviata* (1853). No sólo sigue siendo, a siglo y medio de distancia, una de las óperas más populares de Verdi, sino también una de las más perfectas de toda su producción. Verdi, metido ahora de lleno en un tipo de creación realista, escogió por primera vez un tema de actualidad, renunciando a la temática más o menos histórica, para entrar en el París de su época, atacando la hipocresía social

[23] *Cf.* el estudio previo a la traducción de *Il trovatore*, realizado por quien firma estas líneas, en la colección «Introducción a la ópera», número 1, Barcelona, Robinbook, 2000, pp. 17-37.

reinante (de la que Verdi, en su relación todavía «pecaminosa» con Giuseppina Strepponi, estaba literalmente harto) y dando al público burgués que aplaudía sus obras un bofetón moral: la protagonista de su ópera no era una dama noble, ni siquiera una muchachita ingenua como la Gilda de *Rigoletto*, sino una prostituta —de lujo, pero prostituta al fin— aquejada, por si fuera poco, de la enfermedad «terrorífica» del siglo XIX, ésa que sólo se mencionaba en voz baja y con horror: la tisis, «fea» y contagiosa, que podía segar la vida de cualquiera, por encumbrado que estuviera. Con esta ópera, Verdi abrió definitivamente las puertas al realismo descarnado que acabaría generando en Italia, años más tarde, el movimiento *verista* y que pretenderá representar, a través de la ópera, la vida tal cual es.

No deja de ser curioso observar, sin embargo, que Verdi, después de haber abierto el camino, no llegó apenas a transitar por él. La intención del compositor al introducir un tema de este tipo en su obra está más relacionada con el deseo de profundizar en la busca de nuevas tipologías de personajes, que a reflexionar sobre la sociedad de la época en la que pasan los acontecimientos, la propia época del compositor: no olvidemos que *La traviata* hoy nos parece una obra «de época» pero en su momento fue estrictamente contemporánea. Para Verdi esto debió de ser secundario, porque cuando el Teatro La Fenice de Venecia se mostró contrario a usar un vestuario del día, el compositor aceptó que se situase la ópera en el año 1700, y sólo fue cuando se superó la mala recepción inicial de *La traviata* que fue posible verla con la indumentaria del momento.

Señalemos de paso que la utilización de la novela y posterior drama de Alexandre Dumas hijo, se hizo sin pagar derechos de autor (el sistema legal estaba todavía en sus inicios) por el simple procedimiento de cambiar los nombres de los protagonistas, algo que también se había hecho con los de Victor Hugo en *Rigoletto*.

Desde el punto de vista musical, aunque las formas cerradas continúan en vigor (como lo revelan las respectivas *scene* de Violetta, Alfredo y Giorgio Germont, aunque se cortaran tiempo atrás las *cabalette* de estos dos personajes), porque Verdi encontró el modo de adaptarlas a la dinámica de la narración teatral.

La traviata cierra gloriosamente la «trilogía verdiana», pero no debe sorprendernos el cambio de rumbo de Verdi a partir de este momento, ni siquiera su ocasional vuelta al lenguaje anterior: también Beethoven alternaba una sinfonía «progresiva» con otra del estilo anterior, como es bien sabido.

La etapa de madurez verdiana

Después del éxito obtenido finalmente con *La traviata*, después de un fracaso inicial, Verdi recibió el encargo de escribir una ópera con motivo de los fastos de la Exposición Universal que tenía que celebrarse en París, en 1855. No era la primera vez que Verdi trabajaba para esa institución tan peculiar que era la Ópera de París, cuyo perenne rango como Academia seguía imponiendo determinadas servidumbres, como la división de las óperas en cinco actos y la inclusión de un extenso ballet, escenas grandiosas y la presencia de cuatro personajes vocalmente importantes como mínimo. En 1847 Verdi había presentado su versión en francés, *Jérusalem*, derivada de *I Lombardi*; ahora se trataba de una ópera del todo nueva, y el tema elegido —poco afortunado para un público francés— fue el de la revuelta antifrancesa de Sicilia de 1282. La ópera se tituló *Les vêpres siciliennes*, la más larga de las creaciones verdianas, que costó enormes esfuerzos al compositor, y constantes disgustos con los responsables de la Ópera (a la que el compositor llamaba con menosprecio «la grande boutique»). A pesar del libreto, la música gustó mucho y la crítica se deshizo en elogios. La versión italiana de la ópera, *I vespri siciliani*, que ha sido la forma en que más habitualmente se ha representado desde entonces, se estrenó en Parma ese mismo año, aunque en Alemania circuló una versión en alemán.

Después de este éxito y de haber escrito un ballet para representar *Le Trouvère* (*Il trovatore*) en la misma Ópera de París, Verdi emprendió una nueva creación, *Simon Boccanegra* (1856), para la que, movido por su interés por los temas españoles utilizó una nueva obra teatral de Antonio García Gutiérrez, de la que Francesco Maria Piave extrajo un confuso y errático libreto que es uno de los peores que Verdi llevó a escena. Además, en esta ópera, pese a algún acierto y a momentos de gran relieve, el compositor volvió de nuevo al estilo tenebroso de los años 1840, renunciando a las conquistas realizadas en la época de la «trilogía». Consciente de las limitaciones de su obra, años más tarde (1881) Verdi encargaría a Arrigo Boito la revisión del libreto y él mismo modificó en algunos puntos la partitura; esta segunda versión es la que se representa actualmente, sin que la obra haya ganado mucho en claridad ni en efectividad teatral, aunque el protagonista —un barítono— tiene en la obra un protagonismo indudable.

Peor resultó la revisión de su *Stiffelio* de 1850, llamada ahora *Aroldo* (1857), que no obtuvo apenas éxito alguno. Sin embargo el talento de Verdi resurgiría cuando comprendió que tenía que echar por la borda las óperas «tenebrosas» de la década anterior y tratar de crear una ópera brillante, atractiva, llena de esa vitalidad y de ese cosmopolitismo que Verdi asociaba al teatro francés del siglo XVIII. Así fue como finalmente decidió convertir en ópera el tema, ya utilizado por Auber en su *Gustave III* (1833), del asesinato del rey sueco Gustavo III por dos nobles en un vistoso baile de máscaras de su corte. Con libreto de Antonio Somma, la ópera debía estrenarse en el Teatro San Carlo de Nápoles con el título de *Un ballo in maschera* (1859).

La elección concitó en su contra todas las iras de la censura napolitana. Los progresos de los revolucionarios garibaldinos tenían a la decadente monarquía de Nápoles en un brete, y la censura no estaba dispuesta a consentir que un monarca fuera asesinado en escena, ni siquiera avalado por la música del célebre compositor, máxime cuando Napoleón III acababa de ser objeto de un atentado frustrado en París. La oposición férrea de los censores a todas las iniciativas de Verdi motivaron al fin la ruptura del contrato y Verdi ofreció su ópera al Teatro Apollo de Roma, confiando en que la censura vaticana sería más benevolente. Sin embargo también aquí surgieron graves disensiones y finalmente, hastiado, Verdi aceptó que la acción no tuviese lugar en la corte de Suecia con la muerte de un rey, sino en una improbable corte de un gobernador de Boston. Influyó también en las decisiones el hecho de que los asesinos del rey, los conde de Ribbing y Horn, vivían todavía en su exilio de París, y podían presentar querellas contra la ópera. Verdi tuvo que batallar enérgicamente contra otras limitaciones pretendidas por la censura, como la intervención de Amelia en el «sorteo» para decidir quién mataba al rey-gobernador. Finalmente se logró el consenso, aunque la obra conservaba un fuerte componente «tenebroso», y la ópera se estrenó con un éxito que se confirmó en sus sucesivas presentaciones en los teatros europeos.

De nuevo volvió Verdi su atención hacia una obra de teatro española para su nueva ópera, correspondiendo a una oferta llegada del lejano teatro de San Petersburgo: la obra escogida fue *La fuerza del destino* (1835), del escritor protorromántico Ángel de Saavedra, duque de Rivas. Adaptada bien que mal por el libretista Piave, la ópera resulta desigual pero no carece de interés, especialmente por la preocupación de Verdi de ensayar el procedimiento del *leitmotiv* que Wagner había difundido, cuidando, con todo, de evitar cualquier imitación del estilo wagneriano. En los personajes principales Verdi se permitió recurrir a viejos recursos (el tipo de soprano «verdiana» típico reaparece en la figura de Leonora) y a ensayar otros nuevos elementos, como la figura cómica del fraile rezongón, Melitone, en quien algunos quieren ver un ensayo para la figura posterior de Falstaff.

Escena de *Un ballo in maschera* (1859), de Giuseppe Verdi (representación en el Gran Teatro del Liceo, temporada 1990-1991, con Peter Dvorsky y Anna Tomowa-Sintow). (Fotografía: Antoni Bofill.)

Verdi empezaba a recoger velas pensando en su retiro, que se le hacía cada vez más apetecible una vez hubo sentido el desencanto de la política italiana —había sido nombrado senador y había soportado sólo un año su estéril cometido—. Sin embargo, un nuevo encargo de la «grande boutique» de París, espléndidamente remunerado, supo atraer su atención a través de la obra teatral de Schiller, *Don Carlos* (1787), que el oscuro compositor Emanuele Bona ya había puesto en música años antes (1847) y que Verdi compuso sobre un texto irregular de los libretistas Joseph Méry y Camille Du Locle. El estreno, en la Ópera de París, en francés (*Don Carlos*, 1867), con sus preceptivos cinco actos, coincidió con la celebración de otra gran Exposición Universal y topó con la hostilidad de Eugenia de Montijo, que se sintió vejada como española por la «leyenda negra» que había utilizado Schiller en la presentación de esta turbia historia de la monarquía española de Felipe II. Como de costumbre, Verdi impulsó la versión italiana de la ópera, aunque años más tarde, por la excesiva longitud de la misma, le amputó el primer acto, salvando el aria del protagonista, don Carlos, que quedó incorporada al segundo acto. Esta ha sido la versión comúnmente utilizada hasta que recientemente se ha tendido a rescatar algunas veces el primer acto eliminado.

Lo más interesante de esta ópera es que Verdi tenía ante si un drama romántico centrado en nada menos que seis personajes (don Carlos, Felipe II, Isabel de Valois, el marqués de Posa, la princesa de Éboli y el Gran Inquisidor) movidos todos por intereses contrapuestos y con una fuerte personalidad que le dieron la oportunidad de profundizar en la psicología de los personajes a través de la música y de una vocalidad personal. No es extraño que ésta sea la ópera de mayor exigencia vocal de toda la producción verdiana, y que su dificultad haya limitado sus posibilidades de puesta en escena (de hecho, la ópera casi desapareció del panorama europeo en los años 1900 a 1950). No hay que descartar en esta partitura de Verdi una cierta influencia de la *grand'opéra* meyerbeeriana, que ya se había hecho sentir en alguna otra de las creaciones verdianas de los años anteriores.

La obra, pese a la rudimentaria solución final (Verdi, debido a sus orígenes campesinos, jamás tuvo la sensibilidad literaria suficiente para tener un criterio seguro), dio vida a algunos personajes memorables, como la figura de Felipe II: jamás un rey había sido presentado en escena superando su carácter de autoridad para adquirir la condición de hombre que ama: el enfrentamiento del rey con el Gran Inquisidor es otra de las grandes escenas dramáticas de esta ópera. En el acto final, Verdi repitió con don Carlo y Elisabetta el dúo romántico con arpa que había usado en *Un ballo in maschera* (y cuyo modelo procedía del *Poliuto* de Donizetti).

Nuevamente procedía de París el encargo operístico siguiente: se trataba de un espectáculo para poner de relieve un acto político de gran trascendencia: la inauguración del Canal de Suez, en el que el gobierno francés había tenido una participación destacada. La ópera debía servir

Escena de *Don Carlo* (1867), de Giuseppe Verdi (con Luis Lima y Ruggero Raimondi
en el Gran Teatro del Liceo, en 1988.)

para la inauguración del nuevo teatro de la ópera de El Cairo, llamado a
ser un local operístico importante durante un siglo. Gounod, abrumado
por la responsabilidad, había rechazado el encargo: Verdi lo aceptó, pero
dejando claro que la fecha de la inauguración, en 1869, no le consentiría
terminar la ópera a tiempo. La inauguración se llevó a cabo con *Rigoletto*,
mientras Verdi avanzaba en su trabajo que, finalmente, se dio en El Cairo
la noche del 24 de diciembre de 1871, sin la presencia del compositor,
que estaba ocupado en su estreno italiano en la Scala, que tuvo lugar el
mes de enero siguiente.

Aida, basada en un esbozo argumental de Auguste Mariette, un egip-
tólogo convocado para la ocasión, y con un libreto de Camille Du Locle
adaptado al italiano por Antonio Ghislanzoni, permitió al Verdi escribir
pasajes musicales grandiosos, pero a la vez la creación de unas relaciones y
sentimientos intimistas que son, de hecho, una de las grandes virtudes de
esta ópera. Verdi se esforzó en hallar soluciones melódicas y armónicas que
tuviesen un decidido «perfume» egipcio, especialmente en las escenas del
templo y sobre todo en el ballet; en otros momentos, como el inicio del ter-

cer acto, Verdi consigue transmitirnos el ambiente cálido de un anochecer en el Nilo, y en la última escena compuso un inolvidable dúo de amor cuyas palabras parece que fueron redactadas por el propio compositor.

La brillantísima despedida de Verdi

Después de *Aida* y de su impresionante *Requiem* (1874) en homenaje al poeta nacional Alessandro Manzoni, pareció que Verdi iba a decir adiós al mundo de la ópera y de hecho pensó haber concluido aquí su carrera, deseoso como estaba de un retiro «campesino» en sus tierras de Sant'Agata, junto a su esposa Giuseppina Strepponi, con la que se había casado en 1859. Pero la editorial Ricordi, que había llevado a cabo las ediciones de las óperas verdianas, estaba decidida a arrancar todavía algunas creaciones más de las manos del compositor. Para ello recurrió al compositor y libretista Arrigo Boito, el autor de *Mefistofele* (1868-1875), con el que Verdi había colaborado ya en la creación de un *Himno de las naciones*. Boito se encargó de convencer poco a poco a Verdi de volver al teatro, para lo cual primeramente llevó a cabo con el maestro la revisión de *Simon Boccanegra*. Boito, que tenía experiencia como libretista, presentó a Verdi una versión italiana del *Otello* de Shakespeare, hábilmente recortada y adaptada como libreto operístico.

Después de algunas dudas e incluso algún momento de tensión —el maestro era muy susceptible— finalmente Verdi se puso a trabajar en su nueva ópera, que se estrenó después de más de quince años de inactividad operística directa. La fecha del 5 de febrero de 1887 fue un hito que conmovió no sólo a todo Milán (el estreno, después de tantos años en que Verdi había evitado dicho teatro, se produjo en la Scala), sino a todo el mundo musical. En *Otello* Verdi rompió definitivamente con las formas cerradas que había utilizado hasta entonces (arias, dúos, tríos convencionales con sus *cabalette*) aunque no hizo de ello una necesidad estética: el extenso dúo de Otello y Desdemona al final del primer acto lo desmiente, como también el breve pero vibrante dúo de Otello y Yago en un determinado punto de su diálogo e incluso el cuarteto Otello, Desdemona, Yago y Emilia, más o menos esbozado en el momento en que el malvado Yago se apodera del pañuelito de Desdemona. En cierto modo, *Otello* se anticipa a los procedimientos de los veristas, dejando que se perciban en el tejido musical los momentos cumbres, sin interrumpir el fluir melódico continuo, al modo wagneriano, pero sin someterlo a la presencia continua del *leitmotiv*, que hace su aparición sólo en algún momento clave. Pero no se percibe una «contaminación» wagneriana en la ópera, que sigue siendo netamente italiana.

Escena de *Otello* (1887), de Giuseppe Verdi (representación en el Teatro
Comunale di Bologna, temporada 1996-1997, con Kallen Esperian como
Desdemon y Krstjan Johannsson en el papel de Otello).

En el aspecto vocal, Verdi confió la parte principal de *Otello* a un tenor
dramático, un tipo de voz que había ido ganando posiciones en los últimos
años, aunque poco frecuente en Italia en esta época (después, Leoncavallo lo usaría en *Pagliacci* y algunos autores veristas, como Mascagni, en *Il
piccolo Marat,* por ejemplo, lo seguirían en esto). Se ha roto toda relación
con el antiguo *bel canto*; la voz está destinada ahora a la expresión de sen-

timientos con un gran número de efectos dramáticos. Éstos se acumulan también en la figura del barítono Yago (precursor del tremendo Scarpia de la *Tosca* de Puccini); ahora el «malvado» no es un ser de cartón piedra, como el antiguo Wurm de cuarenta años atrás, sino una combinación de sarcasmo, maldad, envidia y odio disfrazados bajo una capa de virtud y de amistad, dando al personaje una enorme personalidad escénica y musical. En cambio en Desdemona tenemos una figura angélica, con voz de soprano lírica o lírica-spinto que nos revela una inocencia y un candor hasta excesivos.

Como en las óperas veristas, un numeroso cortejo de personajes secundarios viste adecuadamente la obra, a la que falta, del original shakespeariano, el primer acto: Verdi temía ser en exceso prolijo, como en *Don Carlo*, pero al eliminar ese primer acto dejó poco explicados los motivos de los tremendos celos del protagonista.

Ante el éxito obtenido, tanto la editorial Ricordi como el propio Boito se animaron a arrancar todavía una ópera más del venerable compositor, que se acercaba ya a los ochenta años, edad entonces mucho más vetusta que actualmente. Pero su salud y su fortaleza seguían siendo buenas y, con un poco de presión y el señuelo de otro tema shakespeariano, el veterano compositor inició su vigésimo octava ópera (si contamos *Jérusalem* y *Aroldo* como óperas independientes en su catálogo, y descontamos el segundo *Simon Boccanegra* y, por supuesto, el *Requiem*). Cuando estrenó finalmente su *Falstaff* (1893), había llevado una carrera operística de casi cuarenta y cuatro años que se había iniciado en la Scala de Milán y concluía en el mismo teatro.

Volvía con *Falstaff* al terreno de la ópera bufa, pero el nombre es todo lo quedaba del género, virtualmente desaparecido desde hacía años. *Falstaff*, gracias a la agilidad del libreto de Arrigo Boito, es una pieza de teatro musical, en el que es imprescindible seguir el texto y las situaciones para apreciar el refinado juego intelectual de un Verdi convertido ahora en un compositor sutil, lejos del robusto campesino que diseñaba su *Nabucco* casi a hachazos, con trazos intensos y primarios. *Falstaff* es, pues, teatro cómico de muy buena ley, aunque en el último acto vuelve a ser una ópera con esa magia especial que Shakespeare sabía crear en su teatro, y que Verdi recoge de modo magistral. Ha sido objeto de muchas especulaciones el que el compositor diera a su última escena la forma de una fuga (como había hecho Mozart en *Don Giovanni*), pero con un contenido amargo: «Tutto nel mondo è burla», despedida incongruente para quien había gobernado durante medio siglo en el mundo de la ópera italiana.

Sin duda el compositor podría haber realizado todavía algún título más, pero la despedida no dejaba lugar a dudas. Fallecida en 1898 su amada Giuseppina, y realizada una importante labor social con la creación de un asilo para cantantes retirados —que sigue existiendo en Milán— Verdi ocupó su tiempo ensayando un lenguaje musical nuevo y en la realización de algunas piezas religiosas que cerraron su carrera. La muerte de Verdi, en el Gran Hotel de Milán, el 27 de enero de 1901, motivó el más nutrido entierro que se recordaba en la capital lombarda.

XXXIII. LAS ÓPERAS DEL NACIONALISMO EUROPEO Y AMERICANO

Bohemia

Vimos en su lugar que el sentimiento nacional alemán derivó hacia el cultivo de la ópera como género propio, tímidamente iniciado por Mozart y desarrollado después por Beethoven, Weber y sobre todo por Richard Wagner. Este proceso de concienciación sobre los valores de la música y de la literatura propios se produjo gradualmente también en otros países europeos. Uno de los más prematuros en este terreno fue Bohemia, antiguo territorio perteneciente al imperio austríaco y que más tarde adquirió nacionalidad propia como Checoslovaquia (hoy Chequia y Eslovaquia).

Los músicos de Bohemia habían adquirido un notable prestigio en la Europa del siglo XVIII y muchos habían trabajado en cortes nobiliarias de Austria y de Alemania. Como autores locales, en Bohemia se habían distinguido ya algunos músicos por su atención a la tradición y a la música checas, como el ya citado Frantisek Mica (1694-1744) y Jan-Jakub Ryba (1765-1815), autor de una *Misa campesina* para el día de Navidad, que todavía es popular en su país. Con el despertar del nacionalismo, la prohibición de la lengua checa fue un obstáculo para que los compositores pusieran en escena óperas en dicha lengua. Las derrotas de Austria en 1859, contra Italia, y en 1866, contra Prusia, relajaron su control cultural sobre Bohemia y el compositor Bedrich Smetana pudo estrenar su primera «ópera patriótica» *Branibori Cechach* (*Los Brandenburgueses en Bohemia*, 1863), estrenada en Praga en 1866. Este mismo año, y en un tono más festivo, Smetana estrenó su obra maestra *Prodana Nevesta* (*La novia vendida*, 1866), cuyo éxito la convertiría en pieza del repertorio internacional, traducida al alemán, donde todavía hoy es de presencia continua en los teatros operísticos austríacos y alemanes.

Otra «ópera patriótica», *Dalibor* (1868) se convirtió en símbolo nacional checo, seguida por *Libuse* (1872) y por *Dve vdovy* (*Dos viudas*, 1874) y *Hubicka* (*El beso*, 1876). La salud de Smetana dificultó la composición de *Tajemství* (*El secreto*, 1878) y de *Certova stena* (*La pared del diablo*, 1882), en la época de cuyo estreno el compositor estaba sufriendo problemas de oído y mentales.

Su lugar fue ocupado por Zdenek Fibich (1850-1900), cuya ópera *Nevesta Mesinská* (*La novia de Messina*, 1884) llamó poderosamente la atención, y fue seguida de otra ópera importante, *Sarka* (1897), basada en una leyenda popular checa.

El movimiento creativo de óperas de contenido, lengua y tradición checa culminó con la figura del compositor universal Antonín Dvořák (1841-1904), cuyas óperas juveniles atrajeron la atención, pero cuyos títulos de mayor raigambre nacional, como *Dimitrij* (1882) y *Cert a Kat'a* (*El diablo y Katia*, 1899) reforzaron la ópera nacional checa, culminando el proceso con la bellísima ópera *Rusalka* (1900), de éxito universal por la belleza de sus temas, la elegancia orquestal que acompaña el canto y la extraordinaria estilización de la figura de la protagonista, confiada a una soprano que debe tener muchos recursos expresivos.

Situado ya propiamente fuera del nacionalismo checo pero convertido en compositor nacional a pesar de todo, debe mencionarse aquí al autor moravo Leos Janácek (1854-1928), con su obra maestra *Jenufa* (1904), la única que hasta tiempos recientes había tenido cierta difusión en Europa, escrita después de un primer coqueteo con el verismo. Las restantes creaciones de Janácek han topado con dificultades de difusión porque en gran parte proceden de un minucioso estudio del lenguaje y del tratamiento musical de sus fonemas y de la voz de sus personajes, algo lógicamente poco fácil de captar en otros países distintos al suyo. Con el tiempo, sin embargo, ha sido posible dar a conocer óperas del autor como *Kata Kabanová* (1921), que por su contenido dramático era más asimilable, y otras como *La zorrita astuta* (1924), en cuyo argumento subyace una vigorosa defensa del feminismo. Original en cuanto al argumento, *El caso* Makropoulos (1926) se ha ido difundiendo lentamente, pero su comprensión resulta difícil en cuanto Janácek se propuso una definitiva renovación de la música vocal y del lenguaje operístico (fue su última ópera y su idea quedó limitada a este título). De todos modos, la estatura del compositor moravo (casi todas sus óperas se estrenaron en Brno) ha ido creciendo con el tiempo.

Aunque se le suele citar siempre, ha quedado casi en el olvido el compositor moravo Alois Hába (1893-1972), que experimentó con el uso de los cuartos de tono en su ópera *La madre* (1931).

Polonia

El proceso de concienciación nacional polaco a través de la música tuvo un precursor brillante en Fryderyk Chopin (1810-1849), pero este compositor nunca se aproximó al género operístico. Esta tarea la habían realizado Józef Elsner (1769-1854) y Karol Kurpinski (1785-1857), que se distinguió con su ópera nacionalista *Jadwiga, Królowa polska* (*Jadwiga, reina de Polonia*, 1815). Otros autores siguieron sus pasos, pero correspondió la mayor parte de la divulgación nacional al compositor Stanislaw Moniuszko (1819-1872), poco conocido en Europa, pero considerado el primer compositor polaco en su país, casi al mismo nivel popular que Chopin. Moniuszko estrenó, tras muchas dificultades, su ópera *Halka* (1848) considerada su obra maestra. Estrenó varias óperas más, de las que *Straszny Dwór* (*La mansión encantada*, 1865) tiene también fama en Polonia.

A despecho de las dificultades creadas por la represión rusa y la partición del país en tres partes, el espíritu nacional polaco continuó en el campo de la ópera con compositores como Wladyszlaw Zelenski (1857-1921), con óperas de tema nacional (*Konrad Wallenrod*, 1885; *Goplana*, 1896), y Lubomir Rózycki (1884-1953), estéticamente ya próximo al verismo italiano.

Hungría

En los años del triunfo del romanticismo, el compositor y pianista Ferenc Erkel (1810-1893), de temperamento netamente nacionalista (a diferencia de Franz Liszt, siempre germanizante), emprendió la composición de una serie de óperas de tema histórico que por su carácter medieval trataban temas de la época de esplendor del reino de Hungría. Este fue el caso de *Bátori Mária* (1840), *Hunyadi László* (1844), creando finalmente en 1861 la considerada ópera nacional húngara, *Bánk Bán*, de indudable influencia verdiana pero no exenta de elementos folklóricos del país.

Franz Liszt (1811-1886) sólo se acercó al género lírico con su pequeña ópera juvenil *Don Sanche* (1825), más anecdótica que realmente interesante. El interés del célebre compositor húngaro estuvo más bien en ayudar a autores alemanes con problemas para estrenar sus óperas en el Teatro de Weimar (Sajonia), cuya actividad artística dirigía. Gracias a él pudieron estrenar Wagner su *Lohengrin*, en 1850, y Berlioz (*Benvenuto Cellini*, 1852). También gracias a él pudo estrenar el compositor alemán Peter Cornelius (1824-1874) su única ópera conocida, *Der Barbier von Bagdad* (1858), cuya falta de éxito provocó la dimisión de Liszt de su cargo.

Después de Erkel, el más distinguido de los autores húngaros fue Odön Mihalovich (1842-1929), quien siguió el camino de la música wagneriana con *Toldi szerelme* (*El amor de Toldi*, 1892). La música nacionalista húngara se orientaría hacia la investigación musicológica de sus contenidos populares mucho mejor fundamentados que los impulsos meramente románticos de las generaciones anteriores. En este terreno se distinguieron Zoltán Kodály (1882-1967), cuya ópera *Háry János* (1926) es un fruto tardío pero de muy amplia carrera internacional, y Béla Bartók (1881-1945), cuya única ópera, *A kékszakállú herzeg vára* (*El castillo del duque Barba-Azul*, 1918) tiene un contenido más simbolista que nacionalista.

Rusia

El gran iniciador de la ópera rusa de contenido nacional fue Mikhail Ivanovich Glinka (1804-1857), que había iniciado su actividad operística con un lenguaje netamente italianizante, pero que supo comprender que era preciso acercarse a la música popular rusa, convicción que se afirmó después de su intenso viaje por España, donde observó la presencia pública del folklore español. Sus dos óperas, *Una vida por el zar* (*Ivan Susanin*, 1836) y *Russlan y Ludmilla* (1842) son anteriores a este proceso de concienciación nacional que supo transmitir a sus discípulos, quienes formarían más tarde el llamado Grupo de «los Cinco», de los que tres serían notorios compositores operísticos: Modest P. Mussorgski (1839-1881), Alexander P. Borodin (1833-1887) y el más activo y el «motor» de todos, Nikolai Rimski-Korsakov (1844-1908).

Sin embargo, y a pesar de su desordenada vida personal y profesional, es el primero el considerado jefe del grupo: Mussorgski, quien concibió una trilogía histórica en forma operística que tenía que basarse en sucesos cruciales de la historia de Rusia. Logró terminar la primera de las óperas, *Boris Godunov* (1869), y, además de algunos otros títulos inacabados, como la ópera cómica *La feria de Sorochintski*, dejó esbozada la segunda ópera del ciclo, *Khovantchina*, sobre las luchas religiosas del siglo XVII. La tercera obra, sobre la revuelta de Pugachev en el siglo XVIII no llegó a esbozarla siquiera. Rimski-Korsakov reorquestó *Boris Godunov*, considerada entonces insuficiente para la escena (hoy la versión original de Mussorgski está siendo muy utilizada). Después, Rimski-Korsakov completó y estrenó *Khovantchina* (1893), aunque la obra no se dio a conocer plenamente hasta 1911.

Tampoco Borodin logró acabar su ópera nacional *El príncipe Igor*, debido a su profesión de químico que ocupaba casi todo su tiempo. La ópera fue concluida y estrenada (1890) por Rimski-Korsakov y por Alexander Glazunov (1865-1936), único trabajo operístico de este compositor ruso.

Escena de *Boris Godunow* (1869), de Mussorgski (representación en el Festival de Salzburgo, en 1977, con Sergej Larin como Dimitri y Olga Borodina en el papel de Marina.

Por su lado, Rimski-Korsakov dio a conocer una serie espectacular de óperas llenas de inventiva y vitalidad musical que se inició con *La noche de mayo* (1880) y continuó con títulos tan brillantes como *Snegurotchka* (*La muchacha de nieve*, 1882), *La noche de Navidad* (1895), *Sadko* (1898), la curiosa pieza neoclásica *Mozart y Salieri* (1898), *La novia del zar* (1899), *El zar Saltán* (1900), *La ciudad invisible de Kiteg* (1907) y la ópera póstuma *El gallo de oro* (estrenada en 1909). En todas estas óperas encontramos una viva presencia de los elementos folklóricos rusos tanto en el talante de los personajes y las narraciones como en la música, que alcanza momentos de extraordinario lirismo y otros de gran efecto grandioso y decorativo.

Las óperas rusas fueron dadas a conocer en París en los primeros años del siglo xx, gracias a lo cual se extendieron por Europa, habiendo tenido a partir de 1921 una constante presencia en España, especialmente en el Gran Teatro del Liceo de Barcelona, que fue su principal escenario.

Al margen del Grupo de «los Cinco» hay que situar al compositor Alexander Dargomizhski (1813-1869) que ha pasado a la historia por su ópera *Rusalka* (1866), precursora de la mucho más conocida y tardía de Dvořák, y sobre todo por *El convidado de piedra* (1872), en la que quiso inventar una fórmula operística basada en una continuidad recitada de poco interés, y que se recuerda como hecho histórico más que como logro.

Otro autor de mucho mayor relieve que no se vinculó al grupo de «los Cinco», fue el gran compositor ruso Piotr Illitch Tchaikovski (1840-1893), cuya aportación a la ópera rusa tiene un sabor cosmopolita distinto del de los autores del grupo. Aunque son varios las óperas escritas por Tchaikovski, la primera que destacó fue *Vakula el herrero* (1876), y las que verdaderamente han arraigado en el repertorio internacional son *Evgeni Onegin* (1879) y *Pikovaia Dama* (*La dama de picas*, 1890). Ambas obras cuentan con un libreto basado en obras de Alexander S. Puchkin de notable interés dramático, especialmente la segunda, ambientada en la Rusia del siglo XVIII y decorada con música de ambiente mozartiano (el interés que sentía Tchaikovski por Mozart, entonces poco conocido en Rusia e incluso en Europa, se percibe especialmente en la casi totalidad del segundo acto de *Pikovaia Dama*). En otras escenas resulta perceptible la influencia de Carmen, de Bizet. Pero la ópera es magistralmente tchaikovskiana. En las óperas de este compositor, el nacionalismo ruso está atenuado por el carácter brillante, sofisticado, internacional de su música (con una cierta, pero leve influencia wagneriana). Aparte de estos dos títulos, aparecen muy ocasionalmente *La doncella de Orleans* (1881) y *Mazzeppa* (1884), de tema nacional ruso, en el panorama operístico.

Una especie de apéndice de este brillante florecimiento del repertorio operístico ruso lo constituyen las tres pequeñas creaciones de Sergei Rachmaninov (1873-1943), *Aleko* (1893), que llegaría a ser cantada por el famoso bajo ruso Chaliapin, *Francesca da Rimini* (1906, con libreto del hermano de Tchaikovski, Modest) y *El caballero avaro* (1906), tal vez la menos divulgada de las tres.

Otro «apéndice» importante es la creación operística del compositor Sergei Prokofiev (1891-1953), *El amor de las tres naranjas* (1921), basada en una narración de Carlo Gozzi y netamente antirromántica en su concepción. Otros títulos de Prokofiev, como *El ángel de fuego* (1925) y *Semyon Kotko* (1940) han merecido elogios de toda la crítica pero no aparecen apenas nunca en las programaciones operísticas de los principales teatros del género. Sí, en cambio, su gran fresco bélico *Vojna i Mir* (*Guerra y paz*, 1946).

También Igor Stravinski (1882-1971) cultivó la ópera aunque de un modo totalmente disperso, aplicando en cada fase de su vida compositiva el enfoque que consideró conveniente. Su sentido de lo bufo lo llevó a poner en música obras discutibles, como *Mavra* (1922), a tratar temas clá-

Una escena de *El gallo de oro* (1909), de Rimsky-Korsakov (Opéra de Nice, febrero de 1996).

sicos con gran eficacia vocal y coral, como en *Oedipus Rex* (*Edipo Rey*, una ópera-oratorio, 1927), y a intentar una resurrección de la ópera barroca dieciochesca, con la mayor aportación al género salida de su pluma: *The Rake's Progress* (*La carrera del libertino*, Venecia, 1951).

Mientras tanto, el régimen soviético ponía toda clase de trabas a la expresión espontánea de los compositores rusos: la víctima más notoria de esta política represiva fue Dmitri Shostakovich (1906-1975), cuya breve ópera *La nariz* (1930) pudo pasar inadvertida, pero cuya obra de mayor peso *Lady Macbeth de Msensk* (1934) fue atacada de modo oficial, parece que incluso por el propio Stalin, aunque el prestigio del compositor y su rápida «rectificación» le evitaron males mayores.

También Tikhon Khrennikov (1913) dejó algunas óperas más acordes con las exigencias oficiales de la Unión Soviética, como *La tempestad* (1939).

En la órbita rusa

La constitución de la Unión Soviética englobó en su seno otros países cuya producción musical, favorecida por la voluntad difusora de la cultura de sus autoridades, alcanzó en algunos casos cierta notoriedad. Entre éstos formó

Escena final del acto III de *Lady Macbeth de Msensk* (1934), de Dmitri Shostakovich
(representación en el Teatro Colón, de Buenos Aires.)

parte de la URSS la nación ucraniana, hoy nuevamente independiente,
cuyo principal compositor nacional fue Mikola Lysenko (1842-1912) y
cuya ópera más divulgada ha sido *Natalka Poltavka* (1889). Sobre la obra de
Gogol escribió también *Taras Bulba* (1890; no estrenada hasta 1924).

Otro país destacado es Armenia, donde ha habido una importante
actividad operística, casi del todo desconocida en Occidente y basada con
insistencia sobre el nacionalismo en su variante peculiar. Entre los operistas sobresalientes debe citarse a Armen Tigranian (1879-1950), autor de
la ópera *David-Beg* (1950).

Las tres repúblicas bálticas que estuvieron en poder de la Unión Soviética después de 1941 y hasta la caída del comunismo, a fines de los años
ochenta, han tenido una vida operística propia de cierta intensidad, sobre
todo Lituania, que ya tuvo una cierta vida musical en el siglo XVII cuando
formaba parte de Polonia. Mikas Petrauskas (1873-1937) es considerado el
autor de la primera ópera propiamente lituana: *Birute*, estrenada en Vilnius
en 1906. Otras óperas del mismo autor adquirieron cierto relieve, como
Grazina (1933). Después de la tremenda guerra mundial, Lituania recuperó
cierta actividad operística de calidad, bajo la tutela de la Unión Soviética.

Estonia siguió una vida musical paralela, y la primera ópera estoniana se
estrenó el mismo año que la primera lituana, 1906: *Sabina*, de Artur Lemba

Arriba:
Escena de una representación
de *Guerra y paz* (1946),
de Prokofiev (Gran Teatro
del Liceo de Barcelona).

Derecha:
Escena de *Oedipus Rex* (1927),
de Igor Stravinsky (La Monnaie,
de Munt de Bruselas, en 2000).

(1885-1963). La ocupación rusa favoreció el cultivo de un nacionalismo musical oficialmente estoniano, aunque bajo supervisión soviética.

Letonia tuvo desde el siglo XVIII un teatro alemán en Riga, y en el XIX residió en la ciudad por un tiempo Richard Wagner (1837-1839), dedicado exclusivamente a la música alemana. No fue hasta el siglo XX que un compositor letón, Alfreds Kainips (1879-1951), escribió la primera verdadera ópera letona: *Banjuta* (1920), seguida por algunos otros títulos como *Salenieki* (*Los isleños*, 1926). El hijo de este compositor, Janis Kainips, se distinguió más tarde también como autor de óperas letonas. A partir de 1940, la Unión Soviética tuteló la vida musical letona, quizás con mayor intensidad que en los restantes países del área.

Dinamarca y Escandinavia

En su lugar se comentaron los orígenes de la vida operística de Dinamarca, Noruega, Suecia y Finlandia. Desde el punto de vista del naciente nacionalismo musical puede citarse como precedente las óperas del alemán afincado en Copenhague, Friedrich Kuhlau (1786-1832), cuya ópera *Lulu* (1824), basada en el relato de Wieland, ha sido publicado en discos recientemente. Pero la primera ópera que puede considerarse del nacionalismo romántico danés es *Korsarener* (*Los corsarios*, 1835), de Johann Paul Emil Hartmann (1805-1900). Otros autores dignos de mención son Niels Gade (1817-1890), autor de la ópera cómica *Mariotta* (1850). Peter Heise (1830-1879) muestra ciertas influencias wagnerianas en su ópera *Drot og Marsk* (*Rey y mariscal*, 1878). El compositor danés más destacado en todos los campos ha sido, sin embargo, Carl Nielsen (1865-1931), en cuyas dos óperas (*Saul og David*, 1902, y *Maskarade* (1906) las estribaciones del nacionalismo musical están ya teñidas de una concepción más moderna del drama

En Noruega el primer compositor importante después de Waldemar Thrane (1790-1828) fue Martin Andreas Udbye (1820-1899), con la ópera ligera o cómica *Junkeren og Flubergrosen* (1870). Desgraciadamente, el compositor nacional noruego, Edvard Grieg (1843-1907) no se inclinó hacia la ópera. Los autores de mayor relieve fueron, pues, Johannes Haarklou (1847-1925), que dejó cinco óperas, y Ole Olson (1850-1927), que dejó tres con libretos propios. Tampoco Christian Sinding (1856-1941) avaló con su prestigio el género operístico, aunque escribió algún título sólo ocasionalmente escuchado. La contribución de Noruega a la ópera ha sido importante en el terreno de los cantantes, como Kirsten Flagstad (1895-1962), soprano que fue una celebridad mundial.

Suecia, y concretamente Estocolmo, fueron siempre un centro operístico importante, sobre todo fomentado por su ilustrado monarca Gustavo III, cuyo asesinato en la Ópera fue narrado operísticamente por Auber *(Gustave III*, 1833) y por Verdi (*Un ballo in maschera*, 1859). Los compositores suecos no han dejado óperas de mucho relieve, aunque Franz Adolf Berwald (1796-1868) dejó un testimonio de ópera nacional en *Una boda campesina en Suecia* (1847) y luego abordó el género romántico-exótico con *Estrella de Soria*, no estrenada hasta 1862. Donde sobresalieron los artistas suecos ya en el siglo XIX fue con cantantes como la famosa Jenny Lind (1820-1887) y, más recientemente, con el tenor Jussi Björling (1911-1960) y la soprano Birgit Nilsson (1918), entre otros muchos.

Finlandia contó con pocos compositores operísticos: el principal compositor nacionalista, Jean Sibelius (1865-1957) sólo se acercó al género con la ópera —en sueco— *Jungfruburen* (1896). Esto dejó a Finlandia con sólo un autor de cierto relieve: Fredrick Pacius (1809-1891), pero su ópera más importante, *Kung Karls Jakt* (*La cacería del rey Carlos*) fue escrita en sueco y sobre un tema histórico de dicho país. Fue Oskar Merikanto (1868-1924) el primero en escribir una ópera realmente finlandesa: *Pohjan Neiti* (*La muchacha de Botnia*, 1908).

Inglaterra e Irlanda

Inglaterra pareció despertar de su letargo musical en el siglo XIX, aunque hubo pocos operistas que superaran el marco meramente local: todos los más destacados eran irlandeses, como el italianista Michael Balfe (1808-1870), que empezó a escribir óperas con texto en inglés, como *The Siege of Rochelle* (*El asedio de La Rochelle*, 1835) y *The Bohemian Girl* (*La muchacha de Bohemia*, 1843), que tuvo un éxito considerable. También eran irlandeses Vincent Wallace (1812-1865), autor de una ópera de influencia italiana, como *Maritana* (1845), y Charles Villiers Stanford (1852-1924), que a pesar de su intensa campaña en pro de la ópera en inglés no ha quedado recordado más que por algunas pocas obras.

Por desgracia, el mayor compositor inglés de los años siguientes, Edward Elgar (1857-1934) esquivó la ópera a pesar de haberse acercado al género en alguna ocasión (con su oratorio *The Dream of Gerontius* (*El sueño de Gerontius*, 1900). Tampoco William Walton (1902-1983) dedicó mucha atención a la ópera, aunque su *Troilus and Cressida* (1954) tuvo una buena acogida, y su ópera cómica *The Bear* (*El oso*, en un acto, 1967) también.

Otro de los compositores más destacados en el campo teatral fueron Ralph Vaughan Williams (1872-1958), que dedicó algunos esfuerzos al género, sobre todo a la ópera en inglés. Su título tal vez más afortunado fue *Hugh the Drover* (*Hugh el ganadero*, 1924), pero no logró superar el nivel británico a pesar de los elogios de la crítica. El género contó también con los esfuerzos de Gustav Holst (1874-1934), de origen sueco, autor de *Savitrî* (1908) y de Frederick Delius (1862-1934), de origen alemán, autor de *Koanga* (1897) y de *A Village Romeo and Juliet* (1901), una obra notable. Podemos citar todavía a la compositora Ethel Smyth (1858-1944), cuya ópera *The Boatswain's Mate* (1916) fue su título más prodigado, y a Michael Tippett (1905-1998), cuyas óperas *The Midsummer Marriage* (*El matrimonio de la mitad del verano*, 1955) y *King Priam* (1962) causaron considerable efecto a raíz de su estreno; la segunda ha tenido bastante difusión, con grabación discográfica incluida. También su ópera *The Knot Garden* (1970) relativa a las relaciones de parejas de distintas tendencias y estilos, obtuvo un sonoro éxito a raíz de su estreno en Londres.

Sin embargo el fin de la II Guerra Mundial trajo consigo la más fulminante aparición de un compositor netamente operístico inglés: Benjamin Britten (1913-1976), cuyas producciones, a partir de *Peter Grimes* (1945), han llenado el mundo, con éxitos como la pieza cómica *The Rape of Lucretia* (*La violación de Lucrecia*, 1946), *Albert Herring* (1947), *Billy Budd* (1951), *Gloriana* (para la coronación de la reina Isabel II, en 1953), *The Turn of the Screw* (*La vuelta de tuerca*, 1954), *A Midsummer Night's Dream* (*El sueño de una noche de verano*, 1960), *Curlew River* (1964) y varias más, cerrando la serie con *Death in Venice* (*Muerte en Venecia*, 1974). En casi todas sus óperas Britten procuró que los argumentos contuviesen elementos dramáticos de primer orden, muchos de los cuales aluden de modo más o menos directo a la homosexualidad. La música de Britten no tiene elementos tradicionales más que en una medida relativa, según las exigencias del drama, pero parte de su éxito se debe también a que sus partituras resultan excelentemente conectados con los libretos. De sus títulos, *Peter Grimes* ha sido interpretada en casi todos los teatros operísticos mundiales, y *Billy Budd* y *The Turn of the Screw* le siguen de cerca en popularidad.

Entre los compositores británicos de cierto relieve podemos citar también a Peter Maxwell Davies (1934), cuyas óperas *Taverner* (1972) y *The Lighthouse* (1980) han tenido un notable éxito. Dedicó a la catedral de Kirkwall, en las islas Orcadas (al norte de Escocia) la ópera-oratorio *The Martyrdom of St. Magnus* (*El martirio de san Magnus*, 1986).

Fotografía de Benjamin Britten
durante un ensayo.

Portugal y España

Después del relativo esplendor de la ópera barroca en Portugal, la vida operística portuguesa se fue retrayendo. En 1784 se distinguió con *A casa de pasto* el compositor Marcos António de Fonseca Portugal (1762-1830), autor también de *A castanheira* (1787), en portugués. Dedicado luego al género italiano, su fama llegó a Italia, donde residió unos años, especialmente en Nápoles; estrenó allí varias óperas, como *Rinaldo D'Asti* (1794) y otras, a veces de tema clásico, como *Demofoonte* (1794) y fue llamado «Il Portogallo». Regresó a Lisboa pero a raíz de la fuga de la familia real al Brasil por la invasión napoleónica, se trasladó a dicho país, donde moriría veinte años después, después de haber fomentado la ópera italiana en Rio de Janeiro, inaugurando el Teatro de Sâo Joâo (1811).

Aparte de algunos compositores menores, la mayor figura del romanticismo operístico portugués fue Alfredo Keil (1850-1907), cuya ópera *Serrana* (1899) ha tenido alguna difusión fuera del país. En el siglo xx ha habido varios autores de óperas de raíz más o menos nacional, pero la ópera portuguesa no se ha distinguido por su vitalidad, a pesar de que el Teatro Sâo Carlos de Lisboa, fundado en 1793, ha sido siempre un centro lírico de gran importancia europea. Porto también ha tenido una vida operística destacada en el pasado, y la sigue manteniendo en la actualidad.

En España, la Guerra de la Independencia (1808-1814) desbarató la vida operística del país, y la hizo totalmente dependiente de Italia, de donde llegaron compositores, como Pietro Generali (1773-1832), que trabajó en Barcelona, y más tarde Saverio Mercadante, en Madrid, pero la gran conmoción la produjo la llegada gradual, en los años 1815-1830, de los grandes títulos de Rossini. Apóstol y seguidor suyo fue el compositor catalán Ramon Carnicer (1789-1855), algunas de cuyas óperas alcanzaron cierta notoriedad, como *Adele di Lusignano* (1819) y *Don Giovanni Tenorio* (1822). Carnicer estuvo exiliado en Londres, donde compuso el himno nacional chileno (1824). A su regreso a Barcelona, fue «secuestrado» oficialmente para que se incorporara a la vida musical madrileña, donde se estaba restaurando la vida operística en italiano, a la que contribuyó Carnicer con algunas obras más y formando parte del profesorado del nuevo conservatorio fundado por la reina María Cristina de Borbón, en 1830.

Fue una lástima que el compositor vasco Juan Crisóstomo de Arriaga (1806-1826) no tuviera tiempo de desarrollar su talento, manifestado en su ópera —perdida casi del todo— *Los esclavos felices* (1820).

Mientras tanto, en Barcelona, algunos compositores muy vinculados a la ópera italiana escribían títulos de contenido tradicional, como Baltasar Saldoni (1807-1889), último compositor europeo que utilizó todavía libretos de Metastasio (*Ipermestra*, 1838; *Cleonice, regina di Siria*, 1840). Otros autores emprendieron sendas más próximas al romanticismo, Vicenç Cuyàs (1816-1839), que llamó la atención con una obra bien trabada y romántica, *La fattuchiera* (1838); también se distinguieron Marià Obiols (1809-1888), único autor español que haya estrenado una ópera en la Scala de Milán (*Odio ed amore*, 1837), y Eduard Domínguez, autor del drama romántico *La dama del castello* (1845). Más tarde sobresalieron el menorquín Nicolau Manent (1827-1887), con una ópera romántica en italiano: *Gualtiero di Monsonís* (1857) y el mataronense Nicolau Guanyabéns (1826-1889), con su ópera italianizante *Arnaldo di Erill* (1859). Ambos autores trataban de componer en italiano óperas de contenido histórico más o menos catalán.

En España la ópera hizo progresos cuando se afianzó el régimen liberal: se alzaron tres nuevos teatros de ópera de primera magnitud: el Teatro Principal de Valencia (1832), el Gran Teatro del Liceo, de Barcelona (1847), y el Teatro Real de Madrid (1850); ambos sustituyeron gradualmente a otros antiguos teatros dedicados ocasionalmente a la ópera.

Los tres teatros, sin embargo, siguiendo las exigencias de su público, orientaron su programación de modo casi exclusivo a la ópera italiana, con sus cantantes de nombradía y sus obras de gran éxito internacional, de Rossini, Bellini, Donizetti, Pacini, Mercadante y, después de 1850, la estrella creciente de Giuseppe Verdi, aunque el Liceo barcelonés dio amplia cabida también a la música wagneriana, que a fines del siglo XIX e inicios del XX se convirtió en una pasión desbordada, con la creación de la «Asociación Wagneriana» (1901) que tradujo toda la obra de Wagner al catalán.

En Madrid, desde los años 1830, el impulso de un nacionalismo musical creciente exigía la fundación de una «ópera nacional», pero las circunstancias sociales del país lo hacían virtualmente imposible, por lo que un grupo de compositores afincados en Madrid (Francisco Asenjo Barbieri, Joaquín Gaztambide, José Ynzenga, Cristóbal Oudrid y Rafael Hernando) emprendió otro camino, un poco por la orientación que les daban los éxitos o fracasos de público, consiguiendo resucitar, de modo inesperado, el antiguo género lírico español de la zarzuela, entre los años 1848 y 1850, que se extendió rápidamente por toda España.[24] A estos compositores se sumó más tarde Pascual Emilio Arrieta (1823-1894), cuya zarzuela *Marina* (1855) acabaría convirtiéndose, debidamente reformada, en la ópera española más popular del siglo xix (1871).

Como en la mayoría de los países, los compositores vinculados al nacionalismo musical desarrollaron una falta de interés por la ópera que dejó reducidas a muy pocas las experiencias en este terreno. Mientras Amadeu Vives (1871-1932) abandonaba rápidamente la ópera en pro de la zarzuela, Isaac Albéniz (1860-1909) debió sus incursiones operísticas al estímulo de un banquero inglés, pero de sus óperas únicamente pervive *Pepita Jiménez* (1896), aunque en estos últimos años se ha redescubierto su *Merlín* en el Teatro Real de Madrid.

El compositor catalán Enric Granados (1867-1916) tampoco tocó la ópera más que de refilón, aunque tenía buenas cualidades; dejó un apunte lírico ingenioso con *Goyescas* (1916), estrenada en Nueva York; al regreso del viaje por mar murió con su esposa en un naufragio causado por la guerra.

Tampoco Manuel de Falla (1876-1946) tuvo arrestos para enfrentarse con la ópera de modo frontal, dejando una obra importante, pero muy corta (*La vida breve*, 1913), una ingeniosa pieza breve en un acto, *El retablo de Maese Pedro* (1922) y un proyecto grandioso inacabado, *L'Atlàntida*, sobre un poema en catalán de Jacint Verdaguer y terminada por Ernesto Halffter, estrenada póstumamente en Barcelona (1961).

Entre tanto, en el exilio, el compositor vanguardista catalán de origen suizo Robert Gerhard (1895-1970) compuso una ópera híbrida pero llena de vitalidad, *La Dueña* (1949), que ha empezado a ser conocida a fines del siglo xx.

Algunos autores más avanzados han tratado de dar a sus óperas un respaldo general que han conseguido casi únicamente por la vía oficial; el más prolífico en este sentido ha sido Luis de Pablo (1930); en Barcelona

---

[24]No siendo esta obra dedicada al género de la zarzuela, sugerimos al respecto la consulta del libro de este mismo autor: *La zarzuela*, Ma non troppo, Barcelona, 2002.

también se han distinguido Xavier Benguerel (1931), Josep Soler (1935) con *Èdip i Iocasta* (1974) y Albert Sardà (1943), además del castellonense Carles Santos (1945), que alcanzó un notable éxito con *Asdrúbila* (1992).

América Latina

Los distintos Estados surgidos del desmembramiento colonial español y portugués continuaron con el cultivo de la ópera romántica tratando de darle contenidos nacionales, pero sin escapar a la influencia italiana, lo que los convierte en cierto modo en apéndices de la vida operística europea.

En México se distinguió Melesio Morales (1838-1908), cuyas óperas *Romeo y Julieta* (1863) e *Ildegonda* (1866), basada en el mismo libreto que usó P. E. Arrieta en Italia veinte años antes; la ópera de Morales se halla hoy en día disponible en grabación discográfica. Gustavo Campo (1863-1934) se distinguió con *El rey poeta* (1901) y años más tarde Luis Sandi (1905) se distinguió con *Carlota* (1948), ópera breve sobre la dolorosa vida de la viuda del efímero emperador Maximiliano de México.

En Argentina, después de unos inicios tentativos, con autores como Arturo Berutti (1862-1938), hay que consignar el éxito obtenido por Felipe Boero (1884-1958) con su ópera *El matrero* (1929), casi a nivel de «ópera nacional». Más tarde, debe citarse como el motor de la ópera argentina en el extranjero al compositor de origen catalán, Alberto Ginastera (1916-1983), autor de *Don Rodrigo* (1966) y *Bomarzo* (1967), esta última prohibida por el régimen político del país. Años más tarde estrenó también *Beatriz Cenci* (1971).

Sin embargo, fue Brasil el país que mayor impacto causó en el mundo de la ópera gracias a los éxitos en Milán del compositor Antônio Carlos Gomes (1836-1896), cuya ópera *Il Guarany* (1870), de resonancias verdianas, formó parte un tiempo del repertorio europeo, al que parece haber vuelto recientemente; también se distinguió con otros títulos, singularmente *La Fosca* (1873), influida por Ponchielli. Con muy buen criterio, se ha reeditado en discos (CD) toda la producción operística de Gomes, con la colaboración de la Opera de Sofia (Bulgaria).

Arriba: Juan Pons, María Bayo y Plácido Domingo en plena grabación discográfica de la ópera *Marina*, de Pascual Emilio Arrieta.

Derecha: Programa del estreno de *Merlín* de Isaac Albéniz, en el Teatro Tívoli de Barcelona, en 1950.

Escena de *La vida breve* (1913), de Manuel de Falla (representación en el teatro La Farándula, de Sabadell, con Josep Ruiz y Mirna Lacambra, en 1986).

Estados Unidos

La ópera como espectáculo había llegado con dificultad al pueblo norteamericano; durante los primeros años del siglo XIX aparecieron artistas europeos cuyas giras artísticas, no siempre sólidamente organizadas, fueron introduciendo el espectáculo operístico en las grandes ciudades. Como de costumbre, se «apoderaron» del género las personas que en su ambiente, habían adquirido grandes fortunas y pretensiones sociales.

En realidad, la ópera fue un epifenómeno durante casi todo el siglo XIX, y el mayor apoyo de público lo obtuvo el género de los inmigrantes italianos y alemanes que estaban poblando rápidamente las urbes más industriosas, con Nueva York en la avanzadilla. Varios teatros dedicados al género tuvieron una existencia más o menos importante en la ciudad, la Astor Place Opera House, la Academy of Music, desde 1854 hasta el fin de siglo, y tan «exclusiva» que un grupo de filarmónicos decidió crear la Metropolitan Opera House (1883), en Broadway, inaugurándola con *Faust*. Las dificultades económicas motivaron la germanización del teatro, dirigido por los empresarios-directores de orquesta Leopold Damrosch y su hijo Walter Damrosch; el repertorio se germanizó e incluyó numerosas representaciones de óperas de Wagner. Otros empresarios (Abbey, Maurice Grau, Conried, Gatti-Casazza y otros) devolvieron el teatro a un repertorio más ecléctico y practicaron una política de grandes cantantes que, como el tenor Enrico Caruso, adquirieron a partir de los primeros años del siglo XX una fama mundial, apoyados por la naciente industria discográfica.

Otras ciudades norteamericanas introdujeron también la ópera como elemento importante de su vida cultural, desde Nueva Orleans hasta San Francisco, y en el curso del siglo XX se fueron incorporando otras ciudades al hábito de ofrecer temporadas anuales de ópera, generalmente con el apoyo financiero de las grandes fortunas locales.

Ya desde los últimos años del siglo XIX se planteaba el tema candente de las creaciones norteamericanas autóctonas cuyo primer apóstol fue Silas Gamaliel Pratt (1846-1916), cuya *Zenobia* fue un fracaso, ya que el sistema operístico americano estaba fundado sobre los títulos más conocidos de Europa y el público no mostraba interés por los autores locales. En 1911 la Metropolitan Opera House de Nueva York organizó un concurso para compositores americanos que ganó Horatio Parker (1863-1919), cuya ópera *Mona* se estrenó en 1912 sin especial relieve.

Muchos compositores norteamericanos hallaron un camino más asequible con la opereta y el *musical* que se fue desarrollando paralelamente y adquiriendo un prestigio realzado por las realizaciones cinematográficas en cuanto empezó a existir el cine sonoro (1927).

En líneas generales, y sin desconocer los avances de la ópera en muchas ciudades norteamericanas, especialmente Boston, San Francisco, Los Angeles, Chicago, etc., que fueron adquiriendo teatros importantes a partir de los años veinte, la ópera siguió siendo un espectáculo poco menos que exótico y sin incidencia en la vida cultural norteamericana hasta después de la II Guerra Mundial.

Entre los compositores que más pronto se destacaron en el género hay que mencionar a Virgil Thomson (1896-1989), que formó parte de la generación norteamericana formada en París, donde residió (1925-1932) y donde estudió con Nadia Boulanger y trabó amistad con su compatriota, la escritora Gertrude Stein (1874-1946), sobre algunas de cuyas obras escribió sus óperas, *Three Saints in Four Acts* (1928) y la más divulgada, *The Mother of Us All* (1947).

El compositor neoyorquino de origen ruso George Gershwin (1898-1937), asiduo compositor de operetas y *musicals* acertó de lleno con su ópera de ambiente negro y con estribaciones musicales jazzísticas, *Porgy and Bess* (1935), rechazada por el Metropolitan de Nueva York en su momento, pero que con el tiempo se ha convertido en una de las óperas más atractivas y conocidas del repertorio de los Estados Unidos.

También Aaron Copland (1900-1990) realizó alguna incursión en el mundo operístico (*The Tender Land*, 1954), pero logró mucho mayor reconocimiento en el campo del ballet.

Mientras tanto el italiano Giancarlo Menotti (1911) inició una larga serie de óperas, de las que sólo la primera fue escrita en italiano (*Amelia al ballo*, 1937); las restantes lo fueron en inglés y han alcanzado una extensa difusión por todo el mundo operístico, como *The Medium* (1946), *The Telephone* (1947), *The Consul* (1950, que causó un gran impacto en esos años de la «guerra fría»), *Amahl and the Night Visitors* (1951), la primera ópera televisiva de la historia, *The Saint of Bleecker Street* (1954) y *Maria Golovin* (1958), aunque en los últimos años no siempre alcanzó el mismo éxito, como fue el caso de *Goya* (1986). Menotti tiene un estilo cosmopolita en el que aún palpitan, sin embargo, perceptibles influencias del verismo italiano. Ya en su madurez fundó en Spoleto, Italia, un festival operístico en conexión con Europa: el Festival de Spoletto (Festival de Dos Mundos), que también se realiza en América.

En los años de la postguerra se dio a conocer muy favorablemente el compositor Samuel Barber (1910-1981), cuyo éxito con *Vanessa* (1958, con libreto de Menotti) lo llevó a inaugurar el Metropolitan de Nueva York con *Anthony and Cleopatra* (1966), pero después su prestigio ha ido decayendo.

El más llamativo, genialoide y brillante de los autores norteamericanos de la postguerra fue sin duda Leonard Bernstein (1918-1990), famoso director de orquesta y autor de *musicals* que algunos teatros de ópera han incluido en su repertorio, sobre todo *West Side Story* (Scala de Milán, 1999), pero crecientemente valorado como operista gracias a su *Trouble in Tahiti* (1952) y sobre todo por su opereta *Candide* (1956), también asimilada por el mundo operístico.

En cuanto al Canadá, en cierto modo apéndice cultural de los Estados Unidos, se ha distinguido más como impulsor de grandes cantantes (como Raoul Jobin, Maureen Forrester, Joseph Rouleau, Léopold Simoneau y Jon Vickers, entre otros muchos). La Canadian Broadcasting Company ha impulsado la composición de varias óperas realizadas por compositores locales, como Kalsey Jones y Murray Adaskin. La Canadian Opera Company de Toronto, fundada en 1950, ha sido el centro más activo en la segunda mitad del siglo xx y ha realizado numerosas giras con sus espectáculos por otras ciudades del Canadá.

IX. LA TENTACIÓN DEL REALISMO OPERÍSTICO

Hacia un nuevo concepto de la ópera italiana

La fuerte influencia de la novela realista francesa, con su descubrimiento de la psicología aplicada a los personajes de sus relatos, ejerció una fuerte influencia sobre el teatro, y como consecuencia, también en la ópera. Por otra parte, el creciente prestigio de los métodos wagnerianos de creación operística empezó a infiltrarse en el mundo musical de Italia: los más «avanzados» preconizaban una germanización de la ópera como salida al agotamiento que se percibía en un género en el que la presencia titánica de Verdi había dejado poco terreno a la iniciativa.

El envejecimiento del compositor y la lentitud con que aparecían sus últimos títulos permitió que brotasen acá y allá epígonos de su labor, el primero de los cuales fue Arrigo Boito (1842-1918), compositor eminente pero también poeta ilustre (formó parte del movimiento «contestatario» de la *scapigliatura*, en sus años mozos) y libretista destacado, autor de los textos del último Verdi, como vimos en el capítulo anterior. Boito, meticuloso hasta la obsesión, estrenó sin éxito su *Mefistofele* en la Scala de Milán, en 1868, pero no logró el éxito que merecía hasta haber reformado y cortado un tanto la partitura, presentándola en Bolonia, entonces la capital de los prowagnerianos italianos (en oposición a Parma, netamente «verdiana», y cuyos vehementes y patrióticos ciudadanos iban a la estación de la ciudad a apalizar a aquellos de sus conciudadanos que se habían atrevido a ir a Bolonia a ver las óperas de Wagner).

En todo caso, *Mefistofele*, con sus pasajes líricos exentos de ornamentaciones para tenor y su gigantesca figura de bajo protagonista, no sólo fue un éxito constante, sino un anuncio de un nuevo estilo operístico, y su presentación todavía hoy, constituye un acontecimiento musical importante.

Sin embargo, la poca fe de Boito en su capacidad creadora, y sus múltiples trabajos literarios, impidieron que diese ninguna otra ópera al teatro, dejando casi terminado un *Nerone* en el que estuvo trabajando el resto de su vida.

Más prolífico, pero menos eficaz fue el compositor de Cremona Amilcare Ponchielli (1834-1886), cuya única ópera de pleno repertorio fue su enorme éxito *La Gioconda* (1876), una obra a medio camino entre la grandilocuencia verdiana de las óperas de París y el naciente verismo, que se aprecia en el canto «aplanado», es decir, carente de ornamentaciones, un poco como Boito, directo y tendente a los finales en agudo, que da a sus personajes y singularmente al tenor. La grandiosidad de la ópera está ciertamente inspirada en Meyerbeer (los números del barco en escena tienen algo que ver con los de *L'Africaine*). La ópera tiene el interés de ofrecernos un amplio panorama de las voces principales: soprano, mezzosoprano, contralto, tenor, barítono y bajo, una generosa presencia del coro y escenas de masas, arias bien perceptibles, dúos, trío y concertantes, y «La danza de las horas» que se hizo y sigue siendo famoso.

Ponchielli compuso otras óperas, de las que tuvieron cierta acogida *I promessi sposi* (1856, revisada en 1872, sobre la famosa novela de Manzoni) e *I lituani* (1874, que le fue encargada por la Scala de Milán). Ni éstas ni su última gran creación, *Il figliuol prodigo* (1880) han tenido suficiente relieve para ser conocidas en el siglo xx.

En cierto modo, pues, y cada uno a su manera, Boito, más germanizante, y Ponchielli, más «a la italiana», abrieron el camino a la nueva generación, inicialmente llamada en Italia la *Giovane Scuola*, pero hoy más conocida como la escuela verista. Sus antecedentes cuentan también, como ya se ha dicho en capítulos anteriores, con *La traviata* de Verdi, con *Carmen*, de Bizet, y con algunos escarceos operísticos de Massenet, sin dejar de lado la lejana, pero poderosa marca de la música wagneriana.

Entre los inmediatos precursores de la escuela verista hay que situar también a un compositor especial y peculiar: Alfredo Catalani (1854-1893). Prematuramente envejecido, poco afortunado en su carrera y

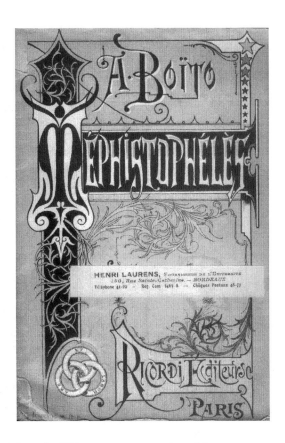

Cubierta del libreto
de la primera edición francesa
de la ópera de Boito, *Mefistofele*.

fuertemente influido por la música de Wagner, su producción rezuma germanismo, si bien un poco a la italiana. Sus óperas más conocidas son sobre temas germánicos: *Loreley* (1890), poética alusión a un mito del Rin, y *La Wally* (1892), cuyo argumento transcurre en la Suiza alemana y que todavía aparece de vez en cuando en la programación de algunos teatros.

En un terreno más oscuro, hay que mencionar las pocas óperas del director de orquesta y también compositor Luigi Mancinelli (1848-1921), que se valió de su prestigio en tanto que director para «colocar» en los teatros donde trabajaba, algunas de sus óperas de tipo cosmopolita teñidas de un cierto perfume wagneriano poco profundo. Entre sus obras se pueden citar *Ero e Leandro* (1896) y *Paolo e Francesca* (1907), hoy virtualmente olvidadas.

Características del verismo

A pesar de su cercanía en el tiempo y de su indudable eficacia, son muchos los historiadores de la música que discrepan respecto a la definición del término *verismo*. Unos consideran en primer lugar el movimiento literario que llevó este nombre y que pretendía describir con precisión realista la vida diaria de las gentes sencillas, incluso marginadas, dejando de lado las aventuras sentimentales de las damas y caballeros de la nobleza que tanto había encandilado al público romántico. Como veremos enseguida, éste fue el camino elegido por el primer verista, Mascagni, seguido de un grupo de autores que aspiraban a un éxito popular que podía resultar inmenso.

Muchos autores y críticos italianos han tratado de poner barreras y límites al movimiento del verismo. Para unos, sólo merecen este nombre los primeros autores del movimiento, Mascagni, Ruggero Leoncavallo y como mucho Umberto Giordano; otros, en cambio, consideran también como parte de este movimiento musical a Francesco Cilèa, Franco Alfano y Giacomo Puccini: no falta quien considera que éste último no se debería incluir en el verismo, pero como veremos en su momento, en realidad acabó siendo el jefe del grupo y encontramos en casi todas sus óperas constantes muestras de su sentido del teatro-realidad.

A pesar de la indudable desaparición de muchas de las óperas veristas del panorama, el tema sigue suscitando interés e incluso ha habido algunos congresos sobre el verismo.[25]

En realidad, el verismo pasó por varias fases. Empezó siendo un género que trataba de centrar sus temas en la vida cotidiana de la gente, ya fuera en el mundo rural, como en *Cavalleria rusticana*, de Mascagni o en *Pagliacci*, de Leoncavallo, o bien en los estratos modestos de la vida urbana, como en *La bohème*. Para algunos autores, el verismo se detiene ahí, pero en realidad los compositores volvieron a utilizar temas más o menos históricos, como en *Andrea Chénier*, de Umberto Giordano o en *Adriana Lecouvreur*, de Francesco Cilèa, para abrirse después a la temática exótica del Lejano Oriente (tan de moda en estos años que coinciden con el *Art Nouveau* francés y con nuestro *modernismo*.

En realidad, la intención de los veristas era representar la vida tal como es. Por lo tanto se propusieron darnos a entender que el ser humano es siempre, en definitiva, el mismo, tanto en el siglo XVIII francés, cuando la gente importante ocultaba su personalidad tras la fría máscara de las pelucas empolvadas y los miriñaques, como en la vida miserable de los marginados del siglo XIX. Las pasiones, el amor, la venganza y la

---

[25] Existe una interesante colección de artículos sobre el verismo, desde el punto de vista italiano, en Mariani, Renato, *Verismo in musica e altri studi*, Leo Olschki, Florencia, 1976.

vida son siempre humanas en cualquier lugar. La idealización del mundo romántico (que todavía palpita en el fondo del verismo, no lo olvidemos) ha desaparecido y no hay ninguna época «mitificada». El arte verista, en la ópera, se consigue a través de la contraposición entre la condición humana, siempre inmutable, y todo lo que la rodea. Por esto *Andrea Chénier* no es una idealización del siglo XVIII, sino un intento de retratar la sociedad de la Francia inmediatamente antes y durante la Revolución, en la que se desarrollan los mismos sentimientos y pasiones que en cualquier otro lugar y época.

Todo esto, además, permite que el contraste de las situaciones ponga de relieve esa inmutable condición humana: en el siglo XVIII la sociedad se había sofisticado en extremo y por esto fue la etapa preferida por los veristas, porque favorecía la exposición de ese contraste de un modo evidente. Por esto también, el mundo aparentemente distinto del Lejano Oriente fue vehículo de varios grandes títulos veristas, porque tras un mundo de convenciones y usos muy distintos de los europeos resultaba ilustrativo descubrir las mismas pasiones humanas.

Además de estas cuestiones relacionadas con los temas argumentales de las óperas veristas, estaba la serie de características comunes que compartieron los compositores de la escuela. Conscientes de que eran los herederos de toda una tradición lírica y que los espectadores para quienes escribían tenían unas preferencias precisas, los autores del verismo supieron crear un estilo aparentemente nuevo, influido por el wagnerismo, pero fiel a las convenciones operísticas italianas. El discurso musical verista es continuo, como en la música de Wagner, pero en ese fluir constante están englobadas o intercaladas las arias y los dúos de los protagonistas, de los que el público no estaba dispuesto a prescindir. Formalmente no están ya formando momentos «cerrados»; no interrumpen el fluir constante de la música y si el público aplaude, el director puede o no detener a la orquesta, que en teoría no tiene previsto la parada.

En el discurso musical adquiere un carácter prominente pero no absoluto el *leitmotiv*, aunque nunca adquiere el desarrollo ni la reiteración que tiene en las óperas de Wagner. Ya no hay, por lo tanto, apenas recitativo digno de este nombre; está integrado en el fluir general de la música, como había hecho Verdi en su *Otello*, ópera que influyó mucho en el nacimiento del verismo. En general desaparece cualquier rastro del *bel canto*, para convertir a la voz humana en el medio expresivo por excelencia, que renuncia a la *fioritura* para crear líneas melódicas directas que causen un fuerte impacto en el espectador, con el incremento de la tensión que llevará a las conclusiones en la región aguda, cuanto más espectaculares mejor. En este aspecto ahora el tenor *spinto* o incluso dramático servía especialmente para el caso, y las sopranos y los barítonos pueden también servir para el caso para dar fuerza al drama (modelo emblemático fue el Yago del *Otello* verdiano); en cambio se registra el retroceso en las voces de mezzosoprano y de bajo, que por sus características no sirven para las intenciones expresivas del verismo.

La desaparición gradual de la obertura ya en muchas de las óperas de Verdi llega a completarse prácticamente del todo, y en su lugar se destaca el *intermezzo*, un interludio musical situado en medio de un acto o entre dos actos (como el que había escrito Verdi en *La traviata*) y en el que suelen recogerse los temas más característicos de la obra. El famoso *intermezzo* de *Cavalleria rusticana* de Mascagni sirvió de modelo para muchos *intermezzi* posteriores.

La música de los veristas suele ser más descriptiva que nunca, buscando un realismo que cree situaciones: un caso emblemático nos lo ofrece la *Tosca* de Puccini, en la que el compositor se preocupó de ir a escuchar personalmente el tañido matutino de las campanas de Roma para introducir después fielmente su sonido en la partitura (circunstancia que revela hasta qué punto Puccini fue también un autor *verista* en todos los sentidos).

Cavalleria rusticana, la primera ópera verista

El verismo, al contrario que otras corrientes operísticas, tiene una fecha precisa de nacimiento, que coincide con el estreno de *Cavalleria rusticana*, ópera del compositor livornés Pietro Mascagni (1863-1945) que ganó con ella el premio del concurso de óperas breves (1889) que había organizado la editorial Sonzogno, de Milán, la ascendente rival de la famosa casa editorial Ricordi, de la misma ciudad. Con el premio iba incluido el estreno de la ópera, en el Teatro Costanzi de Roma (mayo de 1890); el éxito obtenido fue ruidoso (el autor tuvo que salir a saludar treinta y cuatro veces, la noche del estreno). En pocos meses su fama fue tan grande en Italia como en el extranjero, hasta el punto que Mascagni nunca logró repetirlo con ninguna otra de las creaciones de su extensa carrera.

Mascagni se había formado en Milán con Ponchielli y había compartido sus estrecheces económicas con su mucho más brillante condiscípulo Puccini. Aunque Mascagni estaba escribiendo su ópera *Guglielmo Ratcliff*, que estrenaría en 1895 gracias a su éxito, en aquel momento se sentía poco optimista respecto de su futuro y había aceptado dirigir la banda municipal de la pequeña localidad de Cerignola cuando el premio obtenido le abrió las puertas de la fama.

El libreto, de Giovanni Targioni Tozzetti, procedía de una narración del dramaturgo Giovanni Verga (1840-1922), un escritor que se había hecho muy famoso relatando las curiosidades y peculiaridades del *mezzogiorno* italiano. Es decir, los países que desde hacía poco tiempo compartían nacionalidad con los toscanos, los lombardos, los venecianos y los piamonteses; éstos, atónitos, veían como después de la unificación de Italia, descendían de los trenes esos extraños meridionales, con sus propias costumbres y sus *vendettas*, su sentido de la familia y su estrechísima moral sexual, con padres y hermanos que «protegían» a las muchachas incluso impidiéndoles una normal relación con los muchachos del Norte, a los que los clanes familiares intimidaban a la primera ocasión.

El Norte descubría el Sur, y periodistas y novelistas, dramaturgos y libretistas de ópera se disponían a relatar las peculiaridades de esa gente extraña, que ahora también eran italianos como ellos, pero que muchos miraban como seres de raras costumbres. Precisamente, en *Cavalleria rusticana* (*Caballerosidad rústica*) se explicaba cómo se zanjaban las cuestiones de honor entre una gente que tenía sus principios y sus normas, por más que fueran rústicos.

Cavalleria rusticana causó un gran impacto en el público, pero también entre los compositores de la nueva escuela, que pronto comprendieron que los métodos de Mascagni habían abierto un surco en una tierra por labrar.

El compositor no tardó en componer una nueva ópera que le permitiese ampliar su carrera, sus ingresos y su prestigio: *L'amico Fritz* (1891). Lo logró en parte, creando una obra estimable en la que el argumento carece de la fuerza y las tensiones instrumentales y vocales típicas del verismo, pero con los métodos compositivos que serían los propios del movimiento y que pueden reconocerse fácilmente como tales.

Más tarde Mascagni se orientó hacia el exotismo musical con la ópera *Iris* (1898), en la que las acotaciones del libreto son casi una novela añadida al texto. La ópera tuvo bastante éxito y no ha desaparecido del todo.

Una importante carrera de director de orquesta lo llevó por toda Europa (dirigió nada menos que *Don Giovanni* de Mozart en el Teatro Real de Madrid, en 1902) con lo que trató también de «colocar» sus óperas nuevas. Muchas llamaron la atención durante un tiempo, como *Le maschere* (1901), *Isabeau* (1911) y *Lodoletta* (1917). Su obra más intensa de la última etapa y tal vez la mejor es *Il piccolo Marat*, que estrenó en 1921 el tenor español Hipólito Lázaro, uno de los pocos que podía enfrentarse con un papel dramático de un calibre semejante al de un *Otello* verdiano. La ópera debió de influir en la *Turandot* pucciniana, porque tiene rasgos que se le acercan un poco.

En los años del fascismo, Mascagni no tuvo empacho en ocupar cargos importantes y acabar convirtiéndose en el músico del régimen. Lo pagó con su ostracismo final, al morir marginado en un hotel de poca categoría en Roma, poco después de la guerra.

El manifiesto verista en *Pagliacci*, de Leoncavallo

Sin embargo, el verdadero «definidor» de la nueva escuela sería su colega, el aventurero y compositor de café Ruggero Leoncavallo (1858-1919). Después de una buena formación musical —y también literaria— vivió notables aventuras en Egipto y trabajó en locales ínfimos de París. Fue devuelto a Italia como compositor por el barítono Victor Maurel (el primer Yago verdiano de la historia). Decidido a participar en el concurso de la casa Sonzogno, Leoncavallo preparó *Pagliacci*, una ópera breve, pero no atinó en que el concurso era para óperas en un acto, y él la dividió en dos, por lo que fue excluida. Aún así, la Sonzogno se interesó por su obra y la hizo estrenar en 1892 en el Teatro dal Verme, de Milán (la Scala estaba totalmente en manos de la editorial rival, la Ricordi, y no la programaría ¡hasta 1926!). En el estreno el papel de Tonio lo interpretó su amigo Victor Maurel.

Pagliacci, mucho más interesante de contenidos que la ópera de Mascagni, es en realidad casi un manifiesto del ideario verista. Está construida sobre un número limitado, pero muy eficaz, de *leitmotive* de indudable influencia wagneriana. Fue escrita con la voluntad —expresamente indicada en el prólogo— de conectar con la antigua tradición de la *commedia dell'arte* italiana («le antiche maschere»), que ocupa casi todo el segundo acto. Leoncavallo, que como Wagner, escribió siempre sus propios libretos, insistió de modo especial en el doble juego teatro-realidad (un modo de *contrastar* la vida con la aparente ficción del teatro). Un detalle original fue hacer aparecer ante el telón todavía bajado —es decir, fuera de la obra— al barítono, que todavía no es Tonio, sino un Prólogo personificado para explicarnos los propósitos del autor y el sentido eminentemente realista («un trocito de vida») de todo lo que veremos en escena. Lo que canta el Prólogo es un verdadero manifiesto sobre la nueva tendencia de la ópera: no buscar la emoción del público sobre una ficción, sino una emoción real, porque nos presenta la vida tal como es.

La transparencia intelectual de todo este contenido —típicamente «meridional», como corresponde a un italiano— es lo ha hecho pasar bastante inadvertida la importancia de esta ópera en la historia de la música teatral europea, a pesar de la originalidad de sus ideas y la fuerte influencia que ejerció en los decenios inmediatamente posteriores.

En *Pagliacci* no sobra una nota: no sólo se rinde culto a la música popular en la escena de los «zampognari», sino que se expone el manifiesto verista del Prólogo y pocos minutos después Canio afirma ante los aldeanos que «il teatro e la vita non son la stessa cosa» («el teatro y la vida no son la misma cosa»), afirmación por la que será «castigado» con el descubrimiento en su propio drama de que sí lo son.

Leoncavallo, en su magistral segundo acto, nos plantea una escena de «teatro dentro del teatro» que sería muy típica del verismo: los modestos payasos Canio, Tonio y Beppe representan una antigua escena típica de *commedia dell'arte* sobre la música de una gavota setecentista; cuando Canio no puede más y rompe con la ficción, cesa la gavota y el furor verista monta hasta el escenario (y los espectadores gozan con gran entusiasmo porque dicen que «parece verdad» lo que dicen los cantantes). Nedda, la esposa de Canio, asustada, trata de volver a la comedia (y reaparece la gavota) pero Canio ya ha abandonado toda pretensión de actuar y la descarta de nuevo: en su arrebato, mata a Nedda y a su amante en el mismo escenario. En un momento, y como un castillo de naipes, «cae» la música y hemos pasado en un instante del clímax al final.

La acogida excelente que mereció *Pagliacci* supuso un cambio importante en la vida de Leoncavallo, aunque, como Mascagni, nunca repitió el éxito de su primera iniciativa. Puso en música otra versión de *La bohème* —mucho más fiel a la original que la de Puccini, pero decididamente inferior como ópera— y alcanzó un notable éxito con *Zazà* (1900), algo más recordada y que tiene escenas de teatro dentro del teatro y la inclusión de un piano para ser tocado en escena por una niña. (En su *La bohème* ya había un piano que tocaba unos de los personajes en escena.)

Llamado a Berlín por el emperador Guillermo II, quiso convertirse en el autor de una exaltación dinástica de los Hohenzollern con su ópera en alemán *Der Roland von Berlin* (1904), pero su estreno fue un fracaso rotundo. El resto de sus óperas son muy poca cosa, incluida su ópera póstuma *Il re* (1920), pero obtuvo en cambio lisonjeros éxitos con varias de sus brillantes operetas, de las cuales todavía se recuerda con gusto *La reginetta delle rose* (1912). El compositor llevó a cabo varias giras dentro de este género como director de orquesta y fue especialmente popular en Inglaterra.

Giordano, otro verista «puro»

Umberto Giordano (1867-1948) fue uno de los autores veristas más destacados, aunque pronto quedaron sólo dos de sus pocas óperas en repertorio:

Andrea Chénier (1896) y *Fedora* (1898). Había nacido en Foggia y había estudiado con Paolo Serrao y con Giosuè Martucci (1856-1909), uno de los pocos compositores italianos dedicados en estos años a la música instrumental en vez de a la ópera.

Giordano también se presentó al concurso de la casa Sonzogno de 1888, el que ganó Mascagni, y más tarde abordó un título genuinamente verista de la primera época, *Mala* vita (1892), pero con *Regina Díaz* (1894) no acabó de convencer. Entró en la órbita de la editorial Ricordi que le animó a estrenar la ópera que le valió un puesto en el repertorio internacional, *Andrea Chénier* (1896) y el éxito más importante de su carrera, estrenada en la Scala (con la soprano catalana Andreua-Avel.lina Carrera en el emotivo papel de Maddalena).

Andrea Chénier abrió nuevas perspectivas temáticas al verismo por el hecho de situarse en el siglo XVIII. El argumento se inicia justo antes de la revolución Francesa, y el primer acto es un curioso y —para la época— muy ajustado cuadro musical de la época del Rococó, con ingeniosas alusiones musicales, algunas del todo insólitas en aquel momento, como usar un clavecín en un pequeño pasaje que interpreta un músico al servicio de la condesa de Coigny y, con mayor resolución, la gran gavota que los menesterosos del condado interrumpen con su miseria, para volver al final del acto como muestra de la frivolidad y la insensatez de los nobles de la escena.

La vorágine revolucionaria es descrita en los dos actos siguientes con un detallismo que no deja de ser, en el fondo, hostil a la revolución. El último acto no deja de ser un episodio romántico, con la muerte de los dos protagonistas que antes de ir a la guillotina cantan un dúo apasionado.

Las características esenciales de la música de Giordano, no exentas de efectismos, son una orquestación cuidada y un impresionante sentido dramático. (Como buena obra verista, tiene en el primer acto una breve muestra de teatro dentro del teatro, con la pastoral «O pastorella addio».) Las virtudes del compositor se confirmaron en *Fedora* (1898), donde el contraste entre vida y sociedad se nos ofrece en una Rusia zarista afligida por la tiranía y los complots. Se ha dicho que *Fedora* es una «ópera policíaca», y no deja de ser cierto. Sin embargo hay tintes wagnerianos en su música (incluido el típico canto del pastorcillo que invadió tantas óperas de estos años), y el aspecto del teatro dentro del teatro nos lo ofrece el pequeño recital de piano —en escena— del supuesto pianista polaco Boleslao Lezinski. En el tercer acto aparecen en escena unas bicicletas, cuyo timbre resuena en la partitura; otro ejemplo de «verismo agudo» que llegó a ofender a algunos críticos.

Mirella Freni y Josep Carreras en *Fedora* de Umberto Giordano,
en el Teatro del Liceo de Barcelona, 1993. (Fotografía: Antoni Bofill.)

Aparte de estos títulos, de la producción de Giordano apenas si sobre-
vive el recuerdo de su *Siberia* (1903), bastante difundida en sus primeros
años, y sobre todo *Madame Sans-Gêne* (1915), a la que una reciente grabación ha dado cierto impulso, y un tanto equiparable a *Andrea Chénier*,
aunque muy distinta en cuanto al enfoque, por su tema, sobre los últimos
años del siglo xviii.

Fuertemente atacado por los detractores del verismo, la música de
Giordano ha resistido los improperios de los críticos de otro tiempo y
sigue siendo interesante conocer al menos sus dos principales títulos.

Francesco Cilèa, o el verismo «belcantista»

Francesco Cilèa (1866-1950) fue un caso especial dentro de los compositores de la escuela verista. Nunca se dedicó íntegramente a la composición, y compaginó esta labor con una intensa actividad docente. Había nacido en Palmi, en Calabria, y estudió en el Conservatorio de Nápoles, donde más tarde fue profesor; después dirigió los de Palermo (1913-1916) y Nápoles (1916-1935).

De modo secundario, dedicó una parte de sus esfuerzos a la composición operística. Debutó con *Gina* (1889) y estrenó después *Tilda* (1892). Su primer título de éxito fue *L'Arlesiana* (1897), basada en el poema de Daudet que Bizet había dado a conocer en forma de música de escena. Esta ópera, que mantiene una vida más discográfica que teatral, contribuyó al repertorio con su conocida aria de tenor «È la solita storia», conocida también como el «Lamento di Federico».

Sin embargo, hoy Cilèa es un autor reconocido por su obra maestra, *Adriana Lecouvreur* (1902), en la que de nuevo el siglo XVIII sirve de marco para una tensa historia de amor y pasión que tiene como centro la célebre actriz francesa de la Comédie, Adrienne Lecouvreur (1692-1730), convertida en supuesta amante del príncipe Mauricio de Sajonia, aspirante al trono polaco. La intriga sirve para que Adriana aparezca actuando —teatro dentro del teatro—, pero la compleja trama incluye también una pastoral más extensa y completa que la de *Andrea Chénier*, además de un monólogo teatral a la usanza de la época que la actriz utiliza para insultar con aparente impunidad a su rival en amor, la princesa de Bouillon. Ésta se venga —muy en el estilo dieciochesco— haciéndole llegar un ramillete de violetas envenenadas. La muerte de Adriana se parece bastante a la de *Fedora*, pero aquí la protagonista no lleva ningún crimen sobre su conciencia.

No todo el mundo demostró interés por *Adriana Lecouvreur*, que en los años treinta había quedado casi olvidada; fue Mercedes Capsir quien la rescató para el Liceo barcelonés en 1942 y veinte años más tarde Renata Tebaldi insistió en presentarla en Estados Unidos; su grabación de esta ópera es todavía de referencia, tras de la cual se han realizado otras varias. Lo que tiene un gran interés en la partitura es el estilo personal de Cilèa, más inclinado a la elegancia y la mesura que el resto de los compositores veristas. Sin renunciar a ninguno de los rasgos típicos de la escuela, Cilèa demostró su dominio de los recursos orquestales y musicales. Como sus restantes colegas, Cilèa hizo un uso considerable del *leitmotiv* wagneriano, pero a la vez potenció la presencia de un buen número de arias muy perceptibles dentro de ese discurso musical continuo. Desde el punto de vista dramático y psicológico, el personaje de Adriana no sólo está dibujado con mano maestra, sino que el compositor le otorgó muchos de los viejos recursos del *bel canto* que se combinan con la fuerza de las situaciones escénicas, dando como resultado un papel que, en manos de una intérprete adecuada, puede llegar a ser realmente fascinante.

La obra tiene una gran variedad de personajes, y los diálogos son vivos, continuados y dan una sensación teatral muy bien combinada con hallazgos musicales interesantes, incluyendo el «madrigal» que cantan los cuatro actores y amigos de Adriana en el cuarto acto.

Giacomo Puccini. Sus primeras creaciones

Heredero de una larga tradición familiar de músicos que se remontaban al siglo XVIII, Giacomo Puccini (1858-1924) nació en Lucca y fue educado con mayor o menor eficacia para heredar el cargo de maestro de capilla de la catedral de Lucca, que era el que sus antepasados habían ostentado en sus mejores momentos. Sin embargo, el muchacho no era ni muy trabajador ni muy obediente[27] y no parecía tener mucho interés en la plaza que le reservaban para cuando fuera mayor. En una ocasión fue a pie de Lucca a Milán para conocer la *Aida* de Verdi y esto señaló el deseo de emprender una carrera operística, y no de música religiosa. Una beca que su madre logró de la reina Margarita de Saboya le permitió estudiar en el conservatorio de Milán, aunque a costa de muchas privaciones —que compartió con su condiscípulo Mascagni— por falta de recursos.

Terminados sus estudios con Ponchielli y Antonio Bazzini, y después de componer una *Messa di gloria* (1880) muy estimable, se orientó hacia la ópera y quiso presentarse a uno de los concursos de la editorial Sonzogno, para lo que escribió una ópera en un acto de ambiente germánico —era lo que se llevaba en este momento—, titulada *Le villi* (*Las Wilis*) con un libreto de Ferdinando Fontana, pero por la prisa en cumplir con el plazo, la partitura era apenas legible y tal vez por esto no ganó el concur-

27 *Cf.* Carner, Mosco, *Puccini*, Duck & Leavenworth, Londres.

Fotografía
de Giacomo Puccini.

so, ni obtuvo siquiera una mención de honor. Con la ayuda de Ponchielli y varios amigos logró alquilar el Teatro dal Verme donde pudo dar una representación de la ópera (1884). El éxito de *Le Villi* fue enorme y su autor tuvo que salir a escena a saludar al público dieciocho veces la noche del estreno. La casa Ricordi ofreció, además de comprar los derechos de la breve ópera, un nuevo encargo para el compositor, cuya madurez creadora, con la doble calidad de la parte vocal y de la instrumental había sorprendido a todos. El dueño de la casa Ricordi, que estaba buscando a alguien que sustituyera a Verdi como «buque insignia» de la empresa, decidió apostar por él. Fue un riesgo asumido a pesar de que el compositor —que tenía un sueldo fijo— era de una lentitud exasperante a la hora de examinar los contenidos de los libretos y tampoco era nada rápido en la composición de la música. Cinco años tardó la casa Ricordi en tener a su disposición una nueva ópera del joven maestro: *Edgar* (1889). La ópera, basada en un libreto espantosamente malo, basado en *La coupe et les lèvres* (*La copa y los labios*), del poeta francés Alfred de Musset, tiene una acción muy movida, con una óptica tardo romántica que el compositor trató en vano de potenciar, y una cierta influencia de *Carmen*, de Bizet. Sin embargo escribió en ella un aria inmortal que nos anuncia el Puccini en ciernes: el aria de Fidelia «D'ogni dolor», del último acto.

A pesar de que *Edgar* tuvo muy poco éxito, la casa Ricordi consiguió «colocarla» en Lucca, la ciudad natal de Puccini, donde fue aclamada y sirvió para sellar la paz después que Puccini hubiese escandalizado a la ciudad estableciendo una relación amorosa con una dama casada, Elvira Bonturi, que además era mayor que él.

Después, la casa Ricordi logró que la representara el Teatro Real de Madrid, y el compositor viajó hasta la capital de España para asistir a su estreno. Pueden leerse en la crítica de José M. Esperanza y Sola los comentarios bastante adversos sobre el contenido dramático de la obra, a pesar de que fuera muy bien cantada por los artistas, encabezados por Eva Tetrazzini y bajo la batuta del director y compositor Luigi Mancinelli (1848-1921), que en estos años era maestro titular del Real madrileño.[28]

Sin embargo, los Ricordi no se desanimaron y siguieron apoyando a su protegido, quien continuaba cobrando un estipendio mensual para aportar un nuevo título al acervo ricordiano. A pesar de que Jules Massenet ya había puesto en música la novela del abate Prévost (*Manon*, 1884), con éxito universal, Puccini insistió en crear otra ópera sobre este tema (*Manon Lescaut*, 1894), aduciendo que Massenet había creado una «*Manon* empolvada», pero que él crearía «una de carne y hueso», idea que demuestra que por este tiempo Puccini, ante el éxito del naciente verismo, había decidido seguir este camino en su nueva producción, primera de las que se situó en el siglo XVIII, que ya vimos que se perfiló como forma ideal para establecer el contraste entre ficción social y realidad humana. Puccini, pues, se adhería al verismo, aunque poniendo a salvo su propia personalidad, cada vez más destacada y llamativa. La composición de la ópera topó con muchos problemas, entre ellos los del libreto. En realidad se tendría que llamar «Escenas de la vida de Manon Lescaut», pues no tiene coherencia alguna, y la protagonista no llega ni siquiera a pisar la Luisiana donde había sido desterrada. La confusión para crear el texto llegó a exigir la presencia de cinco personas, incluyendo al propio Puccini y al editor Ricordi, ninguna de las cuales quiso firmar el resultado final.

[28] *Cf.* Esperanza y Sola, José M., *Treinta años de crítica musical*, Establecimiento Tipográfico de la Viuda e Hijos de Tello, Madrid, Tomo III, 1906, pp. 68-75.

El editor Ricordi temió que la nueva ópera del reciente compositor fuese despedazada por la hostil y deslenguada crítica musical milanesa, y no quiso exponer la *Manon Lescaut* a una recepción hostil, por lo que la hizo estrenar en el Teatro Regio de Turín, un teatro más benévolo con los artistas que empezaban.

Puccini utiliza ya en esta ópera las características del verismo: numerosos personajes secundarios —el desfile de mujeres deportadas del tercer acto es un ejemplo magnífico de este recurso—, una continuidad musical que se apoya de lejos en los métodos wagnerianos, con una profusión de *leitmotive*, la utilización del canto expresivo y muy poco ornamentado, pese a la época en que se sitúa la obra, los clímax sonoros de las arias, generalmente en los últimos compases de cada pieza y, algo que sería típico de Puccini, el retrato bien dibujado de la protagonista femenina, cuya psicología suele ser —aunque no siempre— el de la mujer enamorada, sumisa, sufrida y resignada, aunque no exenta de voluntad.

Después del éxito conseguido con *Manon Lescaut*, la casa Ricordi empezaba a estar complacida con la labor de Puccini. Éste empezaba a cobrar por su labor compositiva y no el sueldo mensual de la primera época. Sin embargo, era imposible lograr que el compositor tomara decisiones rápidas sobre los libretos que se le proponían para su título siguiente: la lista de obras que desfilaron por su mesa de trabajo y fueron luego descartadas es impresionante, incluyendo la obra teatral catalana *La filla del mar*, de Àngel Guimerà (de quien años más tarde el compositor alemán Eugen D'Albert tomaría el drama *Terra baixa* para su ópera verista alemana *Tiefland*, 1903).

En todo caso, la noticia de que su colega Leoncavallo estaba trabajando sobre la novela por entregas *Scènes de la vie de bohème*, de Henri de Murger, para la editorial Sonzogno, estimuló sus deseos de poner en música precisamente el mismo argumento. El deseo de acabar antes que su rival lo llevó a terminar *La bohème* a tiempo para su estreno en el Regio de Turín (los Ricordi todavía tomaron una vez más la precaución de no presentarla en la Scala de Milán) el 1 de febrero de 1896.

La versión de Puccini es mucho más sentimental y romantizada que la de su colega (que la estrenó en 1897, en una versión mucho más fiel a la novela original, pero sin la carga emotiva de la de Puccini). En la caracterización de los personajes, el compositor de Lucca creó figuras entrañables (especialmente la de la modistilla Mimì) que han despertado la admiración y el entusiasmo de generaciones enteras de espectadores, sin que se hayan apagado apenas los efectos que causó esta ópera desde los primeros meses, habiendo recorrido virtualmente todos los teatros del mundo con éxito

El bajo Antoni Borrás y la soprano Montserrat Caballé en la escena de la lección de baile de *Manon Lescaut*, de Puccini. (Gran Teatro del Liceo, 1993.)

constante, plasmado también en docenas y docenas de grabaciones discográficas de todos los niveles.

La utilización elegante y bien dosificada de los motivos conductores, el refinado lenguaje orquestal, con detalles instrumentales felicísimos, el carácter pentatónico de las alusiones al frío, en el tercer acto, la vitalidad del coro en la escena de la Nochebuena en el café Momus, y el modo casi tradicional como se destacan las arias más famosas de la ópera (las de Mimì, Rodolfo y de la coqueta Musetta) hacen de esta ópera una de las más estimadas del público en el centenar largo de años que lleva de existencia.

El éxito de *La bohème* liberó al compositor de toda preocupación económica. Pudo alquilar una casa en el pueblo de Torre del Lago (hoy Torre del Lago-Puccini), donde componía y dedicaba sus ocios a la caza, reuniéndose con colaboradores y amigos en una cabaña que después fue un remedo de la casa de los bohemios donde Puccini «jugaba» a pasar las mismas privaciones de su juventud, rodeado de sus amigos.

El fin de siglo. Años de madurez de Puccini

El compositor había tomado el drama *Tosca*, del escritor francés Victorien Sardou después de *Edgar*. En 1895 vio la obra representada en Venecia por la gran actriz Sarah Bernhardt. Por otra parte, el éxito de Giordano con su *Andrea Chénier* parecía recomendar una obra cuya temática estaba vinculada más o menos con los años de la revolución Francesa. Finalmente, el hecho de que la casa Ricordi hubiese encargado esta obra a Alberto Franchetti despertó sus más violentos «celos» artísticos y con su persistencia logró que Ricordi convenciera a dicho compositor de que renunciara al proyecto, alegando el poco interés de la obra. En cuanto ésta quedó libre, Puccini se apoderó del libro y logró que dos de sus colaboradores de *Manon Lescaut*, los dramaturgos veristas Giuseppe Giacosa (1847-1906) y Luigi Illica (1857-1919), autores también de la adaptación de *La bohème*, colaborasen de nuevo con él en el libreto de *Tosca*.

A pesar de las querellas que habían tenido a raíz de *La bohème*, los dos colaboradores volvieron al trabajo para la nueva ópera, cuyo estreno estaba previsto para enero de 1900 en Roma, lugar donde transcurre el argumento de esta ópera en el año 1800, es decir, justo cien años antes. Se trata, pues, de un argumento situado en el siglo XVIII —en su último año— en una Roma que ha sufrido una revolución republicana y la inmediata represión pontificia, representada (para no herir demasiadas susceptibilidades) por un jefe de la policía, el autoritario, beato y lascivo barón Scarpia, que tiene a la ciudad en un puño, ejecutando a todo sospechoso de «ideas volterianas».

La protagonista es una mujer valiente y decidida, en vez de la heroína sentimental habitual, que enfrentada con la red implacable de la policía pontificia, acaba preguntándose por qué su profunda fe religiosa tiene que verse tan mal recompensada, en su célebre aria «Vissi d'arte» (acto II).

Todo en esta ópera de Puccini rezuma realismo: Scarpia, el jefe de la policía vaticana, es un personaje pintado con las más negras tintas: profundamente malvado, lleva en sí las trazas del Yago verdiano y su pre-

Arriba:
El tenor venezolano Aquiles
Machado y la soprano Leontina
Vaduva en una escena del primer
acto de *La bohème*, de Puccini,
en el Teatro Real de Madrid.

Derecha:
El célebre tenor Hipòlit Lázaro
en el papel de Mario Cavaradossi,
en la ópera *Tosca* (1900), de Puccini.

El tenor Jaume Aragall en el papel de Mario Cavaradossi, en *Tosca*, de Puccini.

sencia en escena e incluso las meras alusiones a su figura llevan consigo la aparición de un destacadísimo *leitmotiv* siniestro («tema de Scarpia»). Finalmente hay que apreciar la presencia, en un lugar central, de la figura del tenor Mario Cavaradossi, liberal de ideas políticas y de conducta, pero capaz de despedirse patéticamente de la vida en su emotiva aria final «E lucevan le stelle», cuyo tema es conocido como el del *«addio alla vita»* («adiós a la vida»).

El realismo querido por Puccini no se detuvo en la pintura de los personajes, sino que alcanza incluso a la creación del ambiente de la madrugada romana, con el sonido de las campanas de las distintas iglesias de Roma (que no había cambiado mucho en los cien años que separaban el estreno de la fecha del drama). Hoy en día el sonido de esas campanas se reproduce mediante un instrumento especial, el «campanólogo» que la casa Ricordi alquila, perfectamente afinado, a los teatros que programan esta ópera.

Para el *Te Deum* del final del primer acto, Puccini se documentó también acerca del aspecto de este tipo de pieza religiosa a fines del siglo XVIII. Su preocupación por el realismo alcanzó un nivel importante.

La ópera se estrenó en el Teatro Costanzi de Roma en medio de excepcionales medidas de seguridad, pues se temía un atentado contra los reyes de Italia, que no tuvo lugar.

Escena de *Tosca* (1900),
con el barítono Joan
Pons en el papel de
Scarpia (Teatro alla Scala
de Milán, en 2000).

Con *Tosca*, Puccini confirmó las expectativas puestas en él por los editores, pero la ópera siguiente se retrasó por el accidente automovilístico que sufrió mientras la preparaba. Tardó varios meses en recuperarse y finalmente, después de muchas vacilaciones, tomó como argumento siguiente una obra de teatro americana, de un oscuro escritor, David Belasco, basada en un episodio real ocurrido en Nagasaki y que unos misioneros americanos explicaron en una revista, mezclado con ideas procedentes de la novela de Pierre Loti (1850-1923) *Madame Chrysanthème*.

Una vez más los libretistas Giacosa e Illica prepararon un texto que contrapone con sagacidad psicológica las grandes diferencias entre dos culturas totalmente distintas, pero que se ven llevadas a mezclarse: por un lado la ingenua personalidad de la japonesita enamorada, frente a la frívola despreocupación del oficial norteamericano, B. F. Pinkerton, completamente ajeno al drama que está provocando, pese a las advertencias del mucho más experto cónsul de su país. La protagonista, la japonesa Cio-Cio-San, llamada con la versión ítalo-inglesa de su nombre, Madama Butterfly, soprano, domina la partitura: rodeada de sus parientes y anclada en sus costumbres, tiene una presencia casi constante en escena a partir de su vistosa entrada. Puccini pudo aquí dar rienda suelta a su gusto por la escala exótica de cinco tonos, típica del mundo oriental, e incluso pidió, siempre preocupado por el realismo, varios discos de música japonesa a la embajada del Japón en Roma para trabajar con mejor conocimiento de causa.

El aria de Madama Butterfly, «Un bel dì vedremo», una emotiva manifestación de su fe en la perennidad de su matrimonio con Pinkerton, aparte del dúo de amor del primer acto, es la página más divulgada de esta ópera y centra el segundo acto, que termina con el precioso coro «a boca cerrada» de los pescadores japoneses mientras Cio-Cio-San se duerme aguardando la llegada de su «marido».

Madama Butterfly (1904) fue mal recibida en la Scala a raíz de su estreno (algo que enemistó a Puccini con este teatro, donde no estrenó ya nada más en vida). Parece que la decisión del compositor de unir los dos primeros actos, dando una longitud inusual en una ópera italiana, fue una de las causas del fracaso. Puccini abrevió algunos momentos de la ópera, añadió el aria de tenor del tercer acto («Addio fiorito asil») y cosechó un gran éxito cuando volvió a poner en escena su ópera —en Brescia, tres meses después— de tal modo que en los años siguientes *Madama Butterfly* se situó a un nivel similar al de las dos óperas anteriores. Hoy en día la ópera ha descendido un poco en popularidad, pero todavía sigue siendo una ópera de conocimiento obligado para todo el que pretenda tener una noción mínima del género lírico.

Poco tiempo más tarde, la esposa de Puccini ocasionó un grave incidente familiar que acabó en tragedia, a causa de los celos que sentía de una criada, Dora Manfredi, que había trabajado en la casa poco después del accidente de Puccini. Después de cinco años de trabajar en la casa, Elvira empezó a sospechar que tenía relaciones con Puccini y armó un verdadero escándalo, acusando a Dora ante todo el pueblo; la muchacha se suicidó, y la autopsia reveló lo infundado de las acusaciones de Elvira. Puccini pudo dulcificar el resultado del juicio en que su esposa fue condenada a sólo cinco meses de cárcel y una fuerte multa, pero el matrimonio estuvo a punto de ir a pique y nunca más se recompuso del todo.

Mientras tanto Puccini había iniciado su nueva ópera, basada en otro relato de David Belasco estrenado en Nueva York en 1905: *The Girl of the Golden West*, situado en la época de los buscadores de oro de California. La ópera, titulada en italiano *La fanciulla del West* fue aceptada por el Me-

Pilar Lorengar en *Madama Butterfly* (1904), de Puccini.

tropolitan Opera House de Nueva York, a donde se trasladó Puccini para recibir los parabienes oficiales. En esta ópera, la más abstracta de Puccini, pero inteligentemente construida, la vena exótica del compositor lo llevó a rememorar el Oeste americano. Es una obra muy compleja y con exigencias orquestales y vocales de primer orden. Hay un gran número de personajes que dan a la ópera la consideración de «un fragmento de vida», como quería Leoncavallo, pero el resultado ha sido que es poco fácil de representar y además no tiene la popularidad de las restantes óperas de estos años. No falta, sin embargo, la pieza de «bravura» a cargo del tenor principal, el aria «Ch'ella mi creda libero e lontano».

El estallido de la I Guerra Mundial frustró el encargo que Puccini había recibido para escribir una opereta (un género muy improbable en manos del compositor) para un empresario vienés. Cuando Italia pasó al bando contrario a Austria y Alemania, el acuerdo quedó roto; Puccini cambió bastantes cosas de la partitura que ya tenía empezada y estrenó el resultado, *La rondine* (*La golondrina*, 1917) en un país neutral: el Principado de Mónaco (en estos años la Ópera de Monte-Carlo vivía un período prestigioso de su larga y gloriosa historia, con numerosos estrenos mundiales de categoría). *La rondine* ha llevado una vida gris, debido a la baja calidad del libreto y al hecho de que no aporta grandes novedades al estilo pucciniano, que se iba alejando poco a poco de los postulados del verismo.

No debe sorprendernos, por esto, que la siguiente creación de Puccini, estrenada en Nueva York en 1918 a causa de la guerra, sea un retablo, un tríptico de temas diversos, integrado por tres óperas breves tituladas *Il tabarro* (*El tabardo*, basado en un cuento de Gogol), *Suor Angelica* y *Gianni Schicchi*. Las dos primeras pueden considerarse aún dentro de los parámetros del verismo: *Il tabarro* renueva el recuerdo de *La bohème*, a la que se alude incluso en un momento de la partitura mientras los personajes se mueven por el ambiente sucio y degradado de un muelle del Sena. En cuanto a *Suor Angelica*, es una de las pocas óperas que existen cantadas únicamente por mujeres, porque la acción se desarrolla en un convento femenino. También aquí el compositor se preocupó de ofrecernos «un fragmento de vida» y para captar el ambiente verídico de un convento fue repetidamente a visitar a su hermana monja, superiora de un convento cercano a Milán. El retrato de la vida monacal y el carácter sentimental de la historia hizo llorar a las monjas cuando más tarde Puccini interpretó esbozos de su ópera al piano para ellas.

En cambio *Gianni Schicchi* presenta trazos de lo que denominaremos postverismo. Extraído por el hábil libretista Giovacchino Forzano (1883-1970) de un brevísimo episodio del canto XXX del *Infierno*, en la *Divina Commedia* de Dante Alighieri, sobre el tramposo y astuto Gianni Schicchi, que a ruegos de una familia temerosa de perder una valiosa herencia, se hace pasar por el difunto en ciernes ante un notario, reformando el testamento pero legándose a sí mismo las partes mejores de la herencia, todo a beneficio de su hija Lauretta y de su enamorado Rinuccio, movido por la súplica de la muchacha, que constituye el aria más hermosa de la afortunada partitura («O, mio babbino caro»).

En los años siguientes Puccini, convertido en una celebridad, se interesó por las novedades de la vida musical europea, mostrando una amplitud de miras sorprendente en un autor que llevaba ya más de treinta años de carrera. Fruto de estas experiencias y de la evolución de la época, abandonó ya casi del todo el verismo al escoger como nueva ópera la *Turandot* de Carlo Gozzi, en gran parte porque a su juicio Ferruccio Busoni no había tratado el tema de un modo satisfactorio. Con la ayuda de los libretistas Giuseppe Adami (1878-1946) y Renato Simoni (el libretista de la *Madame Sans-Gêne*, de Giordano), Puccini dio una forma más libre a la historia, eliminando personajes innecesarios pero dando un considerable relieve a las «máscaras» con que Gozzi había querido mantener algunas figuras tradicionales de la *commedia dell'arte*. La obra se centra en torno a la figura, bien difundida en la literatura, de la princesa que no se quiere casar y pone por ello obstáculos insalvables a los candidatos a su mano, que pagan su fracaso con la muerte. Puccini crea en la obra un extraordinario clima de terror, sugestión y excitación popular con los coros que son seres sin voluntad propia y que tan pronto reclaman sangre y la ejecución de los candidatos, como se lamentan al verlos morir en plena juventud. El drama le permitió a Puccini contrastar a la mujer glacial, Turandot, con Liù, la mujer humilde enamorada, dispuesta al sacrificio inmediato por el protagonista, Calaf, después de cantar su última y emotiva aria («Tu che di gel sei cinta») en la que reprocha a Turandot su frialdad y le predice el triunfo del amor; luego se suicida para no revelar el nombre de Calaf.

No falta en la ópera un pasaje para que el tenor pueda lucirse en solitario, como el aria «Nessu dorma», en el tercer acto. El lado exótico de la obra, tan apreciado por Puccini, se halla bien expuesto por los tres mandarines, Ping, Pang y Pong (las «máscaras») en cuyos soliloquios anida una fuerte nostalgia por el mundo rural al que pertenecían. Calaf logra romper el hielo de la distante princesa y la obra, consecuente con su carácter de fábula acaba con un final feliz que Puccini no pudo acabar al morir inesperadamente dejando la obra inconclusa después del suicidio de Liù.

El espíritu postverista (mundo mítico pseudohistórico, protagonistas que se lanzan a la conquista amorosa sin parar mientes en sus consecuencias) inunda casi por completo la ópera, pero el personaje de Liù sigue siendo una figura verista, tanto por su modo de cantar como por lo que representa de humano y modesto.

La obra operística de Puccini mereció, a partir de su *Manon*, el apoyo creciente de un público fiel, que aplaudió cada vez con más fuerza las producciones del compositor, y los empresarios teatrales las incluyeron con cada vez más frecuencia en las temporadas. Pero los críticos y una gran parte de la intelectualidad italiana rechazaron las óperas del autor, insistiendo en las críticas negativas contra el verismo en general. Los motivos de esta hostilidad fueron varios: una concepción elitista de la ópera los hacía ver al verismo como una escuela «vulgar», incapaz de igualar los progresos de las óperas alemanas postwagnerianas y las nuevas tendencias de la música; en el otro extremo también los nostálgicos del *bel canto* insistían sobre la pérdida —cierta— de los valores vocales tradicionales causada por los «gritos» de los personajes del verismo. Molestaba también a los críticos el evidente éxito de público de cada una de las creaciones de Puccini. Esta actitud no era exclusiva de los italianos; en Inglaterra, en Alemania e incluso en España, los éxitos de Puccini eran comentados con sorna. Cuando el compositor murió en Bruselas, el 29 de noviembre de 1924, una revista barcelonesa llegó a comentar el fallecimiento del músico «si es que había vivido alguna vez».

Después de la II Guerra Mundial esta actitud negativa había ya cambiado. La crítica era consciente ahora de que al desaparecer Puccini la ópera italiana había dejado a la ópera italiana sin ninguna figura que pudiese continuar su tarea como jefe indiscutido de la vida operística italiana. Y es que con su muerte se llega al fin de la hegemonía operística de los italianos en Europa. En la Italia fascista, Pietro Mascagni trató de erigirse en su sucesor, pero fracasó miserablemente en el empeño, mientras la herencia pucciniana seguía ejerciendo su importantísima influencia en los restantes compositores italianos y en la vida musical del mundo occidental, incluyendo —detalle importante— los autores de la música cinematográfica, que tanta importancia adquirió con la llegada del cine sonoro, en 1927, después de su muerte.

Veristas menores

Aparte de los compositores citados en los apartados anteriores, mencionaremos a algunos más que alcanzaron cierto relieve dentro de la escuela.

Alberto Franchetti (1860-1942) fue, de los compositores de este período, quizás el más influido por la obra de Wagner. De su producción son especialmente notables un *Cristoforo Colombo* (1892) que fue estrenada en Génova en ocasión del cuarto centenario del descubrimiento de América (hay una grabación discográfica en CD de la pieza) y *Germania* (1902), considerada su mejor obra, y en la que la influencia wagneriana resulta más evidente.

Franco Alfano (1876-1954), uno de los más jóvenes del grupo, mantuvo desde el inicio de su carrera una trayectoria especial y más tarde se distanciaría del verismo. Su ópera más importante es *Risurrezione* (1904), basada en la obra de este título de Tolstoy, y en la que el mundo ruso y siberiano sería la base de los contrastes entre la vida «normal» y la del hostil mundo polar.

Alfano había abandonado ya prácticamente el mundo del verismo cuando Toscanini decidió encargarle la labor de terminar la *Turandot* de Puccini, que el compositor no había podido culminar cuando le sobrevino la muerte. Alfano llevó a cabo dos finales, pero ninguno resulta muy eficaz, y se suele utilizar el breve, porque permite acabar la obra sin complicar las representaciones. El día del estreno, Toscanini detuvo a la orquesta en el punto en que Puccini dejó la obra, y sólo en la segunda función se interpretó el final de Alfano.

Más tarde el compositor volvió a alcanzar cierta fama con su ópera *Cyrano de Bergerac* (1936), que ya no pertenece al estilo verista, sino más bien al llamado *postverismo*, del que se hablará brevemente en las páginas siguientes.

Otro compositor del período, pero ajeno a la escuela del verismo, fue Ferruccio Busoni (1866-1924), influido más por la música alemana que por la italiana. Busoni había escrito otra *Turandot* (1917), más cercana a la obra original de Carlo Gozzi, lo que motivó que Puccini escogiese también este tema. Antes había escrito la ópera *Arlecchino* (1915) y más tarde su obra cumbre, *Doktor Faust* (1925). Muy loado por la crítica, en realidad Busoni no ha sido nunca un compositor popular.

Fueron muchos los operistas de este período que se dejaron seducir más o menos por la música germánica. Además de los ya citados, debemos mencionar al veneciano Ermanno Wolf-Ferrari, de ascendencia mixta germano italiana, por lo que se comprende este atractivo hacia lo alemán. Su primera ópera, *La Cenerentola* (1901), no logró desbancar a la ópera rossiniana del mismo título, a pesar de que entonces apenas se daba en lugar alguno. Siguió luego *Le donne curiose* (Múnich, 1903), con más éxito, y con la que Wolf-Ferrari inició su culto peculiar al siglo XVIII y el de Goldoni en particular, en el que insistiría en *I quattro rusteghi* (1906), una de sus óperas más divulgadas. Su ópera breve *Il segreto di Susanna* (1909) además de una comicidad de buena ley, nos da una imagen de su exquisita capacidad de transmitir a la orquesta una instrumentación refinada. Aunque su extensa producción incluye más títulos goldonianos, como *La vedova scaltra* (1931) e *Il campiello* (1936), y una comedia de Lope de Vega (*La dama boba*, 1939), el compositor nunca logró un puesto estable en el repertorio internacional, donde sus títulos aparecen en raras ocasiones, con la excepción de *Il segreto di Susanna*. En un terreno más próximo al verismo escribió *I gioielli della Madonna* (1911), y *Sly* (1927), pero tampoco estos títulos han cuajado mucho.

Debemos citar muy brevemente a un curioso epígono italiano del verismo afincado en Londres: Franco Leoni, autor de la curiosa ópera breve *L'Oracolo* (1905), que se estrenó en el Covent Garden y de la que se ha conservado memoria en Inglaterra. La acción se sitúa entre la comunidad china de San Francisco de California y tiene un notable interés dramático y musical.

En los Estados Unidos, por otro lado, ya comentamos la actividad verista o veristoide de Giancarlo Menotti (1911).

Con el estallido de la I Guerra Mundial las condiciones para el desarrollo operístico italiano se vieron afectadas y el verismo, por otro lado, con un cuarto de siglo a sus espaldas, empezó a desvanecerse, sucedido por una escuela, la de los llamados postveristas, que, en el fondo, no modificaron apenas el modo de trabajar de los compositores, pero introdujeron cambios en el enfoque dramático y emocional del espectáculo.

El verismo en otros países

Una breve mención de otros casos de verismo fuera de Italia nos llevará a mencionar, como se ha hecho ya antes, a los franceses Bizet, cuya *Carmen* (1875) fue precursora clara del movimiento, y Massenet, cuyas óperas breves y poco conocidas *La Navarraise* (1894), situada en la guerra carlista española y, en menor grado, *Thérèse* (1907), son aportaciones modestas de la ópera francesa al movimiento.

Sin embargo, la aportación más destacada fue la del ya citado (capítulo VI) Gustave Charpentier (1860-1956) con su único éxito teatral *Louise* (1900), una de las óperas de mayor reparto de la historia, con más de veinticinco personajes.

En Alemania sobresalió el ya citado Eugen D'Albert (1864-1932), compositor y pianista que logró su mayor éxito con la obra de Guimerà *Terra Baixa*, que debidamente tratada como ópera (*Tiefland*, 1903) se estrenó en el Teatro Alemán de Praga con notable éxito. Entre sus otros títulos se pueden recordar *Die Abreise* (*El viaje de partida*, 1898) y *Die toten Augen* (*Los ojos muertos*, 1916).

En España el verismo influyó, más bien tarde, en varios compositores, sobre todo en algunos de los autores más destacados del mundo de la zarzuela, como Pablo Sorozábal (1897-1988), de modo especial en *La tabernera del puerto* (1936) y tal vez en cierta medida José Serrano (1873-1941) sobre todo en sus últimas creaciones.

Finalmente hay que mencionar al compositor griego Spiros Samaras (1861-1917), de la «escudería» de la casa Sonzogno, que en 1894 obtuvo cierto éxito con la ópera *La martire*, con libreto de Luigi Illica, y que alcanzó mayor notoriedad como autor del himno olímpico (1896, a raíz de la primera Olimpíada moderna en Atenas) que todavía se interpreta hoy en día.

XXXV. EL POSTVERISMO

Hemos aludido en este libro en más de una ocasión al *postverismo*, un movimiento operístico que, como su nombre indica, apareció a continuación del *verismo*, pero que por su carácter reciente y por el inmovilismo de muchos autores, no ha sido todavía adecuadamente definido. En su excelente enciclopedia, Alberto Basso y sus colaboradores hablan del «novecento storico», expresión que recoge una de las características del postverismo, que nació con los cambios impuestos por la vida política italiana, que se deslizó hacia posiciones conservadoras radicales y nacionalistas (en 1922 se proclamaría el Estado fascista de Mussolini) con la proclamación del «imperio italiano» —que la dictadura trató de expandir por África— y la reivindicación como propias de las glorias de la antigua Roma.

Ya antes se había manifestado en este sentido el hiperpatriota Gabriele D'Annunzio (1863-1938), fuertemente influido por el sentido «heroico» de la vida extraído de las ideas de Nietzsche, y resistente empecinado en defensa de Italia al apoderarse del enclave de Fiume (o Rijeka, 1919). D'Annunzio, en su teatro, y en muchos de los libretos operísticos, difundió la idea del rescate de la grandeza del pasado italiano, ya fuera la del Imperio Romano o la de la explosión renacentista e incluso barroca de Italia.

Otro escritor que siguió una línea parecida fue un imitador suyo, el dramaturgo Sem Benelli (1875-1949), cuyos dramas impulsaron también la aparición de algunas de las primeras óperas postveristas.

Desde el punto de vista formal, no hay diferencia apenas entre las óperas veristas y las de este movimiento: la música está basada en una aplicación ligera del *leitmotiv* wagneriano y la música está compuesta sin solución de continuidad, aunque sigue apreciándose la presencia de arias, dúos, etc., en la partitura. La utilización de la voz es más dramática, si cabe, pero con los mismos recursos: casi total ausencia de ornamentación, impulsos de las frases melódicas con clímax finales agudos, a veces estentóreos, con un refuerzo orquestal importante.

Lo que cambia, sobre todo, es el enfoque argumental: mientras el verismo conservaba algo todavía del culto al amor romántico, que conducía inevitablemente a la muerte, pero cuyos protagonistas intentaban sortear como podían, en el postverismo los protagonistas se lanzan abiertamente a chocar con el mundo que los rodea a fin de morir de modo espectacular, porque el amor es un sentimiento que no admite disimulos ni cobardías: los enamorados se enfrentan abiertamente con la muerte (ya el final de *Andrea Chénier* de Giordano anunciaba, en cierto modo, esta nueva actitud, aunque sólo de modo embrionario).

El primero, cronológicamente hablando, de los autores postveristas fue el compositor Italo Montemezzi (1875-1952). Con la protección de los Ricordi había estrenado un par de óperas de poca trascendencia, pero poco después se destacó en la nueva corriente con una ópera de considerable fuerza dramática e interés musical: *L'amore dei tre re* (1913), con un libreto basado en la pieza teatral del mismo nombre, de Sem Benelli, cuando el verismo «ortodoxo» todavía no se había extinguido. El núcleo amoroso es la joven princesa italiana Flora, entregada a un monarca bárbaro cristianizado, Manfredo, y deseada en el fondo por el padre de éste, el viejo bárbaro indómito temperado por la edad y la ceguera. Flora mantiene relaciones amorosas con Avito, el rey de los italianos refugiados en Altura, y el tremendo ciego, que había conquistado Italia en su juventud, estrangula ahora a la mujer que «nos traicionaba», como le dice a su hijo que le pregunta la causa de tan tremenda venganza. La ópera hoy circula poco, pero sigue en activo en los Estados Unidos, donde siempre ha sido muy popular.

Montemezzi escribió otra ópera dannunziana, *La nave* (1918) y una pieza en un acto, *La notte di Zoraima* (1931), que pronto quedó olvidada. Finalmente estrenó ya en plena guerra otra pieza basada en una obra de Sem Benelli, *L'incantesimo* (1943), pero no logró nunca más una obra del alto nivel de *L'amore dei tre re*.

Riccardo Zandonai (1883-1944), inició su carrera como epígono verista bajo la protección de la casa Ricordi. Sus primeros éxitos pertenecen a la escuela verista, como *Conchita* (1911), pero seducido por las nuevas ideas usó un libreto basado en la obra de D'Annunzio para escribir *Francesca Da Rimini* (1914), en la que los amantes, Paolo y Francesca, se lanzan a vivir su amor aún a sabiendas de que el hermano de Paolo, Lanciotto, los vigila y está pronto a matar a su hermano y su esposa. Pero por otra parte, la obra servía para exponer un gran cuadro propagandístico del esplendor renacentista en medio del cual se producían los hechos.

Zandonai continuó creando óperas de considerable interés dramático e ingeniosa construcción, como su versión del drama de los amantes de

Verona: cambió con intención el orden de los nombres del título: *Giulietta e Romeo* (1922).

El modo como está narrada la historia pone de relieve el ambiente prerrenacentista de Verona y Mantua; un juglar canta la historia de la muerte de Giulietta, e impulsado por su incontenible amor, y como buen postverista, sin medir las consecuencias de lo que hace, Romeo se pone en marcha a caballo hacia Verona («Giulietta mia!») y en escena una proyección cinematográfica muestra la carretera por la que se supone que galopa el protagonista, con los árboles pasando veloces por los lados de la carretera, mientras la música «heroica» de la orquesta recoge incluso el efecto sonoro de la celeridad con que van pasando dichos árboles. Esta curiosa simbiosis de cine (todavía mudo) y lenguaje musical operístico es un signo del nuevo enfoque que están dando los postveristas al género.

Zandonai convirtió en ópera italiana la novela de la premio Nobel sueca Selma Lagerlöf (1858-1940), *I cavalieri di Ekebù* (1925), pero sólo *Francesca Da Rimini* aparece de vez en cuando en algún teatro.

Además de los dos citados, puede incluirse como autor postverista a Ildebrando Pizzetti (1880-1968), el más wagneriano de los tres, pues escribía sus propios libretos y mezclaba en ellos historia y leyenda. Escritor de talento, desarrolló sus teorías musicales con claridad en artículos de revista y en varios tomos de ensayos. Según él, tanto el compositor como el libretista deben renunciar a los pasajes que no requieran especialmente una música que dé vida a las emociones; por otra parte, el compositor debe abandonar la utilización de la música como mero procedimiento decorativo. Pizzetti, aunque con mayor moderación que el musicólogo Fausto Trrefranca (1883-1955) consideraba que Puccini y su estilo eran una expresión de la «vulgaridad» burguesa que sólo miraba a enriquecerse, sin ideal artístico alguno, por lo que propugnaba un retorno a los valores nacionalistas italianos. Todas estas ideas iban envueltas en un neoclasicismo, una adoración del mundo griego y romano antiguo que sería una de las marcas del período que estamos comentando, en Italia y también en Francia y en cierto modo en España (el Novecentismo catalán tiene algo que ver con esto).

Estas teorías, que cuadran bastante con el postverismo, fueron aplicadas por primera vez en la ópera *Fedra* que Pizzetti estrenó en 1915 basándose en una obra de Eurípides para la que recurrió a D'Annunzio como libretista. Luego se reafirmó en sus principios en la ópera *Debora e Jaele* (1922), que tuvo bastante eco y que el famoso Arturo Toscanini dirigió en su estreno en la Scala de Milán. En esta ópera, de tema bíblico, el compositor daba un rol de primera categoría al coro. Todo el resto de

Portada de la primera edición del libreto de *Francesca da Rimini* (1914),
de Ricardo Zandonai, publicado por la editorial Ricordi.

su carrera Pizzetti se mantuvo más o menos anclado en sus principios, con éxitos como *Fra Gherardo* (1928), *Orsèolo* (1935), una *Ifigenia* radiofónica, en 1950, con la cual ganó el premio Italia de aquel año, y sobre todo *La figlia di Jorio* (1954), una vez más sobre un texto de D'Annunzio. Su ópera más conocida es hoy *Assassinio nella cattedrale* (1958), que alcanzó difusión internacional, y pieza en la que el coro asume una importancia crucial, dentro de la narración que trata del tema del arzobispo Thomas Becket y su enfrentamiento con el rey Enrique II de Inglaterra, en el siglo XII.

Un apéndice de la escuela postverista lo constituyen algunos autores que más o menos fluctuaron en torno a las ideas entonces vigentes, como Alfredo Casella (1883-1947), cuyas pocas incursiones en el mundo operístico tuvieron un relieve limitado (*La donna serpente*, 1929), y Gian Francesco Malipiero (1882-1973), influido, como todos los autores de este grupo, por la enorme cantidad de música italiana antigua que se iba redescubriendo en su tiempo. Escribió una extensa producción operística, de la que pueden citarse *Antonio e Cleopatra* (1938), *I capricci di Callot* (1942), *Il figliuol prodigo* (1953) e *Il capitan Spavento* (1963), que se dio en España años más tarde (Liceo, Barcelona, 1975). Pero el más importante, no sólo por su producción operística, sino por la sinfónica, fue sin duda el boloñés Ottorino Respighi (1879-1936), entusiasta, como Malipiero, de la música antigua italiana, resurrector del *Orfeo* de Monteverdi, aunque de acuerdo con los precarios criterios de su época la «revisó» reorquestándola. Había estudiado en Rusia con Rimski-Korsakov y en Berlín con Max Bruch. En Italia adquirió prestigio con su producción operística con óperas como *Belfagor* (1923), *La campana sommersa* (1927), *Maria Egiziaca* (1932) y sobre todo con la considerada su obra maestra, *La fiamma* (1934), en cuya compleja intriga, situada en el exarcado de Ravenna, y con algunas connotaciones todavía veristas, se oyen algunos ecos de la música de Monteverdi. Dejó inconclusa su ópera *Lucrezia* que estrenó su esposa, Elsa Respighi, compositora y autora de una biografía de su marido y colega. La música de Respighi ha sido siempre popular en Hungría, donde se han realizado casi todas las grabaciones discográficas de sus principales óperas.

X. LA ÓPERA EN UN MUNDO «MODERNO»

En busca de un nuevo líder

Los cambios que trajo consigo la influencia de Wagner y la conciencia de los compositores de que no era preciso someterse a las reglas tradicionales de la armonía y la composición tuvo una importancia especial en Alemania y Austria, donde la preocupación de muchos compositores para hallar una nueva vía para la música —y en un segundo plano también para la ópera— se desarrolló de un modo bastante traumático, porque coincidió con la crisis general de los imperios centrales, Alemania y sobre todo Austria, que desembocaría en el marasmo de la I Guerra Mundial, a pesar de que ambos países se lanzaron al conflicto con entusiasmo y convicción de victoria.

La crisis de valores desembocó en un malestar de los artistas en todos los terrenos, y en el surgimiento de una corriente que buscaba en el ruptura de las formas y en la deformación de éstas un camino para expresar una angustia difusa y una nueva fuente de valor estético: el de la fealdad y el del horror.

En el terreno operístico no faltó quien experimentó con estas ideas, incluso artistas que hasta entonces habían sido más bien representantes de un postwagnerismo muy señalado, con ribetes tardo románticos. Había como una auténtica obsesión para encontrar el camino que llevase a la realización de una ópera alemana acorde con los tiempos, y que tuviese un compositor emblemático que la representase. Si no hubiese sido tan dogmático, tal vez el ya citado Hans Pfitzner habría podido ser tal vez el hombre buscado. El director de orquesta Max von Schillings (1868-1933), cuya *Monna Lisa* (1915) aún se recuerda, no daba la talla adecuada, como tampoco el asimismo director de orquesta Felix Weingartner (1863-1942) logró suficiente fama.

Richard Strauss, el gran creador operístico

Dentro de esta corriente, la figura principal acabó siendo sin duda alguna el compositor y director de orquesta bávaro Richard Strauss (1864-1949), en cuya primera ópera, que abordó después de un largo período dedicado al poema sinfónico, fue *Guntram* (1894), donde el compositor se limitó a seguir de cerca los pasos de Wagner, a quien admiraba (había dirigido ese mismo año un *Tannhäuser* en Bayreuth).

Con *Feuersnot* (*Necesidad del fuego*, 1901) basada en un libreto de Ernst von Wolzogen, Strauss da un paso más hacia su independencia musical, lejos de la figura totémica de Wagner. Se puede interpretar *Feuersnot* como el exorcismo total de Strauss con el precedente wagneriano que supuso su *Guntram*. Con claras referencias al compositor de Bayreuth y a sí mismo en los personajes, la ópera viene a ser una especie de versión de su poema sinfónico *Till Eulenspiegel*. Con una clara crítica al mundo burgués conservador y con toques de la sensualidad erótica con la que dibuja Strauss al personaje femenino, es la ópera de transición en la que el camino despunta claramente hacia en mundo personal y característico del compositor. Protagonizado por la figura del baritono y musicalmente un poco irregular aun, tuvo más éxito que *Guntram*, y resultó mejor en el tratamiento cromático que ésta y con ese toque de humor con el que gustaba al compositor dar personalidad a algunas de sus obras, *Feuersnot* es el paso decisivo a la obra maestra que significa la composición de *Salomé* (1905), basada en la conflictiva pieza teatral de Oscar Wilde, traducida al alemán por Hedwige Lachmann sin casi ningún cambio y musicada con una enorme orquesta y una sorprendente fuerza descriptiva. Con esta ópera Richard Strauss entró a formar parte de las huestes del expresionismo; hoy en día el público ya no es consciente de la repugnancia que quería evocar el autor al hacer que Salomé haga decapitar a Juan el Bautista (Jokanaan en el libreto) para obtener su boca y poderla besar. Por si fuera poco, al término de la ópera, Salomé muere aplastada por los escudos de los soldados de Herodes como si fuera una enorme cucaracha. Pero la belleza de la música del compositor, que con este título llega a su plenitud, hizo pasar desapercibido el verdadero contenido estético, decadente y morboso, de la ópera, que de todos modos, tuvo conflictos con las censuras de varios países (no, en cambio, y contra todo pronóstico, en España, donde fue rápidamente admirada).

La figura de Salomé era un símbolo para la época finisecular que imperaba en Alemania y Europa, de hipnótico poder erótico, sexualmente decadente y paradójicamente casta, Strauss tiene los precedentes del cuadro de Moreau, de la *Herodíade* de Flaubert llevada a la ópera por Massenet y finalmente del magnífico libreto original en francés escrito por Oscar Wilde. Strauss con un instinto teatral excelente, comprimió el libreto, suprimiendo sobre el texto original de Wilde las partes que no eran necesarias para el desarrollo musical de la ópera, creando una obra de intensidad orquestal y fuerza estremecedora sin precedentes. Strauss emerge con una música agresivamente bella e impactante, y consigue condensar en la figura de Salomé una fuerza expresiva y sexual que la música hace estallar en los oídos del oyente subyugándolo y transportándolo a un mundo sonoro de mil matices y colores. El contrapunto con la figura pura de Juan el Bautista es excepcionalmente transmitida por una música entre el terror y el miedo a lo desconocido y la atracción enfermiza que produce en Salomé la figura del hombre santo. Strauss crea una paleta cromática inacabable y de una riqueza extraordinaria: cada instante de la ópera está salpicado por notas de un poder sonoro que desarmaba a un auditorio que sólo contemplando el paisaje orquestal en los músicos ya queda impresionado. Obsérvense la música que nos describe la pedrería con la que Herodes quiere esquivar la petición de Salomé. El baile de los siete velos que ésta dedica a Herodes para conseguir su recompensa es magistral y es un ejemplo claro de la madurez absoluta que Strauss tenía ya sobre la música orquestal al margen de la fuerza bruta de sus personajes operísticos. Es el gran primer papel para soprano que escribió Strauss, coronando el final de la ópera con un monólogo espeluznante, donde la protagonista mezcla las notas y sentimientos más castos y puros con un desmedido odio y rabia sexual hacia la figura pura que negó sus encantos. Todos los personajes están psicológicamente dibujados en música de una forma extraordinaria y cada uno de ellos, en boca de intérpretes adecuados, son de excepcional brillantez, aunque no fáciles de interpretar. Strauss encontró en esta obra la fuerza dramática necesaria para transmitir en música todo su potencial operístico, dejando para la posteridad una de las óperas más decadentemente bellas y luminosas del siglo xx.

En la ópera siguiente, *Elektra* (1909) Richard Strauss encontró por primera vez a un libretista excepcional: el dramaturgo y poeta Hugo von

Hoffmannsthal (1874-1929). En *Elektra* Strauss se mantuvo dentro del expresionismo de su ópera anterior, presentándonos un mundo griego cruel —sangriento, vindicativo y con ribetes de horror (la figura de Klytämnestra, sobre todo), muy alejado del ideal neoclásico que todavía perduraba en Alemania.

El cambio de orientación de Richard Strauss

Sin embargo, Richard Strauss había decidido que el camino del expresionismo conducía a un abismo intelectual sin fondo y a un tipo de creación musical en el que no deseaba insistir. Desde el punto de vista compositivo, se ha hablado a veces de «la traición» de Richard Strauss, porque dio estilísticamente media vuelta y dedicó sus esfuerzos a la reivindicación del mundo vienés de la época gloriosa de María Teresa de Austria, que de acuerdo con Hoffmannsthal pintó de modo glorioso en su nuevo título, *Der Rosenkavalier* (1911) considerada casi unánimemente, y por él mismo, su obra maestra.[29] *Der Rosenkavalier* no sólo es un homenaje a la Viena de la época de Mozart, sino un verdadero alud de música, que se explaya en la belleza de su propia existencia, uniendo las voces femeninas en números conjuntados de una elegancia exquisita, o se mueve cadenciosamente al compás de un vals completamente anacrónico, pero difícil de olvidar. A partir de esta ópera, Strauss enfoca el modo de cantar de sus personajes siguiendo, sin imitarlo, el modelo mozartiano; es un hecho que los cantantes que se distinguen en sus óperas suelen ser también intérpretes excepcionales de la música mozartiana. No faltan también los apuntes cómicos, muy germánicos y a veces demasiado explícitos, en las figuras grotescas de la ópera, como el barón Ochs y sus sirvientes. Ni hallazgos como las disonancias metálicas que acompañan a la presentación de la rosa de plata por parte del joven aristócrata Octavian a la ingenua Sophie, iniciando así una relación amorosa propiciada por la Mariscala, mujer ya un tanto madura que sabe renunciar a tiempo al amor.

Otra obra de parecida calidad y muy imaginativa en su construcción teatral, gracias al ingenio de Hoffmannsthal, fue su ópera *Ariadne auf Naxos* (1912-1916), que inicialmente debía llevar como apéndice una representación abreviada de la obra de Molière *Le bourgeois gentilhomme*, en versión alemana. Sin embargo, ante el evidente desequilibrio de esta

---

[29] Es sabido que cuando al final de la II Guerra Mundial entraron soldados americanos en su casa, Richard Strauss, para evitar posibles violencias, les salió al encuentro diciendo «Soy el compositor del *Caballero de la rosa*».

Éva Marton en una escena de *Elektra* (1909), de Richard Strauss
(producción de Henning Brockhaus, en el Teatro Real de Madrid).

idea, el compositor escribió la música de un acto para seguir al prólogo ya existente, en el cual, siguiendo las indicaciones del rico dueño de la mansión, se van a reunir en una sola representación la ópera seria y la ópera bufa previstas en un ambiente dieciochesco. La extraordinaria belleza de la música de esta ópera supuso otra de las cimas compositivas de su autor. Por otra parte, el tema de las diferentes formas de la ópera frente al texto y a la música, seguiría interesando mucho a Strauss, que le dedicaría una ópera hacia el fin de su carrera.

Richard Strauss, genuinamente fascinado por la música de Mozart, hacía tiempo que propugnaba la reposición de sus títulos menos conocidos

Carmen Oprisanu y Milagros Poblador en la escena de la rosa (acto II) en la ópera *Der Rosenkavalier* de Richard Strauss (Teatro de la Maestranza de Sevilla).

(como, entonces, *Così fan tutte*) y en 1917 contribuyó con su personalidad a la fundación del Festival de Salzburgo, dedicado en sus primeros años en gran parte a representaciones mozartianas.

Después de la I Guerra mundial, convertido ya en una figura emblemática de la vida musical europea, con cientos de conciertos y de óperas en su haber como director, Strauss se dejó llevar por Hoffmannsthal a terrenos teatrales muy imaginativos —que el propio compositor no siempre entendía del todo— con creaciones como *Die Frau ohne Schatten* (*La mujer sin sombra*, 1919), con la creación de personajes de gran categoría vocal y humana, como el tintorero Barak y su esposa (inolvidable su dúo «de la cárcel»), y otros sometidos a la servitud de una vocalidad dura e inmisericorde para con los cantantes (personajes del Emperador, la Emperatriz y la Nodriza).

El feliz, pero difícil matrimonio de Strauss con la dura y agresiva Pauline von Ahna suscitó la ópera *Intermezzo* (1924), en la que el compositor relató un incidente conyugal. Con Hoffmannsthal volvió a las óperas simbólicas de difícil montaje e interpretación, como *Die Ägyptische Helena* (*La Elena egipcia*, 1928). La súbita muerte de Hoffmannsthal, en 1929, obligó al compositor a buscar sustitutos o a aprovechar los bocetos de proyectos con Hoffmannsthal: así, en 1933, estrenó su

Una escena de *Ariadne auf Naxos* con los personajes Zerbinetta y las Máscaras
(Teatro Comunale di Firenze).

Arabella que Hoffmannsthal había dejado escrita, y que es una especie de réplica de *Der Rosenkavalier*, pero esta vez el homenaje va dirigido a la Viena del siglo XIX, en lugar de la del XVIII. El gusto del compositor por la voz de soprano, obligada a escalar grandes cimas de la coloratura vocal imitada de la del barroco, aparece de nuevo en esta ópera en la figura de la Fiakermilli, pero el canto amoroso, intenso y emotivo está confiado a Arabella (soprano) y a su hermana Zdenka, mezzosoprano vestida de muchacho.

Strauss fue a dar con el escritor Stefan Zweig como colaborador de su siguiente ópera, *Die schweigsame Frau* (*La mujer silenciosa*, 1935), basada en una antigua comedia de Ben Jonson (1572-1637), y un tanto similar al argumento de *Don Pasquale*, de Donizetti. Pero el III Reich prohibía la mención de artistas judíos cuando todavía lograban colaborar en algún espectáculo, y Strauss tuvo que batallar con gran furor para lograr que Stefan Zweig figurara, aunque fuera en caracteres diminutos, en el cartel del estreno.

En su siguiente ópera, *Friedenstag* (1938) el compositor se atrevió a propugnar la paz en un Estado totalitario que se orientaba cada vez más a la guerra. Muy preocupado por su familia (tenía una nuera judía, y por lo tanto unos nietos medio judíos), Strauss no ofreció resistencia al régimen nazi y aceptó presidir la Cámara de Cultura del Reich; mientras tanto escribía, cada vez más angustiado, sus últimas óperas, *Daphne* (1938), *Die Liebe der Danae* (*El amor de Dánae*, una ópera muy completa y vocalmente de gran relieve, que no se estrenó hasta 1944 sólo en forma de ensayo general, por la guerra y que no se vería definitivamente hasta el Festival de Salzburgo de 1952) y por último *Capriccio* un juego intelectual escapista en el que Strauss aborda el centenario dilema entre qué es lo primero en la ópera, la música o las palabras, tomando como punto de partida la antigua ópera de Salieri *Prima la musica, dopo le parole*, cuyo libreto había encontrado el compositor entre los libros de una biblioteca. Estrenado en Múnich, en una siniestra noche de guerra de octubre de 1942, en medio de bombas y privaciones, supuso el adiós definitivo de Richard Strauss al mundo de la ópera, en el que supo labrarse un puesto de primera fila.

Si hay que buscar un compositor que pueda tenerse por continuador de Richard Strauss, tendremos que acudir al autor de origen moravo pero establecido en Viena, Erich W. Korngold (1897-1957), discípulo de Fuchs, que demostró tanta precocidad que sus dos óperas en un acto escritas a los diecinueve años causaron un fuerte impacto: *Der Ring der Polikrates* (*El anillo de Polícrates*, 1916) y *Violanta* (1916). Su éxito más importante vino poco después, con *Die tote Stadt* (*La ciudad muerta*, 1920), ópera situada en la ciudad flamenca de Brujas, con un argumento entre mágico y onírico cuyo fondo es el mundo medio muerto de la postguerra. Su ópera *Das Wunder des Eliane* (1927) ha aparecido en el mundo discográfico después de haber figurado en el catálogo de la «música degenerada» establecido por el régimen nazi. Como es lógico, Korngold optó por emigrar más tarde a América, donde se convirtió en un autor de música cinematográfica muy valorado.

Por las vías de un lenguaje musical nuevo en Austria

En los años inmediatamente anteriores a la I Guerra Mundial surgió un grupo de compositores que buscaron en lenguajes musicales alternativos un cambio que liberara a la música de los residuos posrománticos que ésta seguía arrastrando en su tradición después del gran fenómeno de Wagner. En Austria, especialmente, se formó una generación que abrió nuevos caminos a la música. Entre éstos hay que citar a Franz Schreker (1878-1934), cuya labor didáctica se combinó con la composición, y que se distinguió con su primera ópera importante, *Der ferne Klang* (*El sonido lejano*, 1912). Más tarde escribiría óperas de mayor éxito de público, como *Die Gezeichneten* (*Los marcados*, 1918) y *Der Schatzgräber* (*El buscador de tesoros*, 1920), compleja historia que une elementos reales y mágicos de un modo muy interesante. Pero aunque se le consideraba un autor «de vanguardia», y era un convencido antiwagneriano, los progresos del lenguaje musical en los años veinte lo dejaron en cierto modo atado a un posromanticismo combatido por los más «avanzados» que él.

Entre éstos hay que mencionar en primer término al compositor austríaco Arnold Schönberg (1874-1951), que revolucionó el mundo de la música con la elaboración de su sistema basado en la escala «igualitaria» de las doce notas. Ya en 1909, antes de haber creado el sistema había escrito una ópera que había prescindido de la tonalidad tradicional, *Erwartung* (*Espera*, que no se estrenó hasta 1924). Es una obra con un solo personaje, una mujer sujeta a un proceso mental muy complejo. El compositor también usó un solo personaje en su ópera, con coro y papeles para mimos que no cantan: *Die glückliche Hand* (*La mano feliz*, compuesta en 1913 y estrenada en 1914). Distinto ambiente presenta la ópera cómica *Von Heute auf Morgen* (*De hoy a mañana*, 1930), su primera ópera dodecafónica, con ribetes de farsa conyugal.

En el clima enrarecido de la política alemana de los años treinta, el compositor emigró después de reconvertirse al judaísmo, y quiso erigir un monumento musical a la figura bíblica de Moisés con una ópera, una parte de la cual fue compuesta en su refugio momentáneo de Barcelona: *Moses und Aron* (1932-1951; inacabada y estrenada en 1957).

Discípulo de Schönberg y seguidor suyo en la escuela dodecafónica fue el compositor austríaco Alban Berg (1885-1935); su primera ópera, basada en el clásico tema teatral de Georg Büchner (1813-1837), con el título ligeramente modificado: *Wozzeck* (1925) trata el drama humano del infeliz soldado, típico de los años terribles de la Alemania y Austria de este período. De modo parecido al de su admirado maestro, Berg construye su ópera con formas instrumentales, como la sonata, la suite y el rondó, y la dureza del lenguaje musical empleado en ocasiones se dulcifica por los rasgos de emotividad que se filtran en él, con escenas impresionantes (véase, por ejemplo el tremendo final, en el que el niño de Wozzeck y Marie juega sin saber que en un solo día se ha quedado sin padre y sin madre). Es ésta sin duda la ópera de lenguaje dodecafónico de mayor éxito popular.

En su ópera siguiente, *Lulu*, que quedó inacabada, el uso de un lenguaje dodecafónico más riguroso confiere un carácter netamente expresionista a una historia grotesca que el propio Berg pergeñó de modo inhábil. La obra se estrenó en Zúrich en 1937. La viuda del compositor, Helene, se resistió a permitir que se completara la ópera con los esbozos dejados por su marido, y sólo a su muerte pudo Friedrich Cerha (n. 1926) concluir el tercer acto con sus propios añadidos y estrenar la versión ahora completa de *Lulu* en París, en 1979.

En línea parecida a la de Berg se distinguió Ernst Krenek (1900-1991), hoy recordado por su ópera con ribetes de música de jazz *Jonny spielt auf* (*Jonny fanfarronea*, 1927). Su entrada en el mundo dodecafónico dio como resultado la ópera *Karl V* (1934), prohibida por los nazis y estrenada en Praga en 1938, después de haber resultado imposible su estreno previsto en Barcelona a causa de la guerra civil española.

Escena de *Moses und Aron* (1957), de Arnold Schoenberg (representación con Aage Haugland en el papel de Moses y Philip Langridge como Aron, en el Théâtre Musical de Paris, 1995).

En la difícil Alemania nazi y de postguerra

En un sentido políticamente agresivo, pero con fuertes apelaciones al gusto del público por la música teatral de cabaret, se distinguió el compositor Kurt Weill (1900-1950), sobre todo con su *songspiel* (el énfasis está en el anglicismo *song*) *Mahagonny* (1927); después retomó el tema con más fuerza en la ópera *Aufstieg und Fall der Stadt Mahagonny* (1930): era la época en que los artistas comprometidos creían firmemente que la burguesía se desmoronaría ante unas cuantas críticas zahirientes. El mismo fondo reina en su adaptación de la *Beggar's Opera* de Gay y Pepusch (1728), con motivo del bicentenario, convertida en *Die Dreigröschenoper* (*La ópera de tres centavos*, 1928). No pertenecen a este lugar sus múltiples creaciones teatrales con música que le dieron un enorme prestigio. Exiliado a América en 1935, ante el clima irrespirable de Alemania, terminó su carrera con algunas comedias musicales.

En Alemania la figura más destacada de estos años, con una actitud serena y ordenada ante las sacudidas que sufría el mundo de la música, fue Paul Hindemith (1895-1963), que empezó su carrera con óperas breves y se distinguió después con una ópera con importantes intervenciones corales y que le ha sobrevivido: *Cardillac* (1926). Otra ópera suya que ha sobrevivido es *Mathis der Maler*, sobre la vida del pintor Matthias Grünewald, prohibida en Berlín en 1934 por sus explícitas expresiones acerca de la libertad del artista, y finalmente estrenada en Zúrich en 1938. Después de la guerra, Hindemith, que había desarrollado teorías muy pensadas sobre la armonía y la música trató de exponerlas en su ópera *Die Harmonie der Welt* (*La armonía del mundo*, 1957), centrada en la vida del astrónomo Kepler y sobre la conexión que siempre se ha querido ver entre la música y la astronomía.

Una actitud mucho más conservadora (políticamente cercano a la Alemania oficial) fue la de Carl Orff (1895-1982), que en sus primeros años abordó la adaptación del *Orfeo* de Monteverdi; en realidad fue un compositor que prácticamente no creó óperas, sino grandes cuadros arcaizantes de fondo medieval o clásico, aunque *Die Kluge* (*La muchacha lista*, 1943) puede considerarse como ópera y algunas de sus creaciones posteriores, menos conocidas, también pertenecen al género, como *Antigonae* (1949) y otras.

En los años de la postguerra, Alemania dio una nueva generación de compositores comprometidos políticamente y vinculados a un lenguaje que parecía garantizar ese compromiso. De los numerosos autores surgidos en esta etapa, el único que realmente ha causado un impacto superior ha sido

Hans Werner Henze (n. 1926), que ya se distinguió en 1952 con su *Boulevard Solitude*, basada en cierto modo en la historia de Manon Lescaut. Años después, sobre un cuento de Carlo Gozzi, escribió la ópera *König Hirsch* (*El rey ciervo*, 1956), donde se aprecia la influencia de la música italiana que Henze estudió a fondo, habiendo establecido su residencia en Italia. Otros títulos que han sido reconocidos por su interés son *Elegy for Young Lovers* (*Elegía por unos jóvenes amantes*, 1961), *Der junge Lord* (*El joven lord*, 1965) y *The Bassarids* (1966). Una serie de óperas posteriores han confirmado la personalidad de este compositor que ha ido modificando sus planteamientos con el tiempo. Debe citarse también a Karlheinz Stockhausen (n. 1928), otro autor que ha seguido por los caminos de la música electrónica gracias al taller fundado poco después de la guerra por Radio Colonia y que ha estrenado algunas óperas dedicadas a los siete días de la semana.

Mencionemos como un caso especial el del compositor judío-alemán, posteriormente nacionalizado inglés, Berthold Goldschmidt (1903-1996), autor de una ópera sobre el tema, ya tratado por otros compositores, de *Beatrice Cenci* (1951) que ganó un premio del British Arts y que en 1994 vio finalmente el camino del CD.

Francia e Italia en la segunda mitad del siglo xx

Aunque la ópera había perdido parte de su prestigio, siendo la Ópera de París un reducto eminentemente conservador, los compositores franceses no dejaron de probar suerte con alguna ópera ocasional. Paul Dukas (1865-1935) escribió sólo una, *Ariane et Barbe-Bleue* (1907); Albert Roussel (1869-1937), el más conspicuo representante del llamado neoclasicismo del siglo xx, causó cierto impacto con su ópera-ballet *Padmâvatî* (1923), que fue muy considerada aunque ha desaparecido casi del todo del panorama; el autor provenzal Darius Milhaud (1892-1974), que debutó con *Le Pauvre matelot* (1927), y cuyas obras más citadas suelen ser su *Christophe Colomb* (1930), *Bolivar* (1943) y *David* (1954), si bien es sin duda más interesante su curiosa contribución a la trilogía del *Figaro* de Beaumarchais, con la ópera basada en la tercera pieza, *La Mère coupable* (1966). El mejor, sin duda, de los operistas franceses de postguerra fue el original y brillante Francis Poulenc (1899-1963) que se distinguió con la sátira *Les Mamelles de Tirésias* (1944) y con *Dialogues de Carmélites* (1957), a la que siguió el conocido monólogo *La Voix humaine* (1958), muy difundido. El compositor suizo Arthur Honegger (1892-1956), quedó vinculado al mundo operístico del París de la primera postguerra mundial con su oratorio-operístico *Le Roi David* (1921); después continuó su carrera con otras óperas, como *Judith* (1926) y *Antigone* (1927), pero en esta época poco dada a la ópera «limpia» sin añadidos oratoriales o teatrales, su mejor producción fue considerada *Jeanne d'Arc au bûcher* (*Juana de Arco en la hoguera*, 1936) que tuvo bastante difusión en Europa durante algunos años, y en la que la actriz Ingrid Bergmann representó algunas veces el papel hablado de la protagonista. Mencionemos finalmente a Jacques Ibert (1890-1962), colaborador ocasional de Arthur Honegger en la ópera *L'Aiglon* (1937), pero más conocido por sus títulos *Angélique* (1927) y *Le Roi d'Yvetot* (1930).

Entre los autores de mayor éxito de este período francés hay que mencionar a Olivier Messiaen (1908-1992), cuya única ópera *Saint-François d'Assise* (1983) se ha reproducido en varias ocasiones, sobre todo en los Festivales de Salzburgo de los últimos años del siglo xx y ha logrado una cierta presencia en el mundo de la ópera.

En Italia, la presencia de un teatro de la importancia de la Scala, rápidamente reconstruido tras la guerra (1946), dio salida a una serie de compositores que trataron de brillar en el campo de la ópera. En los años cincuenta compositores italianos iniciaron una «modernización» de la ópera que se percibe en *Vivì* (1953), de Franco Mannino (n. 1924) y en alguna creación del triestino Mario Zafred (n. 1922), como *Hamlet* (1961) y *Wallenstein* (1965).

Sin embargo, el que fue mucho más allá en su lenguaje agresivamente combativo fue Luigi Nono (1924-1990), discípulo del director de orquesta y compositor Bruno Maderna (1920-1973) y del director de orquesta alemán Hermann Scherchen. Casado con la hija de Schönberg, Núria (1955), emprendió una carrera de hondo contenido político y vanguardista, inicialmente seguidor del sistema dodecafónico, llamando la atención con su ópera *Intolleranza 1960* (1961), cuyo estreno fue dirigido por Maderna, y *Al gran Sole carico d'amore* (1975). Más tarde se denominó a sí mismo «postserialista».

Un caso especial es el de Luciano Berio (1925), autor de algunas óperas «contestatarias» pero que después estrenó algunas de cierto relieve, como *Un re in ascolto*. En el año 2001 escribió un nuevo final para la ópera *Turandot* de Puccini que se ha interpretado en el Festival de Salzburgo y que por su adecuación y eclecticismo musical merecería ser adoptado en lugar del tímido añadido de Franco Alfano.

Son muchos más los compositores italianos que han luchado por estrenar títulos nuevos; sin embargo, muchos autores «de un día» estrenaron producciones en la Scala y en otros teatros italianos y han pasado después discretamente al olvido.

Escena de la ópera *Dialogues des Carmélites* (1957), de Francis Poulenc, con Nancy Gustafson en el papel de Madame Lidoine (L'Opéra National de Paris, 1999.)

España

Superada la etapa antioperística que, como sucedía en toda Europa, hacía infrecuente la dedicación de los compositores modernos al género, surgieron en la postguerra algunos autores dignos de admiración por sus creaciones. Fue cronológicamente el primero Xavier Montsalvatge (1912-2002),

Renata Scotto, en *La voix humaine* (1958), de Francis Poulenc.

autor de *Babel 46*, en varios idiomas, *El gato con botas* (1948), *Una voz en off* (1961) y algunas más. Por su prolífica producción merece citarse a Josep Soler (n. 1935), cuyo *Èdip i Jocasta* (1974) mereció los honores del Gran Teatro del Liceo, años más tarde. En Madrid se han distinguido sobre todo Luis de Pablo (n. 1930), cuyas óperas *Kiu* (1982) y *El viajero indiscreto* (1988) son una buena muestra de su inventiva poliédrica y multiforme, netamente «avanzado». También se ha hecho notar el compositor e historiador de la música, Tomás Marco (1942), autor de la ópera *Selene* (1974), estrenada en el Teatro de la Zarzuela de Madrid.

El castellonense Carles Santos (n. 1945) se distinguió de modo especial con su ópera *Asdrúbila* (1992), estrenada en Barcelona con motivo de las celebraciones olímpicas de aquel año. Después ha alcanzado bastante notoriedad su nueva producción operística *Ricardo y Elena* (2000). Otras producciones suyas han demostrado su capacidad de convocatoria. También merecen mención, entre otros, los compositores catalanes Albert Sardà (n. 1943) y Josep Albert Amargós (n. 1950) y el de Alcoi, Armand Blanquer (n. 1935), que en 1992 estrenó en Valencia *El triomf de Tirant*, basada en la novela de caballerías de Joanot Martorell (1490).

Otros países

Polonia ha tenido dos compositores notables en los años de la postguerra, el más «postromántico», Karel Szymanowski (1882-1937), autor de una ópera de relieve, *Król Roger* (*El rey Roger*, 1926), y el más «mediático» Krzysztof Penderecki (1933), compositor bien conocido por su música religiosa e instrumental y autor de óperas con cierto eco internacional, como *Los diablos de Loudun* (1969), *La máscara negra* (1987) y *Ubu Rex* (1991).

En Finlandia ha surgido recientemente una generación de compositores modernos, entre los que se destaca de modo especial Aulis Sallinen (1935), cuyas óperas *La línea roja* (1978) y *Kullervo* (1992) han causado un fuerte impacto en su país e incluso en otros países europeos y en América. No puede hablarse ya de nacionalismo musical en estos títulos, aunque la elección de la saga nacional finlandesa, el *Kalevala*, para esta última ópera todavía mantiene viva una cierta relación nacionalista. También ha sobresalido en estos últimos años los compositores Joonas Kokkonen (1921-1996), Einojuani Rautavaara (1928).

En Estados Unidos la generación más reciente de autores operísticos ha incluido a John Adams (n. 1947), influido por los minimalistas que se citan a continuación. La ópera de Adams *Nixon in China* (1987) llamó bastante la atención, seguida de otro título bastante difundido: *The Death of Klinghoffer* (1991).

Más difusión ha tenido la escuela de los llamados compositores «minimalistas», encabezada por Philip Glass (1937), que llamó poderosamente la atención de una Europa un poco fatigada de experimentos, con la trilogía formada por *Einstein on the Beach* (1976), *Satyagraha* (1980) y *Akhenaten* (1984). Muchas de sus óperas las ha llevado a cabo con el apoyo del dramaturgo norteamericano Robert Wilson. Otros títulos más recientes han sido *The Fall of the House of Usher* (1988), *The Voyage* (1992) y *Orphée* (1993), así como *The White Raven* entre otros.

En la línea del llamado «minimalismo» musical se ha distinguido también, aunque más en el terreno instrumental, el compositor Michael Nyman (n. 1944), que se dio a conocer como autor de música de películas (*El contrato del dibujante*, 1983) y que como operista tiene en su haber una obra bastante difundida y editada en discos: *The Man who Mistook his Wife for a Hat* (*El hombre que confundió a su mujer con un sombrero*, 1986). En el año 2000 estrenó su nueva ópera *Facing Goya* (*Enfrentándose a Goya*, 2000) en Santiago de Compostela.

XXXVII. CONSIDERACIONES FINALES

No se puede dejar de mencionar la gran transformación sufrida por la ópera en el último cuarto del siglo XX: cuando en 1979 el director de escena inglés Jonathan Miller presentó en la English National Opera una versión totalmente distinta de *Rigoletto*, convertido en un drama lírico de la mafia norteamericana, regida por un «Duke» y en el que Rigoletto era el «barman» de su lugar de reunión, en que «La donna è mobile» era una canción que el «Duke» ponía en una *juke-box* mediante una moneda, los espectadores europeos entraron en una nueva fase, en la que las adaptaciones estarían a la orden del día, y no todas con el ingenio y la oportunidad de la puesta en escena de Jonathan Miller.

Ya hacía tiempo que en Alemania se realizaban cambios y adaptaciones de las óperas a visiones peculiares, por decir poco, de los directores de escena: el *Barbiere di Siviglia* de Rossini de la Ópera de Múnich, en 1972, fue considerada en su momento un atentado gratuito a la ópera original, y además lo era. Pero aunque algunos directores de escena, carecen de verdaderas ideas y sólo pretenden *épater le bourgeois*, lo cierto es que esta nueva corriente ha dado una vida enorme al género operístico y ha suscitado polémicas y discusiones que han devuelto la ópera al interés general, a la vida cultural de las ciudades que les han dado cobijo, y en definitiva a la revalorización actual del género. No es obstáculo que se adapten, transformen y a veces «deformen» las óperas, y aunque es indudable que el endiosamiento de algunos responsables de producciones poco ortodoxas parece haber llevado al espectáculo a una situación absurda, se trata de una fase más de la historia del género, que ya se disipará en su momento, como se disipó la antaño famosa «tiranía» de los empresarios, la de los cantantes, y la de los directores de orquesta. El mundo cambia y seguirá cambiando, y lo importante para la ópera es que, sin perder el norte de una riquísima tradición, sea capaz de superar los cambios con una creciente difusión que el aumento de nivel cultural ha propiciado en algunos teatros anquilosados, como la Ópera de París, y en algunos países enteros, como España, donde el género había llegado a estar casi moribundo.

Otro factor sin el que no se comprendería la evolución reciente de la historia de la ópera ha sido la industria discográfica, a veces denostada por su avidez y su falta de criterios. Pero lo cierto es que desde la aparición del disco de vinilo (1948), que permitió a un aficionado escuchar toda una ópera entera sin la gimnasia constante a que obligaban los antiguos discos de 78 rpm, la ópera empezó a renacer: las casas discográficas ampliaron su oferta empezando a incluir en sus producciones óperas casi del todo olvidadas, que acabaron empujando a los teatros más sensibles a programar un repertorio cada vez menos anquilosado, incluyendo descubrimientos entre los títulos y autores olvidados que, en algunos casos, han recuperado una buena parte de su fama o toda su estatura.

Sin embargo, los historiadores de la ópera, por lo general, desestiman por completo la importancia del fenómeno discográfico, acentuado todavía más con la aparición del «disco compacto» o CD (1984) que ha venido a ampliar aún más la densa oferta ya existente, llegando a la resurrección de títulos que nadie habría sospechado ver revivir jamás. La aportación «visual» de los films, la televisión, los vídeos y recientemente los DVD han reforzado aún más este factor que ha sido decisivo para la historia moderna de la ópera.

La ópera entra, pues, en el siglo XXI con una vitalidad que nadie le habría podido augurar en 1930 ó 1940, y que en España ha sido un fenómeno admirable, que está llevando miles de personas a un espectáculo que antes habían desconocido o menospreciado. Queda mucho camino por recorrer, y existe el peligro de la banalización de los contenidos por parte de un público poco informado, pero es indudable que la batalla por la difusión del género operístico se ha ganado con creces.

Cronología

Año	Óperas	Compositores	Eventos de la historia de la ópera
1597	*Dafne*, ópera perdida de J. Peri.	*n.* Luigi Rossi.	Adriano Banchieri compone la «commedia madrigalesca» *La pazzia senile*, obra polifónica teatralizada.
1600	*Euridice*, de J. Peri, primera «opera in musica» conservada.		Emilio de'Cavalieri estrena su *Rappresentazione d'anima e corpo*, un precedente de la ópera.
1602	*Euridice*, de Giulio Caccini, con el mismo libreto de Peri.	† Emilio de'Cavalieri. *n.* P. F. Cavalli.	
1606	*Eumelio*, primera ópera en Roma, de M. Agazzari.		
1607	*La favola d'Orfeo*, de Claudio Monteverdi (en Mantua).		
1608	*Arianna*, segunda ópera de C. Monteverdi, de la que se conserva sólo el «Lamento». Marco Da Gagliano, de la famosa Camerata fiorentina, estrena *Dafne* en Mantua.		La Camerata fiorentina retoma sus actividades. Francesca Caccini, hija de Giulio, se hace notar como cantante en Florencia.
1618		† Giulio Caccini.	

Año	Óperas	Compositores	Eventos de la historia de la ópera
1619	*La morte d'Orfeo*, de Stefano Landi, en Roma.		
1623		*n.* Pietro A. Cesti.	
1624	*Il combattimento di Tancredi e Clorinda*, de Monteverdi.		
1625	*La liberazione di Ruggero dall' isola d'Alcina*, de Francesca Caccini, 1.ª compositora del género.		
1626		*n.* G. Legrenzi.	
1627	*Dafne*, de H. Schütz, primera ópera alemana, hoy perdida.		
1629	*La selva sin amor*, atribuida al italiano Piccinnini, primera ópera en Madrid, con texto de Lope de Vega.		
1630	*Proserpina rapita*, de Claudio Monteverdi, en Venecia, perdida.	*n.* A. Sartorio.	Creciente entusiasmo en Roma por el género operístico.
1632	*Il Sant'Alessio*, de Stefano Landi, libreto del cardenal Rospigliosi.	*n.* J. B. Lulli (Lully).	Inauguración del teatro de los Barberini, parientes del papa Urbano VIII.
1633	*La fama reale*, de Piotr Elert, primera ópera compuesta en Polonia.	† Jacopo Peri.	
1634		† A. Banchieri.	
1636		*n.* M-A. Charpentier.	
1637	*Andromeda*, de Francesco Manelli, en Venecia.		El empresario D. Mazzocchi abre el Teatro San Cassiano de Venecia, primer teatro público de ópera.
1639	*Chi soffre, speri*, de Marco Marazzoli, primera ópera de tema cómico. *Le nozze di Teti e Peleo*, de P. F. Cavalli.		
1641	*L'incoronazione di Poppea*, de Claudio Monteverdi.		

Año	Óperas	Compositores	Eventos de la historia de la ópera
1642	*Il ritorno di Ulisse in patria*, de Claudio Monteverdi.	*n*. A. Stradella.	
1643		† C. Monteverdi. † M. Da Gagliano.	
1644	*Ormindo*, de P. F. Cavalli.		La muerte del papa Urbano VIII obliga a los Barberini a exiliarse y cerrar su teatro en Roma.
1645	*La finta pazza*, de Sacrati, primera ópera en París.		
1647	*Orfeo*, de Luigi Rossi, estrenada en París por orden del cardenal Mazzarino.		
1649	*Il Giasone*, de P. F. Cavalli. *L'Orontea*, de F. Lucio, imitada luego por Cesti (1656).	*n*. John Blow.	
1650	*Orimonte*, de P. F. Cavalli.	*n*. Sebastián Durón.	
1651	*La Calisto*, de P. F. Cavalli. *Cesare amante*, de M. A. Cesti.		Primera ópera en Nápoles, patrocinada por el virrey español, conde de Oñate, por el grupo teatral I Febi Armonici, con una adaptación de *L'Incoronazione di Poppea*, de Monteverdi.
1652		*n*. Marc'Ant. Ziani.	
1653	*L'Orione*, de P. F. Cavalli.		
1654		*n*. Agostino Steffani.	
1655	*Xerse*, de P. F. Cavalli.		
1656	*L'Orontea*, de P. A. Cesti, en Innsbruck. *L'Erismena*, de P. F. Cavalli. *Statira, principessa di Persia*, de P. F. Cavalli. *The Siege of Rhodes*, de Sir W. Davenant y músicos varios, hoy perdida, 1.ª ópera en Londres.		El emperador Fernando III de Austria acoge con entusiasmo las funciones de ópera que presencia.
1657			Llega al poder Leopoldo I de Austria, monarca y compositor, adicto a la ópera, que más tarde instaurará como espectáculo de corte en Viena.

Año	Óperas	Compositores	Eventos de la historia de la ópera
1658	*La púrpura de la rosa*, ópera de Juan Hidalgo y texto de Calderón, en el teatrito de La Zarzuela, cerca de Madrid.		
1659		*n.* Henry Purcell.	
1660	*Celos, aún del aire, matan*, 1.ª ópera española cuya música se ha conservado (Juan Hidalgo, texto de Calderón).	*n.* A. Scarlatti. *n.* André Campra. *n.* J. J. Fux.	Cavalli, llevado a París por el cardenal Mazzarino, prepara el estreno de una ópera para las bodas de Luis XIV. En estos años nacen las «fiestas de zarzuela» en Madrid, espectáculos mixtos que aluden al palacete de dicho nombre, de Felipe IV. Luego pasaron al Teatro del Buen Retiro, de Madrid.
1662	*Ercole amante*, de P. F. Cavalli, en París, donde no gustó.		
1664	*Scipione affricano*, de P. F. Cavalli, en Venecia.		
1666	*Pompeo Magno*, de P. F. Cavalli, en Venecia.	*n.* Antonio Lotti	
1667	*Il pomo d'oro*, de P. A. Cesti, la 1.ª ópera dada en Viena. *Teseo*, de Moniglia, en Dresde.		
1668		*n.* A. Zeno, libretista	
1669		† P. A. Cesti.	Robert Cambert y Pierre Perrin logran abrir un teatro de ópera en París, con el privilegio de constituir la Académie Royale de Musique del estado francés.
1670		*n.* G. Bononcini. *n.* Antonio Caldara.	
1671	*Pomone*, de R. Cambert, abre la Académie Royale de Musique, pero sin éxito suficiente. *Semiramide*, de P. Andrea Ziani, en Venecia.	*n.* T. Albinoni.	Lully compra a R. Cambert y sus socios el privilegio de la Académie Royale de Musique, y crea la verdadera ópera francesa.

Año	Óperas	Compositores	Eventos de la historia de la ópera
1672	Lully ensaya el género operístico con *Les Fêtes de l'Amour et Bacchus*. *L'Orfeo*, de Antonio Sartorio.		La ópera veneciana se barroquiza de modo creciente, mezclando escenas serias y bufas de modo abigarrado y dando cada vez mayor relieve a los cantantes.
1673	*Les Noces de Cadmus et Hermione*, verdadera primera opera de Lully.		
1674	*Alceste*, de Lully, en París. *Diocletiano*, de P. Pallavicino, en Venecia.	*n*. Reinhard Keiser.	Construcción en Drottningholm, Suecia, junto a Estocolmo, de un teatro de ópera.
1675	*Thésée*, de Lully. *Eteocle e Pollinice*, de G. Legrenzi, en Venecia.		
1676	*Atys*, de Lully.	† P. F. Cavalli.	
1677	*Isis*, de Lully.		
1678	*La forza d'amor paterno*, de Alessandro Stradella, en Génova. *Psyché*, de Lully, en París.	*n*. Antonio Vivaldi.	Inauguración del primer teatro público de ópera en Hamburgo, el Theater am Gänsemarkt.
1679	*Bellérophon*, de Lully. *Le gare dell'amor eroico*, de A. Stradella, en Génova. *Gli equivoci nel sembiante*, 1.ª ópera de A. Scarlatti, en Roma.		
1680	*Proserpine*, de Lully.		
1681		*n*. G. Ph. Telemann.	
1682	*Persée*, de Lully.	† A. Stradella.	
1683	*Il Giustino*, de G. Legrenzi, en Venecia. *Phaëton*, de Lully, en París. *Il Pompeo*, de A. Scarlatti, en Roma.	*n*. J. Ph. Rameau .	
1684	*Amadis de Gaule*, de Lully.		Alessandro Scarlatti logra la dirección del teatro de corte de Nápoles.

Año	Óperas	Compositores	Eventos de la historia de la ópera
1685	*Venus and Adonis*, de John G. F. Blow, en Londres. *Roland*, de Lully.	*n.* G. F. Händel. *n.* D. Scarlatti.	Con el nacimiento de J. S. Bach, Händel y Domenico Scarlatti, el mismo año, se inicia una nueva era de la vida musical europea.
1686	*Armide*, de Lully, en París.	*n.* N. Porpora.	
1687	*La Gerusalemme liberata*, de Pallavicino, en Venecia.	† J. B. Lully. *n.* B. Marcello.	
1689	*Dido and AEneas*, de Henry Purcell en un colegio de Chelsea (Londres). *Enrico Leone*, de Agostino Steffani.		Inauguración de la Ópera de Hanover con *Enrico Leone*, de A. Steffani.
1690	*La Statira*, de A. Scarlatti, en Roma.	† G. Legrenzi. *n.* Leonardo Vinci.	
1693	*Médée*, de M. A. Charpentier, en París.		
1695	*La Descente d'Orphée aux Enfers*, de M. A. Charpentier.	† Henry Purcell.	
1696	*Mahumet II*, de R. Keiser, en Hamburgo. *Salir el amor del mundo*, gran zarzuela de Sebastián Durón. *Camilla*, de G. Bononcini, en Nápoles.		Se inaugura la Ópera de Stuttgart, bajo la dirección de Theodor Schwartzkopf.
1697	*L'Europe galante*, primera «ópera-ballet», obra de Campra.		
1698	*Muzio Scevola*, de Alessandro Scarlatti, en Nápoles.	*n.* Pietro Metastasio, libretista.	
1699		*n.* Joh. Adolf Hasse.	
1700	*Ópera Scénica deducida de La Guerra de los Gigantes* de S. Durón , estrenada seguramente en este año.		
1701	*La púrpura de la rosa*, de T. Torrejón y Velasco, en Lima, 1.ª ópera en América.		Händel conoce a Telemann en Leipzig.
1702	*Tiberio, imperatore d'Oriente*, de A. Scarlatti		

Año	Óperas	Compositores	Eventos de la historia de la ópera
	Tancrède, de A. Campra, en París.		
1703	*Arminio*, de A. Scarlatti, en Florencia. Primeras actuaciones italianas en Madrid (los *trufaldines*). Reinhard Keiser toma el mando en la ópera de Hamburgo.		Händel se traslada a Hamburgo.
1704		† M. A. Charpentier. † F. Provenzale. *n.* C. H. Graun.	Duelo entre Händel y su amigo Matheson, que acaba en conciliación.
1705	*Almira*, 1.ª ópera de Händel, en Hamburgo.		La ópera italiana empieza a despertar interés en Londres.
1706		*n.* B. Galuppi. *n.* G. B. Martini.	Viaje de Händel a Italia. Conoce a Alessandro Scarlatti.
1707	*Il Mitridate Eupatore*, de A. Scarlatti, en Venecia. *Rodrigo*, primera ópera de Händel en Italia.		
1708	*Il più bel nome*, de Antonio Caldara, 1.ª ópera italiana en Barcelona. *Agrippina*, de Händel, ruidoso éxito en Venecia. Porpora estrena en Nápoles una ópera también titulada *Agrippina*.	† John Blow.	
1709		*n.* Egidio Romualdo Duni.	Cesan las óperas en Barcelona.
1710	*Les Fêtes vénitiennes*, ópera-ballet de A. Campra. *Croesus*, de R. Keise.	*n.* Ch. S. Favart. *n.* G. B. Pergolesi. *n.* Thomas Arne. *n.* Giuseppe Bonno.	Händel es llevado a Hanover por el príncipe Ernst, hijo del rey de este estado. Pasa luego a Londres, donde recibe un encargo operístico.
1711	*Rinaldo*, 1.ª ópera de Händel en Londres.	*n.* Davide Pérez. *n.* Gaetano Latilla. *n.* Ignaz Holzbauer.	Regreso de Händel a Alemania.
1712	*Il Ciro*, de A. Scarlatti, en Roma.	*n.* J. J. Rousseau.	Händel se establece Londres.

Año	Óperas	Compositores	Eventos de la historia de la ópera
1713	*Teseo*, de Händel, en Londres. *Ottone in villa*, 1.ª ópera de A. Vivaldi, en Vicenza.	*n.* D. Terradellas. *n.* P . Scalabrini. *n.* F. Courcelle (o Corselli). *n.* A. D'Auvergne.	
1714	*Orlando finto pazzo*, de Antonio Vivaldi, en Venecia.	*n.* Ch. W. Gluck. *n.* N. Jommelli.	
1715	*Amadigi*, de G. F. Händel, en Londres.	† M. A. Ziani. *n.* Rinaldo Da Capua.	Fundación de la Opéra-Comique de París.
1716		† Seb. Durón.	
1717	*Giove in Argo*, ópera de Antonio Lotti, en Dresde. *Sesostri, re d'Egitto*, de Leonardo Leo, en Nápoles.		
1718	*Acis and Galatea*, drama pastoril de Händel, en Londres. *Il Tigrane*, de A. Scarlatti, en Nápoles.		
1719	*Teofane*, de Antonio Lotti, en Dresde.	*n.* Leopold Mozart.	
1720	*Radamisto*, de Händel, en Londres.	*n.* Giuseppe Scolari.	Benedetto Marcello publica su famoso libro satírico sobre las costumbres del mundo de la ópera *Il teatro alla moda*.
1721	*Der geduldige Sokrates* (*El paciente Sócrates*) de Telemann. *La Griselda*, de A. Scarlatti, su última ópera, en Nápoles. *Floridante*, de Händel, en Londres.		
1722	*La Griselda*, de Bononcini, en Londres. *Ulysses*, de R. Keiser.	*n.* Jirí A. Benda.	Rameau publica su *Traité d'harmonie*.
1723	*Ottone*, de Händel, en Londres. *Costanza e fortezza*, de J. J. Fux.	*n.* F. A. Uttini.	
1724	*Giulio Cesare* y *Tamerlano*, de Händel, ambas en Londres.		
1725	*Pimpinone*, intermedio cómico de G. Ph. Telemann. *Rodelinda*, de Händel.	† A. Scarlatti. *n.* F. G. Bertoni.	

Año	Óperas	Compositores	Eventos de la historia de la ópera
1726	*Alessandro*, de Händel.	*n.* F. A. Philidor.	
1727	*Orlando furioso*, de Vivaldi. *Admeto*, de Händel, en Londres.	*n.* Marie J. Favart.	Primeras óperas en Valencia, promovidas por el príncipe de Campofiorito.
1728	*Riccardo Primo*, de Händel, en Londres. *The Beggar's Opera*, de John Gay y J. Ch. Pepusch, en Londres.	*n.* N. Piccinni. *n.* P. A. Guglielmi. *n.* F. Torrejón y Velasco. *n.* J. Adam Hiller.	
1729	*La contesa dei numi*, de L. Vinci, escenificada con gran lujo en Roma.	*n.* Tommaso Traetta. *n.* Giuseppe Sarti.	Boda de Fernando de Borbón con María Bárbara de Bragança, que trajo a España a Domenico Scarlatti.
1730	*La contadina*, intermedio bufo de J. Adolf Hasse.	*n.* Leonardo Vinci. *n.* Josep Duran. *n.* Antonio M. Sacchini.	
1731	*Poro*, de G. F. Händel, en Londres.		
1732	*Lo frate 'nnamurato*, de Pergolesi, en Nápoles. *La fida ninfa*, de Vivaldi. *Ezio*, de Händel, en Londres. *Memet*, de G. B. Sammartini, en Lodi.	*n.* F. Josef Haydn.	Inauguración del teatro de La Valetta (Malta), más tarde Teatro Manoel.
1733	*La serva padrona*, intermedio de G. B. Pergolesi, en medio de su ópera seria *Il prigionier superbo*. *Livietta e Tracollo*, intermedio bufo de G. B. Pergolesi. *Orlando*, de Händel, en Londres. *Rosamond*, 1.ª ópera de Thomas Arne, en Londres.	*n.* Giacomo Tritto.	El príncipe de Gales, Frederick crea la «Opera de la Nobleza» como compañía rival de la de Händel, lo que causa a éste un grave quebranto económico.
1734	*Arianna*, de Händel, en Londres.		Händel se traslada al nuevo teatro londinense, Covent Garden.
1735	*Les Indes Galantes*, ópera-ballet de Rameau, en París. *Il Flaminio*, de G. B. Pergolesi, en Nápoles. *Ariodante* y *Alcina*, de Händel, en el Covent Garden de Londres.	*n.* J. Ch. Bach.	

Año	Óperas	Compositores	Eventos de la historia de la ópera
1736	*Atalanta*, de Händel, en Londres.	*n*. Antonio Tozzi. † Antonio Caldara. † G. B. Pergolesi.	
1737	*Castor et Pollux*, de Rameau, en la Ópera de París. *Il Giustino*, de Händel, en Londres.	*n*. J. Myslivecek.	Carlos III de Borbón inaugura en Nápoles el Teatro San Carlo.
1738	*Faramondo* y *Serse*, de Händel en Londres.		
1739	*Dardanus*, de Rameau, en París. *La Spinalba*, de A. de Almeida, en Lisboa.	† Reinhard Keiser. *n*. Carl Ditters von Dittersdorf.	
1740	*Alfred*, de Thomas Arne, en Maidenhead (Berkshire). *Artaserse*, de D. Terradelles, en Roma.	*n*. G. Paisiello.	
1741	*Deidamia*, última ópera italiana de Händel, en Londres. *Artaserse*, de Gluck, en Milán.	† Antonio Vivaldi. *n*. J. Gottl. Naumann. † Joh. J. Fux. *n*. André M. Grétry.	
1742			Primer teatro de ópera público en Moscú: la Operny Dom. Con su éxito en Dublín con su oratorio *Messiah* (*El Mesías*), Händel abandona la ópera por este género, en inglés. Abre la ópera de Berlín.
1743		*n*. G. Gazzaniga.	
1744	*Semele*, de Händel, en inglés, en Londres.	† André Campra. † Leonardo Leo.	
1745	*Zaïs*, *Platée* y la ópera-ballet *La Princesse de Navarre*, de Rameau, en París.		Cierre de la Opéra-Comique de París.
1746	*La caduta dei giganti*, de Ch. W. Gluck, en Londres.		
1747	*Les Muses galantes*, ópera breve de J. J. Rousseau.	† G. Bononcini.	
1748	*Semiramide riconosciuta*, de Gluck, en Viena.	*n*. William Shield.	

Año	Óperas	Compositores	Eventos de la historia de la ópera
1749	*La contesa dei numi*, de Gluck, en Copenhague. *Naïs*, y *Zoroastre*, de Rameau, en París. *L'Arcadia in Brenta*, de B. Galuppi, en Venecia.	*n.* Domenico Cimarosa. *n.* Lorenzo Da Ponte, libretista.	
1750	*L'Armida placata*, de G. B. Mele, espectacularmente escenificada, en Madrid (T. del Buen Retiro). *Alessandro nelle Indie*, de G. Scolari, en Barcelona.	*n.* Antonio Salieri.	*Il maestro di capella*, de varios autores, primera ópera ofrecida en el Teatro de la Santa Cruz de Barcelona, gracias al capitán general, marqués de la Mina.
1751	*Sesostri, re d'Egitto*, de D. Terradelles, en Roma. *Ifigenia in Aulida*, de Niccolò Jommelli, en Roma.	† Domènec Terradelles.	
1752	*Didone abbandonata*, de G. Scolari, en Barcelona.	*n.* Niccolò Zingarelli.	La representación de *La serva padrona*, en París, suscita la célebre *guerre* o «Querelle des bouffons».
1753	*Les Troqueurs*, de Antoine D'Auvergne, en París. *Le pescatrici*, de Galuppi. *Il Vologeso*, de N. Jommelli, en Milán.		
1754	*Il filosofo di campagna*, de B. Galuppi, en Venecia.	*n.* Vicent Martín i Soler. *n.* Luigi Caruso.	
1755	*Montezuma*, de Carl H. Graun, con libreto del rey Federico II, en Berlín.	† Francesco Durante.	Francesco Algarotti publica su *Saggio sull'opera*, que despertó la reforma operística de Gluck. Terremoto de Lisboa, que alteró la vida operística portuguesa.
1756	*L'astrologa*, de N. Piccinni, en Nápoles.	*n.* Wolfgang A. Mozart.	Derribo del teatro de Valencia por el arzobispo Andrés Mayoral.
1757	*Il Solimano*, de Davide Pérez, en Lisboa.	† Domenico Scarlatti.	
1758	*Den belönnade kjaerlighed*, de Paolo Scalabrini, primera ópera en lengua danesa. *La fille mal gardée*, de Egidio Romualdo Duni, en París.		La muerte de María Bárbara de Braganza corta la brillante vida operística madrileña.

Año	Óperas	Compositores	Eventos de la historia de la ópera
1759	*Ezio*, de G. Latilla, en Nápoles.	† Georg F. Händel. *n.* Angelo Tarchi.	Nueva Operny Dom en Moscú.
1760	*Les Paladins*, de Rameau, en París. *L'ivrogne corrigé*, ópera cómica de Gluck, en Viena. *La Cecchina, ossia la buona figliuola*, de N. Piccinni, en Roma. *Antigono*, de Josep Duran, en Barcelona. *Thomas & Sally*, de Arne, en Londres.	*n.* Luigi Cherubini. *n.* Carles Baguer. *n.* Jean F. Le Sueur.	
1761	*Le cadi dupé*, ópera cómica de Gluck, en Viena. *La Cascina*, de G. Scolari, 1.ª ópera italiana en Dublín.	*n.* Pierre Gaveaux.	
1762	*Orfeo ed Euridice*, de Gluck, en Viena. *La buona figliuola maritata*, de Piccinni, en Bolonia. *Temistocle*, de Josep Duran, en Barcelona. *Artaxerxes*, de Arne, en Londres.	*n.* António da Fonseca. Portugal «il Portogallo».	
1763	*Orione* y *Zanaida*, de Johann Ch. Bach, en Londres.	*n.* Joh. Simon Mayr. *n.* É. N. Méhul.	Baldassare Galuppi abre la serie de compositores italianos que Catalina II invitó a trabajar en su corte de San Petersburgo.
1764	*La rencontre imprévue*, ópera cómica de Gluck, en Viena.	† Jean Ph. Rameau. *n.* Valentino Fioravanti.	
1765	*La buona figliuola supposta vedova*, de Latilla, en Génova.		Nuevo teatro público de ópera en Varsovia.
1766	*Tancredi*, de F. Bertoni. *Le finte contesse*, de Paisiello.	† Niccolò Porpora.	Reconstrucción del teatro de Drottningholm, en Suecia.
1767	*Alceste*, de Gluck y Calzabigi, en Viena. *Il Bellerofonte*, de Joszef Myslivecek, en Nápoles.	† Georg Ph. Telemann.	Abre el St. John Street Theater, Nueva York, sede de las primeras óperas de la ciudad. Mozart compone *La finta semplice* para la corte de Viena, pero varias intrigas impiden que se estrene.

Año	Óperas	Compositores	Eventos de la historia de la ópera
1768	*Bastien und Bastienne*, de W. A. Mozart, en Viena. *Lo speziale*, de Haydn, en el palacio de los Esterházy. *L'osteria di Marechiaro*, de G. Paisiello, en Nápoles.		
1769	*Don Chisciotte della Mancia*, de Paisiello.	*n.* Francesco Gnecco. *n.* Józef Elsner. † Giuseppe Scolari.	
1770	*Paride ed Elena*, de Gluck, en Viena. *Mitridate, re del Ponto*, de W. A. Mozart, en Milán. *Il disertore*, de P. A. Guglielmi, en Londres.	*n.* L. van Beethoven. *n.* Antonín Rejcha. *n.* Ferdinando Paër.	
1771	*Ascanio in Alba*, serenata de W. A. Mozart, en Milán. *Ifigenia in Tauride*, de Jommelli, en Nápoles.		
1772	*Lucio Silla*, de W. A. Mozart, en Milán. *La Semiramide in villa*, de G. Paisiello, en Roma. *Le stravaganze del conte*, 1.ª ópera de Cimarosa, en Nápoles.	† M. Justine Favart. *n.* Giuseppe Mosca.	
1773	*Thetis och Pelée*, de F. Uttini, en Estocolmo. *Alessandro nelle Indie*, de G. Paisiello, en Módena. *Tamerlano*, 1.ª ópera de Antonio M. Sacchini en Londres.	*n.* Pietro Generali.	La vieja Bollhus de Estocolmo abre sus puertas como teatro.
1774	*Iphigénie en Aulide*, 1.ª ópera de Gluck en París. *Orphée*, versión francesa de la ópera de Gluck, en París. *La frascatana*, de Paisiello, en Venecia.	*n.* Gasparo Spontini. † Niccolò Jommelli.	Gluck llega a París.
1775	*Der Dorfjahrmarkt*, singspiel de J. A. von Benda. *La finta giardiniera*, de Mozart, en Múnich. *Il Socrate immaginario*, de G. Paisiello, en Nápoles.	*n.* Niccolò Isouard. † G. B. Sammartini. *n.* Manuel V. García. *n.* F. Adrien Boïeldieu.	

Año	Óperas	Compositores	Eventos de la historia de la ópera
1776	*Orfeo ed Euridice*, de F. Bertoni *Günther von Schwarzburg*, de Ignaz Holzbauer.	*n.* E. T. A. Hoffmann.	Piccinni llega a París, donde será utilizado como bandera por los devotos de la ópera italiana. Paisiello llega a Rusia, invitado por Catalina II.
1777	*Il mondo della luna*, de Haydn, en el palacio Esterházy. *I tre amanti*, de Domenico Cimarosa, en Roma. *L'Armida immaginaria*, de D. Cimarosa, en Nápoles. *Armide*, de Gluck, en París. *L'Arcifanfanno, re dei matti*, de C. Ditters von Dittersdorf.		Prohibición de la ópera italiana en Madrid.
1778	*L'italiana in Londra*, de D. Cimarosa, en Roma. *L'amant jaloux*, de Grétry, en París. *L'amore soldato*, de Sacchini, en Londres.	† J. J. Rousseau. † Davide Pérez. † F. Corselli (Courcelle). *n.* Ferran Sors. † Thomas Arne.	Incendio del Teatro de Zaragoza, con numerosas víctimas. Muere en París la madre de W. A. Mozart.
1779	*Iphigénie en Tauride*, de Gluck, en París. *Echo et Narcisse*, de Gluck, en París.	† Tommaso Traetta. *n.* Stefano Pavesi.	Enfermo, Gluck vuelve a Viena. Antonio Tozzi se establece en el Teatre de la Sta. Creu, del que será director musical hasta 1808.
1780	*La fedeltà premiata*, de Haydn en el palacio Esterházy. *Caio Mario*, de Cimarosa. Mozart inicia su ópera *Zaide*, que dejará inacabada.	† Rinaldo Da Capua. *n.* Conradin Kreutzer.	El *Orfeo* de Gluck llega a España (T. de la Santa Creu, Barcelona).
1781	*Idomeneo, re di Creta*, de W. A. Mozart, en Múnich. *Il pittore parigino*, en Roma, y *Giunio Bruto*, en Verona, ambas de Domenico Cimarosa. *La serva padrona*, de Paisiello, en San Peterburgo.	† Josef Myslivecek.	
1782	*Die Entführung aus dem Serail*, (*El rapto en el serrallo*) de W. A. Mozart, en Viena. *Il barbiere di Siviglia*, de G. Paisiello, en S. Petersburgo. *L'eroe cinese*, de Cimarosa. *Rosina*, de W. Shield, en Londres. *Cora och Alonso*, de G. Naumann, en Estocolmo.	† Pietro Metastasio, libretista. † J. Christian Bach. *n.* Daniel F. E. Auber.	

Año	Óperas	Compositores	Eventos de la historia de la ópera
1783	*I due baroni di Rocca Azzurra*, de Cimarosa, en Roma. *Chi dell'altrui si veste, presto si spoglia*, de Cimarosa. *Li due gemelli Castore e Polluce*, de Antonio Tozzi en Barcelona, para festejar el nacimiento de niños gemelos en la familia real.	† Joh. Adolf Hasse. † Ignaz Holzbauer.	Del futuro Carlos IV y su esposa, María Luisa de Parma, nacen dos infantes gemelos.
1784	*Les Danaides*, de Salieri, en París. *A casa de pasto*, de A. Fonseca de Portugal, en Lisboa. *Armida*, de Haydn, en el palacio Esterházy. *Richard Coeur de Lion*, de André M. Grétry, en París. *Il re Teodoro a Venezia*, de G. Paisiello, en Viena.	† P. Giov. B. Martini. *n.* Ludwig Spohr. *n.* F. Morlacchi.	Paisiello aprovecha un permiso para «huir» de Rusia debido al clima. Giuseppe Sarti ocupa su lugar, invitado por la zarina.
1785	*Il marito disperato*, de Cimarosa, en Nápoles. *La grotta di Trofonio*, de Salieri.	† Baldassare Galuppi. *n.* Giovanni Tadolini. *n.* Karol Kurpinski.	
1786	*La baronessa stramba*, de D. Cimarosa, en Nápoles. *Le trame deluse*, de Cimarosa. *Le nozze di Figaro*, de W. A. Mozart, en Viena. *Ariarte*, de Angelo Tarchi, en Milán. *Don Giovanni Tenorio, ossia Il convitato di pietra*, Gazzaniga. *Una cosa rara*, de Vicent Martín i Soler, en Viena.	*n.* Carl M. von Weber. *n.* F. Kuhlau. † Antonio Sacchini.	
1787	*Il dissoluto punito, ossia Il Don Giovanni*, de Mozart, en Praga. *A castanheira*, de A. da Fonseca. *Tarare*, de Salieri, en Londres. *L'arbore di Diana*, de Vicent Martín i Soler, en Viena.	† Leopold Mozart. † Chr. W. Gluck.	Se reanuda en Madrid la vida operística italiana. Schiller estrena su drama *Don Carlos*. Incendio del Teatre de la Santa Creu de Barcelona.
1788	*Fedra* y *La molinara*, ambas de Paisiello, en Nápoles. *La pastorella*, de P. A. Guglielmi, en Nápoles	† Gaetano Latilla. † Giuseppe Bonno.	Reinauguración del Teatre de la Santa Creu de Barcelona, con el sainete *El café de Barcelona*, de D. Ramón de la Cruz (1788).
1789	*Nina, ossia La pazza per amore*, de Paisiello, en Caserta. *Cleopatra*, de Cimarosa, en San Petersburgo.	*n.* Ramon Carnicer.	

Año	Óperas	Compositores	Eventos de la historia de la ópera
1790	*Così fan tutte*, de W. A. Mozart, en Viena. *L'antiquario burlato, ossia La statua matematica*, de L. Caruso,en Madrid.	n. Waldemar Thrane. n. Nicola Vaccai.	
1791 para	*La clemenza di Tito*, de Mozart, en Praga, y *La flauta mágica*, también de Mozart, en Viena. *La locanda*, de Paisiello, en Londres.	n. Jakob Meyerbeer. n. Carlo E. Soliva. n. Ferdinand Hérold.	Haydn compone su *Orfeo, ossia L'anima del filosofo*, Londres, pero no la estrena.
1792	*Il matrimonio segreto*, de D. Cimarosa, en Viena. *I giuochi d'Agrigento*, de G. Paisiello, para inaugurar el Teatro La Fenice, de Venecia.	n. Gioacchino Rossini. † Charles S. Favart.	Muere apuñalado en un baile de máscaras el rey Gustavo III de Suecia. Inauguración del Teatro La Fenice, de Venecia.
1793	*The Farmer*, ballad opera de autor anónimo, en Boston. *I traci amanti*, de Cimarosa.	† Carlo Goldoni, comediógrafo-libretista.	Inauguración del Teatro Sâo Carlos, de Lisboa, con *La ballerina amante*, de Cimarosa.
1794	*Rinaldo D'Asti*, e *Il Demofoonte* ambas de Portogallo, en Nápoles.	† André D. Philidor.	
1795	*La pupilla scaltra*, de P. Antonio Guglielmi.	† R. de Calzabigi, libretista. † F. A. Uttini. † Jirí Antonín Benda. n. Saverio Mercadante. n. Heinrich Marschner.	Fundación del conservatorio de París, el 1.º fuera de Italia.
1796	*Gli Orazi ed i Curiazi*, de D. Cimarosa, en Nápoles. *The Archers, or Mountaineers of Switzerland*, de Benjamin Carr, en Nueva York. *Griselda*, de Ferdinando Paër. *Lodoïska*, de Cherubini, en París. *Li puntigli delle donne*, 1.ª ópera de Spontini. *Giulietta e Romeo*, de Zingarelli.	n. Giovanni Pacini. n. Franz A. Berwald.	
1797	*Médée*, de Cherubini, en París. *Il Telemaco nell'isola di Calipso*, de Ferran Sors, en Barcelona. *Der Mädchenmarkt*, de Ditters von Dittersdorf, en Viena.	n. Gaetano Donizetti. n. Franz Schubert. † Ant. D'Auvergne. † Pasquale Anfossi.	
1798	*Le cantatrice villane*, de Valentino Fioravanti, en Roma.		Llega a España *Così fan tutte*, de Mozart (Barcelona, Teatro de la Santa Creu).

Año	Óperas	Compositores	Eventos de la historia de la ópera
	La principessa filosofa, de Carles Baguer, en Barcelona. *Léonore, ou l'amour conjugal*, de P. Gaveaux, en París.		
1799	*Camilla*, de F. Paër, en Viena. *Le Tonnelier*, de N. Isouard, en París. *Falstaff*, de Antonio Salieri.	*n.* J. Fromenthal Halévy. † Ditters v. Dittersdorf.	Se abre en Nueva York el Park Theatre. Decreto que prohíbe cantar y bailar (sic) en España si no es en castellano (sólo en Barcelona se permitirá la ópera en italiano).
1800	*Le Caliphe de Bagdad*, de F. A. Boïeldieu, en París. *La donna bizzarra*, de L. Caruso, en Roma.	† Niccolò Piccinni.	
1801	*Il marito migliore*, de G. Gazzaniga, en Milán. *Achille*, de Paër, en París. *Ginevra di Scozia*, de Mayr.	† D. Cimarosa. *n.* Vincenzo Bellini. *n.* S. Cammarano, libretista. *n.* Albert Lortzing.	
1802	*Edipo a Colono*, de Niccolò Antonio Zingarelli.	† Josep Duran. † Giuseppe Sarti.	Zingarelli, en Venecia.
1803	*La prova d'un'opera seria*, de *Ma tante Aurore*, de Boïeldieu. *Anacréon*, de Cherubini, en París.	*n.* Hector Berlioz. *n.* Adolphe Adam.	Francesco Gnecco.
1804	*Leonora*, de F. Paër.	*n.* Mikhail I. Glinka. † Joh. Adam Hiller. † P. A. Guglielmi. *n.* Federico Ricci.	Con 12 años, primeras obras instrumentales de Rossini. Napoleón se hace coronar como emperador en Notre-Dame de París, con música religiosa de Paisiello y Le Sueur.
1805	*L'amore coniugale*, de J. S. Mayr *Leonore*, de Beethoven en Viena (1.ª versión) *Julie, ou le pot de fleurs*, ópera cómica de Spontini, en París.	*n.* Luigi Ricci. *n.* Giuseppe Persiani.	Incendio del Teatro Petrovski, de Moscú.
1806	*Leonore*, de Beethoven, en Viena (2.ª versión). *Uthal*, de É-N. Méhul, en París.	† Paolo Scalabrini. † Vic. Martín i Soler. *n.* J. Crisóstomo Arriaga.	Rossini escribe su primera ópera: *Ciro in Babilonia*, que estrenará en Roma en 1812.
1807	*La Vestale*, de Spontini, en París. *Joseph*, de É-N. Méhul, en París	*n.* Baltasar Saldoni. *n.* Hilarión Eslava.	

Año	Óperas	Compositores	Eventos de la historia de la ópera
	Il poeta in campagna, 1.ª ópera de Francesco Morlacchi.		
1808	*Il Corradino*, de F. Morlacchi.	† Carles Baguer. *n.* J. P. E. Hartmann.	Invasión napoleónica en España; se interrumpe la vida operística en las principales ciudades. Fundación, en Milán, de la casa editorial Ricordi. Mayr da clases a G. Donizetti.
1809	*Fernand Cortez*, de Spontini, en París. *Król Leszek bialy* (*El rey Leszek el blanco*), de Józef Elsner, en Varsovia.	*n.* Fredrik Pacius. *n.* Marià Obiols. † F. Joseph Haydn.	
1810	*Silvana*, de C. M. von Weber. *La cambiale di matrimonio*, farsa de G. Rossini, en Venecia. *Ser Marcantonio*, de S. Pavesi.	† Francesco Gnecco. *n.* Félicien David. *n.* Otto Nicolai. *n.* Robert Schumann. *n.* Ferenc Erkel.	
1811	*L'equivoco stravagante*, farsa de G. Rossini, en Bolonia. *Abu Hassan*, breve *singspiel* de C. M. von Weber, en Múnich.	*n.* Ambroise Thomas. *n.* Franz Liszt.	Las autoridades francesas tratan de aclimatar la ópera cómica francesa en Barcelona y Girona, sin éxito. António da Fonseca Portugal inaugura el Teatro de Sâo Joâo, en Rio de Janeiro.
1812	*La scala di seta*, y *L'occasione fa il ladro*, farsas breves de G. Rossini, en Venecia. *La pietra del paragone*, ópera bufa de G. Rossini, en Milán.	n. Vincent Wallace.	Fatídica expedición de la Grande Armée de Napoleón contra Rusia, que tendrá importantes ecos musicales y operísticos.
1813	*Tancredi*, ópera seria, de G. Rossini, en Venecia. *L'italiana in Algeri*, ópera bufa de G. Rossini, en Venecia. *Il signor Bruschino*, farsa en un acto de G. Rossini, en Venecia. *Medea in Corinto*, de J. S. Mayr.	† André M. Grétry.	
1814	*Aureliano in Palmira*, ópera seria de G. Rossini. *Il turco in Italia*, ópera bufa de G. Rossini, en Milán.		

Año	Óperas	Compositores	Eventos de la historia de la ópera
	Sigismondo, de G. Rossini, en Venecia.		
1815	*Elisabetta, regina d'Inghilterra*, 1.ª ópera romántica de G. Rossini, en Nápoles. *Die vierjährige Posten, singspiel* de Franz Schubert. *Die Freunde von Salamanca*, de Franz Schubert. *Jadwiga, Królowa Polksa*, ópera en polaco de Karol Kurpinski.		Reapertura del Teatre de la Santa Creu de Barcelona y primera ópera de Rossini en España (*L'italiana in Algeri*). El Congreso de Viena retoma sus actividades, entre fiestas, óperas y música.
1816	*Otello* y *La gazzetta*, óperas de Rossini. *Il barbiere di Siviglia*, ópera de G. Rossini, en Roma. *Undine*, de E.T.A. Hoffmann. *Faust*, de Ludwig Spohr. *La testa di bronzo*, de C. E. Soliva. *Il barbiere di Siviglia*, de Morlacchi, en Dresde.	† G. Paisiello. n. Vicenç Cuyàs.	La tensión por el estreno del *Barbiere* de G. Rossini causa la muerte del duque Cesarini-Sforza, empresario del Teatro di Torre Argentina, de Roma. Donizetti hace sus primeros escarceos operísticos con el apoyo de J. S. Mayr.
1817	*La Cenerentola*, ópera bufa de G. Rossini, en Roma. *La gazza ladra*, ópera semi-seria de G. Rossini, en Milán. *Armida*, de G. Rossini, en Nápoles. *Adelaida di Borgogna*, de Rossini.	† É.-N. Méhul.	
1818	*Mosè in Egitto*, «ópera bíblica» de G. Rossini, en Nápoles. *Enrico di Borgogna*, 1.ª ópera «adulta» de Donizetti, en Venecia.	n. Charles Gounod. † Niccolò Isouard.	
1819	*Olympie*, de G. Spontini, en París. *La donna del lago*, de G. Rossini, en Nápoles. *Bianca e Falliero*, de G. Rossini. *Adele di Lusignano*, de Carnicer, en Barcelona.	n. Jacques Offenbach. n. Stanislas Moniuszko.	Bellini ingresa en el conservatorio de Nápoles. Sir Walter Scott publica *The Bride of Lammermoor*, que más tarde Donizetti convertirá en ópera.
1820	*Maometto II*, de Rossini. *Los esclavos felices*, de Arriaga.		
1821	*Matilde di Shabran*, ópera semiseria de Rossini, en Nápoles.	† Maciej Kamienski.	

Año	Óperas	Compositores	Eventos de la historia de la ópera
	Le Maître de chapelle, de Paër, en París. *Elisa e Claudio*, de Mercadante, en Milán.		
1822	*Zelmira*, de Rossini, Nápoles. *L'esule di Granata*, de Meyerbeer. *Zoraide di Granata*, de Donizetti. *Alfonso und Estrella*, de Schubert. *Libusse*, de Conradin Kreutzer. *Don Giovanni Tenorio*, de Ramon Carnicer, en Barcelona.	† E. T. A. Hoffmann.	El éxito con *Zoraide di en Granata* exime a Donizetti del servicio militar.
1823	*Semiramide*, de G. Rossini, en Venecia. *Euryanthe*, de C. M. von Weber. *Die Verschworenen* (*Las conjuradas*), de F. Schubert. *Fierrabras*, de F. Schubert. *Jessonda*, de Ludwig Spohr.	n. Édouard Lalo. n. Ernest Reyer. n. P. Emilio Arrieta.	
1824	*Il crociato in Egitto*, de Jakob Meyerbeer, en Venecia. *L'ajo nell'imbarazzo*, y *Emilia di Liverpool*, de G. Donizetti. *Lulu*, de Friedrich Kuhlau.	† Giacomo Tritto. n. Peter Cornelius.	
1825	*Il viaggio a Reims*, de Rossini, en París. *Adelson e Salvini*, 1.ª ópera de Vincenzo Bellini. *La Dame blanche*, de Boïeldieu, en París. *Giulietta e Romeo*, de N. Vaccai. *Don Sanche*, única ópera de F. Liszt, en París.	† Antonio Salieri. † Pierre Gaveaux. n. Joh. Strauss II.	Rossini se instala en París.
1826	*Le siège de Corinthe*, de Rossini, en París. *Bianca e Gernando* (*Fernando*), de Bellini, en Nápoles. *Oberon*, de Carl M. von Weber, en Londres. *Donna Caritea, regina di Spagna*, de Mercadante, en Venecia.	† Carl M. von Weber. † J. Cris. Arriaga. n. N. Guanyabéns.	
1827	*Moïse*, de G. Rossini, en París. *Il pirata*, de V. Bellini, en Milán. *Viva la mamma!*, y *Olivo e Pasquale*, óperas de Donizetti. *Die Hochzeit des Gamacho* (*Las bodas de Camacho*).	† L. van Beethoven. n. Nicolau Manent.	

Año	Óperas	Compositores	Eventos de la historia de la ópera
1828	*Le comte Ory*, ópera cómica de G. Rossini, en París. *La muette de Portici*, de Auber. *Der Vampyr*, de Marschner. *L'esule di Roma*, de Donizetti.	† F. Schubert. † W. Thrane.	
1829	*Agnese di Hohenstaufen*, de G. Spontini, en Berlín. *Guillaume Tell*, de G. Rossini, en la Ópera de París. *La straniera*, de V. Bellini. *Zaira*, de V. Bellini con el libretista F. Romani, en Parma. *Elisabetta al castello di Kenil-worth*, e *Il paria*, óperas de G. Donizetti. *Der Templar und die Jüdin*, de F. Marschner.	† William Shield.	
1830	*I Capuleti ed i Montecchi*, de V. Bellini, en Venecia. *Anna Bolena*, de Donizetti, en Milán.	n. Peter Heise. † A. da Fonseca Portugal «il Portogallo».	Una representación de *La Muette de Portici* provoca en Bruselas una revuelta que acaba con la separación de Bélgica y Holanda. Caída de los Borbón de Francia: la Ópera rescinde el contrato con Rossini.
1831	*La sonnambula*, de Bellini, en el T. Cárcano, de Milán. *Norma*, de V. Bellini, en el T. alla Scala, de Milán. *Robert le Diable*, «grand'opéra» de Meyerbeer, en París.	† Benjamin Carr.	
1832	*L'elisir d'amore*, de Donizetti, en Milán. *Le Pré aux Clercs*, de Hérold, en París.	† Friedrich Kuhlau. † Pietro Generali.	Victor Hugo estrena *Le roi s'amuse*, en París; años más tarde Verdi compondrá su *Rigoletto* sobre dicha obra.
1833	*Beatrice di Tenda*, de Bellini. *Parisina D'Este, Torquato Tasso*, y *Lucrezia Borgia*, de Donizetti. *Das Nachtlager in Granada*, de C. Kreutzer. *Hans Heiling*, de Marschner. *Gustave III*, de D. Auber. *Zampa, ou La Fiancée de Marbre*, de F. Hérold.	n. Alexander Borodin. † F. Hérold. (*Las hadas*), que no logra estrenar.	Wagner empieza a componersu ópera *Die Feen*
1834	*Maria Stuarda*, de Donizetti.	† F. A. Boïeldieu. n. Amilcare Ponchielli.	

Año	Óperas	Compositores	Eventos de la historia de la ópera
1835	*Lucia di Lammermoor*, de G. Donizetti, en Nápoles. *La juive*, de Halévy, en París. *Korsarener*, de J. P. E. Hartmann. *I puritani*, de V. Bellini, en París *The Siege of Rochelle,* de M. Balfe	† Vincenzo Bellini. n. C. Saint-Saëns.	Éxito teatral de Antonio García Gutiérrez, con su drama *El Trovador,* que le valió la exención del servicio militar.
1836	*Belisario*, de G. Donizetti, en Venecia. *Il campanello*, de G. Donizetti. *Le postillon de Longjumeau*, de A. Adam. *Les Huguenots*, de Meyerbeer, en la Ópera de París. *Der Schloss am Ätna* (*El en el Etna*), de Marschner. *Das Liebesverbot*, de Wagner. *Una vida por el zar*, de Glinka.	n. Léo Delibes. † Antonín Rejcha. n. A. Carlos Gomes.	Verdi inicia una primera ópera que no acabará: *Rocester.*
1837	*Il giuramento*, de Mercadante. *La prigione di Edimburgo*, de Federico Ricci. *Roberto Devereux,* y *Pia de Tolomei,* de Gaetano Donizetti. *Le Domino noir*, de D. E. Auber. *Zar und Zimmermann*, de Albert Lortzing. *Odio ed amore*, de Marià Obiols, en el Teatro alla Scala de Milán.	†Val. Fioravanti. †Niccolò Zingarelli. † Giovanni Furno. † J. F. Le Sueur.	Wagner se establece en Riga, contratado por el Teatro Alemánde esta ciudad báltica.
1838	*Maria di Rudenz*, de Donizetti. *Poliuto*, de Donizetti. *Benvenuto Cellini*, de Berlioz. *La fattuchiera*, de Vicenç Cuyàs, en Barcelona. *Ipermestra*, de B. Saldoni.	n. G. Bizet. n. Melesio Morales.	El tenor francés Gilbert Duprez desarrolla un nuevo modo de proyectar los agudos con la voz «de pecho» que Rossini criticará pero que cambiará la ópera a partir de ahora.
1839	*Il bravo*, de Mercadante. *Le Naufrage de la méduse*, de Friedrich v. Flotow, en París. *Oberto, conte di S. Bonifacio,* 1.ª ópera de Verdi, en Milán.	† Ferran Sors. † Ferdinando Paër. † Giuseppe Mosca. n. M. P. Mussorgski. † Vicenç Cuyàs.	
1840	*Les Martyrs*, adaptación francesa de *Poliuto,* de Donizetti, en París. *La Fille du régiment.* y *La Favorite* de Donizetti, en París. *Il templario*, de Otto Nicolai. *Un giorno di regno*, de Verdi. *Bátori Mária*, de Ferenc Erkel.	n. P. I. Tchaikovski.	

Año	Óperas	Compositores	Eventos de la historia de la ópera
	Saffo, de Pacini, en Nápoles. *Cleonice, regina di Siria*, de B. Saldoni, en Madrid.		
1841	*Maria Padilla*, de Donizetti. *Les Diamants de la couronne*, de Auber, en París. *Il proscritto*, de Otto Nicolai.	*n.* Antonín Dvorák. † F. Morlacchi.	
1842	*Nabucco*, de G. Verdi, en Milán. *Linda di Chamounix*, de Gaetano Donizetti, en Viena. *Der Wildschütz*, de A. Lortzing. *Russlan & Ludmilla*, de Glinka.	*n.* Arrigo Boito. † Luigi Cherubini. *n.* Jules Massenet. *n.* Odön Mihailovich. *n.* Mykola Lysenko.	Nicolai cofunda la Orquesta Filarmónica de Viena.
1843	*Maria Tudor*, de G. Pacini. *Maria di Rohan*, de Donizetti, en Viena. *Don Pasquale*, de Donizetti, en París. *Der fliegende Holländer* (*El Holandés errante*), de Wagner. *I lombardi alla prima crociata*, de G. Verdi, en Milán. *The Bohemian Girl*, de Balfe.		
1844	*Ernani*, e *I due Foscari*, de Verdi. *Caterina Cornaro*, de Donizetti, en Nápoles. *Alessandro Stradella*, de Flotow. *Hunyadi László*, de F. Erkel.	*n.* N. Rimski-Korsakov.	
1845	*Giovanna D'Arco* y *Alzira*, de G. Verdi. *Tannhäuser*, de R. Wagner, en Dresde. *Maritana*, de V. Wallace. *Undine*, de Albert Lortzing.	† J. Simon Mayr. *n.* Gabriel Fauré.	Donizetti enloquece y es recluido en un manicomio. Luego pasa a Bergamo, donde muere idiotizado.
1846	*Attila*, de Verdi, en Venecia. *La Damnation de Faust*, de H. Berlioz, en París. *Der Waffenschmied* (*El armero*), de A. Lortzing.		
1847	*Martha*, de F. v. Flotow, en Viena. *Macbeth* e *I masnadieri*, de Verdi. *Jérusalem*, versión francesa de *I Lombardi*, de Verdi, en París.	*n.* Joh. Haarklou. *n.* Giuseppe Giacosa, libretista.	

Año	Óperas	Compositores	Eventos de la historia de la ópera
	Don Carlo, de Emanuele Bona. *Una boda campesina en Suecia*, De Franz Berwald.		
1848	*Il corsaro*, de Verdi. *Halka*, de Stanislas Moniuszko.	† Gaetano Donizetti. † Nicola Vaccai. *n.* Luigi Mancinelli.	De manos de R. Hernando, José Ynzenga, J. Gaztambide, F. Asenjo Barbieri y Cristóbal Oudrid, renacerá el género de la zarzuela entre 1848 y 1850.
1849	*Le Caïd*, de Ambroise Thomas, en París. *Die lustigen Weiber von Windsor* (*Las alegres comadres de Windsor*), de Otto Nicolai.	† Conradin Kreutzer. † Otto Nicolai.	Wagner publica *Arte y revolución*, y huye de Dresde por haber sido visto en las barricadas durante la revolución de 1848-1849. En 1849 inicia los esbozos del *Anillo del Nibelungo*.
1850	*Stiffelio*, de Verdi. *Genoveva*, de Schumann, en Leipzig. *Crispino e la comare*, de los hermanos F. y L. Ricci.	† Stefano Pavesi. *n.* Zdenek Fibich. *n.* Ole Olson. *n.* Alfredo Keil.	Inauguración del Teatro Real de Madrid, con *La favorita*, de G. Donizetti.
1851	*Rigoletto*, de G. Verdi. *La perle du Brésil*, de F. David. *Sapho*, de Gounod, en París.	† Gaspare Spontini. *n.* Vincent D'Indy. † Albert Lortzing.	
1852	*Si j'étais roi*, de Auber.	† S. Cammarano, libretista. *n.* Charles V. Stanford.	
1853	*Il trovatore* y *La traviata*, de Giuseppe Verdi.	† Carlo E. Soliva.	
1854	*L'étoile du Nord*, de Meyerbeer. *La nonne sanglante*, de Gounod.	*n.* E. Humperdinck. *n.* Leos Janácek. † Józef Elsner. *n.* Alfredo Catalani.	
1855	*Les Vêpres siciliennes*, de Verdi, en la Ópera de París. *Marina*, zarzuela de Arrieta, más tarde (1871) convertida en ópera.	† Ramon Carnicer.	Offenbach funda los «Bouffes Parisiens», en París.
1856	*Simon Boccanegra*, de Verdi. *Manon Lescaut*, de Auber. *I promessi sposi*, de Ponchielli.	† Adolphe Adam. † Robert Schumann.	Incendio del Covent Garden de Londres.
1857	*Aroldo*, de Verdi, reelaboración de *Stiffelio*.	† Karol Kurpinski. *n.* W. Zelenski.	Wagner inicia su *Tristan und Isolde*.

Año	Óperas	Compositores	Eventos de la historia de la ópera
	Gualtiero de Monsonís, de N. Manent, en el Liceo de Barcelona.	*n.* Mikhail I. Glinka. *n.* Luigi Illica, libretista.	
1858	*Der Barbier von Bagdad*, de P. Cornelius, en Weimar.	*n.* Ethel Smyth. *n.* Ruggero Leoncavallo. *n.* Giacomo Puccini.	
1859	*Un ballo in maschera*, de Verdi, en Roma. *Faust*, de Gounod, en París. *Arnaldo di Erill*, de Nicolau Guanyabéns, en Barcelona. *Dinorah*, de Meyerbeer, en París.	† Ludwig Spohr.	Nace Joaquim Marsillach i Lleonart, «apóstol» de la música de Wagner en Cataluña.
1860		*n.* Isaac Albéniz. *n.* Alberto Franchetti. *n.* Gustave Charpentier.	Wagner visita a Rossini en París.
1861	*Bánk Bán*, de Ferenc Erkel.	*n.* Spiros Samaras. † H. Marschner.	Wagner fracasa en París con su *Tannhäuser*.
1862	*Béatrice et Bénédict*, de Berlioz. *La reine de Saba*, de Gounod. *La forza del destino*, de Verdi, en San Peterburgo.	† J. Fr. Halévy . *n.* Claude A. Debussy. *n.* Frederick Delius. *n.* Arturo Berutti.	
1863	*Les Pêcheurs de perles*, de G. Bizet, en París. *Les Troyens à Carthage*, (2.ª parte de *Les Troyens*, de H. Berlioz). *Romeo y Julieta*, de Melesio Morales, en México.	*n.* Gustavo Campo. *n.* Horatio Parker. *n.* Pietro Mascagni.	
1864	*La belle Hélène*, de Offenbach. *Mireille*, de Gounod.	*n.* Richard Strauss. † J. Meyerbeer. *n.* E. D'Albert. *n.* Franco Leoni.	Se inician las obras de la nueva Ópera de París, de Ch. Garnier.
1865	*L'Africaine*, de Meyerbeer, obra póstuma. *Tristan und Isolde*, de Wagner, en Múnich. *Straszny Dwór* (*La casa mágica*) de Stanislas Moniuszko.	*n.* Carl Nielsen. † V. Wallace. *n.* Paul Dukas.	
1866	*Mignon*, de Ambroise Thomas. *Fiesque*, de Édouard Lalo.	*n.* Francesco Cilèa. *n.* Francesco Busoni. *n.* Erik Satie.	
1867	*Roméo et Juliette*, de Gounod. *La Vie parisienne* y *La Grande Duchesse de Gérolstein*, piezas bufas de Offenbach, en París.	† Giovanni Pacini. *n.* Enric Granados. *n.* Umberto Giordano.	Inauguración de la Ópera de Viena, con *Don Giovanni*, de Mozart.

Año	Óperas	Compositores	Eventos de la historia de la ópera
	La Jolie fille de Perth, de Bizet. *Don Carlos*, de Verdi, en París.		
1868	*La Périchole*, de Offenbach. *Hamlet*, de Ambroise Thomas. *Die Meistersinger von Nürnberg*, de Richard Wagner, en Múnich.	† Gioacchino Rossini. *n.* Siegfried Wagner. † Franz A. Berwald. *n.* Oskar Merikanto.	
1869	*Das Rheingold*, de Wagner, en Múnich. *Boris Godunov* (versión orig.) de Mussorgski, en S. Peterburgo.	† Giuseppe Persiani. † Hector Berlioz. *n.* Hans Pfitzner. † A. Dargomizhski. *n.* Albert Roussel.	Se inaugura la Ópera del Cairo, con motivo de la apertura del Canal de Suez. El encargo a Verdi (*Aida*) no está a punto y *Rigoletto* inaugura el local.
1870	*Die Walküre*, de Wagner, en Múnich. *Il Guarany*, de António Carlos Gomes, en Milán.	† Sav. Mercadante. † Michael Balfe.	
1871	*Aida*, de G. Verdi, en El Cairo. *Marina*, de Arrieta, vers. ópera.	† Daniel E. Auber. *n.* Amadeu Vives.	
1872	*Djamileh*, de Bizet, en París. *Libuse*, de Smetana. *El convidado de piedra*, óp. post. de Dargomizhski.	† G. Tadolini. † Stanislas Moniuszko. *n.* R. Vaughan Williams.	
1873	*La Fosca*, de A. C. Gomes.	*n.* Sergei Rakhmaninov. *n.* Mikas Petrauskas. *n.* José Serrano.	
1874	*Die Fledermaus* (*Murciélago*), de Johann Strauss II. *Dve Vidovy* (*Las dos viudas*), de Smetana.	*n.* H. von Hoffmannsthal, libretista. † Peter Cornelius. *n.* Arnold Schönberg. *n.* Gustav Holst	Verdi estrena su *Requiem*. en Milán.
1875	*Carmen*, de Bizet, en la Opéra-Comique de París.	† Georges Bizet. *n.* Maurice Ravel. *n.* Italo Montemezzi.	Inauguración de la Ópera de Garnier, en París.
1876	*Tetralogía* de Wagner, completa, en el Festival de Bayreuth. *La Gioconda*, de A. Ponchielli.	† Félicien David. *n.* Manuel de Falla. *n.* Franco Alfano.	Primer Festival de Bayreuth. 1.ª ópera de Wagner en España: *Rienzi* (Teatro Real, Madrid).
1877	*Samson et Dalila*, de Camille. *Cinq-Mars*, de Gounod. *Le Roi de Lahore*, de Massenet. *L'Étoile*, de Emmanuel Chabrier.	† Federico Ricci. † Saint-Saëns.	
1878	*Polyeucte*, de Gounod. *Drott og Marsk* (*Rey y mariscal*) de Peter Heise, en Copenhague.	*n.* Franz Schreker.	

Año	Óperas	Compositores	Eventos de la historia de la ópera
1879	*Evgeni Onegin*, de Piotr Illitch Tchaikovski.	*n.* Armen Tigranian. † Peter Heise. *n.* Ottorino Respighi.	
1880	*La noche de mayo*, N. Rimski-Korsakov.	† J. Offenbach. *n.* Ildebrando Pizzetti.	
1881	*Les Contes d'Hoffmann*, de J. Offenbach, acabada por Guiraud. *Le Tribut de Zamora*, de Gounod. *Hérodiade*, de Massenet. *La doncella de Orleans*, de P. I.Tchaikovski.	*n.* Béla Bartók. † Modest P. Mussorgski.	Verdi rehace *Simon Boccanegra* con A. Boito, quien le tienta para que base una nueva ópera en una obra de Shakespeare.
1882	*Françoise de Rimini*, de A. Thomas. *Certova stena* (*La pared del Diablo*), de Smetana. *Snegurotchka*, de Rimski-K. *Dimitrij*, de Antonín Dvorák.	*n.* Zoltán Kodály. *n.* Igor Stravinski. *n.* G. Malipiero. *n.* Karol Szymanowski.	1.ª ópera de Wagner en Barcelona: *Lohengrin* (Teatro Principal).
1883	*Henri VIII*, de Saint-Saëns. *Lakmé*, de Léo Delibes.	† Fr. v. Flotow. † Richard Wagner. † J. Marsillach. † Giovacchino Forzano, libretista. *n.* Riccardo Zandonai. *n.* Alfredo Casella. *n.* Joan Manén.	Inauguración del Metropolitan Opera House de Nueva York, con el *Faust*, de Gounod.
1884	*Manon*, de Jules Massenet. *Sigurd*, de E. Reyer, en París. *Nevesta Messinská* (*La novia de Messina*), de Z. Fibich. *Mazzeppa*, de Tchaikovski. *Le Villi*, de Giacomo Puccini.	*n.* Felipe Boero. *n.* Liubomir Rózycki.	
1885	*Der Zigeunerbaron* (*El barón gitano*), opereta de J Strauss II. *Konrad Wallenrod*, de Zelenski.	*n.* Arthur Lemba. *n.* Alban Berg.	
1886	*Edmea*, de Alfredo Catalani. *Gwendoline*, de E. Chabrier.	† Franz Liszt.	
1887	*Otello*, de G. Verdi, en Milán. *Le Roi malgré lui*, de E. Chabrier.	† A. Borodin. † Nicolau Manent.	
1888	*Le Roi d'Ys*, de Édouard Lalo. *Die Feen*, de Wagner, póstuma. *Asrael*, 1.ª ópera de Franchetti.	† Marià Obiols.	Concurso de la editorial Sonzogno de Milán, que ganará, en 1888, Mascagni Exposición de Barcelona de 1888; el debut del tenor catalán Francesc Viñas (*Lohengrin*) abre una era en el wagnerismo catalán.

Año	Óperas	Compositores	Eventos de la historia de la ópera
1889	*Edgar*, de Giacomo Puccini. *Gina*, de Francesco Cilèa. *Natalka Poltavka*, de Mykola Lysenko. *Los amantes de Teruel*, de Bretón.	† B. Saldoni. † N. Guanyabéns.	
1890	*Salammbô*, de Ernest Reyer. *El Príncipe Igor*, de Borodin. *Pikovaia Dama* (*La dama de Picas*), de Tchaikovski. *Cavalleria rusticana*, P. Mascagni.	† César Franck. † Emanuele Muzio. † Niels Gade. *n.* Jacques Ibert.	
1891	*L'amico Fritz*, de Mascagni.	† Léo Delibes. † Frederick Pacius. *n.* Prokofiev.	
1892	*Pagliacci*, de R. Leoncavallo. *Werther*, de Jules Massenet. *Toldi szeralme*, de Mihailovich. *La Wally*, de Catalani. *Mala vita*, de U. Giordano. *Tilda*, de Francesco Cilèa. *Cristoforo Colombo*, de Alberto Franchetti. *Garín*, de T. Bretón, en el Liceo de Barcelona.	† Édouard Lalo. *n.* Darius Milhaud. *n.* Arthur Honegger.	
1893	*Falstaff*, de G. Verdi, en Milán. *Manon Lescaut*, de G. Puccini, en Turín. *Khovantchina*, estreno póstumo de Mussorgski. *Hänsel und Gretel*, de Engelbert Humperdinck. *Aleko*, de Sergei Rakhmaninov.	† Charles Gounod. † Ferenc Erkel. † Piotr I. Tchaikovski. † Alfredo Catalani. *n.* Alois Hába.	
1894	*Thaïs*, de Jules Massenet. *La Navarraise*, de J. Massenet. *La martire*, de Spiros Samaras. *Guntram*, 1.ª ópera de Richard Strauss. *Regina Díaz*, de Giordano.	† P. Emilio Arrieta. † F. Asenjo Barbieri.	
1895	*La noche de Navidad*, de Nicolai Rimski-Korsakov. *Guglielmo Ratcliff*, de Mascagni. *Henry Clifford*, de Albéniz. *La Dolores*, de Tomás Bretón. *Euda d'Uriach*, de A. Vives, en Barcelona.	*n.* Robert Gerhard.	Los hermanos Lumière patentan el cinematógrafo.
1896	*Pepita Jiménez*, de I. Albéniz. *Andrea Chénier*, de Giordano. *La bohème*, de Giacomo Puccini, en Turín.	† Ambroise Thomas. † Ant. Carlos Gomes. *n.* Virgil Thomson.	El himno de las I Olimpiadas modernas, compuesto por Spiros Samaras.

Año	Óperas	Compositores	Eventos de la historia de la ópera
	Goplana, de W. Zelenski. *Ero e Leandro*, de Mancinelli.		
1897	*Fervaal*, de Vincent D'Indy. *Königskinder*, de Humperdinck, «apóstol» wagneriano. *Sarka*, de Zdenek Fibich. *Koanga*, de Frederick Delius. *L'Arlesiana*, de F. Cilèa. *La bohème*, de R. Leoncavallo.	† Josep de Letamendi. *n.* Pablo Sorozábal. *n.* Erich Korngold.	
1898	*Iris*, de Pietro Mascagni, en Roma. *Sadko*, de Rimski-Korsakov. *Mozart i Salieri*, de Rimski-K. *Die Abreise*, de Eugen D'Albert. *Fedora*, de Umberto Giordano.	*n.* George Gershwin.	Muere la esposa de Giuseppe Verdi, Giuseppina Strepponi.
1899	*Cert' a Kat'a* (*El diablo y Katia*), de Dvorák. *La novia del zar*, de Rimski-K.	† Johann Strauss II. *n.* Francis Poulenc.	
1900	*Louise*, de Gustave Charpentier. *Rusalka*, de Antonín Dvorák. *El zar Saltán*, de Rimski-K. *Zazà*, de Ruggero Leoncavallo. *Tosca*, de G. Puccini, en Roma.	† Zdenek Fibich. † J. P. Emil Hartmann. *n.* Aaron Copland. *n.* Ernst Krenek. *n.* Kurt Weill.	
1901	*Feuersnot*, de R. Strauss. *Die Rose vom Liebesgarten*, de Hans Pfitzner. *El rey poeta*, de Gustavo Campo. *Le maschere*, de Mascagni. *La Cenerentola*, de Wolf-Ferrari.	† Giuseppe Verdi.	Termina el largo reinado de Victoria de Inglaterra. Fundación de la Associació Wagneriana de Barcelona.
1902	*Notre Dame*, de Jules Massenet. *Pelléas et Mélisande*, de Debussy. *Saul og David*, de Carl Nielsen. *Adriana Lecouvreur*, de F. Cilèa. *Germania*, de Alberto Franchetti.	*n.* William Walton.	
1903	*L'Étranger*, de Vincent D'Indy. *Tiefland* (*Terra Baixa*) de Eugen D'Albert, en Praga. *Le donne curiose*, de E. Wolf-Ferrari, en Múnich. *Siberia*, de Umberto Giordano.	*n.* Berth. Goldschmidt.	
1904	*Jenufa*, de Leos Janácek. *Der Roland von Berlín*, de R. Leoncavallo, en Berlín. *Madama Butterfly*, de G. Puccini, en el T. alla Scala, de Milán. *Risurrezione*, de Franco Alfano.	† Antonín Dvorák.	

Año	Óperas	Compositores	Eventos de la historia de la ópera
1905	*Chérubin*, de Massenet. *L'Oracolo*, de Franco Leoni. *Salomé*, de Richard Strauss.	*n.* Michael Tippett. *n.* Luis Sandi.	
1906	*Francesca Da Rimini*, y *El caballero avaro*, ambas de Sergei Rakhmaninov. *Birute*, de Mikas Petrauskas. *Sabrine*, de A. Lemba. *Maskarade*, de Carl Nielsen. *I quattro rusteghi*, de Wolf-Ferrari, en Múnich.	*n.* Dmitri Shostakovich. † Giuseppe Giacosa, libretista.	
1907	*La ciudad invisible de Kiteg*, de Rimski-Korsakov. *Paolo e Francesca*, de Luigi Mancinelli. *Thérèse*, de Jules Massenet. *Ariane et Barbe-Bleue*, de Paul Dukas.	† Alfredo Keil.	
1908	*Pojhan Neiti*, de O. Merikanto. *Savitrî*, de Gustav Holst.	† N. Rimski-Korsakov. † Melesio Morales. *n.* Olivier Messiaen.	
1909	*El gallo de oro*, de Rimski-K. *Il segreto di Susanna*, de Wolf-Ferrari. *Elektra*, de Richard Strauss.	† Ernest Reyer. † Isaac Albéniz.	Empieza la importantísima colaboración entre Richard Strauss y su libretista Hugo von Hoffmannsthal.
1910	*Don Quichotte*, de Massenet. *La fanciulla del West*, de Puccini.	*n.* Samuel Barber.	Sir Thomas Beecham emprende la difusión de las óperas de Mozart en Inglaterra.
1911	*Isabeau*, de Mascagni. *I gioielli della Madonna*, de Wolf-Ferrari. *Conchita*, de R. Zandonai. *Der Rosenkavalier*, de R. Strauss.	*n.* G. C. Menotti. *n.* Nino Rota.	
1912	*Mona*, de Horatio Parker. *Ariadne auf Naxos*, de R. Strauss. *Die ferne Klang* (*El sonido lejano*) de F. Schreker.	† Mykola Lysenko. † Jules Massenet. *n.* X. Montsalvatge.	
1913	*La vida breve* de M. de Falla. *L'amore dei tre re*, de Italo Montemezzi.	*n.* T. Khrennikov. *n.* B. Britten.	
1914	*Die glückliche Hand* (*La mano feliz*), de A. Schönberg. *Francesca Da Rimini*, de Riccardo Zandonai.		

Año	Óperas	Compositores	Eventos de la historia de la ópera
1915	*Madame Sans-Gêne*, de Giordano. *Arlecchino*, de F. Busoni. *Fedra*, de Ildebrando Pizzetti. *Monna Lisa*, de Max Schillings.		
1916	*Goyescas*, de Enric Granados. *Der Ring der Polikrates*, de E. Korngold. *The Boatswain's Mate*, de Ethel Smyth. *Die toten Augen* (*Los ojos Muertos*), de Eugen D'Albert.	† E. Granados. n. A. Ginastera.	
1917	*Palestrina*, de Hans Pfitzner. *Lodoletta*, de P. Mascagni. *La rondine*, de G. Puccini. *Turandot*, de F. Busoni.	† Spiros Samaras.	Richard Strauss interviene en la fundación del Festival de Salzburg.
1918	*Il trittico*, de G. Puccini. *Die Gezeichneten*, de F. Schreker. *El castillo de Barba-Azul*, de Béla Bartók. *La nave*, de Italo Montemezzi.	† Cl. A. Debussy. n. Leonard Bernstein. † Arrigo Boito.	
1919	*Die Frau ohne Schatten*, de R. Strauss.	† Horatio Parker. † R. Leoncavallo. † Luigi Illica, libretista.	
1920	*Il re*, de Umberto Giordano. *Banjuta*, de Kainips. *Die tote Stadt*, de Korngold.	n. Bruno Maderna.	
1921	*Kat'a Kabanová*, de Janácek. *El amor de las tres naranjas*, de Sergei Prokofiev. *Il piccolo Marat*, de Pietro Mascagni, en Roma.	n. J. Kokkonen. † C. Saint-Saëns. † E. Humperdinck. † W. Zelenski. † L. Mancinelli.	
1922	*Mavra*, de Stravinski. *El retablo de Maese Pedro*, de Manuel de Falla. *Giulietta e Romeo*, de Riccardo Zandonai. *Debora e Jaele*, de Pizzetti.	n. Mario Zafred.	
1923	*El herrero de Marienburg*, de Siegfried Wagner. *Belfagor*, de Ottorino Respighi. *Padmâvatî*, de Albert Roussel.		
1924	*La zorrita astuta*, de Janácek. *Hugh the Drover*, de Vaughan Williams.	† Giacomo Puccini. † Gabriel Fauré. † Oskar Merikanto.	Se reanuda el Festival Wagner de Bayreuth.

Año	Óperas	Compositores	Eventos de la historia de la ópera
	Intermezzo, de Richard Strauss. *Erwartung*, de A. Schönberg.	† Ch. V. Stanford. *n.* Franco Mannino. *n.* Luigi Nono.	
1925	*El ángel de fuego*, de Prokofiev. *Doktor Faust*, de Busoni. *I cavalieri di Ekebù*, de Zandonai. *Wozzeck*, de Alban Berg.	† Joh. Haarklou. *n.* Luciano Berio.	
1926	*Cardillac*, de Paul Hindemith. *El caso Makropoulos*, de Janácek. *Háry János*, de Zoltán Kodály. *Salenieki*, de Kainips. *Judith*, de Arthur Honegger. *Król Roger*, de Szymanowski.	*n.* Hans W. Henze.	
1927	*Oedipus Rex*, de Stravinski. *Sly*, de Ermanno Wolf-Ferrari. *La campana sommersa*, de Respighi. *Das Wunder des Heliane*, de Korngold. *Jonny spielt auf*, de Krenek. *Mahagonny*, de K. Weill. *Le Pauvre mâtelot*, de D. Milhaud. *Antigone*, de Honegger. *Angélique*, de Jacques Ibert.	† Ole Olson.	Nacimiento del cine sonoro, de grandes consecuencias musicales.
1928	*Three Saints in Four Acts*, de Virgil Thomson. *Fra Gherardo*, de Pizzetti. *Die Dreigröschen Oper (La ópera de 3 peniques)*, de Weill. *El giravolt de maig*, de E. Toldrà.	† Leos Janácek. *n.* K. Stockhausen. *n.* E. Rautavaara. *n.* Thea Musgrave.	
1929	*El matrero*, de F. Boero. *La donna serpente*, de Casella.	† O. Mihailovich. † H. v. Hoffmannsthal, libretista.	
1930	*La nariz*, de D. Shostakovich. *Van Heute auf Morgen*, de D. Shostakovich. *Christophe Colomb*, de Darius Milhaud. *Le Roy d'Yvetot*, de J. Ibert.	† Cosima Wagner. † Siegfried Wagner. *n.* Luis de Pablo.	
1931	*La madre*, de Alois Hába. *La vedova scaltra*, de E. Wolf Ferrari.	† Vincent D'Indy. † Carl Nielsen. *n.* Xavier Benguerel.	
1932	*Maria Egiziaca*, de O. Respighi.	† Amadeu Vives. † Eugen D'Albert.	

Año	Óperas	Compositores	Eventos de la historia de la ópera
1933	*Neró i Acté*, de Joan Manén, en Barcelona. *Grazina*, de Mikas Petrauskas. *Arabella*, de Richard Strauss, en Dresde.	† Max v. Schillings. n. Krzsysztof Penderecki.	Empieza en Alemania la lenta pero definitiva erradicación de los compositores judíos y de los artistas de ideología avanzada. Primer Maggio Musicale, Fiorentino, inaugurado con *La Vestale*, de Spontini.
1934	*Lady Macbeth de Msensk*, de D.Shostakovich. *La fiamma*, de Respighi, en Roma.	† Gustav Holst. † Frederick Delius. n. P. Maxwell Davies. † Gustavo Campo. † Franz Schreker.	
1935	*Porgy and Bess*, de Gershwin *Orsèolo*, de I. Pizzetti. *Die Schweigsame Frau (La mujer silenciosa)* de R. Strauss.	n. Josep Soler. † Alban Berg. † Paul Dukas. n. Armand Blanquer. n. Aulis Sallinen	
1936	*Cyrano de Bergerac*, de FrancoAlfano. *Il Campiello*, de Wolf-Ferrari. *Jeanne d'Arc au bûcher*, de A. Honegger.	† Alex. Glazunov. † Ottorino Respighi.	
1937	*Amelia al ballo*, 1.ª ópera de Giancarlo Menotti. *Lulu*, de Alban Berg, estreno póstumo en Zúrich. *L'Aiglon*, de Arthur Honegger.	n. Philip Glass. † Maurice Ravel. † Mikas Petrauskas. † George Gershwin. † Albert Roussel. † K. Szymanowski.	
1938	*Antonio e Cleopatra*, de G. Malipiero. *Friedenstag*, de R. Strauss. *Karl V*, de E. Krenek. *Daphne*, de R. Strauss. *Mathis der Maler*, de Hindemith. *Julietta*, de Bohuslav Martinu.		Toscanini abandona el Festival de Salzburgo en protesta por el reciente *Anschluss*.
1939	*La tempestad*, de T. Khrennikov. *La dama boba*, de Wolf-Ferrari.		El ministerio de Propaganda del Reich alemán envía compañías de ópera al Gran Teatro del Liceo, de Barcelona para completar las temporadas.
1940	*Semyon Kotko*, de Prokofiev.		A. Loewenberg redacta sus *Annals of Opera, 1597-1940*.
1941		† José Serrano.	

Año	Óperas	Compositores	Eventos de la historia de la ópera
1942	*I capricci di Callot*, de G. F. Malipiero. *Capriccio*, de Richard Strauss, en Múnich.	† Enric Morera. † Alberto Franchetti. † Felix Weingartner. *n.* Tomás Marco.	
1943	*L'incantesimo*, de I. Montemezzi. *Die Kluge* (*La muchacha lista*), de Carl Orff. *Bolívar*, de Darius Milhaud.	*n.* Albert Sardà. † S. Rakhmaninov.	Importantes transmisiones de radio con óperas enteras desde Berlín.
1944	*I capricci di Callot*, de G. F. Malipiero.	*n.* Michael Nyman. † Ethel Smyth. † Riccardo Zandonai.	Se suspende el Festival de Salzburgoy el de Bayreuth se reduce al mínimo por la situación bélica.
1945	*Peter Grimes*, de Benjamin Britten, en Londres.	*n.* Carles Santos. † Béla Bartók. † Pietro Mascagni.	
1946	*La violación de Lucretia*, de Benjamin Britten, en Londres. *Guerra y paz*, de Prokofiev. *The Medium*, de G. C. Menotti.	† Manuel de Falla.	Reinauguración de la Scala de Milán con Toscanini al frente y con Renata Tebaldi entre el reparto.
1947	*Albert Herring*, de Britten. *The Mother of Us All*, de V. Thomson. *The Telephone*, de Menotti.	† Alfredo Casella. *n.* John Adams.	Conmemoración del centenario del Gran Teatro del Liceo de Barcelona, con la reposición de *Anna Bolena*, de Donizetti, que fue su 1.ª ópera.
1948	*Carlota*, de Luis Sandi. *El gato con botas*, de Xavier Montsalvatge.	† Umberto Giordano.	Nace el disco «long play», de vinilo, a 33 rpm, que permite incluir toda una ópera en dos o tres discos. Benjamin Britten funda el Festival de Aldeburgh, donde estrena varias de sus óperas. Fundación del Festival de Aix-en-Provence.
1949	*Antigonae*, de Carl Orff.	† Hans Pfitzner. † Richard Strauss.	
1950	*David-Beg*, de Armen Tigranian. *The Consul*, de G. C. Menotti. Merlín, de Albéniz, por el C. F. Júnior, en Barcelona.	† Armen Tigranian. † Francesco Cilèa. † Kurt Weill. *n.* Albert Amargós.	
1951	*The Rake's Progress*, de Igor Stravinski. *Billy Budd*, de Britten. *Amahl and the Night Visitors*, De G. C. Menotti, 1.ª ópera escrita para la televisión.	† Alfred Kainips. † Arnold Schönberg.	Reapertura del Festival Wagner de Bayreuth.

Año	Óperas	Compositores	Eventos de la historia de la ópera
	Beatrice Cenci, de Goldschmidt. *La dueña*, de Robert Gerhard, en Wiesbaden.		
1952	*Trouble in Tahiti*, de Bernstein. *Boulevard Solitude*, de Henze.	† Italo Montemezzi.	
1953	*Gloriana*, de Britten, en Londres. *Il figliuol prodigo*, de Malipiero. *Vivì*, de Franco Mannino.	† Liubomir Rózycki. † Sergei Prokofiev.	
1954	*Troilus and Cressida*, de Walton. *The Turn of the Screw*, de Britten. *The Tender Land*, de A. Copland. *The Saint of Bleecker Street*, de G. C. Menotti. *La figlia di Jorio*, de I. Pizzetti. *David*, de Darius Milhaud.	† Franco Alfano.	
1955	*The Midsummer Marriage*, de M. Tippett. *Il cappello di paglia di Firenze*, de Nino Rota. *Yerma*, de Héitor Villa-Lobos.	† Arthur Honegger.	Visita del Festival de Bayreuth al Gran Teatro del Liceo, de Barcelona.
1956	*Candide*, de Leonard Bernstein. *König Hirsch* (*El rey ciervo*), de H. W. Henze.	† G. Charpentier.	
1957	*Moses und Aaron*, de Schönberg. *Die Harmonie der Welt*, de Paul Hindemith. *Dialogues de carmélites*, de F. Poulenc.	† Erich Korngold.	Primeros discos de vinilo con sonido estereofónico.
1958	*Maria Golovine*, de G. C . Menotti. *Vanessa*, de Samuel Barber. *Assassinio nella cattedrale*, de Ildebrando Pizzetti. *La Voix humaine*, de F. Poulenc.	† R. Vaugh. Williams. † Felipe Boero.	
1959	*La notte d'un nevrastenico*, de Nino Rota.	† Boh. Martinu. † Héitor Villa-Lobos.	
1960	*A Midsummernight's Dream*, de Benjamin Britten, en Aldeburgh.		
1961	*Pasión griega*, de Boh. Martinu. *Intolleranza 60*, de Luigi Nono. *Atlàntida*, de M. de Falla y E. Halffter, en Barcelona. *Elegía para jóvenes amantes*, de Hans W. Henze.		

Año	Óperas	Compositores	Eventos de la historia de la ópera
	Hamlet, de Mario Zafred.		
1962	*King Priam*, de Tippett. *Una voz en off*, de X. Montsalvatge.	† Eduard Toldrà. † Jacques Ibert. † Manolis Kalomiris.	
1963	*Il capitan Spavento*, de Malipiero.	† A. Lemba. † Paul Hindemith. † Francis Poulenc.	
1964	*Curlew River*, de Benjamin Britten.		
1965	*Der junge Lord*, de H. W. Henze. *Wallenstein*, de Mario Zafred.		
1966	*Don Rodrigo*, de Ginastera. *The Bassarids*, de H. W. Henze. *La mère coupable*, de D. Milhaud.		Inauguración del nuevo Metropolitan de Nueva York,con *Antony and Cleopatra*, de Samuel Barber.
1967	*The Bear*, de William Walton. *Bomarzo*, de Alberto Ginastera.	† Zoltán Kodály.	
1968		† I. Pizzetti	
1969	*Les diables de Loudun*, de K. Penderecki.		
1970	*The Knot Garden*, de Tippett.	† Robert Gerhard.	
1971	*Beatriz Cenci*, de Ginastera. *Owen Wingrave*, de Britten, en producción para la TV inglesa.	† Igor Stravinski. † Joan Manén.	
1972	*Taverner*, de P. Maxwell Davies.	† Alois Hába.	
1973		† G. F. Malipiero. † Bruno Maderna.	
1974	*Death in Venice*, de B. Britten. *Èdip i Iocasta*, de Josep Soler. *Selene*, de Tomás Marco.	† Darius Milhaud.	
1975	*Al gran Sole, carico d'amore*, de Luigi Nono.	† Dmitri Shostakovich. † Luigi Dallapiccola.	
1976	*Einstein on the Beach*, de Philip Glass.	† Benjamin Britten.	
1977	*Mary, Queen of Scots*, de Thea Musgrave.		
1978	*La línea roja*, de Aulis Sallinen.		

Año	Óperas	Compositores	Eventos de la historia de la ópera
1979	*Lulu*, de Berg, versión completa, en París.	† Nino Rota.	
1980	*The Lighthouse*, de P. Maxwell Davies. *Satyagraha*, de Philip Glass.		
1981		† Samuel Barber.	
1982	*Kiu*, de Luis de Pablo, en Madrid.	† Carl Orff.	
1983	*Saint-François d'Assisse*, de O. *Messiaen*, en París.	† William Walton. † Alberto Ginastera.	
1984	*Akhenaten*, de Philip Glass.		Nace el disco compacto, o *compact disc* (CD), leído por rayo láser, y con varias ventajas sobre el disco de vinilo, al que desplaza en diez años.
1986	*The Martyrdom of St. Magnus*, de P. Maxwell Davies, estrenada en Kirkwall (islas Orcadas).		
1987	*La máscara negra*, de Penderecki. *Nixon in China*, de John Adams.		Fundación del Festival de Peralada, en el Alt Empordà, con un destacado componente operístico.
1988	*El viajero indiscreto*, de Luis de Pablo. *The Fall of the House of Usher*, de Philip Glass.	† Pablo Sorozábal.	
1989		† Virgil Thomson.	
1990		† Aaron Copland. † Leonard Bernstein. † Luigi Nono.	
1991	*Ubu rex*, de Penderecki. *The Death of Klinghofer*, de John Adams.	† Ernst Krenek.	
1992	*Asdrúbila*, de Carles Santos. *El triomf de Tirant*, de Armand Blanquer. *Kullervo*, de Aulis Sallinen *The Voyage*, de Philip Glass.	† Olivier Messiaen.	

Año	Óperas	Compositores	Eventos de la historia de la ópera
1993	*Orphée*, de Philip Glass. *Rodrigo et Chimène*, exhumación de la ópera de Debussy, en Lyon.		
1994			Incendio del Gran Teatro del Liceo, de Barcelona.
1995	*L'any de gràcia*, de Albert Sardà.		
1996		† Berthold Goldschmidt. † Joonas Kokkonen.	Incendio del Teatro La Fenice, de Venecia.
1997	Solemne reapertura del Teatro Real de Madrid, con *La vida breve*, de M. de Falla.		
1998		† Michael Tippett.	El Teatro Principal de Barcelona recupera la ópera en catalán, en dos breves temporadas líricas.
1999			Reinauguración del Gran Teatro del Liceo, con *Turandot*, de G. Puccini.
2000	*Facing Goya*, de M. Nyman. *Ricardo y Elena*, de Carles Santos.		
2001	*Una jornada con Vincent*, de Lluís d'Arquer. *Lucrezia Borgia*, de Carles Santos.		
2002		† Xavier Montsalvatge.	

Bibliografía

Se incluyen aquí sólo las obras generales más consultadas. En cuanto a las monografías, van citadas en las notas al pie de página.

Alier, Roger, *Guía universal de la ópera*, 3 vols., Ma non troppo (Ediciones Robinbook), Barcelona, 2000-2001.

Alier, Roger, *La Zarzuela,*Ma non troppo (Ediciones Robinbook), Barcelona, 2002.

Alier, Roger, Marc Heilbron y Fernando Sans Rivière, *Història de l'òpera italiana*, Empúries, Barcelona, 1992.

Basso, Alberto (director), *Storia dell'opera*, 6 vols., U.T. E.T., Turín, 1977.

Brockway, W. y H. Weinstock, *The World of Opera*, Pantheon Books, Nueva York, 1941 y 1962.

Casares, Emilio, *Diccionario de la música española e hispanoamericana*, Madrid, *(DMEH)*, SGAE, 1997-2002.

Eaton, Quaintance, *Opera Production*, 2 vols., Da Capo Press y University of Minesota, Nueva York y Minneapolis, 1974.

Giudici, Elvio, *L'opera in CD e video*, Il Saggiatore, Milán, 2.ª ed., 1999.

Michel, François (director), *Enciclopedia Salvat de la música*, 4 vols., Salvat, Barcelona, 1967.

Orrey, Leslie (revisión de Rodney Milnes), *La ópera*, Destino y Thames & Hudson, Colección El Mundo del Arte, Barcelona, n.º 21, 2.ª ed., 1994.

Osborne, Charles, *The Bel Canto Operas*, Methven, Londres, 1994.

Parker, Roger (comp.), *Historia ilustrada de la ópera*, Paidós, Barcelona, 1998.

Rosenthal, Harold y John Warrack, *The Concise Oxford Dictionary of Opera*, Oxford University Press, Londres, 2.ª ed., 1979.

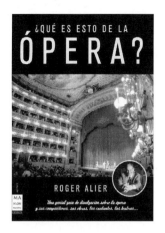

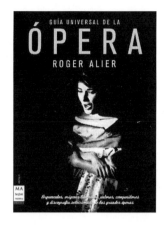

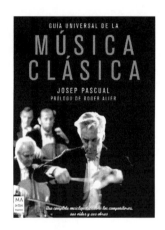

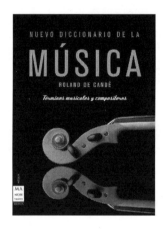

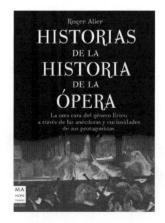